ökosoziales
FORUM EUROPA
Ecosocial Forum Europe • Forum écosocial de l'Europe

*Meiner mich stets inspirierenden Frau Hilde und unserem vielseitigen Sohn Georg Rouven gewidmet.*

*Franz Josef Radermacher*

# Balance oder Zerstörung

Ökosoziale Marktwirtschaft als Schlüssel
zu einer weltweiten nachhaltigen Entwicklung

*„In allen Kapiteln dieses Buches finden sich kursiv gesetzte Textstücke jeweils am Anfang sowie auch im fortlaufenden Text. Diese betreffen Kernsätze aus einem Referat beim Raiffeisenverband Steiermark in Graz am 2. Oktober 2001. Die Sätze wurden teils modifiziert und teils aus systematischen Gründen ergänzt, sind aber nach wie vor im plakativen Stil einer freien Rede gehalten und auch so zu interpretieren."* (F. J. Radermacher)

Herausgeber: Ökosoziales Forum Europa
Redaktion: Theres Friewald-Hofbauer, Ernst Scheiber, Bettina Schierhuber
Druck: Christian Janetschek, A-3860 Heidenreichstein, Brunfeldstraße 2
Umschlagbilder: Tony Stone
Umschlagkonzept/Gestaltung: Bettina Schierhuber
© August 2002, Ökosoziales Forum Europa, Wien, Austria
ISBN: 3-7040-1950-X
Preis: 15,– Euro (inklusive 10 % Mehrwertsteuer)

Vertrieb in Österreich: Ökosoziales Forum Europa,
A-1010 Wien, Franz Josefs-Kai 13,
Telefon: ++43/1/533 07 97-0, Fax: ++43/1/533 07 97-90,
E-Mail: info@oesfo.at, Internet: www.oesfo.at

Vertrieb in Deutschland: Herold Verlagsauslieferung Gmbh,
Kolpingring 4, D-82042 Oberhaching,
Telefon: ++49/89/61 38 71-0, Fax: ++49/89/61 38 71-20,
E-Mail: herold-oberhaching@t-online.de

# Inhalt

Das Ökosoziale Forum Europa vereinigt als überparteiliche Plattform Persönlichkeiten, Institutionen und Organisationen aus verschiedenen europäischen Ländern mit dem Ziel, die Idee der Ökosozialen Marktwirtschaft zu verbreiten, zu vertiefen und in der Politikgestaltung zu verankern. Die Ökosoziale Marktwirtschaft verbindet eine wettbewerbsstarke, leistungs- und eigentumsorientierte Marktwirtschaft mit sozialer Fairness durch gesetzliche Rahmenbedingungen und gelebte Sozialpartnerschaft sowie Ökologie im Sinne von Nachhaltigkeit durch richtige Preis- und Kostensignale. Ökologie, Soziales und Marktwirtschaft sind die Eckpunkte eines strategischen Dreiecks und zugleich Basis der Ökosozialen Marktwirtschaft, die einen langfristig zukunftsfähigen Weg weist.

# Das Ziel: eine weltweite
# Ökosoziale Marktwirtschaft

Dauerhaften Frieden wird es nur geben, wenn Chancen, Ressourcen, Einkommen und Entfaltungsmöglichkeiten global einigermaßen fair verteilt sind und außerdem die jeweiligen kulturellen sowie religiösen Traditionen und Lebensweisen respektiert werden. Die in der Sozialen Marktwirtschaft Mittel- und Westeuropas praktizierte Synthese zwischen Kapital und Arbeit bietet dafür ein Modell: Offener und fairer Wettbewerb ist die Voraussetzung für eine leistungsfähige und innovative Marktwirtschaft. Diese ist aber nicht Selbstzweck, sondern bietet die Grundlagen für breiten Wohlstand, was wieder Triebfeder für die Kaufkraft und wirtschaftliche Produktivität ist. Sozial gerechte und praktizierte Partnerschaft zwischen Unternehmern und Arbeitnehmern schuf das Modell der Sozialpartnerschaft.

Die Achse „Arbeit-Kapital" im Modell der Sozialen Marktwirtschaft muss im 21. Jahrhundert zu einem „strategischen Dreieck der Nachhaltigkeit" mit den markanten Eckpunkten – wirtschaftliche Leistungsfähigkeit – soziale Fairness und Sicherung der kulturellen Vielfalt – vorsorgender Umweltschutz – weiterentwickelt werden.

Die bisherige Ausklammerung der Umweltkosten aus der betrieblichen Kalkulation und Preisgestaltung begünstigt den Raubbau an Natur, Ressourcen und Umwelt.

Daher muss durch gesetzliche Rahmenbedingungen sowie die Gestaltung der Steuern und Abgaben dafür gesorgt werden, dass die Belastung der Umwelt und der Verbrauch von „Natur" in den Preisen der Produktionsprozesse, Produkte sowie Energie- und Verkehrssysteme ihren unmittelbaren Niederschlag findet. Dadurch wird Nachhaltigkeit am Markt wettbewerbsfähig. Die Dynamik des Marktes wirkt dann zugunsten der Nachhaltigkeit. Nur durch die Mobilisierung der Marktkräfte wird es gelingen, den globalen Umstieg auf Nachhaltigkeit so zu beschleunigen, dass die Menschheit den Wettlauf mit der Zeit zugunsten ihres Überlebens gewinnen kann.

In der EU-Nachhaltigkeitsstrategie und in nationalen Praktiken einiger europäischer Staaten sind erste Ansätze von Ökosozialer Marktwirtschaft enthalten. Im Sinne eines fairen globalen Wettbewerbes und einer globalen

Nachhaltigkeitsstrategie muss es unser Ziel sein, diese politischen Rahmenbedingungen auch in den Regelwerken der WTO, den UNO-Vereinbarungen für Entwicklung und Nachhaltigkeit sowie in den globalen Finanzsystemen zu verankern. Das vorliegende, vom Ökosozialen Forum Europa herausgegebene Werk von Franz Josef Radermacher gibt hierzu wichtige zielführende Denkanstöße.

*Josef Riegler*
*Präsident des Ökosozialen Forums Europa*
*Ehemaliger Vizekanzler der Republik Österreich*
*Wien, August 2002*

# Wege zur Zukunftsfähigkeit

Wer das vielseitige und umfassende Schaffen des Autors kennt, weiß um seine besondere Fähigkeit anwendungsorientierter Wissensverarbeitung und die Gabe, dazu die Vorteile der Arbeit in interdisziplinären Netzwerken zu nutzen. Auch der Leser dieses Buches profitiert davon: In dreißig Beiträgen werden die wesentlichen Aspekte der umfassenden und vielschichtigen Fragestellung, wie die Menschheit angesichts begrenzter Ressourcen in Frieden und Wohlstand überleben kann, einleuchtend und prägnant präsentiert.

In anschaulicher und eindringlicher Weise schildert der Autor das Grunddilemma, dem sich die Menschheit auf dem Weg zu einer nachhaltigen Entwicklung gegenübersieht: Die durch die Globalisierung der Märkte ausgelöste Dynamik des Wirtschaftswachstums ist mit einem zunehmenden Verbrauch des knappen Naturkapitals verbunden und führt nicht, wie zunächst erwartet, zu einer allgemeinen Wohlstandsmehrung. Im Gegenteil. Da die Chancen, sich an dieser dynamischen Entwicklung zu beteiligen, sehr ungleich verteilt sind, hat sich die Kluft zwischen Arm und Reich eher vertieft. Der vom Autor entwickelte „Equity-Faktor", der über die Ungleichheit der Einkommensverteilung Aufschluss gibt, erweist sich in diesem Zusammenhang als ein vorzügliches analytisches Handwerkszeug zur Darstellung und Erklärung dieser Problematik.

Nüchtern wird analysiert, wer von den in Weltwirtschaft und Weltpolitik Verantwortlichen durch Tun oder Unterlassen zu diesem allgemein kritisierten, von wachsenden destabilisierenden Konfliktpotenzialen geprägten Zustand beiträgt. Das Hauptaugenmerk gilt dabei den USA, die in einer weltwirtschaftlichen und weltpolitischen Führungsrolle ihrer Verantwortung für eine globale nachhaltige Entwicklung nicht gerecht werden. Damit kommt Europa, insbesondere in Gestalt der Europäischen Union, die wichtige Aufgabe zu, dem sozialen Ausgleich und den ökologischen Erfordernissen in der internationalen Arena mehr Geltung zu verschaffen.

Auf der Grundlage einer nüchternen und realistischen Beschreibung der unbefriedigenden, wenn nicht gar bedrohlichen Gegenwartslage werden

Konzepte entwickelt, die der Menschheit einen Weg in eine nachhaltige Zukunft weisen. Hier bietet das Buch vielfältige Anregungen, wie im globalen Maßstab wirtschaftliche Entwicklung mit sozialer Gerechtigkeit und ökologischer Nachhaltigkeit in Einklang gebracht werden kann. Für diesen Zweck gilt es, die Dynamik und Innovationsfähigkeit des Marktes, die sich zunehmend im Weltmaßstab entfalten, schöpferisch zum Vorteil aller zu nutzen. Dazu bedarf es jedoch eines entsprechenden politischen Rahmens, der von handlungsfähigen, globalen politischen Institutionen für die globalisierten Märkte gesetzt werden muss.

Die gegebenen internationalen Institutionen und Regelwerke haben diese anspruchsvolle Aufgabe bisher nicht befriedigend lösen können. Mit welchen Schritten man diesem Ziel näher kommen kann, dazu vermittelt dieses Buch ein Konzept pragmatischer Schritte, die der Logik der Nutzenoptimierung für alle Beteiligten (Win-Win-Game) folgen. Inwieweit die politisch Mächtigen jedoch willens und fähig sind, sich bereits heute, trotz erheblichen Problemdrucks, dieser Ratio, die in einer enger werdenden Welt zunehmend nur noch gemeinsame interdependente Interessen kennt, zu öffnen, ist unklar.

Das Buch, das klar und überzeugend darlegt, was für das Überleben der Menschheit getan werden kann und muss, ist damit für alle, die sich in dieser entscheidenden Zukunftsfrage engagieren, eine anregende und hilfreiche Lektüre. Auch uns im Club of Rome wird dieses Buch für unser Wirken wertvolle Anstöße vermitteln. Wir begrüßen insbesondere, dass die Botschaft dieses Buches demnächst auch in Englisch und anderen Sprachen internationale Aufmerksamkeit erhält. Dem Autor herzlichen Dank für seine inhaltliche und „darstellerische" Leistung und den Lesern eine gewinnbringende Lektüre!

*Uwe Möller*
*Generalsekretär des Club of Rome*
*Hamburg, August 2002*

# 1
## *Einleitung*

Spätestens bei der Konferenz für Umwelt und Entwicklung 1992 in Rio de Janeiro wurde deutlich, dass nachhaltige Entwicklung eine globale Herausforderung ist und ein Abkommen zwischen Nord und Süd erfordert. Ein Abkommen, das die Durchsetzung strikter Regeln zum Schutz der Umwelt, Vereinbarungen über weltweite Entwicklungsprozesse mit dem Ziel der Überwindung der Armut und die Umsetzung weltweiter Gerechtigkeitsanliegen miteinander verbindet. Der vorliegende Text zeigt im Umfeld des Rio+10-Weltgipfels auf, dass wir von diesen Zielen im Rahmen der aktuellen Globalisierungsprozesse eher weiter entfernt sind als 1992 und dass die positiven Aspekte der heutigen Globalisierungsprozesse zu teuer erkauft werden, nämlich sowohl mit einer zunehmenden sozialen Spaltung in Nord und Süd als auch mit einem drohenden weltweiten ökologischen Desaster. Das ist im Wesentlichen eine Folge eines unzureichenden globalen ökonomischen Designs.

Im Rahmen eines alternativen Ansatzes zeigt der Text zugleich auf, dass in Form eines $10 \rightarrow 4{:}34$-Konzepts (Zukunftsformel) der technische Fortschritt (in Gestalt eines doppelten Faktor 10) in Verbindung mit geeigneten, marktbasierten, asymmetrischen Wachstumsprozessen in Nord und Süd ($4{:}34$-Konzept) eine neue Perspektive für Zukunftsfähigkeit eröffnet. Ein Schlüsselelement für die in diesem Buch entwickelten Überlegungen, eine spezifische „Brille" auf die Gesamtthematik, bildet eine neue mathematische Theorie des sozialen Ausgleichs, der Equity (vgl. hierzu im Literaturverzeichnis die Arbeit von Thomas Kämpke, Robert Pestel und Franz Josef Radermacher zu diesem Thema). Diese Equity-Theorie macht viele Muster deutlich, die heute weltweit einer nachhaltigen Entwicklung entgegen stehen. Dies reicht von der Zunahme der sozialen Spaltung im Norden und Süden des Globus und der Zerstörung der Umwelt bis zu der Identifikation eines Zustandes globaler Apartheid, zur Erörterung einer ökodiktatorischen Zukunftsperspektive dieser Welt, der Natur spezifischer nicht-zukunftsfähiger Elemente in der US-Politik und in der Politik Israels bis hin zu Überlegungen für eine neue Weltordnung, inklusive einem besseren weltweiten ökonomischen Design, auf Basis einer Fünfzig-Jahre-Planung im konzeptionellen Bereich. Für alle genannten Bereiche lassen sich aus den Erfahrungen bei den Erweiterungsprozessen der Europäischen Union wesentliche Orientierungspunkte ableiten. Die konkrete weltweite Umsetzung dieses Programms über Märkte mit geeigneten Rahmenbedingungen führt zur Realisierung des Konzepts einer weltweiten Ökosozialen Marktwirtschaft.

Der vorliegende Text beschäftigt sich mit den Perspektiven einer Ökosozialen Marktwirtschaft. Er baut auf mehr als zehnjährigen Vorarbeiten in wissenschaftlichen Projekten, im Kontakt mit verschiedenen Nichtregierungsorganisationen, im Information Society Forum der EU, im Forum Informationsgesellschaft der deutschen Bundesregierung sowie im Global Society Dialogue des Information Society Forums der EU auf. Alle diese Foren behandeln die Thematik der Nachhaltigkeit einer sich im Kontext der Globalisierung entwickelnden weltweiten Informations- und Wissensgesellschaft. Als Zukunftsperspektive formulieren sie alle jeweils die Kombination von weiterem, zielgerichtetem technischem Fortschritt und der Durchsetzung strikter Grenzen der Ressourcennutzung und Umweltverschmutzung mit weltweiten Anstrengungen zur Überwindung der Armut und zur Erreichung eines globalen sozialen Ausgleichs. Märkte sind geeignet, diese Prozesse zu gestalten, allerdings nur dann, wenn die Rahmenbedingungen der Märkte entsprechend ausgerichtet sind. In dieser Sicht werden Positionen aufgegriffen, die der Club of Rome seit Jahren gegen naive Lösungsansätze vertieft.

In der heutigen globalisierten Ökonomie geht es darum, dass die Rahmenbedingungen stimmen müssen, oder anders ausgedrückt: Ein sich entwickelndes Weltethos (zum Beispiel die „Earth Charta" oder Positionen des Weltparlaments der Religionen), wie es von Hans Küng seit Jahren thematisiert wird (vgl. auch die Hinweise im Literaturverzeichnis), muss über Rahmenbedingungen der Weltökonomie – und damit über einen Weltgesellschaftsvertrag (Global Contract) – so weit institutionalisiert werden, dass die Weltmärkte in der Folge jene Anliegen umsetzen, die dem Willen der Mehrzahl der Menschen und einem globalen Ethos entsprechen. Das zielt in einer sehr kompakten Form vor allem auf zwei Ziele, nämlich zum einen auf den „Erhalt" einer intakten Umwelt und zum anderen auf die Achtung der Menschenwürde aller Menschen auf diesem Globus. Vom Erreichen dieser beiden Ziele ist die Weltgemeinschaft allerdings noch weit entfernt.

Die Bedeutung dieser ungelösten Herausforderung hat auch für die Öffentlichkeit nach den Terroranschlägen des 11. September 2001 noch einmal erheblich zugenommen. Einzelne Entscheidungen, etwa anlässlich der WTO-Konferenz in Katar, machten in diesem Kontext Hoffnung auf eine gewachsene Bereitschaft der Staaten dieser Welt, soziale Aspekte und damit die Frage der Menschenwürde stärker als bisher in die Weltordnungssysteme zu integrieren. Andere Entscheidungen weisen demgegenüber in eine andere, gefährliche Richtung, nämlich das Etablieren von Sicherheitsregimen zu Lasten ziviler Bürgerrechte und ökodiktatorische Lösungen auf Weltordnungsebene. In jedem Fall stehen die wesentlichen Schritte hin zu einer besseren Weltordnung noch bevor.

Die genannten Arbeiten im Kontext von Foren zur Informationsgesellschaft sind stark durch den Club of Rome beeinflusst. Des Weiteren liefen sie teils parallel, teils abgestimmt mit Anstrengungen in Österreich in Richtung einer Ökosozialen Marktwirtschaft als Weiterentwicklung der europäischen Idee der Sozialen Marktwirtschaft. Dieses Zukunftsmodell einer Ökosozialen Marktwirtschaft wurde schon vor mehr als zehn Jahren von Josef Riegler, dem damaligen österreichischen Vizekanzler und vormaligen Landwirtschaftsminister, entwickelt, diskutiert und propagiert. In der Folge wurden spezifisch österreichische Erfahrungen in das EU-Umfeld eingebracht, die auch eine starke Verankerung im Bereich der landwirtschaftlichen Fragen haben. In der EU-Landwirtschaftspolitik treten viele der Problemlagen sehr deutlich zutage, die mit Globalisierungsprozessen zusammenhängen. Josef Riegler treibt diese Ideen heute als Präsident des Ökosozialen Forums Europa weiter voran.

Da die EU-Erweiterungsprozesse den Charakter einer „kleinen" Globalisierung haben, lässt sich hier vieles dafür lernen, was in den nächsten Jahren und Jahrzehnten weltweit ansteht. Das Buch zeigt auf, dass dabei das Prinzip „Co-Finanzierung gegen die Übernahme von Standards" eine zentrale Rolle spielt. Dieses Prinzip stellt für den Globus die einzige realistische Option für eine Zukunft dar, die Nachhaltigkeit erreicht und die zivilen Rechte der Menschen achtet. Die Alternativen vom Typ Turbokapitalismus beziehungsweise ein ökodiktatorisches Sicherheitsregime werden sehr wahrscheinlich in Zerstörung enden. Dies wird vertieft behandelt, Gefahren der Politik der aktuellen US-Administration werden aufgezeigt. Den Aktionen Europas und einer weiteren Stärkung Europas kommt im Weiteren eine große Bedeutung zu. Das ist auch die Sicht des Ökosozialen Forums Europa.

Als Autor und Wissenschafter bin ich sehr froh, mit Partnern im Ökosozialen Forum Europa an dieser Thematik zu arbeiten. Das ist ein weiteres

Instrument zur Verbreitung einer Gedankenwelt des Ausgleichs, einer Ausgleichsphilosophie, einer politischen Denkrichtung, die vielleicht Antwort auf die Nöte der Welt in Zeiten der Globalisierung geben kann und vielleicht auch den Schlüssel zu einer weltweiten nachhaltigen Entwicklung in sich trägt.

# 2
## Die Herausforderung einer nachhaltigen Entwicklung

*„Die aktuellen weltweiten Entwicklungsprozesse sind nicht mit Nachhaltigkeit, nicht mit Zukunftsfähigkeit verträglich."*

Nachhaltige Entwicklung ist das wichtigste Politikkonzept für das noch junge 21. Jahrhundert. Es geht darum, weltweit wirtschaftliche Erwartungen mit sozialen, kulturellen und ökologischen Anliegen in Einklang zu bringen. Man kann es durchaus so auf den Punkt bringen: Wirtschaftliche Aspekte des Lebens sind zwar nicht alles, aber ohne Wirtschaft ist alles nichts.

Immer dann, wenn soziale, kulturelle und ökologische Anliegen Wertschöpfungs- und Wachstumspotenzialen entgegenstehen, gibt es massive gesellschaftliche Konflikte. Nachhaltigkeit hat mit der Bewältigung solcher Konflikte zu tun. Insofern ist nachhaltige Entwicklung auch ein besonders komplexes politisches Leitkonzept. Diese Breite wird langsam deutlich. Das Thema wandert endlich aus den (notwendigerweise) durch ein eher sektorales Denken geprägten Einzelministerien, vor allem den Umweltministerien, in das Zentrum der Politik, wo es auch hingehört.

Deutlich wird zudem, dass in vielen Fällen ohne globale Vereinbarungen Fortschritte nicht erzielbar sind und dass weder die Politik noch die weltweit operierende Wirtschaft alleine zur Durchsetzung der erforderlichen Schritte in der Lage sind. Immer wichtiger wird deshalb die Mitwirkung der Weltzivilgesellschaft in einem Dreieck von Akteuren, das Regierungen und internationale politische Organisationen, die weltweit operierenden Unternehmen und die Weltzivilgesellschaft verknüpft – und zwar in Wechselwirkung mit Wissenschaft, Medien, Rechtssystemen und den Weltreligionen.

### Der Begriff der Nachhaltigkeit

- Nachhaltigkeit ist ein komplexes Politikkonzept. Es umfasst ökonomische, soziale, kulturelle und ökologische Aspekte.

- Es geht darum, Wachstumserwartungen und Umweltanliegen in den entwickelten Nationen und die legitimen Aufholziele rund um den Globus, inklusive dem Ziel der Überwindung der weltweiten Armut, simultan zu befriedigen.

- Friedenssicherung, die Durchsetzung der Menschenrechte, Vermeidung von Furcht und Terror, die langfristige Bewahrung einer intakten Umwelt und generell die Berücksichtigung der Interessen nachfolgender Generationen sind weitere wesentliche Erfordernisse.

- Nachhaltigkeit kann nur sektorübergreifend und international verstanden werden. Nachhaltigkeit ist die zentrale politische Herausforderung des 21. Jahrhunderts.

- Nachhaltigkeit braucht heute als Basis die Wechselwirkung zwischen den Regierungen der Welt, den international agierenden Konzernen und der Weltzivilgesellschaft. Die Weltreligionen haben großes Gewicht und sind dabei geeignet einzubeziehen.

Trotz aller verbalen Zustimmung ist die globale Situation derzeit so, dass wir uns nicht auf einem nachhaltigen Weg befinden – ganz im Gegenteil. Bedeutet Nachhaltigkeit, von den Zinsen der Systeme und der Bestände (des „Kapitals") zu leben, so sind wir heute massiv dabei, im Rahmen einer entfesselten globalisierten Ökonomie das „Kapital", also die sozialen, kulturellen und ökologischen Bestände, anzugreifen. Der vor allem durch Informationstechnik induzierte ökonomische Globalisierungsprozess führt hier zu massiven Fehlentwicklungen, und zwar wegen des Fehlens adäquater, auf Nachhaltigkeit hin ausgelegter Rahmenbedingungen der Weltwirtschaft. Hier setzt sich ein Muster durch, auf dessen negative Folgen der Club of Rome und andere mit Fragen eines Weltethos beschäftigte Fachleute und Gruppen schon seit langem hinweisen.

Gesellschaftliche Zielvorstellungen und ökonomische Prozesse werden heute in der Regel weltweit über Märkte organisiert. Das ist in der einzigartigen Fähigkeit von Märkten begründet, Wertschöpfungsprozesse geeignet zu orientieren, zu organisieren und zu optimieren. Deshalb kommt Märkten und ihrer Organisation eine zentrale Bedeutung für eine nachhaltige Entwicklung zu. Bei Märkten geht es um Wettbewerb unter vereinbarten Rahmenbedingungen, wobei die einzelnen Staaten sehr unterschiedliche Rahmenbedingungen entwickelt haben.

### Was sind Märkte? Zur Rolle der Rahmenbedingungen

- Märkte bestehen aus der Kombination von Wettbewerb und Rahmenbedingungen.

- Der Wettbewerb dient der Maximierung der Wertschöpfung – unter Beachtung von Rahmenbedingungen.

- Rahmenbedingungen sichern zum einen das Funktionieren von Märkten (beispielsweise durch Kartellbehörden), zum anderen betreffen sie die Sicherung von gesellschaftlich-ethisch erwünschten Beständen im sozialen, kulturellen und ökologischen Bereich.

- In der Art der Rahmenbedingungen ihrer Märkte unterscheiden sich entwickelte Gesellschaften am meisten.

- Der Wettbewerb ist der einfachere Teil in der Konstruktion von Märkten, Rahmenbedingungen sind der schwierigere.

- Parlamente sind in der Hauptsache mit der Schaffung der Rahmenbedingungen der Ökonomie beschäftigt.

Infolge der Globalisierung werden die Rahmenbedingungen der nationalen Wirtschaftssysteme zunehmend durch weltweiten Druck verändert und gleichen sich einander an. So dominiert im (welt-)ökonomischen Bereich die Freihandelslogik der WTO (World Trade Organization) in Verbindung mit den Mechanismen der Weltfinanzsysteme, insbesondere den so genannten Bretton Woods Institutionen, dem Internationalen Währungsfonds (International Monetary Fund/IMF) und der Weltbank (World Bank/WB). In diesem Kontext werden soziale, kulturelle und ökologische

Fragen bisher auf globaler Ebene allenfalls nachrangig thematisiert, obwohl natürlich mit dem internationalen Handel indirekt massive Effekte im Zusammenhang mit sozialen Bedingungen, der Eigenständigkeit von Kulturen und den Umweltbelastungen verbunden sind. Wer gewinnt hier zu wessen Lasten von wem, sowohl innerhalb der beteiligten Staaten als auch zwischen diesen Staaten?

In den vergangenen Jahren wurde deutlich, dass die weltweite Konkurrenz aller gegen alle auf Ebene der Einzelstaaten zu einem teils offenen, teils verdeckten Rückbau bestehender Regelwerke führt (erzwungen über eine Gefangenendilemma-Situation, siehe auch Kapitel 27), und das vor allem im sozialen, kulturellen und ökologischen Bereich. Hinzu kommt, dass Marktakteure zunehmend die Möglichkeiten nutzen (und letztlich auch nutzen müssen), die sich aus den Unterschieden in den Regelwerken verschiedener Länder zur Erweiterung des eigenen Spielraums eröffnen. Dass dabei das Hauptvolumen der wirtschaftlichen Austauschbeziehungen nach wie vor innerhalb der Triade (Europa, USA, Japan/Südostasien) verbleibt, ändert nichts an den offensichtlichen Folgen in Form von Abwärtsspiralen. Schon geringer Druck von außen wirkt auf nicht regulierten Märkten katalysatorisch. Die Globalisierung wird so insbesondere auch zu einem Vehikel, um Abwärtsspiralen im sozialen Bereich innerhalb der Triade selbst durchzusetzen.

*„Die Kernfrage lautet, wie man Ökonomien organisieren soll. Das ist kein Problem der Betriebswirtschaftslehre, sondern eine Frage der Volkswirtschaftslehre. Die Antwort auf diese Frage ist zugleich trivial und extrem schwierig. Wir reden immer nur über den trivialen Aspekt: Ökonomie gründet auf Wettbewerb. Das versteht jeder sofort. Viel entscheidender ist aber der zweite Aspekt, das sind die Rahmenbedingungen, unter denen der Wettbewerb stattfindet. Dabei geht es in erster Linie um die staatsbürgerlichen Anliegen, um die sozialen Fragen, um den Erhalt der Vielfalt der Kulturen und um den Schutz der Umwelt. In den Rahmenbedingungen legt man fest, was unveränderbarer und zu erhaltender Bestand in Bezug auf die sozialen Gegebenheiten, die Vielfalt der Kulturen und die Intaktheit der Umwelt ist. Sie werden gegebenenfalls auch gegen Eigentumsinteressen und Wachstumserwartungen von Marktteilnehmern durchgesetzt."*

Die Folge ist ein vergleichsweise unkoordinierter weltweiter Wachstumsprozess mit zunehmenden sozialen Spaltungen in praktisch allen Ländern. Dabei hat sich ein spekulatives, teilweise stark durch Psychologie (und ebenso durch Insidervorteilnahme) geprägtes Geschehen an den Weltfinanzmärkten und Börsen weitgehend von den realen ökonomischen Prozessen gelöst (vgl. Kapitel 22); es übertrifft diese volumenmäßig um etwa zwei Größenordnungen und gefährdet die weltweite Stabilität. Der eigentliche, wertneutrale Kasinoeffekt dieser Betätigungen, bei denen sich in der Tendenz Gewinne und Verluste gegenseitig aufheben, ist mittlerweile zu einem sehr konkreten Faktor der Realökonomie geworden. Spekulationen gegen Währungen, Aktionen gegen Unternehmen oder marode Kredite, die dann von Steuerzahlern weltweit ausgelöst werden müssen, seien hier als Beispiele genannt, ebenso die aktuellen Probleme an den Weltfinanzmärkten.

Dringend erforderlich sind im Kontext der beschriebenen Entwicklungen mehr öffentliche Regulierung und Kontrolle auf internationaler Ebene, inklusive einer Weltkartellbehörde und eines Abgleichs der nationalen Besteuerungssysteme. Außerdem sollte dringend eine Weltsteuer (Tobin Tax) auf Finanztransaktionen und Spekulationsgeschäfte eingeführt werden, um eine gewisse Dämpfung zu erreichen und Mittel für weltweite Entwicklung verfügbar zu machen. Sollte dadurch die Orientierungsfunktion der Finanzmärkte etwas beeinträchtigt werden, was keineswegs sicher ist, wäre das zu verkraften, da die Kompassfunktion dieser Märkte sich ohnehin als ziemlich begrenzt erwiesen hat. Noch deutlicher: Die „kollektive Intelligenz" der Finanzmärkte hat in den letzten Jahren eine gigantische Fehleinschätzung nach der anderen produziert. Teilweise scheinen bei gezielten Versuchen der Generierung eines „Hypes", einer Hysterie an Gewinnerwartungen, zur „Verführung" von Normalbürgern zu gefährlichen Aktienabenteuern sogar Betrugstatbestände vorgelegen zu haben. Das heißt, die kollektive Intelligenz wird systematisch durch Insider zum eigenen Vorteil korrumpiert. Der Autor hatte vor dem Hintergrund einer systemtheoretischen Analyse die Krise am Neuen Markt und an den Aktienmärkten bereits vor längerer Zeit, als man sich langsam dem Höhepunkt des Hypes näherte, vorhergesagt. Die entsprechenden Überlegungen wurden später auch publiziert (New Economy. Börsenrausch und Greencard: Spielt die Welt verrückt oder hat alles seine Logik?, vgl. die Hinweise im Literaturverzeichnis).

Die aktuelle Krise in Argentinien zeigt in diesem Kontext, wie über Globalisierungsprozesse und weltweites Marktgeschehen letztlich auch

Ausbeutung innerhalb von Ländern zu Lasten der Bevölkerung organisiert werden kann. Die Politik des Internationalen Währungsfonds wird dabei zum Problem, vor allem deshalb, weil häufig zu Lasten sozialer Erfordernisse in den sich entwickelnden Ländern operiert wird. Es ist klar, dass das auf Dauer zu enormen Widerständen führen wird; hier wird die Saat für Widerstand und Terror gelegt.

Die weltweiten ökonomischen Prozesse üben darüber hinaus einen immer stärkeren Druck auf ökonomisch schwächere Kulturen aus. Die globalen ökologischen Systeme werden auf das Äußerste belastet und teilweise bereits überfordert. Im kulturellen Bereich liegen hier wesentliche Konfliktlinien des Westens mit der islamischen Welt begründet. Die tangierten Religionen sind dabei nicht, wie oft fälschlicherweise angenommen oder unterstellt wird, die Hauptursache der Probleme und Konflikte, sondern bilden den sichtbaren Kommunikationsrahmen für eigentlich tiefer liegende Fragen, vor allem Gerechtigkeitsfragen und Fragen der Menschenwürde, nicht anders als zum Beispiel im Nordirland-Konflikt. Und kein Thema ist neben dem schieren Überleben für Menschen so wichtig wie Gerechtigkeit und Würde. Das betrifft auch das eigene ökologische Umfeld im Vergleich zu den ökologischen Gegebenheiten an anderen Stellen des Globus, weil die eigenen ökologischen Lebensbedingungen viel mit Menschenwürde zu tun haben. Hinsichtlich der ökologischen Aspekte geht es auf globaler Ebene besonders um die Themen Trinkwasser, Böden, Meere, Wälder, Luft, Klima und genetische Vielfalt.

> *„Die WTO-Gegner haben völlig verschiedene Anliegen, aber in Summe artikulieren sie das Problem, dass die Weltmarktordnung heute die Kannibalisierung sozialer, ökologischer und kultureller Bestände honoriert und deshalb im Kern nicht zukunftsfähig, nicht friedensfähig und erst recht nicht mit dem Ziel einer nachhaltigen Entwicklung verträglich ist."*

Für eine nachhaltige Entwicklung ist es heute das vielleicht größte Problem, dass aus dem Zusammenbruch des Ostblocks die falschen Schlüsse gezogen wurden. Erhebliche Teile der erhofften Friedensdividende landeten rasch auf Konten, die ohnehin schon gut gefüllt waren. Über die Idee zunehmend deregulierter Märkte statt politisch abgestimmter Entwicklungsprozesse wurde zwar viel Wachstum, aber auch ein Mehr an Spaltung und

Umweltzerstörung generiert. Statt intelligente Regulierung mit korrespondierender Marktdynamik zu koppeln, wurde Deregulierung zur dominierenden Philosophie. Den Gewinnern dieser Prozesse und den Akteuren im Zentrum des heutigen weltökonomischen Systems ist es in brillanter Weise gelungen, eine breit gestreute Verteidigungsbastion der eigenen unzutreffenden Argumentationslinie zu etablieren.

Hier tun sich vor allem einige begeisterte Professoren einer modernen Ökonomie hervor, die dies als Teil ihrer gesellschaftlichen Rolle und Verantwortung sehen. Mit höchstem argumentativen Einsatz versuchen sie sogar zu beweisen, dass diese Form der Ökonomie auch am besten die Probleme der Armut auf diesem Globus löst, obwohl das ganz offensichtlich nicht der Fall ist. Dabei werden die motivierenden, innovativen und lösungsfindenden Potenziale von Märkten zu Recht hervorgehoben, aber viel zu oft wird vergessen, wie sehr diese positiven Aspekte von Rahmenbedingungen und Voraussetzungen abhängen, die der Markt selbst nicht produzieren kann. Die Väter der Marktphilosophie von Adam Smith über Max Weber bis zu John Maynard Keynes waren sich über diese Zusammenhänge noch sehr wohl im Klaren.

Die Enge vieler heutiger Beiträge (so genannte „autistische Ökonomie") resultiert aus einer begrenzten Sicht einer Ökonomie, die den mathematischen Hintergrund der eigenen Theorie nicht voll versteht. Der Wettbewerb selbst ist nämlich primär nur der Maximierungsmechanismus. Die Frage nach dem, was zu maximieren ist, ergibt sich im Wesentlichen aus den Rahmenbedingungen der Märkte. Diese Rahmenbedingungen produziert der Markt nicht selbst, sondern sie sind stark von gesellschaftlichen beziehungsweise ethischen Überlegungen beeinflusst. Diese Rahmenbedingungen werden über politische Gestaltungsprozesse gesetzt.

Dass es dabei Trade-Offs zwischen ethischen Anforderungen und ökonomischer Leistungsfähigkeit gibt und historische Erfahrungen hinsichtlich dieser Thematik wichtig sind, ist richtig. Ebenso richtig ist, dass manche Träume der Machbarkeit an der harten ökonomischen Realität und ihrem kreativ-zerstörerischen Potenzial gescheitert sind. Aber auch dieses Relativieren ändert nicht das grundsätzliche Bild über die bestehende Situation. Naive Deregulierungseuphoriker haben weltweit schon viel Schaden angerichtet, vor allem auch im Hinblick auf eine nachhaltige Entwicklung. Wenn sie an ihre eigenen Theorien glauben und mit besten Intentionen handeln, ist das nur tragisch, wenn sie wissen, was sie tun, gemeinwohlgefährdend.

# 3
## Europäische Erfahrungen: zur Rolle von Co-Finanzierungsmechanismen

*„Sozialer Ausgleich und Co-Finanzierungs-
instrumente auf Weltebene sind der Schlüssel für
eine nachhaltige Entwicklung. Die Mechanismen
und Maßnahmen der EU sind ein Modell für die
Art der zu vereinbarenden Lösungen."*

Muss es bei den bezeichneten Defiziten auf globaler Ebene bleiben oder gibt es bessere Wege in die Zukunft? Wie aber könnten bessere Lösungen aussehen? Sie betreffen ganz wesentlich eine Veränderung der weltweiten Ordnungssysteme in Richtung auf eine weltweite Ökosoziale Marktwirtschaft, einen „Balanced Way", stark angelehnt an das europäische Konsensmodell der Co-Finanzierung von Integration und Entwicklung.

*„Die Ökosoziale Marktwirtschaft ist der beste Lösungsansatz,
den wir für die weltweiten Probleme haben. Die Ansätze einer
Ökosozialen Marktwirtschaft in Europa sind abzugrenzen von
der naiven Vorstellung einer völligen Deregulierung der Ökonomie. Eine Ökosoziale Marktwirtschaft ist möglicherweise der einzige Rahmen, der Nachhaltigkeit und Zukunftsfähigkeit auf diesem
Globus ermöglichen kann."*

Wie in Europa und beispielsweise auch in vielen asiatischen Ländern Märkte organisiert sind – durch Wettbewerb in Kombination mit Schutzvorschriften und sozialem Ausgleich – und wie die Erweiterungsprozesse der EU – als „kleine" Form der Globalisierung – gestaltet werden, ist ein gutes Muster dafür, was weltweit erforderlich wäre. Es geht in den EU-Erweiterungsprozessen immer um Vereinbarungen zwischen Partnern hinsichtlich der Angleichung von Standards in einer Vielzahl von gesellschaftlichen Bereichen (Acquis communautaire) im Rahmen von Integrationsprozessen. Der stärker entwickelte Teil öffnet dem hinzukommenden Teil über Co-Finanzierungsinstrumente letztlich den Weg, höhere soziale, kulturelle und ökologische Standards akzeptieren zu können, obwohl er dadurch einen Teil seiner bisherigen – jener aus dem Unterlaufen von Standards resultierenden – Wettbewerbsfähigkeit verliert. Die Vorgehensweise bei den EU-Erweiterungsprozessen kombiniert dabei unter Nutzung von Co-Finanzierungsmitteln immer das Etablieren eines verlässlichen rechtlichen Rahmens und leistungsfähiger administrativer Strukturen mit dem Aufbau von Infrastrukturen, der Förderung von Wachstumspotenzialen bei den neuen Mitgliedsstaaten und der Stärkung der Innovationsfähigkeit der Unternehmen. Hierzu sind Märkte mit geeigneten Regulierungselementen zu koppeln, und das nicht nur bezüglich der Funktionsbedingungen von Märkten und der Eigentumsfragen, sondern genauso in Hinblick auf soziale, kulturelle und ökologische Anliegen. Hier liegen die großen Konfliktlinien zwischen der Idee oder Ideologie eines freien Marktes und ökosozialen Marktmodellen.

### Die Auseinandersetzung um die Ordnung der Weltwirtschaft. Der Begriff des freien Marktes als Marketinginstrument

- Weltweit findet heute ein subtiler Wettkampf zwischen einem Modell stark deregulierter Märkte (Turbokapitalismus) und der Idee einer Ökosozialen Marktwirtschaft statt.

- Deregulierer sprechen gerne von freier Marktwirtschaft. Was sie normalerweise meinen, ist viel Regulierung und Durchsetzungskraft in Eigentumsfragen und wenig Regulierung in allen sozialen, kulturellen und ökologischen Angelegenheiten.

- Dass Deregulierung als Prinzip in den letzten Jahren viel Rückenwind gefunden hat, hängt unter anderem damit zusammen, dass zuerst die Wachstumspotenziale zunehmen, zweitens die wirtschaftlichen Eliten gleich mehrfach profitieren (Umverteilung nach oben) und drittens die Freihandelslogik der WTO Deregulierungsansätze honoriert (die „Plünderung" von Beständen rechnet sich).

23

- Die heutigen Deregulierungsprozesse bedrohen die Zukunftsfähigkeit der Welt. Dieser Ansatz ist auf Dauer nicht durchzuhalten. Eine zukunftsfähige Alternative ist eine Ökosoziale Marktwirtschaft, die die Bestände im sozialen, kulturellen und ökologischen Bereich schützt. Das schließt intelligente Deregulierungsschritte in bestimmten Teilbereichen natürlich nicht aus, im Gegenteil.

- Der 11. September 2001 hat die Chancen für ein ökosoziales Modell verbessert und deutlich gemacht, welchen Preis man weltweit für zu viel Ungleichheit sowie sozial und kulturell nicht abgefederte Deregulierungsprozesse zahlen muss. Allerdings hat dieses Ereignis zugleich die Gefahr erhöht, dass sich die Politik zu Lasten der zivilen Rechte der Bürger und der Entwicklungschancen ökonomisch zurückliegender Staaten in Richtung eines massiven Sicherheitsregimes mit ökodiktatorischen Elementen orientiert, das vor allem Machtmittel einsetzt, um ungerechte Verteilungsmuster zu stabilisieren.

Der Ansatz der ökosozial motivierten EU-Integrationsmechanismen kann als Gedankenmodell für die weitere weltweite Entwicklung herangezogen werden. Global gibt es insbesondere bei der Co-Finanzierung von Entwicklung Schwierigkeiten, weil die reichen Länder – vor allem deren Eliten – und ganz besonders die USA, gleichsam an der „Spitze der Pyramide", bisher nicht bereit sind, substanzielle Aufwendungen zur Finanzierung von Entwicklungsprogrammen mitzutragen. Tatsächlich schaffen die meisten entwickelten Staaten nicht einmal fünfzig Prozent des international als Zielmarke vereinbarten Umfangs an Entwicklungshilfe von ohnehin nur 0,7 Prozent des jeweiligen nationalen Bruttosozialprodukts. Die Überlegungen in diesem Buch gehen allerdings über 0,7 Prozent deutlich hinaus und zielen auf ein Volumen von, je nach Ausgestaltung, bis zu zwei oder drei Prozent, das für Co-Finanzierungszwecke im Rahmen einer Weltinnenpolitik erforderlich sein wird.

Es ist notwendig, dass über den Druck der Weltzivilgesellschaft in Wechselwirkung mit den staatlichen Autoritäten und den international tätigen Unternehmen letztlich ein besseres Global Governance System etabliert wird, das endlich die Co-Finanzierungsfrage in das Zentrum der Debatte rückt.

Hier sind die aktuellen Prozesse um die Weiterentwicklung der WTO von entscheidender Bedeutung. Letztlich geht es unter dem Dach der Vereinten Nationen um die richtige Kopplung der WTO-Mechanismen im Bereich der Wirtschaft und des Handels mit Sozialstandards, für die international die ILO (International Labour Organization) zuständig ist, mit den Multilateral Environmental Agreements (MEA) und den Verträgen zum Erhalt der Vielfalt der Kulturen auf Seite der United Nations. All das muss zielgerichtet über standardorientierte Entwicklungsprogramme – vergleichbar dem Kohäsions-programm der EU (also keine einfache Geldumverteilung, keine primäre Finanzierung lokaler Eliten oder mafioser Strukturen) – miteinander zu einem kohärenten, das Subsidiaritätsprinzip beachtenden Global-Governance-System verknüpft werden. Es braucht dazu eine solide, eigenständige Finanzierung auf der Basis internationaler Ansätze wie zum Beispiel eine Besteuerung des Welthandels, eine „Tobin Tax" auf Finanztransaktionen (ein besonders vielversprechender Ansatz, für den sich heute zum Beispiel das Antiglobalisierungsbündnis „Attac" einsetzt und der langsam Eingang in die politischen Debatten findet) oder in Form einer Besteuerung der weltweiten Mobilität beziehungsweise des Energieverbrauchs, beispielsweise über eine Weltmineralölsteuer in den Bereichen Flugverkehr und Schiffahrt zur Finanzierung weltweiter Entwicklung. Noch allgemeiner wäre eine interna-tionale Verbrauchssteuer auf den Konsum wichtiger, nicht erneuerbarer Ressourcen. Es geht insgesamt um den Einsatz von Co-Finanzierungsmitteln für Entwicklung auf der Basis adäquater Ordnungsregime, orientiert an den Erfahrungen in den Erweiterungsprozessen der EU, kombiniert mit einer geeigneten Form der Aufbringung dieser Co-Finanzierungsmittel. Diese Denkrichtung wird im Weiteren vertieft.

*„Wir erleben seit einigen Jahren eine der geschicktesten Marketingkampagnen, die je in dieser Welt gestartet wurden. Das ist die Marketingkampagne obsessiver Besitzideologen und einer Gruppe ‚autistischer' Ökonomen für den vermeintlich freien Markt. Dieser Begriff des freien Marktes ist ein Trick, um die Vorstellung zu erzeugen, ein Markt bestehe im Wesentlichen aus Wettbewerb und jede ökologische, soziale oder kulturelle Rahmenbedingung sei des Teufels, sei Sozialismus und Werte ver-nichtend. Erst wenn alles frei wäre, hätte der Markt den richtigen Zustand erreicht. Der freie Markt falle sozusagen vom Himmel.*

*Es ist dabei ganz interessant zu beobachten, dass genau jene Personen, die diese Ideologie des freien Marktes mit besonderer Vehemenz predigen, auf eines immer besonderen Wert legen: Sie wollen eine strikte Eigentumsordnung und viele Polizisten, Richter sowie ein starkes Militär, um Eigentumsrechte durchzusetzen. Und natürlich wollen sie weltweit auch ihre intellektuellen Eigentumsrechte durchsetzen, so, als seien diese ebenfalls Naturrecht und frei. In Eigentumsfragen und bei Umverteilung nach oben kann es für sie gar nicht genug Rahmenbedingungen geben, aber sonst seien diese leistungsfeindlich, daher nicht zulässig."*

# 4
## *Technischer Fortschritt, Dematerialisierung, Faktor 10*

*„Ein doppelter Faktor 10 auf Basis von techni-*
*scher und gesellschaftlicher Innovation kann den*
*Raum für eine nachhaltige Entwicklung öffnen."*

Ein Ausgangspunkt für die Überlegungen zu einem neuen weltökonomischen Design ist die Beobachtung, dass Menschen in der Regel nicht bereit sind, freiwillig hinter einen einmal erreichten materiellen Status quo zurückzugehen, egal wie komfortabel dieser auch immer sein mag. Selbst der reiche Norden erwartet als Gestaltungselement seiner zukünftigen politischen Prozesse unbedingt weiteres Wachstum, der Süden hingegen will legitimerweise massiv aufholen. Gleichzeitig ist die Umweltbelastung bereits an vielen Stellen kritisch. Das entscheidende Instrument, das hier eine Lösungsmöglichkeit eröffnet, ist der weitere technisch-gesellschaftliche Fortschritt, vor allem in Form von Dematerialisierung und einer höheren Ökoeffizienz. Das manifestiert sich zum Beispiel in dem von Friedrich Schmidt-Bleek und anderen (zum Beispiel dem so genannten Faktor-10-Club) propagierten Faktor-10-Konzept, für das das auf Ernst Ulrich von Weizsäcker zurückgehende Faktor-4-Konzept einen Zwischenschritt darstellt (vgl. die Hinweise im Literaturverzeichnis). Das Faktor-10-Konzept propagiert das Ziel einer Verzehnfachung der Ökoeffizienz während der nächsten fünfzig bis hundert Jahre. Das bedeutet, mit Hilfe neuer technischer und organisatorischer Möglichkeiten dieselbe Lebensqualität zu erzeugen wie bisher, aber auf Dauer mit nur einem Zehntel des heutigen Ressourceninputs und einem Zehntel der bisherigen Umweltbelastungen pro erzeugter Wertschöpfungseinheit.

*„Man sollte sich keiner Illusion hinsichtlich der in den nächsten*
*Jahrzehnten benötigten Dynamik hingeben. Angesichts der welt-*
*weiten Herausforderungen brauchen wir massive Steigerungen des*
*Weltbruttosozialprodukts, und das ohne zusätzliche Umwelt-*
*belastungen. Das kann nur durch eine deutlich höhere Ökoeffizienz*
*erreicht werden. Die Basis für hohes Wachstum bei gleichzeitig*

*zunehmender Ökoeffizienz kann nur massiver technischer und organisatorischer Fortschritt sein."*

Angesichts der bestehenden weltweiten Herausforderungen ist das Faktor-10-Konzept allerdings weiter zu präzisieren. Gemeint ist im Rahmen dieses Textes immer ein doppelter Faktor 10, das heißt das Ziel einer Verzehnfachung des Weltbruttosozialprodukts über die nächsten fünfzig bis hundert Jahre bei synchron erfolgender Verzehnfachung der Ökoeffizienz, so dass wir zum Beispiel im Jahre 2050 über zehnmal so viele Güter und Dienstleistungen weltweit verfügen würden wie heute, allerdings bei gegenüber heute nicht erhöhter Umweltbelastung und vergleichbarem Ressourcenverbrauch. Wie später noch genauer beschrieben wird, ist dann auf Dauer durch eine sinkende Weltbevölkerungszahl sogar eine Reduktion der Belastungen unter das heutige Niveau möglich. Die Technik und neue Formen der Organisation von Wertschöpfungsprozessen würden in diesem Konzept in Form einer höheren Ökoeffizienz die Chance eröffnen, um letztlich für alle Menschen auf diesem Globus ein von Not und Armut freies Leben in Würde mit mannigfachen Optionen zu ermöglichen, bei gleichzeitiger Beachtung vielfältiger sozialer, kultureller und ökologischer Anliegen. Die Kreativität von Ingenieuren, Naturwissenschaftern und Unternehmern und die daraus resultierenden neuen Techniken sind dafür der Schlüssel. Das gilt auch für die Umsetzungsprozesse von Innovationen technischer und gesellschaftlicher Art – etwa heute der Übergang in eine massiv vernetzte Gesellschaft, einen hybriden Superorganismus aus Mensch und Technik, der alles andere als einfach zu verwirklichen ist und noch erhebliche Gestaltungsfragen aufwirft.

Das hier unterstellte Programm eines doppelten Faktor 10 ist von der Wachstumsrate wie vom Umfang der Steigerung der Ökoeffizienz her gigantisch und beinhaltet ein enormes Zutrauen in die Fertigkeiten von Ingenieuren, Wissenschaftlern und Unternehmern, aber ebenso in soziale Innovationsprozesse. Viele Menschen in der Politik und in Nichtregierungsorganisationen (NGOs) investieren an dieser Stelle sehr viel Kraft und Lebenszeit, viele höchst verdienstvolle Bücher wurden geschrieben, die eine solche Möglichkeit gegen massiv geäußerte Skepsis von vielen Seiten zu beweisen versuchen, und tausende von Ingenieuren leisten hier permanent in und mit ihren Unternehmen beziehungsweise im Freizeitbereich entscheidende Beiträge.

Der Autor hat an dieser Stelle als Leiter eines Hightech-Instituts keine Probleme und Zweifel. Ein doppelter Faktor 10 in fünfzig bis hundert Jahren ist ohne Weiteres möglich. Darum wird dieser wichtige Aspekt im Rahmen dieses Buches nicht weiter vertieft, ohne damit aber die entscheidende, durch nichts zu ersetzende Bedeutung der diesbezüglichen Arbeiten und Ansätze abzuwerten. Viele Hinweise und Quellen zu dieser Thematik finden sich im Literaturverzeichnis. Für den Autor ist zudem offensichtlich, dass viele der für einen doppelten Faktor 10 nötigen Innovationen längst verfügbar sind, aber aufgrund der falschen Rahmenbedingungen die gesamtgesellschaftliche Situation noch verschlechtern statt sie zu verbessern. Das zielt auf die im nächsten Kapitel behandelte Thematik des so genannten Bumerang-Effekts.

## *Doppelter Faktor 10*

- Faktor 4 beziehungsweise Faktor 10 sind entscheidende Bestandteile jeder absehbaren Lösungsstrategie für eine nachhaltige Entwicklung.

- Faktor 10 wird im Weiteren als ein doppelter Faktor 10 verstanden:
  1. Erhöhung der Ökoeffizienz beziehungsweise Dematerialisierung der Weltökonomie um einen Faktor 10 über fünfzig bis hundert Jahre.
  2. Synchrone Erhöhung des Weltbruttosozialprodukts um einen Faktor 10.

Faktor 10 und Dematerialisierung sind wichtige Strategieelemente. Es zeigt sich aber, dass nicht die Steigerung der Ökoeffizienz das größte praktische Problem ist, sondern es gilt zu verhindern, dass gleichzeitig, trotz einer höheren Ökoeffizienz, der Ressourcenverbrauch und die Umweltbelastungen weiter zunehmen. Hier sind Weltgesellschaftsverträge im Umweltbereich erforderlich, die, falls sie unter Konsensbedingungen herbeigeführt werden sollen, ihrerseits einen hohen weltweiten sozialen Ausgleich voraussetzen. Dieser ist auch aus anderen Gründen erforderlich, weil beispielsweise nur ein solcher Ausgleich zu einem weltweiten Geburtenrückgang – ohne Zwangsmaßnahmen – zu führen vermag. Die Größe der Menschheit könnte sich dann hoffentlich von zwischenzeitlich vielleicht zehn Milliarden Menschen in einem „sanften" Prozess („Soft landing") über die nächsten zwei- bis dreihundert Jahre auf wenige Milliarden oder vielleicht sogar auf nur eine Milliarde Menschen einpendeln, ein weiterer wichtiger Beitrag zu nachhaltigen Verhältnissen. Das würde es erlauben, den Ressourcenverbrauch und die Umweltbelastungen sogar noch deutlich unter die heutigen Niveaus zu drücken, auf Dauer im Energiebereich ganz auf nachwachsende Energiequellen überzugehen und dennoch den Pro-Kopf-Reichtum weiter zu erhöhen, ohne die Ökosysteme zusätzlich zu belasten. Das sollte auch Handlungsspielräume eröffnen, um mit einer zeitweilig ungünstigen weltweiten Alterspyramide zurecht zu kommen. Zugleich würde es der höhere soziale Ausgleich erlauben, bereits ab 2050 voll entwickelte weltdemokratische, politische Ordnungsstrukturen zu installieren (vgl. Kapitel 28), und zudem dazu führen, dass gegen Ende dieses Zeitraums das Tempo der heute überschäumenden, in der Wirkung oft problematischen Innovationsprozesse signifikant zurückginge. Damit würde die Welt insgesamt in einen besser steuerbaren und allein schon deshalb deutlich nachhaltigeren Zustand überwechseln (Wiederentdeckung der Langsamkeit!).

Dabei ist es offensichtlich, dass wir über einen Zeitraum von fünfzig Jahren hohe Innovationsraten brauchen, um die bestehenden weltweiten Probleme zu lösen, das aber in einer Weise organisieren sollten, dass wir auf Dauer ohne diese hohen Innovationsraten auskommen können. Der Weg in die Zukunft ist also schon fast mit einem „Tanz auf dem Vulkan" oder einem „Ritt auf dem Tiger" vergleichbar, aber der Erfolg in Form eines friedlichen Übergangs in eine nachhaltige Entwicklung ist selbst bei allergrößtem Bemühen alles andere als sicher, das heißt, die Verhältnisse könnten bereits in irreparabler Weise aus dem Ruder gelaufen sein.

*„Das Faktor-10-Konzept kann nicht ‚von oben' verordnet werden. Ebenso wird es nicht ausreichen, allein an die Vernunft beziehungsweise den Idealismus der Menschen zu appellieren. Die notwendige Innovationskraft, das angemessene Tempo und die erforderliche Orientierung der Innovationsprozesse sind nur dann zu erreichen, wenn im Rahmen weltweiter Vereinbarungen die exakte Einrechnung der ‚Umweltkosten' in die Produktionsprozesse und Produktionspreise, die Unterstützung durch den Umbau des Steuer- und Abgabensystems sowie die vordringliche Verwendung von Förderungen (Subventionen) zugunsten von Faktor-10-Maßnahmen den notwendigen innovatorischen und technologischen Schub bringen. Das ist der Grundgedanke der Ökosozialen Marktwirtschaft, wie sie von Josef Riegler und anderen formuliert wurde."*

# 5
## *Rebound-Effekte: höherer Verbrauch trotz Dematerialisierung*

*„Eine höhere Ökoeffizienz allein
reicht für eine nachhaltige
Entwicklung nicht aus."*

Im vorigen Abschnitt wurde vehement für Dematerialisierung und eine Erhöhung der Ökoeffizienz argumentiert. Man darf daraus aber keine falschen Schlüsse ziehen. Vielmehr gilt es hier ganz wesentlich zu beachten, dass Dematerialisierung und eine permanente Erhöhung der Ökoeffizienz seit jeher stattfinden beziehungsweise erreicht werden und ganz normale Begleiterscheinungen des technischen Fortschritts sind, die sich übrigens ganz von alleine einstellen, vor allem und gerade unter Marktbedingungen. Es wäre deshalb deutlich verfehlt zu meinen – und das zeigt gerade die Vergangenheit –, dass ein forcierter technischer Fortschritt, auch wenn er die Ökoeffizienz erhöht, automatisch global nachhaltige Zustände herbeiführt.

Historisch ist die Situation ganz anders. Historisch gesehen wird hier nämlich regelmäßig der so genannte Bumerang-Effekt (Rebound-Effekt) wirksam, aufgrund dessen sich vermeintliche Lösungen häufig in noch größere Probleme verwandeln. Dieser Bumerang-Effekt und sein ununterbrochenes Wirken seit der epochalen Erfindung von Ackerbau und Viehzucht vor etwa zehntausend Jahren wird in eindrucksvoller Weise in dem Buch von Jacques Neirynck „Der göttliche Ingenieur" beschrieben (vgl. die Hinweise im Literaturverzeichnis). Als aktuelle Beispiele seien das Wachsen der Elektronikschrottmenge trotz immer kleinerer Chips, das Wachsen der Papierberge in Zeiten des vermeintlich papierlosen Büros, die Zunahme der Reiseaktivitäten in Zeiten von Telekommunikation und Mobiltelefon und die immer höheren Finanzaufwendungen im Bereich der Medizin trotz (wegen) immer besserer Behandlungsmethoden erwähnt.

*„Wir haben Computer, die immer kleiner werden, aber je kleiner sie werden, desto mehr Elektronikschrott fällt an. Wir haben*

*vom papierlosen Büro geträumt, aber wir verbrauchen heute
mehr Papier als je zuvor. Wir haben davon geträumt, dass die
Telekommunikation den Reiseaufwand reduzieren würde, aber
nun reisen wir mehr denn je und während wir reisen, betreiben
wir Telekommunikation. Wir sind häufig unterwegs und kommunizieren ständig, weil die Technik das ermöglicht und der Markt
es über den Konkurrenzmechanismus bis zum Schluss erzwingt.
Überall Bumerang-Effekte: ,Die ich rief, die Geister, werd' ich nun
nicht los!'"*

Unter den heutigen, durch die WTO und ihre Freihandelslogik-
bestimmten weltweiten Governance-Bedingungen würde deshalb das weltökonomische System keineswegs innerhalb des heutigen Umfangs an
Ressourcennutzung und Umweltverschmutzung verbleiben und weiteres
Wachstum nur innerhalb dieses Rahmens generieren. Wie sehr auch die
Ressourceneffizienz zunähme, das System würde parallel zur Dematerialisie-
rung auch die Ressourceninputs weiter drastisch erhöhen und die
Umweltbelastungen weiter erheblich ausweiten, um in demselben Zeitraum
zum Beispiel einen Wachstumsfaktor von vielleicht 20 und mehr statt „nur"
einen Faktor 10 zu erreichen. In Kapitel 25 wird hierzu als hypothetische
Zielgröße der heutigen freihandelsbasierten Weltökonomie eine Steigerung
des Weltbruttosozialprodukts um den Faktor 14 und eine Erhöhung der
Ökoeffizienz (nur) um den Faktor 7 in den nächsten fünfzig bis hundert
Jahren behandelt. Ein solches Mehr an Wachstum bei nicht synchroner
Erhöhung der Ökoeffizienz würde massiv zu Lasten der Zukunftsfähigkeit
gehen. Vieles wäre letztlich auch eher Schadensmanagement als echtes
Wachstum, aber trotzdem würde das weltökonomische System so optieren
und nicht innerhalb heutiger Grenzen in den Bereichen Ressourceneinsatz
und Umweltbelastung verbleiben.

### Umgang mit Rebound-Effekten

- Eine Erhöhung der Ökoeffizienz um einen Faktor 10 und
  eine Verzehnfachung des Weltbruttosozialprodukts über
  fünfzig bis hundert Jahre sind nicht die größte
  Herausforderung für das Erreichen einer nachhaltigen
  Entwicklung.

- Unter geeigneten Rahmenbedingungen leistet das das ökonomische System von alleine.

- Die entscheidende Frage betrifft die Rahmenbedingungen des (welt-)ökonomischen Systems.

- Es ist wesentlich zu verhindern, dass trotz höherer Ökoeffizienz die Umwelt und die sozialen und kulturellen Systeme weiter „geplündert" werden, um statt eines Wachstumsfaktors 10 einen Faktor 15 und mehr zu erreichen.

- Im Kern geht es hierbei um die Verhinderung von Rebound-Effekten, die bisher immer wieder alle Effizienzgewinne des Fortschritts mehr als kompensiert haben.

- Immer mehr Menschen, die auf immer höherem Konsumniveau trotz immer ökoeffizienterer Lösungen immer mehr Ressourcen verbrauchen und die Umwelt immer stärker belasten, werden zum Problem.

- Erforderlich ist deshalb ein Weltgesellschaftsvertrag zur Durchsetzung erforderlicher Begrenzungen kollektiven menschlichen Tuns.

Historisch betrachtet gehen aufgrund des Bumerang-Effekts ständige Dematerialisierung, höherer Ressourcenverbrauch und höhere Umweltbelastungen Hand in Hand. Das gilt in jedem Fall in einer Gesamtbetrachtungsweise, aber oft sogar sektoral oder auf einzelne Dienstleistungen oder Produkte bezogen. Technischer Fortschritt in Form einer immer weiter gehenden Dematerialisierung alleine reicht also zur Sicherung von Zukunftsfähigkeit nicht aus. Die Lösung der Ordnungsfrage ist mindestens ebenso bedeutsam. Es geht dabei um Begrenzungen kollektiven menschlichen Tuns hinsichtlich möglicher Steigerungsumfänge in einer weltweiten Perspektive, um Rebound-Effekte zu verhindern.

# 6

## Wie misst man Wertschöpfung und Wachstum? Nachhaltigkeitskonformes versus „kannibalisierendes" Wachstum

*„Wir brauchen einen ehrlichen Wachstumsbegriff."*

Wachstum wird heute über das Bruttosozialprodukt und seine Veränderung gemessen. Hier handelt es sich um den Versuch einer monetären Annäherung an die Gesamtheit der produzierten Güter und Dienstleistungen. Ein Problem mit der Berechnungsmethode für das Bruttosozialprodukt ist dabei, dass Unfälle und Zerstörungen sowie deren Bewältigung teilweise als positive Beiträge einfließen. Das gilt ebenso, wenn bisher monetär nicht bewertete Wertschöpfungsbeiträge, etwa im häuslichen Umfeld, in der Kindererziehung oder im Pflegebereich, über gesellschaftliche Umorganisationsprozesse zu monetärer Wertschöpfung und zu vermeintlichem Wachstum werden, ohne dass sich an den tatsächlichen Umfängen an Gütern und Dienstleistungen etwas ändert. Fehlinterpretationen können auch aus Veränderungen des Umfangs der Schattenökonomie, des Anteils nicht registrierter (illegaler) Beschäftigungsverhältnisse oder der durchschnittlichen Arbeitszeit (Mehrfachjobs) resultieren. Erheblichen Einfluss kann auch die Berechnungsmethode (Algorithmik) hinsichtlich der Bewertung neuer innovativer Leistungsmerkmale von Geräten (zum Beispiel Computer) haben. Eine positivere Gewichtung einiger dieser Faktoren (so genannter hedonistischer Ansatz) erklärt einen Teil der höheren Wachstumsraten der USA gegenüber Europa (mit einer klassischen Berechnungsmethode) als Folge eines rein methodischen Ansatzes.

Das gravierendste Defizit der heute üblichen Berechnungsmethode ist aber, dass der ersatzlose Verbrauch („Kannibalisierung") wichtiger sozialer, kultureller und ökologischer Bestände als Folge des Wirtschaftens ebenfalls positiv zu Buche schlägt. Beispiele sind der massive, nicht kompensatorische Zugriff des Nordens auf gut ausgebildete Menschen in Schwellenländern, die Zerstörung gewachsener regionaler, vor allem landwirtschaftlicher Selbstversorgungsstrukturen durch großindustrielle Versorgungsformen, die Zerstörung der Böden wie der Atmosphäre durch internationale Formen der Bereitstellung landwirtschaftlicher Produkte vergleichsweise niedriger Wertschöpfung (Monokulturen etc.) und erhebliche Verluste im sozialen und mitmenschlichen Bereich, wenn bei Integration von immer mehr Menschen in formalisierte ökonomische Austauschprozesse bisherige Niveaus an emotionaler und zeitlicher Zuwendung im Familienumfeld (zum Beispiel für Kinder, Kranke, Sterbende) unwiederbringlich verloren gehen, aber in den Zahlenwerken keinen Niederschlag finden, weil diese Leistungen nie monetär bewertet und damit budgetiert wurden. Fragen nach besseren Messmethoden für Wertschöpfung und Wachstum werden in dem EU-Projekt TERRA 2000 (www.terra-2000.org) untersucht. Einige Hinweise hierzu finden sich auch in Kapitel 13. Das ist dann teilweise nur eine Schein-Wertschöpfung und geht teilweise auch zu Lasten der Zukunftsfähigkeit, zum Beispiel dann, wenn wegen beruflicher Belastungen oder Pläne, aber auch aus primär monetären Erwägungen gleich auf Kinder verzichtet wird. Hier werden Bestände kurzfristig in „Cash" verwandelt, so wie Firmen in schwierigen Zeiten Grundstücke verkaufen, um die Gewinnausschüttung für die Aktionäre wie gewohnt vornehmen zu können. Das kann man nicht oft wiederholen.

*„Das US-Ausbildungssystem verbraucht weniger Steuermittel als die Ausbildungssysteme in Europa, es kümmert sich nicht so sehr um die Breite der Bevölkerung, sondern beschäftigt sich statt dessen stark mit den Überfliegern, produziert damit die Weltspitze und auch die meisten Nobelpreisträger. Ein Problem ist, dass man mit diesem System die eigenen Humanressourcen nicht voll ausschöpft. Ökonomisch könnte das zur Folge haben, dass nicht genügend gute Arbeitskräfte für den wirtschaftlichen Prozess zur Verfügung stehen. Dieses Problem wird in den USA mit der Greencard gelöst. – Da stellt sich das reichste Land der Welt auf den Standpunkt, dass es nicht seine Aufgabe ist, mit viel Mühe und hohen Steuern die gesamte eigene Bevölkerung gut auszubilden. Wer es nicht schafft, ist selbst schuld. Wenn Arbeitskräfte gebraucht werden, lässt man lieber Inder kommen. Als Nobelpreisträger kommen auch die besten europäischen Professoren in Frage, denen man an der Spitze der intellektuellen Systempyramide aber auch etwas bieten muss.*

*Für eine solide Breite, die viel höhere Kosten verursacht als die*
*besonders gute Ausstattung der Spitze, sorgen weltweit andere, die*
*dann allerdings kein Geld mehr für eine besondere Förderung der*
*Spitze übrig haben. Und die Spitzenleute gehen gerne in die USA,*
*auch weil dort die Steuern niedriger sind. Das ist ein gutes Geschäft*
*für die USA und ein gutes Geschäft für die besten Inder und vielleicht*
*sogar für die besten Europäer. Ein geniales ökonomisches Design. Es*
*funktioniert aber nur unter der Voraussetzung, dass es noch genü-*
*gend Platz für Neuankömmlinge gibt und dass man Menschen kon-*
*fliktfrei aufnehmen kann. Darüber hinaus funktioniert es nur,*
*wenn man in einer Welt lebt, in der die Spitze so zu Lasten des Rests*
*der Welt operieren darf, in der also Vorteilnahme und Plünderung*
*erlaubt sind. Damit ist auch klar, dass das keine Lösung für die*
*ganze Welt und bald zehn Milliarden Menschen sein kann."*

In diesem Sinne sind unsere heutigen Bruttosozialprodukt-Volumina und Wachstumsraten oft rechnerisch überhöht. Sie enthalten immer auch nicht-nachhaltige Bestandteile. Deshalb wird seit langem eine bessere Brutto-sozialproduktrechnung gefordert. In Zukunft müssen wir uns darauf verständigen, zu einem mit der Vorstellung einer nachhaltigen Entwicklung verträglichen Bruttosozialprodukts- und Wachstumsbegriff zu kommen, also die „Kannibalisierung" von Beständen als vermeintliche Form von Wertschöpfung und Wachstum auszuschließen. De facto bedeutet das, alle wichtigen ethischen Anliegen hart als Grenzen und damit über „korrekte Preissignale" in die Rahmenbedingungen der (Welt-)Ökonomie zu inkorporieren, so dass alle externen Effekte dieses Typs internalisiert sind, damit dann auch die Preise die soziale, kulturelle und ökologische Wahrheit sagen und „Kannibalisierung" nicht mehr möglich ist. Dieses Inkorporieren externer Effekte ist dabei seiner Natur nach kein selbstevidenter algorithmischer, sich hinsichtlich der Größenordnungen in logisch zwanghafter Weise ergebender Vorgang, sondern beinhaltet ethische Entscheidungen auf Weltordnungsebene, zum Beispiel über den angestrebten – und durch Co-Finanzierungsmechanismen gestützten – Grad an weltweitem sozialen Ausgleich.

Die Wachstumsraten werden bei einem solchen Vorgehen als nominale Größen tendenziell – zumindest in einer kurz- beziehungsweise mittelfristigen Perspektive – niedriger sein als heute. Dafür ist das Wachstum mit einer nachhaltigen Entwicklung verträglich. Die Zahlen werden in diesem Sinne

„ehrlicher". Der eigentliche Wachstumstreiber und die einzige wirkliche Quelle für mehr Wertschöpfung werden dann auf Dauer ausschließlich technische und gesellschaftliche Innovationen sein, denn Extensionen (mehr Menschen, mehr genutzte Böden, mehr Rohstoffe, Inkorporation informeller Teile der Wirtschaft) werden zunehmend nicht mehr möglich und „Kannibalisierung" von Beständen wird nicht erlaubt sein. Wir kommen zu einem „ehrlicheren", mit Nachhaltigkeit kompatiblen, sich aus Kreativität speisenden, nachhaltigen Wachstum, das ein zentrales Element eines Zukunftskonzeptes ist, das auf einem doppelten Faktor 10 beruht. Wichtig ist dabei, dass wir keine neue Bruttosozialproduktrechnung (grünes Bruttosozialprodukt) brauchen, sondern (nur) alle wesentlichen (welt-)gesellschaftlichen Anliegen adäquat in die Rahmenbedingungen der (Welt-)Ökonomie inkorporieren müssen. Ist das geschehen, dann geben die bisherigen Berechnungsmethoden die richtige Größe an, nämlich eine mit Nachhaltigkeit verträgliche Wertschöpfungs- und Wachstumsgröße.

### Ein ehrlicher Wachstumsbegriff

- Die heutigen Wachstumsraten sind rechnerisch überhöht. Sie enthalten Kannibalisierungsbestandteile, die als Wachstum ausgewiesen werden.

- Die heutige Form der Wertschöpfungs- und Wachstumsberechnung über die (monetäre) Veränderung des Bruttosozialprodukts nach Ausgleich der Inflationsrate gibt nur dann das echte Wachstum an, wenn zuvor alle wesentlichen gesellschaftlichen Anliegen adäquat in die Rahmenbedingungen der Märkte inkorporiert wurden.

- Hierzu ist ein Weltgesellschaftsvertrag mit der Zielsetzung einer nachhaltigen Entwicklung zu schließen.

- Ein ehrliches Wachstum der Weltökonomie liegt im Rahmen eines Faktor-10-Konzeptes bei mittleren 4,71 Prozent pro Jahr in einer fünfzigjährigen und bei mittleren 2,33 Prozent pro Jahr in einer hundertjährigen Perspektive. Das ist eine solide Wachstumsperspektive.

Ein „ehrlich" gerechneter Wachstumsfaktor 10 der Weltökonomie über fünfzig oder hundert Jahre entspricht einem jährlichen Durchschnittswachstum von 4,71 beziehungsweise 2,33 Prozent. Das sind ganz ordentliche Werte. Viele Politiker, Unternehmer, Geldanleger, Analytiker, Entwicklungsexperten oder Kämpfer gegen die weltweite Armut erhoffen sich allerdings aus nachvollziehbaren Gründen höhere Werte. Man sollte aber beachten, dass wir hier von einem mit Nachhaltigkeit verträglichen Wachstum, also einem die Bestände erhaltenden Wachstum, reden, während die heutigen (Welt-)Wachstumsraten nicht die Wahrheit sagen und „Kannibalisierungseffekte" als Wachstum ausweisen, das de facto keines ist. Insgesamt ist die weltweite Wachstumsperspektive in dem beschriebenen Rahmen selbst bei einer hundertjährigen, erst recht bei einer fünfzigjährigen Betrachtung zufriedenstellend. Eine mit Nachhaltigkeit verträgliche Zukunftsperspektive im Rahmen eines doppelten Faktor-10-Konzeptes bedeutet nicht Verzicht, sondern durchaus noch Zuwachs. Das gilt erst recht, wenn die resultierenden Veränderungen in Bezug auf die Bevölkerungsentwicklung, also die erhoffte langfristige Abnahme der Größe der Weltbevölkerung, zusätzlich in die Betrachtung miteinbezogen werden.

# 7

## Vorteilnahme mit Hilfe des ökonomischen Designs: Greencards und anderes

*„Der Norden bereichert sich über das derzeitige weltökonomische Design an den sich entwickelnden Ländern. Greencards sind besonders problematische Transfermechanismen."*

Eine faire Beurteilung der Austauschbeziehungen zwischen Nord und Süd ist schwierig. Vor allem ist es ein großer Unterschied, ob man das Herausbilden von Marktpreisen unter WTO-artigen Freihandelsbedingungen als „wahren" oder „gerechten" Preis akzeptiert oder ob man jene ethischen Standards mit in die Vorstellung von „wahren" oder „gerechten" Preisen einfließen lässt, auf die sich die Menschheit auf UN-Ebene verständigt hat und von denen alle entwickelten Länder behaupten, dass sie ihr Handeln lenken. Rein ökonomisch kann es für einen Bangladeschi heute Sinn machen, seine Niere für zehntausend US-Dollar zu verkaufen. Rein ökonomisch kann es in Indonesien Sinn machen, Kinder zwölf Stunden pro Tag unter inakzeptablen Bedingungen Schwerstarbeit verrichten zu lassen, rein ökonomisch bleibt vielen Menschen in Indien oder Afrika nur Sklavenarbeit und rein ökonomisch kann es auch Sinn machen, dass reiche Länder die besten Absolventen der Ausbildungssysteme des Südens zum Nulltarif zu sich holen. Aber was sagt das über „wahre" oder „gerechte" Preise aus? Fast nichts, aber es sagt extrem viel über Machtverhältnisse, über eine ungleiche Ausgangssituation („The winner takes it all") und das bestehende weltökonomische Design aus.

Diese in einer Freihandelsperspektive immer vernachlässigten Aspekte werden in der einschlägigen Literatur behandelt. Die Unfairness des weltökonomischen Designs ist die zentrale Thematik des Nobelpreisträgers für Ökonomie, Amartya Sen. Mit Joseph Stieglitz hat sich ein weiterer Nobelpreisträger der Wirtschaftswissenschaften sehr klar in diese Richtung geäußert. Die Unfairness im ökonomischen Design hinsichtlich der Kreditmöglichkeiten für die Ärmsten auf dem Lande ist das zentrale Thema des „Erfinders" der Grameen-Bank und Vaters der Kleinkreditbewegung, Muhammed Yunus, aus Bangladesch (vgl. die Hinweise im Literaturverzeichnis). In „Die Schuld des Nordens – Der 50-Billionen-Coup" von Hafez Sabet (siehe Literaturhinweise im Anhang) werden die vielfältigen, verdeckt wirkenden „Plünderungsmechanismen" der hier thematisierten Art sehr treffend erörtert. So ist es keine Frage, dass die Durchsetzung einer weltweiten Eigentumsordnung, insbesondere auch im Bereich intellektueller Eigentumsrechte, über die WTO und andere internationale Organisationen angesichts der Asymmetrie der Machtverhältnisse auf Seiten der Akteure aus Sicht der sich entwickelnden Länder, Elemente struktureller Gewalt umfasst, die auch rein lebenspraktisch vor Ort wirksam werden. Ein gutes Beispiel für die hier wirksam werdenden Mechanismen aus jüngerer Zeit ist im Bereich der Biotechnologie die Überführung des über Generationen aufgebauten Erfahrungswissens über Heilpflanzen bei indigenen Völkern in intellektuelle Eigentumsrechte des Nordens, ein Schritt, den vom administrativen Aufwand her nur starke Pharmakonzerne leisten können. Um eine bessere Regulierung dieses offensichtlichen Tatbestandes asymmetrischer Vorteilnahme zu Lasten des Südens wird zurzeit auf UN-Ebene heftig gerungen.

Im Kontext indigener Völker, aber auch einfacher Agrargesellschaften, wird ein anderes Problem des Durchgriffs deutlich, auf das Dritte-Welt-Gruppen oftmals hinweisen. Ein Teil der Vorteilnahme in Globalisierungsprogrammen besteht nämlich alleine schon darin, dass ein neues Design als Konkurrenz angenommen werden muss. So haben die Afrikaner mit ihrer afrikanischen Logik ganz gut leben können, solange sie dabei nicht gestört wurden. Es ist das eine Logik des sozialen Ausgleiches über Netzwerke, keine Logik der Akkumulation von Kapital. Konsequenterweise werden in Afrika weniger Werte im Sinne von Investitionen in die Zukunft aufgebaut, daher florieren Technik und Wissenschaft nicht entsprechend. Darum resultiert aus dieser Ausgangssituation unter heutigen Weltmarktbedingungen unvermeidbar eine schwächere, tendenziell zurückfallende Gesellschaft (the lost continent), die sich natürlich dann auch weder ökonomisch noch militärisch entsprechend entwickeln und verteidigen kann. Die Situation in Afrika ist für jeden mitfühlenden Beobachter schmerzhaft. So hat seit den siebzier Jahren in Afrika die Armut erheblich zugenommen. Zwischen 1970 und 2000 haben Asien und Afrika ihre Rollen vertauscht: Heute ist es Afrika, das die meisten Armen auf diesem Globus beherbergt. Für die Entwicklung und Zukunft Afrikas ist offensichtlich ein Weltgesellschaftsvertrag, wie er in diesem Buch beschrieben wird, besonders dringend erforderlich. Die Dominanz des nördlichen Modells übt durch seine bloße Existenz einen Druck auf alle alternativen Modelle aus, völlig unabhängig von der Frage, ob diese alternativen Modelle zum Beispiel nachhaltiger sind oder nicht.

Gleiches gilt, wenn sich heute kapitalstarke Industrieunternehmen in Brasilien den Regenwald „zur Beute" machen und diesen in einer kurzfristig orientierten Nutzungsweise weltökonomisch in Geld umsetzen. Dagegen hat eine gewachsene indigene Indiokultur mit Pfeil und Bogen keine Chance. Die Aggression, die hier wirksam ist, besteht darin, dass eine Kultur in den Raum der anderen einbrechen darf, nicht anders als vor einigen Jahrhunderten in Nord- und Südamerika, als Schiffsladung um Schiffsladung von Europäern kam, die zu Hause engräumige Landwirtschaft betrieben hatten und diese auch in der neuen Heimat betreiben wollten. Letztlich haben sie damit die Lebensformen der Indianer, beispielsweise in der nordamerikanischen Prärie, eliminiert. Denn die nomadisierenden Jäger und Sammler waren auf große Flächen angewiesen und lebten von dem, was die Natur aus sich hervorbrachte, etwa großen Bisonherden, ohne diese in ihrem Bestand zu gefährden. Es ist also bereits die Zulässigkeit des Aufzwingens der Alternative, die letztlich eine Form der Plünderung darstellt, es sei denn, die Betroffenen stimmen diesem Prozess in freien Verträgen bei ausreichender Information zu.

Ein weiterer Punkt ähnlicher Bedeutung kommt hinzu: Wenn die reiche Welt über die Weltgesundheitsorganisation (World Health Organization/ WHO) oder andere Transfermechanismen hilft, in ärmeren Ländern wie Afrika Krankheiten zu besiegen und die Säuglingssterblichkeit deutlich zu reduzieren, dann ist das zwar zunächst aus humanitärer Sicht zu begrüßen. Aber was passiert, wenn in der Folge nicht die Bedingungen geschaffen werden, unter denen eine Bevölkerungsexplosion vermieden werden kann? Dann induziert man auf diese Weise eine überbordende Bevölkerungsentwicklung mit all ihren Folgeproblemen. Wer den ersten Schritt tut, auch als Helfender, muss deshalb in systemtheoretischer Sicht auch den zweiten Schritt tun: Sorge tragen für ein entsprechendes Ausbildungsniveau, einen entsprechenden Grad an Wohlstand und Equity, damit die Folgen der ursprünglichen Hilfeleistungen bewältigt werden können. Letztlich ist unmittelbare, human ausgerichtete Hilfe nur dann wirklich zielgerichtet, wenn eine zweite Dimension der Hilfe zur Selbsthilfe hinzukommt, also eine adäquate Unterstützung beim Erlangen mittelfristiger Unabhängigkeit auf einem vergleichbaren Niveau wie dem, auf dem sich der Gebende befindet. Bisher fehlt es an diesem zweiten Schritt völlig. So induziert man Not, Abhängigkeit und Hilflosigkeit, statt Partner für die Lösung anstehender Probleme und für eine bessere Welt zu gewinnen.

Ein weiteres gravierendes Beispiel der Vorteilnahme liegt vor, wenn der Norden, im Besonderen die USA, mit militärischen Machtmitteln Potentaten vergleichsweise kleiner, ohne Hilfe von außen als eigenständige politische Einheit nicht überlebensfähiger Ölstaaten in ihrer Unabhängigkeit schützt. Die USA ermöglichen damit zu Lasten der breiten und relativ armen Bevölkerung der (arabischen) Nachbarstaaten extreme lokale Gewinnanhäufungen, um im Gegenzug mit dem Zugriff auf die Ölressourcen und einen Teil der so angehäuften Gewinne für diese Hilfen „entlohnt" zu werden, zum Beispiel durch den Kauf von militärischer Ausrüstung zu völlig überhöhten Preisen. Das ist ein Strategiemuster, das in Kapitel 25 und 26 als ökodiktatorisches Design noch ausführlicher behandelt werden wird. Ein weiteres Beispiel dieses Typs ist die massive Belastung der Atmosphäre durch klimarelevante Spurengase und die massive Ausschöpfung der begrenzten Belastbarkeit der Atmosphäre durch $CO_2$ durch die reichen Länder zu Lasten der künftigen Entwicklungschancen des Südens (vgl. Kapitel 10). Da $CO_2$ bis zu hundert Jahren in der Atmosphäre verbleibt, ist angesichts der schon jetzt absehbaren Klimaprobleme die Fortsetzung dieses hohen Emissionsniveaus durch die reichen Länder vergleichbar mit einer Situation, in der hoch verschuldete Länder statt Schuldenabbau eine weitere Anhäufung von Schulden betreiben, zu Lasten der Armen und zu Lasten nachfolgender Generationen.

Der Norden, im Besonderen die USA, profitieren weiterhin über eine systematische weltweite Informationsausspähung (zum Beispiel mit Hilfe des „Echelonsystems"). Das geht selbst zu Lasten Europas. Wirksam scheint in dieser Hinsicht auch Microsoft mit seinen Produkten zu sein. Microsoft scheint die eigenen Systeme in einem gewissen Umfang dafür zu nutzen, um auf die Informationsressourcen der Kunden und damit von Menschen in der ganzen Welt zuzugreifen, zum Beispiel durch die Verfolgung der Veränderung von Eintragungen in Verzeichnissen. Natürlich wird hier mit dem Kundennutzen und dem besseren Service für die Kunden argumentiert, aber die Nebenoptionen stehen im Raum. Die Verfügbarkeit dieser Information ist sehr wertvoll für die Beurteilung von Konkurrenzfähigkeit und Entwicklungslinien in anderen Ländern. Interessant ist dabei vor allem die Analyse von Listen bearbeiteter Themen bei den Kunden und deren Veränderung über die Zeit.

Schließlich ist das wohl gravierendste Beispiel für „Plünderung" beziehungsweise „Vorteilnahme" der permanente Braindrain zugunsten der reichen Länder. Dieses Thema ist durch die Greencard-Debatte auch in Europa mittlerweile vielen Menschen bewusst geworden und nicht zuletzt einer der wichtigsten Gründe für den enormen Erfolg der USA seit dem Zweiten Weltkrieg.

*„Es findet heute eine massive verdeckte Ausbeutung des Südens durch den Norden statt. Einer der wichtigsten Bereiche für einen solchen Transfer, der höchste Bedeutung für den Erfolg der USA besitzt, ist der permanente Braindrain, also das Hinüberziehen der motiviertesten und am besten ausgebildeten Menschen aus Schwellenländern in die entwickelte Welt. Hierbei wechselt das wohl interessanteste ‚Kapital' des Südens praktisch zum Nulltarif hinüber in die entwickelte Welt. Dabei ist es in einer individuellen Perspektive nachvollziehbar, dass Menschen in ein reiches Land auswandern. Problematisch sind aber die summarischen Folgen solcher Einzelentscheidungen."*

Beim Thema Braindrain geht es darum, dass in vielen Schwellen- und Entwicklungsländern die besten Köpfe, sowohl von der Ausbildung und der Motivation als auch von der genetischen Ausstattung her, letztlich den Weg in den Norden finden. Das Humankapital, das dem Süden dabei verloren geht, ist praktisch unbezahlbar. Wie soll man Aufholprozesse organisieren, wenn die besten eigenen Leute diesen Prozess nicht hochmotiviert selbst vorantreiben, sondern letztlich die Konkurrenten stärken? Die Situation wird noch grotesker, wenn der sich mühselig entwickelnde Süden auch noch selbst die Ausbildung dieser Spitzenkräfte bezahlt und darüber hinaus auch noch die Auswahl- und Suchprozesse für Spitzenqualität intern finanziert. Diese Suchprozesse erfordern dabei noch höhere Kosten als die Ausbildung selbst. Mit den besten Leuten verlieren die Länder schließlich eine Ressource, die schon von der genetischen Ausstattung her nicht beliebig reproduzierbar ist.

### Fragen und Überlegungen im Kontext von Greencards

- Unter welchen Bedingungen dürfen Menschen in ein anderes Land auswandern?

- Wie sollen Länder mit großen Entwicklungsrückständen je ihre Entwicklung vorantreiben, wenn ihre besten Köpfe am Ende langer Ausbildungswege und intensiver Identifikationsprozesse für Spitzenqualität ihr Heimatland verlassen und die wirtschaftlich führenden Länder dabei unterstützen, ihren Vorsprung weiter auszubauen?

- Müssten unter fairen Ordnungsbedingungen ärmeren Ländern nicht wenigstens die entstandenen Kosten zurückerstattet werden, wenn sie hervorragend ausgebildete Menschen verlieren?

- Wie sieht es mit den Auswanderungschancen weniger gut ausgebildeter oder weniger attraktiver Menschen ärmerer Länder aus?

- Braindrain beinhaltet auch eine Entwicklungshilfedimension, aber sie wird teuer bezahlt.

- Wie sehen optimale Regelungen für diese Form von „Wertetransfer" aus?

Einer der Gründe, warum die USA ökonomisch sehr erfolgreich sind und Spitzenleistungen in vielen Bereichen vorweisen können, ist, dass sie die motiviertesten und besten Talente rund um den Globus fast zum Nulltarif an sich ziehen können. Sie können das vor allem auch deshalb, weil sie diesen Talenten besondere Möglichkeiten bieten können, inklusive vergleichsweise niedriger Steuersätze, einer Form der Partizipation an Mitnahmegewinnen der hier beschriebenen Art. Diese Form der Vorteilnahme durch die USA beschränkt sich übrigens nicht auf die Entwicklungs- und Schwellenländer, sondern trifft durchaus auch Europa. Nicht überraschend ist die Hälfte der US-Professuren in den naturwissenschaftlich-technischen beziehungsweise ingenieurwissenschaftlichen Fächern mit Menschen besetzt, die nicht in den USA geboren wurden. Das alles ist in Ergänzung zu der klaren und fairen Leistungsorientierung in den USA insbesondere deshalb möglich, weil in den USA, im Gegensatz zu den anderen entwickelten Ländern, noch viel Platz ist und deshalb Integrationsprozesse leichter organisierbar sind.

Diese Form der Rekrutierung von Spitzenkräften hat etwas von „Vorteilnahme". Auch deshalb waren die Europäer hier immer zurückhaltender als die USA. Im Moment erzwingt es allerdings die weltökonomische Konkurrenz, dass die Europäer im Rahmen doppelstrategieartiger Reaktionen zunehmend dasselbe tun müssen wie die USA, um wettbewerbsfähig zu bleiben (vgl. Kapitel 27).

Das in diesem Kontext zugunsten von Greencards gerne vorgebrachte Argument, Menschen müssten doch selbst frei wählen dürfen, wo sie leben wollen, bevorzugt die Spitze der Pyramide und trifft trotzdem nicht den Punkt. Selbst wenn Menschen wählen dürfen, wo sie leben wollen, müssen sie fairerweise die entstandenen Aufwendungen und die finanziellen Verluste ihres Heimatlandes kompensieren, entweder als Auswanderer selbst oder über ihre neuen Heimatländer. Wenn man diese Form der Kompensation mit der Begründung des Rechts auf freie Ortswahl als reiches Land rigoros ablehnt, dann müsste man im Gegenzug doch zumindest die Grenzen auch für weniger attraktive Einwanderer öffnen, damit diese auch frei wählen können, wo sie leben wollen. In jedem Fall ist das einer der Bereiche, für die ein Weltgesellschaftsvertrag dringend erforderlich wäre, um den Transfer von Humanressourcen, der enorme wirtschaftliche Implikationen beinhaltet, in fairer Weise zu regeln, und zwar inklusive Kompensationszahlungen.

Nach dieser kritischen Sicht auf Braindrain und Greencards soll dennoch an dieser Stelle aus Fairnessgründen auch festgehalten werden, dass Greencards, so problematisch sie sind, auch positive Seiten für die sich entwickelnden Länder haben können. Bei aller Problematik finden sich auch in diesem Geschehen Elemente von Entwicklungsförderung. Zumindest bekommen auf diesem Wege Spitzenkräfte ökonomisch schwächerer Länder eine Chance, in Wissenschaft, Forschung und Wirtschaft weltweit an vorderster Stelle mitzuarbeiten. Da diese Menschen beim Wechsel in ein anderes Land und gegebenenfalls auch beim Wechsel ihrer Staatsbürgerschaft meist Verbindungen in die ursprüngliche Heimat aufrechterhalten, kommt es oft zu substanziellen Geldtransfers in die alte Heimat und zu kulturellen Austausch- und Wechselwirkungsprozessen zwischen ihrer früheren und heutigen Lebenswelt.

Oft werden die fähigsten Kinder aus der Verwandtschaft nachgeholt, was zwar weiteren Braindrain zu Lasten der Heimat bedeutet, aber zugleich zum Aufbau von Gemeinden gemeinsamer Herkunft in den Gastländern führt. Hier entstehen leistungsfähige Netzwerke und die eigene Kultur lebt, wenn auch adaptiert, in einem neuen Umfeld weiter. Insbesondere entsteht ein Reservoir von Menschen mit speziellen Fähigkeiten im internationalen Business, die für eventuelle Entwicklungsprozesse im Heimatland eine Schlüsselbedeutung gewinnen können.

Hier ist einer der Gründe für die dynamische Entwicklung der Softwareindustrie in Indien zu finden, ebenso für den raschen wirtschaftlichen Aufbau in China in den letzten zwanzig Jahren. Gut ausgebildete und weltweit erfahrene Menschen, also Humanressourcen mit entsprechender weltweiter Erfahrung und einem spezifischen kulturellen Hintergrund, werden auf diesem Wege verfügbar.

Die Schaffung dieses Potenzials ist, wenn vielleicht auch unbeabsichtigt, eine Form von Entwicklungsförderung, wenn auch ihrer Natur nach ganz anders, als man sich das üblicherweise vorstellt. Und natürlich kann dieses Potenzial eine entscheidende Rolle spielen, wenn einmal ernsthaft an einer Weiterentwicklung der Weltordnung hin zu Fairness und Nachhaltigkeit gearbeitet werden sollte (vgl. Kapitel 28).

Diese positiven Aspekte ändern allerdings nichts daran, dass solche Entwicklungsprozesse für alle Beteiligten noch viel besser ausgestaltet werden könnten, würde dieser Wechsel hervorragender Kräfte mit hohem Potenzial unter fair abgestimmten Bedingungen und Vertragskonditionen zwischen den entsprechenden Ländern geregelt werden. Im Rahmen entsprechender Verträge wären dann den ärmeren Ländern unter anderem die Ausbildungsleistungen und die Kosten der Such- und Identifikationsprozesse für die vergleichsweise wenigen Spitzenkräfte zurückzuerstatten und Ausfallskompensationen im Zusammenhang mit der Unterminierung expliziter oder impliziter Sozial- und Generationenverträge der jeweiligen Länder zu leisten. Dabei kann es durchaus Sinn machen, diese Rückzahlungsverpflichtung teilweise auch bei den Personen selbst zu lokalisieren, die als erfolgreiche Absolventen der Ausbildungssysteme ihres Landes in eine neue Heimat auswandern, unter anderem auch in Erfüllung expliziter und impliziter Generationenverträge der entsprechenden Länder. Die Regelung des Austauschs von Spitzenkräften muss daher ein wichtiges Designelement einer zukünftigen, besseren Weltordnung sein. Die Konditionen für derartige Transferprozesse sind im Rahmen eines Weltgesellschaftsvertrags fair auszuhandeln (vgl. Kapitel 28).

# 8

## *Einigungserfordernisse zwischen Nord und Süd: Co-Finanzierung als Schlüssel*

> *„Die Auflösung der spieltheoretischen Blockaden zwischen Nord und Süd in Form einer (EU-typischen) Vereinbarung vom Typ Co-Finanzierung gegen Standardangleichung im Rahmen von Integrationsprozessen ist eine Schlüsselfrage für Zukunftsfähigkeit."*

Ein Zwischenergebnis der bisherigen Überlegungen ist, dass ein doppelter Faktor 10 in all seinen Voraussetzungen und Implikationen unter Konsensbedingungen nur dann möglich und erreichbar scheint, wenn sich die Menschen und Staaten auf der Ebene der internationalen Ordnungssysteme beziehungsweise Rahmenbedingungen darauf verständigen, eine Begrenzung des weiteren Ressourcenverbrauchs und der Umweltbelastungen auf dem heutigen Niveau in allen kritischen Bereichen strikt in das weltökonomische System zu inkorporieren. Das wird erhebliche Co-Finanzierungsaufwendungen des Nordens zugunsten des Südens beinhalten müssen. Hier ist für die Weltwirtschaft an das ganze Repertoire der bekannten Steuerungselemente auf einzelstaatlicher oder auch auf EU-Ebene zu denken.

### Was sind entscheidende Elemente von Ordnungssystemen und Rahmenbedingungen?

- Verbote,
- gesetzliche Auflagen,
- Steuern,
- Anreize,
- Subventionen,
- Tarifanpassungen,
- Rechtezuordnungen etc.

Ein exemplarisches Modell für eine mögliche Vorgehensweise ist im Bereich der Belastungen durch $CO_2$-Emissionen die Idee jährlich (auf der Ebene der Staaten) neu handelbarer $CO_2$-Zertifikate („Emissionshandel") – bei nach oben gedeckeltem $CO_2$-Gesamtemissionsvolumen pro Jahr und bei pro Kopf gleicher Zuordnung dieser Rechte als weltweiter Verteilungsschlüssel. Hierauf wird in den Kapiteln 10 und 28 noch genauer eingegangen.

Die harte Verankerung der ökologischen Restriktionen in das ökonomische System, inklusive der Verankerung sozial-kultureller Erfordernisse, ist die politisch-gesellschaftlich schwierigste Thematik und kann bei der heutigen politischen Weltordnung letztlich nur über Konsensprozesse, zum Beispiel innerhalb der WTO, erreicht werden. Dazu müssen sowohl der Norden als auch der Süden bereit sein, auf weiteres Wachstum durch „Kannibalisierung" – zum Beispiel Weltflug- und Weltschiffverkehr ohne Zahlung von Mineralölsteuern und Nutzung von Greencards ohne Kompensationspflicht – zu verzichten. Der Norden müsste hierbei zusätzlich über Co-Finanzierungsmechanismen und damit über soziale Ausgleichsmaßnahmen sowie eine Erhöhung der weltweiten Equity den Süden für einen solchen Weg der Begrenzung kollektiven Tuns gewinnen.

Der Norden könnte das aus ethischen Gründen tun, was aber nicht zu erwarten ist, wenn man die Geschichte betrachtet. Eher schon könnte ein einsichtsvoller Egoismus die Motivation liefern: Wenn man beispielsweise etwas Wichtiges dafür zurückerhält, etwa die Freiheit von Furcht. Es geht ebenso um die großen ökologischen Themen, die für unser eigenes Überleben entscheidend sind (die Weltgemeinschaftsgüter/„Global Commons"), aber auch um Schutz vor unkontrollierter Migration und vor Terror. Letztlich geht es für die Menschen im Norden wohl auch, wie in Kapitel 25 ausgeführt wird, um den Erhalt ihrer zivilen Rechte. Fürwahr: Es gibt eine stattliche Liste von Argumenten, um sich aus einsichtsvollem Egoismus adäquat in weltweite Lösungen einzubringen, gerade auch für den reichen Norden, denn die Menschen dort haben am meisten zu verlieren, wenn die Welt auf eine Katastrophe zusteuert.

Ein Weltgesellschaftsvertrag ist aufgrund des Gesagten ohne weltweiten sozialen Ausgleich auf dem Konsensweg nicht erreichbar. Er wird auch hinsichtlich der Frage der Menschenrechte stärker die Sichtweisen aller Völker dieser Welt in Betracht ziehen müssen, als das bisher geschieht, vor allem auch was die Frage der Menschenpflichten anbelangt. Heute hat man manchmal den Eindruck, als würde der Norden die Menschenrechtsdebatte instrumentalisieren, um dem Süden das ökonomische Aufholen zu erschweren.

Um dieses wichtige Thema etwas zu detaillieren, sei Folgendes bemerkt: Im Kontext eines Weltgesellschaftsvertrages betrifft eine geeignete Einordnung der Menschenrechte vor allem die Zielsetzung, die Würde aller Menschen zu achten. In der historischen Tradition geht es dabei zunächst um zivile Individualrechte, (noch) nicht um soziale und kulturelle Rechte. Das deutsche Bundesverfassungsgericht geht an dieser Stelle weiter und sagt sinngemäß, dass Menschenwürde bedeutet, dass niemand das Objekt des Willens eines anderen ist beziehungsweise sein darf. Das schließt soziale und kulturelle Aspekte mit ein. Die Menschenrechtsdebatte ist dabei zurzeit auch zu stark durch das Hervorheben individueller Abwehrrechte gegenüber dem Staat dominiert, wie wichtig diese auch sind. Das ist eine Position, die besonders stark der US-Tradition entspricht. In Europa und noch viel stärker in Asien wird demgegenüber auch eine andere Dimension dieses Themas nachdrücklich erörtert, nämlich die Frage der Menschenpflichten, also Verantwortung und Verpflichtungen des Einzelnen gegenüber der Allgemeinheit. An diesem Thema haben auch große Staatsmänner und Denker, wie zum Beispiel der ehemalige deutsche Bundeskanzler Helmut Schmidt, viele Jahre hindurch gearbeitet (vgl. die Hinweise im Literaturverzeichnis). Ein besonders interessantes Beispiel ist die Sozialpflichtigkeit des Eigentums im deutschen Verfassungsrecht. Diese Position hat starke Rückwirkungen auf die Frage sozialer und kultureller Rechte aller Menschen. Rechte ergeben sich insofern nur in Wechselwirkung mit der Anerkennung von Pflichten. Das ist nicht in einer vereinfachten Sicht der Dinge, auf die Ralf Dahrendorf immer wieder warnend hinweist, so zu verstehen, dass Rechte nur dem zustehen, der auch Verpflichtungen übernimmt. Demnach müssen wir alle miteinander begreifen, dass wir kollektiv, in einer Balance über die gesamte Gesellschaft, Rechte und Pflichten ausgewogen sehen und wahrnehmen müssen. Nur dann ist die Gesellschaft langfristig überlebensfähig.

Ein globaler Vertrag wird diesen Aspekt der Verpflichtungsseite der Menschenrechte sicherlich stärker thematisieren müssen, als das bis heute der Fall ist. Vor allem wird man asiatische Sichtweisen von Verantwortung gegenüber der Gesellschaft und des Miteinanders ernster nehmen müssen als gegenwärtig, unter anderem deshalb, weil das die Sicht der Mehrheit der Weltbevölkerung ist. Man wird insbesondere spezielle Individualrechte (wie das Recht auf freie Ortswahl) in den sich erst entwickelnden Ländern gegen die schiere Notwendigkeit der Entwicklung in diesen Ländern zunächst nicht in dem Umfang fordern und durchsetzen können, wie das heute in reichen und entwickelten Gesellschaften gegeben ist. Es sei denn, man betreibt dies als ökodiktatorische Strategie, um ärmere Länder in ihrer Entwicklung durch Förderung des Unfriedens zu behindern (vgl. Kapitel 25 und 26). Oder noch deutlicher: Als wir uns in Europa und in den USA in einem materiell ähnlich begrenzten Entwicklungsstand der Armut befanden wie viele der sich entwickelnden Länder heute, konnten wir uns manche Individualrechte auch nicht in der (teilweise schon überspitzten) derzeitigen Form erlauben. Es kann nicht fair sein, wirtschaftlich zurückliegenden Ländern das alles sofort abzuverlangen und dadurch eine Situation zu erzeugen, in der sie arm und damit letztlich das Objekt des Willens anderer bleiben.

### Ansatzpunkte für internationale Co-Finanzierungsmechanismen

- Weltsteuern (beispielsweise auf Energieverbrauch, Finanztransaktionen etc.);

- prozentuale Anteile an nationalen Steueraufkommen;

- Zahlungen an die UN und an UN-Unterorganisationen;

- Entwicklungshilfe;

- so genannte Global Facilities für bestimmte Zielsetzungen;

- Entschuldungsmaßnahmen für die ärmsten Länder, geknüpft an Verwendungsauflagen;

- Zolltarifreduktionen als Gegenleistung für die Implementierung von Standards;

- Aufhebung von Ansprüchen aus intellektuellen Eigentumsrechten im Fall nationaler Notstände (zum Beispiel bei Medikamenten);

- faire Zuordnung von Verschmutzungs- beziehungsweise Ressourcenrechten in Verbindung mit der Handelbarkeit dieser Rechte.

Die Ausgangssituation für einen Weltgesellschaftsvertrag ist nicht einfach. Der Norden müsste die Beachtung der Menschenrechte weniger moralisch erhaben einfordern, dafür sollte er Restriktionen von seinen eigenen schädlichen Praktiken akzeptieren und für den Süden Co-Finanzierungen aufbringen. Diese Voraussetzungen sind schwierige Hürden für den Norden, so dass es nicht verwundert, dass er bisher ausweicht. Lieber bewegt sich der Norden mit großer moralischer Attitüde auf der Ebene einer Diskussion über allgemeine Standards, zum Beispiel Kinderschutz, Arbeitnehmerrechte oder Umweltschutz, so als hätten ökonomisch schwächere Länder etwas gegen Kinderschutz an sich. Davon kann natürlich keine Rede sein. Ihr Problem ist nur, dass ihnen das heutige weltökonomische Design oftmals nur dann Wettbewerbschancen eröffnet, wenn sie etablierte Standards der reichen Länder unterlaufen, obwohl sie das eigentlich nicht wollen. Das ist ein besonders tragischer Aspekt des heutigen Designs der Weltökonomie.

Fasst man alle gegebenen Hinweise noch einmal zusammen, so ist Folgendes offensichtlich: Die ärmeren Länder können heute angesichts ihrer ohnehin bestehenden wirtschaftlichen Schwierigkeiten und der beschriebenen Ausgangssituation den Forderungen nach vermehrter internationaler Abstimmung, weiter gehenden Begrenzungen der zulässigen Umweltbelastungen und vielfältigen härteren Standards, zum Beispiel hinsichtlich der eingesetzten Technologien und der Arbeitsbedingungen, zugegebenermaßen nur dann zustimmen, wenn diese Forderungen einer Co-Finanzierung ihrer Entwicklung durch die reicheren Staaten flankiert wird, so wie das innerhalb der EU-Erweiterungsprozesse immer der Fall ist. Dabei geht es insbesondere darum, allen Ländern eine autonome Entwicklung zur vollen Gleichberechtigung durch die handelspolitischen Spielregeln und co-finanzierten Entwicklungsprogramme zu ermöglichen. In diesen Kontext fällt dann auch ein fairer Umgang mit der Braindrain-Thematik, die in Kapitel 7 behandelt wurde. Co-Finanzierung ist deshalb die Schlüsselfrage zur Überwindung der Blockadesituation zwischen Nord und Süd und ihrer unterschiedlichen Ausgangssituationen und Anliegen und damit der Schlüssel zu einer zukunftsfähigen Welt.

*„Das deutsche Bundesverfassungsgericht sagt in seiner*
*Definition des Gleichheitsprinzips, dass Gleiches gleich und*
*Ungleiches ungleich behandelt werden muss. Co-Finanzierung*

*von Entwicklung ist einer der wichtigsten Mechanismen, um ungleiche Ausgangssituationen innerhalb von freien Märkten auszugleichen."*

Zu einer substanziellen Co-Finanzierung weltweiter Entwicklung sind die reichen Staaten bisher allerdings nicht bereit. Co-Finanzierung von Entwicklungs- und Ausgleichsprozessen und damit Co-Finanzierung von vermehrtem weltweiten sozialen Ausgleich steht deshalb immer wieder als ungelöste Schlüsselfrage im Raum, wenn man international zu einer besseren Lösung für die künftige Entwicklung kommen will. Nicht überraschend dominiert dieses Thema auch immer wieder die Debatten um die EU-Erweiterungsprozesse.

Ein wichtiges Ereignis war in diesem Kontext die Entscheidung bei der WTO-Konferenz in Katar im November 2001. Sie sieht vor, ärmeren Ländern im Fall von nationalem Notstand im Gesundheitssektor nun zehn Jahre länger als bisher im Rahmen des WTO-Trips-Abkommens (Trade-related Aspects of Intellectual Property) vorgesehen, nämlich bis zum Jahr 2016, die Produktion – unter Umständen auch die Einführung – preiswerter so genannter Generika (Nachahmungsarzneimittel) zu erlauben. Auf diese Weise müssen die intellektuellen Eigentumsrechte, die Patente, nicht (voll) bezahlt werden.

Dieses Thema betrifft eine alte Forderung der Entwicklungs- und Schwellenländer. Es wurde aber bei entsprechenden Aktionen Südafrikas im Bereich der Aidsbekämpfung noch vor kurzem hart bekämpft. Infolge der US-Entscheidung, angesichts der Anthrax-Anschläge nach dem 11. September 2001 in gleicher Weise zu operieren, kam es in Katar zu dieser hilfreichen Einigung, die ein wichtiger Schritt in Richtung eines besseren Global-Governance-Systems sein kann, auch wenn die zeitliche Begrenzung nach wie vor ein Problem darstellt und Co-Finanzierungsmaßnahmen lokalen Eingriffen in die intellektuellen Eigentumsrechte der entsprechenden Pharmaunternehmen vorzuziehen wären.

Letztlich geht es darum, Co-Finanzierungsmaßnahmen (zum Beispiel Mittelbereitstellung für die preislich differenzierte Honorierung intellektueller Eigentumsrechte) mit dem Etablieren von anzustrebenden, überprüfbaren Standards geeignet zu verbinden und im Rahmen eines Global-Governance-Systems zu verknüpfen. Ein solches Global-Governance-System sollte vernünftigerweise darin bestehen, schon vorhandene internationale Organisationen und ihre Regelwerke so miteinander zu verknüpfen (vgl.

Kapitel 28), dass sie kohärent ineinander greifen und sich nicht gegenseitig aushebeln. Dabei ist das Subsidiaritätsprinzip (vgl. Kapitel 9) besonders zu beachten.

### Wie kommt man zu einem kohärenten Global-Governance-System?

Ein kohärentes Global-Governance-System kann durch Verknüpfung bisher isoliert operierender weltweiter Ordnungssysteme erreicht werden. Zu verknüpfen sind unter anderem folgende Organisationsbereiche:

- WTO (World Trade Organization/www.wto.org)

- IMF (International Monetary Fund/www.imf.org)

- WB (World Bank/www.worldbank.org)

- WIPO (World Intellectual Property Organization/ www.wipo.org)

- ILO (International Labour Organization/www.ilo.org)

- UNCTAD (United Nations Conference on Trade and Development/www.unctad.org)

- UNDP (United Nations Development Programme/ www.undp.org)

- UNEP (United Nations Environment Programme/ www.unep.org)

- UNESCO (United Nations Educational, Scientific and Cultural Organization/www.unesco.org)

Noch ist es häufig so, dass wichtige Anliegen im sozialen, kulturellen und ökologischen Bereich, die über Organisationen wie die ILO, die UNESCO oder über die Umweltverträge im Rahmen des „United Nations Environment Programme" abgesichert sind, nicht nur nicht umgesetzt werden können, sondern sogar im Widerspruch zu WTO-Regelungen stehen, weshalb dort immer wieder durchgesetzt wird, dass die entsprechenden anderen Verträge nicht erfüllt werden. Das ist ein auf Dauer unhaltbarer Zustand.

Das Thema der Verknüpfung der sektoralen globalen Ordnungssysteme zu einem kohärenten Global-Governance-System steht spätestens seit dem Scheitern der Bemühungen um ein Multilateral Agreement on Investments (MAI) auf der Ebene der OECD (Organization for Economic Co-Operation and Development) im Zeitraum 1997 bis 1999 und dem Scheitern der WTO-Vorbereitungskonferenz in Seattle im Jahr 1999 im Zentrum einer weltpolitischen Debatte. Hier hat sich zwischenzeitlich einiges bewegt, man beachte nur die bereits erwähnten Ergebnisse der WTO-Konferenz in Katar. Besonders die Europäer leisten immer wieder wichtige Beiträge zu den einschlägigen Debatten.

*„Eines der Probleme auf Weltordnungsebene ist heute, dass verschiedene ILO-Vorschriften ebenso wie diverse Umweltabkommen im Widerspruch zum WTO-Vertrag stehen. Wenn ein Land sich auf eine ILO-Regelung oder einen derartigen Umweltvertrag beruft, um bestimmte Güter vom Handel auszuschließen oder differenziert zu behandeln, kann es vor das WTO-Gericht zitiert werden. Dann werden spürbare Sanktionen verhängt. Das wirkt."*

# 9

## Die Rolle des Subsidiaritätsprinzips im Rahmen von Global Governance

*„Das Subsidiaritätsprinzip muss wesentlicher Bestandteil jedes funktionierenden Global-Governance-Systems sein. Allerdings müssen zunächst Grundfragen im Rahmen eines Weltgesellschaftsvertrags adäquat geregelt sein, bevor dieses Prinzip seine intendierte Wirkung richtig entfalten kann."*

Global Governance ist in Zeiten der ökonomischen Globalisierung und angesichts des Zusammenwachsens der Märkte zu einem einzigen durchgehenden Weltmarkt ein zentrales Thema. Es geht darum, die Weichen über die Rahmenbedingungen der Weltökonomie auf Basis eines Weltgesellschaftsvertrages so zu stellen, dass die Anliegen, auf die sich die Menschheit auf UN-Ebene in ihren großen Deklarationen sowie in einem Weltethos der großen Religionen längst verständigt hat, über die Märkte auch umgesetzt und nicht wie bisher konterkariert werden. Da die dafür eigentlich erforderlichen weltdemokratischen Strukturen fehlen und diese auch im günstigsten Fall erst nach Herstellung eines weit höheren weltweiten sozialen Ausgleichs etabliert werden können, als er heute gegeben ist, müssen zunächst andere Lösungen gefunden werden.

Global Governance ist in diesem Kontext auf Weltordnungsebene der Versuch, durch Integration verschiedener Regelungssysteme, zugleich auch durch Einbindung der Regierungsseite, der international operierenden Konzerne und der Weltzivilgesellschaft, eine Annäherung an das Wirkungspotenzial einer Weltregierung auf Basis einer Weltverfassung zu erreichen – mit allen Problemen einer derartigen indirekten Konstruktion der Rückkopplung von politischer Verantwortung auf die Menschen. Immerhin zeigt der Konstituierungsprozess der Europäischen Union, dass ein solcher Ansatz in Übergangszeiten durchaus funktionieren kann. Global Governance ist dabei nicht monolithisch zu verstehen. Vielmehr ist, wo immer möglich, das Subsidiaritätsprinzip zu beachten, das eine ganz zentrale Bedeutung besitzt, sowohl aus Identifikations- als auch aus Praktikabilitätsgründen. Das Subsidiaritätsprinzip besagt dabei Folgendes: Man versucht die zu regelnden Fragen dort zu lösen, wo sie hingehören, das heißt möglichst niedrig in der Hierarchie der Zuständigkeiten und somit vor Ort, wo die Menschen zu Hause sind und die Probleme anfallen – allerdings doch so weit oben in der Hierarchie, dass alle wirklich wesentlich Betroffenen mit am Tisch sitzen.

*„Subsidiarität ist ein einleuchtendes Prinzip, aber schwer durchsetzbar. Denn über den Weltmarkt hängt fast alles mit allem zusammen. Man braucht schon ein wirklich gutes weltökonomisches Design, damit das Subsidiaritätsprinzip seine vorteilhaften Wirkungen entfalten kann."*

Zunächst scheinen viele Fragen isoliert und auf lokaler Ebene lösbar, etwa Probleme des Bodens, des Wassers oder des Umgangs mit Flächen und Wäldern. Allerdings zeigt sich bei näherer Betrachtung, dass alle diese Themen letztlich über das weltökonomische System eng miteinander verflochten sind, nämlich entweder über zu beachtende internationale Regelwerke oder über relative Preise von Gütern und Dienstleistungen. Gewisse Maßnahmen sind dann vor Ort gar nicht mehr zulässig, weil sie den Charakter nicht tarifärer Handelshemmnisse haben können, oder es ist häufig so, dass die Durchsetzung hoher Schutzprinzipien vor Ort unter Wettbewerbsbedingungen nicht durchhaltbar ist, weil die resultierenden höheren Kosten in Wertschöpfungsprozessen am Markt gegen Konkurrenzangebote aus Regionen, die keine entsprechenden Schutzmaßnahmen vorsehen, nicht durchsetzbar sind. Insofern hängt vieles mit vielem zusammen; eine schmerzvolle Erfahrung, die viele Menschen auch immer wieder in der EU machen. Aber wenn das deutsche Reinheitsgebot für Bier bedeuten würde, dass niederländisches Bier in Deutschland nicht verkauft werden darf, obwohl die Niederländer mit ihrem Bier statistisch gesehen nicht weniger gesund sind als die Deutschen mit ihrem, dann tritt sofort ein Regelungsbedarf auf höherer, in diesem Fall auf europäischer Ebene, auf.

### Zur Rolle des Subsidiaritätsprinzips im Rahmen von Global Governance

- Das Subsidiaritätsprinzip muss zentraler Bestandteil jedes Global-Governance-Systems sein.

- Im Rahmen des Subsidiaritätsprinzips werden Probleme und Regelungsnotwendigkeiten so nah wie möglich vor Ort beziehungsweise bei den Bürgern platziert.

- Allerdings hängt über die Weltmarktordnung und über die Märkte fast alles mit allem zusammen.

- Im Kontext eines Weltgesellschaftsvertrages und in einer Gesamtbetrachtung muss deshalb der Rahmen der Weltökonomie unter Beachtung von Nachhaltigkeitsanliegen so ausgelegt werden, dass es von der Sache her möglich ist, viele Themen in ihrer Konkretisierung auf die Ebene einzelner Kontinente, Nationalstaaten, Länder, Regionen, Städte und Gemeinden zu verlagern.

- Subsidiarität stellt insofern große Anforderungen an das weltökonomische Design.

Das heißt anders ausgedrückt, dass dann, wenn man Schutzanliegen auf lokaler Ebene verfolgen will, der Kern dieser Anliegen schon in den Ordnungsprinzipien des Weltmarktes verankert sein muss. Dieser Zusammenhang ist heute zum Beispiel eines der gravierenden Hindernisse bei der Durchsetzung von Schritten hin zu einer nachhaltigen Mobilität und der Verminderung der $CO_2$-Emissionen. Solange nämlich die USA gerade deshalb wettbewerbsfähiger sind, als sie viel Öl in Verbindung mit hohen $CO_2$-Emissionen zu niedrigen Kosten verbrauchen und der WTO-Rahmen das nicht nur erlaubt, sondern sogar honoriert, tun sich andere, beispielsweise die Europäer, schwer, bei sich zu zukunftsweisenden und verantwortungsbewussteren Lösungen zu kommen (vgl. auch Kapitel 10).

Insgesamt bedeutet das für die Umsetzung eines Subsidiaritätsprinzips Folgendes: Auf Weltordnungsebene sind entscheidende, den Globus betreffende Dinge bereits zu klären, von der Weltklimafrage und dem Umgang mit $CO_2$-Emissionen bis hin zu den Regelwerken, die beispielsweise Mindestanforderungen bei der Besteuerung von Einkommen, beim Umgang mit Flächen und dem Erhalt der genetischen Vielfalt betreffen. Darüber hinaus setzt die globale Ebene im weitesten Sinne Rahmenbedingungen, die es erlauben, Probleme auf der nächst tieferen Ebene im Rahmen eines

Subsidiaritätsprinzips zu regeln. Diese Probleme werden dann auf Ebene der Kontinente je nach spezifischer Logik behandelt, aber immer so, dass dabei die Vorgaben beachtet werden, die bereits auf globaler Ebene gesetzt wurden. Auf kontinentaler Ebene werden dann kontinentale Fragen unmittelbar geregelt. Ferner werden die Rahmenbedingungen festgelegt, unter denen auf der nächst tieferen Ebene, der nationalen Ebene, die dort angesiedelten Fragen gelöst werden können. Von der nationalen Ebene geht es dann zu der Ebene der Länder, zu der Ebene der Regionen und schließlich zu den Städten und Gemeinden, die letztlich all jene Dinge, die noch offen sind, regeln und damit einen ausformulierten Handlungsrahmen vor Ort, sowohl für die Bürger als auch zum Beispiel für die dort agierenden Unternehmen, Genossenschaften oder Stiftungen, schaffen. Ein vernünftiger Rahmen der Subsidiarität ist in diesem Sinne ein zentrales Element jedes Global-Governance-Systems für eine nachhaltige Entwicklung. Aber ein solcher Rahmen ist auch erforderlich, denn ohne ihn kann das Prinzip der Subsidiarität nicht adäquat wirksam werden. Ohne Beachtung des Subsidiaritätsprinzips sind Probleme nicht wirklich lösbar, ohne sie ist die Zustimmung der Bürger vor Ort nicht zu erreichen.

# 10

## Der Kyoto-Vertrag: Handel mit Verschmutzungsrechten

*„Eine weltweit pro Person gleiche Zuordnung von (limitierten) Emissionsrechten von Klimagasen und die Möglichkeit des (jährlichen) Handelns solcher Rechte sind ein vielversprechender Lösungsansatz für die Überwindung der internationalen Gegensätze bei der Bewältigung der Weltklimaproblematik."*

Die Thematik der Begrenzung der Klimagase ist in der aktuellen weltpolitischen Lage ein ausgezeichnetes Beispiel und Studienobjekt, um zu verstehen, um welche Probleme es auf Weltordnungsebene geht. Insbesondere von Bedeutung ist hier erneut auch der Umgang mit „Plünderungsmechanismen", wie sie in Kapitel 6 diskutiert wurden. Im Bereich der Klimapolitik hat sich seit dem Weltgipfel in Rio viel getan. Im Rahmen der Klimaschutzaktivitäten der Vereinten Nationen, die auf den Weltgipfel in Rio folgten, war der Kyoto-Vertrag von 1997 ein ganz wichtiges Zwischenergebnis. Mit diesem, mittlerweile etwas abgeschwächten Vertrag beabsichtigen viele Industriestaaten und die Staaten der ehemaligen Sowjetunion die Verpflichtung einzugehen, im Zeitraum von 2008 bis 2012 das Emittieren von sechs Treibhausgasen bezogen auf die Basis von 1990 um durchschnittlich sechs Prozent zu reduzieren. Diesen bereits im Annex I der Klimarahmenkonvention von 1992 aufgelisteten Ländern ist es alternativ erlaubt, ihre Verpflichtungen durch Zukauf von Verschmutzungszertifikaten von anderen Annex-I-Partnern zu erfüllen. Ein solcher Handel mit Zertifikaten ist besonders zwischen Industriestaaten und den Staaten der ehemaligen Sowjetunion zu erwarten, die zurzeit aufgrund des wirtschaftlichen Rückgangs nach der Auflösung des Ostblocks nur sechzig Prozent der Emissionen von 1990 erreichen.

Ferner bietet der Kyoto-Vertrag den Unterzeichneten die Alternative, ihre Verpflichtungen durch gemeinsame Aktivitäten (die so genannte „Joint Implementierung in Non-Annex-I-States") mit Drittstaaten zu erfüllen, die selbst noch keine Reduktionsverpflichtungen eingegangen sind, wie zum

Beispiel China, Indien und Brasilien. Dadurch können Emissionsreduktionen erreicht werden, die in vollem Umfang oder teilweise angerechnet werden können, um die Verpflichtungen des beteiligten Annex-I-Partners zu erfüllen. Dieses wichtige und innovative Instrument heißt „Clean Development Mechanism" (CDM). Dieser Mechanismus ermöglicht die gemeinsame Umsetzung von Emissionsreduktionen und fördert die internationale Zusammenarbeit, obwohl nicht klar ist, inwiefern solche gemeinsamen Aktivitäten in einer Gesamtbilanz zu globalen Emissionsreduktionen führen, da es bisher keine Obergrenze bei den Emissionen von Nicht-Annex-I-Staaten gibt. Allerdings gilt das ebenso, wenn man den Clean-Development-Mechanismus nicht anwendet. Es ist also auch kein Argument gegen die Nutzung dieser Instrumente. Erwähnenswert ist auch, dass im Kontext des Clean-Development-Mechanismus bestimmte administrative Aufwendungen auf Weltebene mitfinanziert werden müssen; dies ist ein erster vorsichtiger Schritt in Richtung eines Finanzierungsmechanismus, der den Charakter einer Weltsteuer hat, auch wenn das nicht so genannt wird.

Noch 1998 haben sich die Mitgliedsstaaten der Europäischen Union auf eine gemeinsame Verteilung der aus dem Kyoto-Vertrag insgesamt für Europa resultierenden Verpflichtungen geeinigt. Das hat, auf Europa bezogen, den Charakter eines einmaligen „Handels" mit Verschmutzungsrechten zwischen den Staaten der EU, wobei die Ausgleichszahlungen Teil des EU-Gesamtpakets im Geben und Nehmen zwischen den Partnern sind. Im Rahmen dieser Vereinbarung hat sich die Bundesrepublik Deutschland verpflichtet, ihre $CO_2$-Emissionen bis 2012 um fünfundzwanzig Prozent zu reduzieren. Zurzeit nehmen viele europäische Staaten, insbesondere die Bundesrepublik Deutschland, die Position ein, dieses ehrgeizige Ziel vorwiegend durch Restrukturierungen im eigenen Land (so genannte Domestic Implementierung) erreichen zu wollen. Man möchte mit gutem Beispiel vorangehen, um der Welt zu zeigen, dass ein Wechsel von Lebensstilen möglich ist, wie kostspielig das auch sein mag. Diese Art der Umsetzung der Verpflichtungen wird aber in der Tat sehr teuer sein. Zu denken ist an durchgreifende Änderungen in den Mobilitätsstrukturen, an einen viel effizienteren Kraftstoffverbrauch von PKWs, veränderte Nutzungsmuster in der Industrie, Änderungen beim Hausbau, bei der Erzeugung und Nutzung von Energie und in der Landwirtschaft, um nur einige Beispiele zu nennen.

Natürlich kann man bezüglich der Umsetzung des Kyoto-Vertrages unter pragmatischen Aspekten und im Rahmen einer Doppelstrategie (vgl.

Kapitel 27) auch partiell zur Förderung spezieller Projektaktivitäten, zum Beispiel hinsichtlich der Nutzung von Biomasse, kommen. Das resultiert dann aus der zusätzlichen Berücksichtigung von energie- oder regionalpolitischen Aspekten der Thematik. Allerdings ist es auch in diesem Bereich aus Sicht des Autors vorteilhaft, über einen weltweiten Ansatz eine möglichst kostengünstige, effiziente und zugleich welt-sozialverträgliche Lösung zu implementieren und aus den dadurch erreichten erheblichen Einsparungen gegenüber einer Domestic Implementation die Mittel für zusätzliche, additive Projekte freizumachen. Diese Mittel sind über ökosteuerartige Konstrukte zu finanzieren. In der Summe bleibt man dann trotz dieser zusätzlichen Kosten substanziell unter den Aufwendungen einer Umsetzung zu Hause, wie sie zurzeit hauptsächlich verfolgt werden.

Das gilt auch für ein noch weiter gehendes Thema, das sich im Kontext der Klimapolitik stellt, nämlich die Zukunft des fossilen Energiesystems, der Basis unserer heutigen Weltökonomie und ressourcenintensiven Lebensweise. Die Ursache der exzessiven $CO_2$-Emissionen ist das fossile Energiesystem. Dieses fossile Energiesystem muss rasch verändert werden, weil es durch die Emissionen das Klima verändert, aber noch dringender deshalb, weil die Vorräte an Öl und Gas begrenzt sind und das Angebot im Laufe der nächsten zwei bis drei Jahrzehnte so deutlich zurückgehen wird, dass eine Wirtschaft, die überwiegend auf fossile Energieträger setzt, einen enormen Rückschlag erleiden wird.

Die Ablösung des fossilen Energiesystems ist eine große Herausforderung. Hinweise zu der Problematik finden sich in Kapitel 25 dieses Buchs im Zusammenhang mit der Diskussion möglicher Zukünfte und Risiken für den Fall, dass wir einfach so weitermachen wie bisher (dortige Szenarien A und B). Der aus Sicht dieses Buches einzig erfolgreiche Ansatz für eine Lösung der Gesamtproblematik ist die Durchsetzung einer weltweiten Ökosozialen Marktwirtschaft, wie sie in diesem Buch beschrieben wird (Szenario C). Dazu ist ein Weltvertrag für Nachhaltigkeit und damit verbunden ein Umbau der gesamten Weltökonomie erforderlich. Der Kyoto-Vertrag mit seinen ersten kleinen Schritten in die erforderliche Richtung, zusätzlich belastet durch das Fernbleiben der USA, dem Hauptverursacher der heutigen Emissionen, wäre völlig überfrachtet, würde er zum primären Hebel zur Durchsetzung eines neuen Energiesystems eingesetzt. Dieses Thema ist dafür um Größenordnungen zu komplex. Hier besteht eine gewaltige Herausforderung für Wirtschaft, Wissenschaft und Gesellschaft, und zwar als Teil der normalen Abläufe in diesen Bereichen. Diese Herausforderung ist nur unter wesentlich veränderten Weltordnungsbedingungen potenziell zu bewältigen. Unter geeigneten (Welt-)Ordnungsbedingungen winken dann aber zugleich große wirtschaftliche Gewinnmöglichkeiten und wissenschaftliche Erfolge für diejenigen Akteure, die wesentlich zu neuen Lösungen beitragen. Der Staat kann und muss in diesem Prozess katalytisch und unterstützend wirksam werden. Dazu sind gesellschaftliche Kommunikationsprozesse, Forschung und Pilotprojekte zu finanzieren. Zu diesem Zweck sind die dafür vorgesehenen Budgets richtig einzusetzen und gegebenenfalls zu erweitern.

Wie in diesem Kapitel dargestellt, ist ein internationaler Handel von Verschmutzungsrechten aufgrund der bei gleichem Reduktionsniveau erzielbaren Kosteneinsparungen ein besonders wirksamer Ansatz, um gegebenenfalls zusätzliche Programme dieser Art finanzieren zu können. Und der erforderliche Druck von den Preisen her entsteht bei einer geeigneten Umsetzung eines internationalen Handels von Verschmutzungsrechten über nationale Ökosteuern auf fossile Brennstoffe zur Finanzierung des Rechtekaufs ohnehin.

Welche politischen Strategien werden heute zur Erfüllung des Kyoto-Vertrages verfolgt? In Deutschland sind die Selbstverpflichtung der betroffenen Industriesektoren und eine Variante der Ökosteuerreform als Umsetzungsstrategien in Erprobung. Bei der Ökosteuer hofft man durch eine gleichzeitige Senkung der Lohnnebenkosten auf einen doppelten Gewinn. Leider bringt dieser Ansatz die Gefahr mit sich, dass die Produktion in bestimmten Branchen aus Deutschland oder in weiterer Folge aus der Europäischen Union in andere Regionen auswandert, wo sie dann unter ökologisch belastenderen Standards als bisher bei uns weitergeführt wird. Das erfordert eine sehr durchdachte Dimensionierung solcher Ökosteuern. Ein weiteres Problem bei einer primär europäischen Umsetzung ist die relativ niedrige Grenzeffizienz von zusätzlichen Umweltschutzmaßnahmen innerhalb von Europa, da hier bereits ein hoher Standard der Öko-Technik und -Effizienz erreicht worden ist.

*„Einige Stimmführer in den reichen Ländern konzentrieren sich auf die Frage, ob es das Klimaproblem überhaupt gibt, um auf diese Weise, mit dem Hinweis auf nicht ausreichende Beweise, Ansprüche auf weltweite Regelungen abzuwehren. Aber die tangierten Grundsatzfragen, insbesondere der den $CO_2$-Emissionen vorgelagerte massive Verbrauch von Öl, Kohle*

*und Gas primär durch die reichen Länder, blieben auch dann*
*gültig, wenn es gar kein Klimaproblem gäbe. Insofern wird im*
*Kyoto-Umfeld auf jeden Fall eine der wichtigsten Grundsatz-*
*fragen für eine künftige Weltordnung und einen Weltgesell-*
*schaftsvertrag thematisiert. Deshalb ist dieses Thema so extrem*
*wichtig."*

Warum ist der Kyoto-Vertrag so wichtig? Völlig unabhängig von der
Frage, ob wir es tatsächlich mit einer von Menschen verursachten Klimaproblematik zu tun haben oder nicht, gibt es den weitgehenden politischen
Konsens, dass man die entsprechenden Emissionen, vor allem die $CO_2$-
Emissionen, massiv begrenzen und sogar zurückführen will und muss. Ganz
unabhängig von der Klimathematik wären mit einer solchen Begrenzung
indirekt zahlreiche wünschenswerte Effekte für eine nachhaltige Entwicklung verbunden: erstens die Verminderung des Verbrauchs wichtiger fossiler
Rohstoffe, zweitens ein Druck in Richtung auf eine bessere Balance der
Mobiltätsanforderungen und drittens eine Re-Regionalisierung der Produktion von Gütern niedriger Wertschöpfung.

Die Klimagasemissionen sind auf dem Globus sehr ungleich verteilt,
ebenso der damit häufig gekoppelte Verbrauch wertvoller und nicht erneuerbarer, insbesondere fossiler Ressourcen. Besonders die reichen Länder
„leisten" die Hauptemissionen. Das hängt damit zusammen, dass diese
Emissionen häufig als Begleiteffekte von Wertschöpfungsprozessen und
Energieverbrauch auftreten, auch in Verbindung mit Hausbau, extrem intensiver Landwirtschaft und unserer fast exzessiven Mobilität. In Summe ist es
so, dass praktisch jede Geldausgabe irgendwo und irgendwie, direkt oder
indirekt, mit solchen Emissionen verknüpft ist. Deshalb führen die weltweiten Einkommensunterschiede fast zwangsläufig zu der heute bestehenden,
extrem ungleichen Verteilungssituation bei den Emissionen, auch wenn
Reichtum nicht die einzige relevante Einflussgröße für die Höhe der
Emissionen pro Kopf ist.

Ein US-Bürger verursacht heute im Mittel zwanzigmal so viel Emissionen
wie nach herrschender Meinung zulässig wären, wenn alle Menschen dasselbe täten und wir kollektiv innerhalb erträglicher Grenzen für die
Gesamtemissionen verbleiben wollten; ein Europäer im Mittel zehnmal so
viel, ein Japaner fünfmal so viel, ein Bangladeschi oder ein Inder entsprechend weniger, das heißt unterdurchschnittlich.

Da insgesamt aber schon zu viele Treibhausgase emittiert werden, hat das unmittelbar folgende Konsequenz: Die Wohlstandsproduktion der reichen Länder ist in ihrer heutigen Form nur deshalb möglich und vor allem nur deshalb so kostengünstig, weil rund um den Globus der größte Teil der Menschen nicht dieselben Mengen an Emissionen verursacht.

Die emittierten Klimagase verbleiben über lange Zeit, hundert Jahre und mehr, in der Atmosphäre. Ein weiteres Problem der aktuellen massiven Emissionen durch den Norden, auf das Vertreter des Südens zu Recht immer wieder hinweisen, ist, dass hierdurch künftige Emissionen durch den Süden erschwert, wenn nicht gar verhindert werden, wenn die angestrebten weltweiten Emissionsgrenzen eingehalten werden sollen. Das heißt auch, dass wir mit jedem weiteren Jahr, in dem wir unsere heutigen exzessiven Emissionen fortschreiben, de facto Entwicklungschancen und Entwicklungshoffnungen der ärmeren Länder rund um den Globus aushebeln – und das zum Nulltarif. In gewissem Sinne kann man sagen, dass die Art, wie der Norden seit etwa hundert Jahren wirtschaftet, parasitär gegenüber dem Rest der Welt ist. Wir verdanken unseren Reichtum zum Teil der Tatsache, dass wir die künftigen Reichtumspotenziale anderer schon lange und auch weiterhin zu deren Lasten und zum Nulltarif verbrauchen. Die Armut vieler Länder scheint Voraussetzung dafür zu sein, dass wir so gut leben können, wie wir das tun.

Die Frage ist, wie man mit dieser Situation umgehen soll. Wenn man gemeinsam der Meinung ist, dass der „Kuchen" begrenzt ist, wird man sicherstellen müssen, dass weltweit nicht mehr $CO_2$ emittiert wird, als man gemeinsam für zulässig hält. Aber sobald man meint, es gäbe diese Notwendigkeit einer Begrenzung, ergibt sich sofort das Verteilungsproblem. Die Frage ist, nach welcher Logik man dann diesen begrenzten Kuchen auf die Menschen und Länder verteilt. Genauso wäre es übrigens, wenn die Menschheit mit Blick auf die Optionen künftiger Generationen beschließen würde, die jährlich weltweit zu nutzende Kohle-, Öl- oder Erdgasmenge zu begrenzen.

In diesem Kontext ist ein vom reichen Norden gerne verfolgter Aufteilungsansatz des begrenzten Kuchens das so genannte „Großvaterprinzip" (Grandfather principle, Grandfathering), das von folgendem Denkansatz ausgeht: Wenn zum Beispiel zehn Prozent an Emissionen gegenüber dem Status quo eingespart werden müssen, dann sollten alle Menschen und Länder solidarisch den entsprechenden Prozentsatz, zehn Prozent, bei sich zu Hause einsparen. Man kann dann sogar rein rechnerisch die Position vertreten, dass der Norden die Haupteinsparungen erbringt, denn da er am meisten verbraucht, würde er bei minus zehn Prozent auch den größten Teil der Einsparungen erbringen. Dieses Großvaterprinzip lebt von der Vorstellung, dass man auf Staatenebene etwa so weitermacht wie bisher. Das heißt also, dass der, der schon in der Vergangenheit viel emittiert hat, das tendenziell auch in der Zukunft darf, während jener, der bisher nicht viel emittiert hat, das dann auch künftig nicht darf. Die Verhältnisse werden also etwa gemäß den heutigen Verhältnissen fortgeschrieben.

Es überrascht nicht, dass Entwicklungs- und Schwellenländer diesen Ansatz nicht akzeptabel finden. Länder wie China und Indien argumentieren manchmal gemäß eines umgekehrten Großvaterprinzips: Demnach hätten Völker $CO_2$-Emissionskonten, deren Größe direkt an die Bevölkerungsgröße gekoppelt sei. Die Menschen in den reichen Ländern hätten nun leider das Pech, dass ihre Großväter schon fast alles auf ihrem Konto verbraucht hätten, während die chinesischen und indischen Großväter sehr zurückhaltend gewesen wären und die Menschen in diesen Ländern deshalb erst einmal nachholen dürften, was ihre Väter und Großväter nicht getan hätten, also große Mengen an Klimagasen emittieren. Anschließend wäre dann die Situation in Relation zu den Großvätern weltweit gleich und man würde zu einer pro Kopf gleichen Ausgangssituation auf diesem Globus gelangen.

Ein dritter Vorschlag liegt zwischen diesen beiden Extremen und geht als Leitidee für die Zukunft davon aus, dass jeder Mensch per Geburt die gleichen Emissionsrechte hat, sofern diese (pro Jahr) limitiert werden müssen. Der Umfang dieser Emissionsrechte wäre der Gesamtkuchen. Geteilt durch die Anzahl der Menschen (derzeit sechs Milliarden), würde das die Menge der pro Kopf erlaubten jährlichen Emissionen ergeben. Dieser Grundansatz kann noch durch unterschiedlichste Gerechtigkeitszuschläge angereichert werden, beispielsweise für Gegenden, in denen es besonders kalt oder besonders warm ist. Ebenso kann man Ländern mit großen Wäldern unter Umständen zusätzliche Rechte zuordnen, weil sie $CO_2$-Senken oder -Stabilisatoren vorweisen beziehungsweise für uns alle erhalten. Aber das alles lenkt von der Kernproblematik ab. Diese besteht in der Ausgestaltung einer Generallogik der Rechtezuordnung.

Ordnet man solche Rechte überhaupt zu, braucht man ein generelles Prinzip. Und das sollte einfach vermittelbar sein. Wichtig ist auch, ob Rechte die Verpflichtung zur Nutzung oder Weitergabe bei Nichtnutzung beinhalten. Es scheint plausibel, dass ein weltweiter Kompromiss in Richtung auf eine im Wesentlichen pro Kopf gleiche Zuordnung der Rechte und deren regelmäßiger (zum Beispiel jährlicher) Handel auf Ebene der Staaten hinauslaufen könnte.

*„Der beste Ansatz zur Bewältigung der $CO_2$-Problematik ist der regelmäßige Handel mit Verschmutzungsrechten. Die wichtigste Entscheidung ist dabei aber nicht, dass man Verschmutzungsrechte handelt, sondern die Frage, wie man diese Rechte zuteilt. Eine gerechte Lösung, auf die sich die Menschheit hoffentlich irgendwann verständigen wird können, ist eine im Wesentlichen pro Kopf gleiche Zuordnung. Vom Volumen her bekäme dann heute jeder Mensch ein Sechsmilliardstel und in fünfzig Jahren vielleicht ein Zehnmilliardstel des insgesamt als zulässiges jährliches Gesamtvolumen festgelegten Kuchens."*

Eine pro Kopf gleiche Rechtezuordnung macht Sinn unter der Voraussetzung, dass diese Rechte anschließend gehandelt werden. Denn wären die Rechte nicht handelbar und würde jeder Mensch in der Summe seiner Lebensaktivitäten hinsichtlich der direkt und indirekt bewirkten Emissionen auf seinem „natürlichen" Emissionsrechteanteil (oder Umweltraum) „eingemauert" werden, dann wären de facto ungleiche Einkommen und Reichtum relativ uninteressant, weil die Umsetzung von Reichtum eben im weitesten Sinne auch mit entsprechenden Emissionen verbunden ist. Man wäre auf diesem Wege über die Zuordnung individuell gleicher Umwelträume oder Verschmutzungsumfänge bei einem Verteilungsmuster angekommen, das schon in kommunistischen Systemen nicht funktioniert hat und mit modernen Marktwirtschaften nicht verträglich ist. Also wird ein „weiser" Kompromiss zum Schluss darin bestehen, dass man (im Wesentlichen) individuell gleiche Rechte zuordnet und diese handelbar macht, also hohe Einkommen und Reichtum „ausgelebt" werden dürfen, aber in Form des dafür erforderlichen Rechtekaufs finanziell weiter belastet werden.

Die Begrenzung entsprechender Emissionen würde damit voll und kompromisslos in das weltökonomische System inkorporiert; es würde weltweit nicht mehr emittiert werden, als vereinbart wurde. Über den Markt würde zudem der adäquate Preis für die Verschmutzungsrechte gefunden. Dieser Preis hätte die Wirkung einer weltweiten Ökosteuer, die sich zudem dauernd von alleine nach oben bewegt. Diese weltweite Ökosteuer würde einen erheblichen Einfluss auf die Organisation der gesamten ökonomischen Prozesse auf dieser Welt zur Folge haben. Zugleich würde die jeweils beste Nutzung dieser knappen Rechte in Bezug auf das Wertschöpfungspotenzial erfolgen und der Investitionsdruck in die richtige Richtung, das heißt in Richtung Emissionsvermeidung, gelenkt werden.

Als Folge würden wir im Bereich der Mobilität schnell einige Modifikationen der derzeitigen Fehlentwicklungen erleben: Heute werden auch Güter sehr niedriger Wertschöpfung über große Entfernungen transportiert, was sich nur rechnet, weil die induzierten (weltweiten) Umweltkosten sowie die indirekten Kosten im sozialen und kulturellen Bereich nicht aufgebracht werden müssen. Im Rahmen der beschriebenen Versteigerungslösung würden die Preise die ökologische Wahrheit sagen, die Überbrückung von Distanzen würde teurer – mit der Folge, dass ein Großteil der Produktion von Gütern niedriger Wertschöpfung re-regionalisiert würde. Das hat viele Vorteile. Zahlreiche Anliegen, zum Beispiel auch im Bereich der Landwirtschaft (mehr dazu in Kapitel 24), würden dadurch ganz von alleine eine faire und vernünftige Lösung finden.

In Summe würde vor allem der Norden substanziell zusätzlich belastet werden, da er im Süden Verschmutzungsrechte in großem Umfang erwerben müsste. Wertschöpfung zu Lasten des Südens, der Umwelt und der Zukunft würde auf diese Weise erschwert. Durch den Kauf von Verschmutzungsrechten durch den Norden würden zudem dem Süden dringend benötigte Mittel zufließen. Im Rahmen eines künftigen Weltgesellschaftsvertrags, der Voraussetzung eines solchen Ansatzes ist, wäre sicherzustellen, dass diese Mittel vernünftig eingesetzt werden und zwar im weitesten Sinne zur Erhöhung von – vereinbarten – Standards (vgl. Kapitel 28). Der Handel mit Verschmutzungsrechten wäre damit einer der, bereits im Kapitel „Einigungserfordernisse zwischen Nord und Süd" angesprochenen, Co-Finanzierungsmechanismen weltweiter Entwicklung und der Überwindung der Armut.

Bedauerlicherweise sind wir in der internationalen Debatte bisher noch nicht so weit. Im Kyoto-Vertrag wird aber immerhin zumindest das Großvaterprinzip durchbrochen. Zunächst einmal soll, wie bereits dargestellt, der Norden Emissionen einsparen. Bei vielen, auch ökobewussten Menschen führt das aber zu der Vorstellung, der Norden solle zunächst bei sich zu Hause einsparen, auch um ein Beispiel zu geben, auch um die Innovationen im Bereich der Technik in die richtige Richtung zu lenken. Man spricht hier, wie schon erwähnt, von Domestic Implementation. Dahinter steckt die Vorstellung, dass man zuerst einmal sein „eigenes Haus" in Ordnung bringen soll.

> *„Wenige Missverständnisse blockieren eine vernünftige Einigung zwischen Nord und Süd in der Klimafrage mehr als die Vorstellung vieler ethisch motivierter Akteure der reichen Länder, dass ein Handel mit Verschmutzungsrechten etwas mit Freikauf zu tun hat. Hier geht es aber nicht um Freikauf, sondern um den optimalen Einsatz von begrenzten finanziellen Mitteln einerseits und um gleiche Ausgangsbedingungen andererseits. Ein fairer Handel mit Verschmutzungsrechten wäre eine der attraktivsten und am besten begründbaren Finanzierungsquellen für weltweite Entwicklung und deshalb gerade auch aus ethischer Sicht besonders zu begrüßen."*

Viele Bürgergruppen in Europa, besonders in Deutschland, argumentieren in diese Richtung. Sie wehren sich gegen den weltweiten Handel mit Verschmutzungsrechten, der vor allem von den USA propagiert wird, und sprechen davon, dass man sich so freikaufen würde, dass man weitermachen würde wie bisher, dass das unehrlich sei und letztlich eine moderne Form des Ablasshandels darstellen würde. Das ist aber ein Missverständnis. Denn das Geld für die Verschmutzungsrechte muss ja aufgebracht werden. Je mehr der Süden aufholt, um so mehr Verschmutzungsrechte verbraucht er tendenziell selbst und um so teurer werden diese Rechte. Von Nulltarif ist daher keine Rede.

Man kann sich unter den Bedingungen eines Handels mit Verschmutzungsrechten weltweit sehr viel weiter gehende Ziele vornehmen, als das heute denkbar ist, zum Beispiel eine Pro-Kopf-Reduktion der (nicht zugekauften) Emissionen im Norden auf ein Fünftel oder ein Zehntel der heutigen Umfänge, was dringend erforderlich wäre. Ferner bewirkt man unter den Bedingungen einer weltweiten Vereinbarung wirklich etwas, weil die ganze Welt eingebunden ist. Als Folge werden allerdings die finanziellen Belastungen pro Person auf Dauer bei uns deutlich höher sein als die heutige deutsche Ökosteuer. Es handelt sich um eine weltweite Ökosteuer, die sich dauernd von allein nach oben justiert. Diese Kosten werden dann natürlich intern aufgebracht werden müssen.

Wenn man also hier von Freikauf spricht, handelt es sich um ein großes Missverständnis. Wir brauchen viel Geld für weltweite Entwicklung und Co-Finanzierung. Wir müssen im Norden nicht fünf, zehn oder fünfzehn Prozent unserer $CO_2$-Emissionen einsparen, wie das jetzt im Rahmen des Kyoto-Vertrages diskutiert wird, sondern wir müssen auf zehn Prozent des heutigen Volumens herunter, also neunzig Prozent einsparen beziehungsweise zukaufen. Eine Reduktion um neunzig Prozent ist mit Domestic Implementation nicht zu leisten. Deshalb muss es gelingen, aus dem eingesetzten Geld mehr zu machen. Mit den Mitteln, mit denen man bei uns mittels Domestic Implementation vielleicht zehn oder zwanzig Prozent Reduktionseffekte schafft, sollte man in einer weltweiten Lösung auf ein Niveau kommen, das dann bei uns einer Reduktion von neunzig Prozent (ohne Zukauf) entspricht. Dazu muss das Geld dort eingesetzt werden, wo es pro Einheit die größten $CO_2$-Minderungseffekte erzeugt. Das ist in der Regel rund um den Globus in ärmeren Ländern mit schlechten Technologiestandards der Fall. Die Mittel müssen zudem dort hinwandern, wo zugleich soziale Entwicklung gefördert werden kann. Das ist auch primär in ärmeren Ländern der Fall. Hier können dann zugleich positive Effekte im Hinblick auf die Begrenzung oder auch Umkehrung des weiteren Bevölkerungswachstums erreicht werden. Die denkbaren Ansätze einer konkreten Implementierung reichen dabei vom Einsatz neuer Technologien für die Energieerzeugung und -nutzung über die Finanzierung von Reproductive-Health-Programmen (inklusive individueller geburtenkontrollierender Maßnahmen) bis hin zu Aufforstungsmaßnahmen für Wälder. Letzteres ist ein besonders viel versprechender Ansatz im Kontext der Klimaproblematik.

Ein vernünftiger, global und jährlich organisierter Handel mit Verschmutzungsrechten auf Ebene der Staaten ist der Schlüssel für zahlreiche längst überfällige Lösungen. Er ist der preiswerteste Ansatz für die Bewältigung vieler großer Herausforderungen. Dennoch ist es nicht klar, ob die Bürger der reichen Länder bereit sein werden, die nötigen Mittel aufzubringen. Sicher aber ist, dass sie die noch viel höheren Mittel für eine Domestic Implementation im benötigten Umfang nicht aufbringen werden. Und der Süden wird sich ohne massiven Mittelzufluss ebenfalls nicht beteiligen. Warum sollte er auch? Bei einem vernünftig organisierten Handel mit Verschmutzungsrechten von Freikauf zu sprechen, ist deshalb so wenig zutreffend, als würde man die Position vertreten, dass reiche Bürger, wenn sie mehr Steuern zahlen als weniger reiche, sich freikaufen würden. Würden sie sich doch nur etwas öfter freikaufen! Es liegt in der Natur eines fairen Weltgesellschaftsvertrages, dass man dort, wo es „sprudelt“, die Mittel abschöpft, um sie dorthin zu lenken, wo es nicht so stark „sprudelt“. Zum einen, um sozialen Ausgleich herbeizuführen, und zum anderen, um die Umwelt dort zu schützen, wo die größten Bedrohungen bestehen und wo man mit dem Einsatz eines bestimmten Umfangs an Geldmitteln die größten Effekte erzielt.

### Ein Programm für die Bewältigung der Klimaproblematik

- Die Emission von $CO_2$ und verschiedenen Klimagasen muss weltweit begrenzt werden.

- Der Gesamtumfang der jährlichen Emissionen ist weltweit zu vereinbaren.

- Alle Menschen sollten (im Wesentlichen) die gleichen Emissionsrechte haben.

- Die Rechte können weltweit im jährlichen Rhythmus gehandelt werden, zum Beispiel in aggregierter Form auf Ebene der Staaten.

- Die gesellschaftlichen und ökonomischen Prozesse innerhalb der einzelnen Staaten und Staatengruppen sind hinsichtlich der verursachten Emissionen über ökosteuerartige Mechanismen innerhalb der jeweils verfügbaren Rechteumfänge zu halten.

- Der Ökosteuereffekt adjustiert sich von alleine nach oben, und zwar immer auf dem richtigen Niveau zur Einhaltung der weltweiten Gesamtbeschränkung.

- Da die Verschmutzungskosten international vergleichbar sind, tritt keine spezifische Wettbewerbsverzerrung ein.

- Die aus dem Handel mit Verschmutzungsrechten den sich entwickelnden Ländern zufließenden Finanzmittel sind gemäß vereinbarter Regelwerke zur Verbesserung von Standards im sozialen, kulturellen und ökologischen Bereich einzusetzen.

- Domestic Implementation im Norden spielt in diesem Ansatz als Folgewirkung des Aufbringens der Mittel für den Rechtekauf immer dann eine Rolle, wenn eine direkte Implementierung vor Ort kostengünstiger ist als ein Kauf von Rechten.

- Der Markt findet für all diese Alternativen die beste Lösung. Die Rahmenbedingungen der Rechtezuordnung, des Handels der Rechte und der Kontrolle der Umsetzung sind die politisch-gesellschaftlich entscheidenden Punkte.

Natürlich ist hierzu der Prozess vernünftig auszugestalten. Ein Denkansatz könnte darin bestehen, den jährlichen Umfang an Verschmutzungsrechten summarisch auf der Ebene der Nationen zu handeln. Die Nationen müssten dann „zu Hause" dafür Sorge tragen, dass ihr Land mit dem jeweils verfügbaren Rechteumfang auskommt, dass also alle Länder hinsichtlich ihrer Emissionen im Rahmen des ihnen nach Kauf oder Verkauf von Verschmutzungsrechten insgesamt verfügbaren Rechteumfangs verbleiben.

Dazu muss vor allem der Verbrauch von Kohle, Öl, Gas und indirekt von Elektrizität angepasst werden. Eine solche (Folge-)Umsetzung einer internationalen Rechteverteilung „zu Hause" wird vernünftigerweise die ökonomischen Anreize so setzen, dass es zu einem geringeren Verbrauch fossiler Energieträger kommt und der Umfang an $CO_2$-Emissionen gemindert wird. Das wäre dann auch eine Form von Domestic Implementation, aber nicht als primärer Schritt, sondern als Folgeschritt des internationalen Rechtehandels. Es geht dabei um die Aufbringung der finanziellen Mittel, die im Norden benötigt werden, um die erforderlichen erheblichen Umfänge an Verschmutzungsrechten zu kaufen, die für den weitgehenden Erhalt des bisherigen Lebensumfelds gebraucht werden. Natürlich würde in einem solchen Prozess über den Markt ausgelotet werden, wie weit Mittel als Teil der Optimierung direkt „zu Hause" in Form einer Domestic Implementation eingesetzt werden, um die Vorgaben möglichst kostengünstig zu erfüllen. Das wäre immer dann der Fall, wenn man über den Markt mit neuen Technologien oder indirekten Einsparungsmaßnahmen „zu Hause" für eine bestimmte Summe Geld mehr Emissionseinsparungen erzielen kann, als man im Moment für diese Summe Geld weltweit in Form von alternativ erforderlichen Verschmutzungsrechten einkaufen kann. Richtig betrachtet ist deshalb ein vernünftig organisierter weltweiter Handel mit Verschmutzungsrechten die gleichzeitige Lösung für viele Probleme. In diese Richtung wird man weiter überlegen müssen.

Der aktuell diskutierte Kyoto-Vertrag umfasst, wie bereits dargestellt, zumindest zwei Dimensionen dieser Art, nämlich den Handel mit Verschmutzungsrechten zwischen Annex-I-Staaten und den innovativen „Clean Development Mechanism". Dieser Mechanismus soll ermöglichen, dass der Norden unter bestimmten Bedingungen Geld in Projekte im Süden stecken kann und daraus resultierende Einsparungen an $CO_2$-Emissionen auf seine Reduktionsverpflichtungen angerechnet werden.

Die Europäer haben in den Verhandlungen lange gegen diesen Mechanismus argumentiert und auf mindestens fünfzig Prozent Domestic Implementation bestanden. Das war vielleicht einer der Gründe, warum sich die USA aus dem Kyoto-Prozess zurückgezogen haben. Mittlerweile ist der Vertrag auf einem guten Weg, auch ohne die USA. Manche Grüne sagen heute: „We need more Bush." Es kann durchaus sein, dass die Solidarisierung gegen die ganz offensichtliche Nichtbereitschaft der USA, zu einer fairen und gerechten Lösung beizutragen, ein wichtiger Schub war und ist, um zu Weltverträgen zu kommen – nicht nur im Klimabereich, sondern zum Beispiel auch bei der Etablierung eines Internationalen Strafgerichtshofs (vgl. auch Kapitel 26). Bei den jüngsten Vertragsrunden zum Kyoto-Vertrag in Bonn und Marrakesch wurden Einigungen ohne die USA erzielt. Allerdings waren hierzu weit gehende Kompromisse erforderlich, etwa hinsichtlich der Anerkennung von Senken (beispielsweise Wälder in Russland) oder auch in Bezug auf Domestic Implementation; hier haben die Europäer ihre Forderung nach mindestens fünfzig Prozent Implementation vor Ort (glücklicherweise) aufgegeben.

In Summe sind das alles Schritte in die richtige Richtung. Vielleicht werden irgendwann ja auch die USA dem Vertrag beitreten, spätestens dann, wenn Wetterumschwünge die landwirtschaftliche Produktion in den USA massiv erschweren. Hoffentlich kommt es unter einem Bedrohungsmuster nicht zu einem ökodiktatorischen Reflex gegen aufholende Länder (vgl.

Kapitel 28 und 29), deren, mit der wirtschaftlichen Entwicklung zunehmenden, Emissionen als Angriff auf oder Terror gegen die US-Ökonomie und die Versorgungssicherheit der USA interpretiert werden, sondern zur Zusammenarbeit im Sinne der Abwehr einer gemeinsamen Gefahr. So oder so ist alles, was im Moment verhandelt und realisiert wird, aus Sicht des Autors ohnehin nur ein Vorgeplänkel. Im Grunde genommen wird damit die Basislinie definiert, von der ausgehend nach 2012 über Anschlussverträge verhandelt werden muss. Man wird dann mehr Erfahrung mit dem Handel mit Verschmutzungsrechten haben und ernsthaft daran gehen, massive Reduktionen durchzusetzen, die aufstrebenden Schwellenländer wie China voll einzubinden und möglichst eine weltweite Lösung zu vereinbaren.

Die Zukunft hinsichtlich der Klimaproblematik wird bestimmt nicht einfach. Aus Sicht des Autors gibt es aber durchaus noch Chancen für den in diesem Kapitel vorgeschlagenen ganzheitlichen Ansatz (vgl. Kapitel 24), der an die Wurzeln der Probleme geht und nicht an der Oberfläche verbleibt. Das gilt trotz der „Verirrungen" in den aktuellen Implementierungsprozessen, bei branchenspezifischen Selbstverpflichtungsabkommen bei einem in den Details problematischen innereuropäischen Emissionshandel auf der Ebene der Unternehmen, eine Politik, wie sie derzeit von der EU verfolgt wird. Ein vernünftig organisierter innereuropäischer Emissionshandel ist zwar besser als sektorale Selbstverpflichtungsabkommen, aber viel zielführender, einfacher, preiswerter und wirkungsvoller wären eine massive Nutzung des innovativen CDM-Mechanismus durch die Staaten der EU und das Aufbringen entsprechender Kosten über eine europaweite Ökosteuer.

# 11

## Die zentrale Rolle eines weltweiten sozialen Ausgleichs: die Equity-Frage

*„Überwindung der Armut und Entwicklungs-
schritte hin zu einer höheren Equity gehören
in das Zentrum der Weltpolitik."*

Wir nähern uns jetzt – nach verschiedenen Vorüberlegungen – der aus heutiger Sicht entscheidenden Frage für eine nachhaltige Entwicklung, nämlich der weltweiten sozialen Frage, der Frage der Co-Finanzierung von Entwicklung und der Herausforderung der weltweiten Überwindung der Armut. Im Raum steht ideengeschichtlich die Frage nach der Wechselwirkung von Freiheit und Gleichheit oder die Gerechtigkeitsfrage, auch gemäß der Gerechtigkeitstheorie von John Rawls. Im Kern geht es um die Beobachtung, dass es bei zu viel Gleichheit keine Freiheit (für alle) gibt, aber bei zu wenig Gleichheit auch nicht. Hier ist also eine Balance zu finden. Das ist das Thema eines „Balanced Way", stark inspiriert durch das Beispiel europäischer und asiatischer Marktökonomien.

Ein wichtiges quantitatives Instrument zur Beschreibung der Ungleichheit in einer Gesellschaft ist die so genannte Lorenzkurve $F(x)$, $x \in [0,1]$. Sie gibt für jeden Anteil x der Bevölkerung zwischen 0 und 1 an, über wie viel Prozent des Gesamteinkommens die x Prozent Ärmsten der Gesellschaft verfügen. Bei völligem Ausgleich (Kommunismus in einer extremen Form) wären das immer gerade x Prozent (Gleichverteilung), unter Marktbedingungen ist es weniger, allerdings bezüglich einer in der Regel höheren Gesamtbasis. Neben der Lorenzkurve ist ihre Ableitung (Dichte) $F'(x)$ interessant, die die zugehörigen relativen Einkommensniveaus in Abhängigkeit von x beschreibt. Abbildung 1 zeigt den allgemeinen Zusammenhang auf.

Neben der Lorenzkurve ist gesellschaftlich und politisch die Frage interessant, wie hoch die niedrigsten (regulären Vollzeit-)Einkommen im Verhältnis zu den durchschnittlichen (regulären Vollzeit-)Einkommen sind, weil das unmittelbar etwas über die relativen ökonomischen Möglichkeiten der sozial Schwachen in einer Gesellschaft aussagt. Das ist deshalb so wichtig, weil bei massiven Ungleichgewichten, wenn zum Beispiel zwanzig

# Lorenzkurve F und dazugehörige Dichte F'

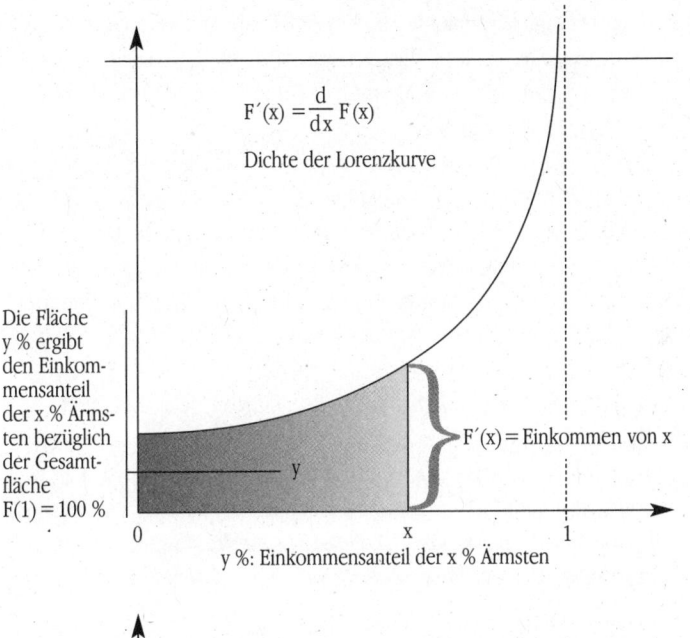

$$F'(x) = \frac{d}{dx} F(x)$$

Dichte der Lorenzkurve

Die Fläche y % ergibt den Einkommensanteil der x % Ärmsten bezüglich der Gesamtfläche F(1) = 100 %

$F'(x) = $ Einkommen von x

y

y %: Einkommensanteil der x % Ärmsten

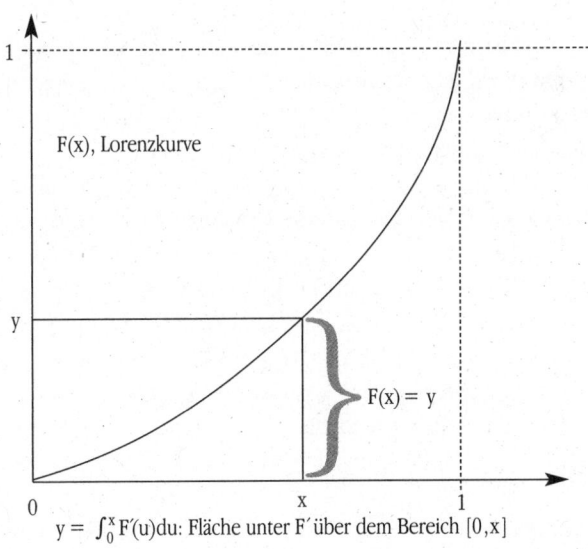

F(x), Lorenzkurve

$F(x) = y$

$y = \int_0^x F'(u)du$: Fläche unter F' über dem Bereich [0,x]

*Abbildung 1: Lorenzkurve und Dichte*

Prozent Reiche über achtzig Prozent der Ressourcen verfügen, dann die Reichen mit wenigen Prozent ihres Einkommens bereits die Hälfte der ärmeren Bevölkerung als „persönliche Sklaven" bezahlen können – und das letztlich über das (welt-)ökonomische System auch tun werden –, was mit üblichen Vorstellungen von Menschenwürde, Empowering oder Chancengleichheit nicht verträglich ist.

Bei zu großen Ungleichheiten ergibt sich ökonomisch keine Konstellation des „Empowering", damit wird vielen Menschen eine wirklich hohe Wertschöpfungsfähigkeit, die Zugang zu Ausbildung und Infrastrukturen voraussetzt, vorenthalten. Unvermeidlich bleiben Gesellschaften mit hoher sozialer Ungleichheit in Relation zu ihrer Bevölkerungszahl insgesamt arm, und damit entsteht ein Sprengsatz in der Gesellschaft.

*„Die Europäer wollen eine gute Ausbildung für die gesamte Bevölkerung. Wir müssen dafür sehr viele Steuern zahlen. Das tut niemand gerne, aber es wird akzeptiert. Ein Nebeneffekt der angestrebten Breite ist aber, dass die Ausbildung an der Spitze in Europa weniger gut ist als in den USA. Unsere Ausbildung ist ordentlich in der Breite, aber gerade deshalb nicht so gut an der Spitze."*

Während wir spätestens seit dem Ende des Kommunismus wissen, dass völlige Gleichheit im ökonomischen Bereich nicht erfolgreich ist, weil sie demotiviert, letztlich keine Anreize für Leistung, Risikofreudigkeit und Innovationsbeiträge bietet und außerdem den individuellen Unterschieden und Neigungen der Menschen nicht gerecht wird, also die Gesellschaft insgesamt arm macht, gilt dasselbe bei zu hoher Ungleichheit. Deshalb heißt es eine Balance zu finden, und das trifft erst recht zu, wenn man nicht auf diktatorische Instrumente zur Durchsetzung von Ungleichheit setzt, sondern in konsens- und demokratieartigen Umfeldern (Primat der Politik) zu Lösungen für mehr Zukunftsfähigkeit und Nachhaltigkeit kommen will. Denn nur unter Equity-Bedingungen sind konsensbasierte Verträge aller zum Schutz der Bestände und damit auch zugunsten künftiger Generationen möglich (vgl. Kapitel 15 und 25). Deshalb ist die Herstellung einer höheren weltweiten Equity heute die entscheidende Herausforderung der Weltpolitik. Das ist eine Position, die insbesondere auch Klaus Töpfer als Executive Director des United Nations Environment Programme (UNEP) seit langem sehr nachdrücklich vertritt.

*„Der Konflikt zwischen den USA und Europa darüber, wie
eine Gesellschaft zu organisieren ist, betrifft vor allem die soziale
Frage. Die USA und Europa sind sich in vielem einig, aber nicht
in Bezug auf den sozialen Ausgleich. Die Europäer investieren viel
in den sozialen Ausgleich, die USA halten dieses Thema für weniger wichtig. Das ist Teil ihres calvinistischen Erbes und ihrer
Pioniertradition, in der sich die Menschen primär selbst helfen
mussten. Wir haben konsequenterweise unterschiedliche
Vorstellungen von dem, was gerecht ist. Dieser Konflikt ist nicht
leicht zu lösen und dominiert heute einen subtilen, im
Verborgenen ablaufenden Kampf um die Organisation der
Weltwirtschaft."*

### Die Equity-Frage

- Der weltweite soziale Ausgleich ist ein Thema höchster
  Bedeutung für eine nachhaltige Entwicklung.

- Die Lorenzkurve ist ein wichtiges Beschreibungsmittel.

- Für die Europäer ist das Thema des sozialen Ausgleichs ein
  besonderes Anliegen, stärker als für die USA.

# 12

## *Der Equity-Faktor*

*„Der Equity-Faktor ist ein neues mathemati-*
*sches Konstrukt und kann hoffentlich die poli-*
*tische Kommunikation eines für die Zukunft*
*zentralen Themenbereiches erleichtern."*

Die Frage des sozialen Ausgleichs, die Frage einer Balance bezüglich der materiellen Möglichkeiten der Menschen, hat entscheidende Bedeutung im Kontext der Globalisierung und angesichts der Zielsetzung einer nachhaltigen Entwicklung. Dabei geht es um mehr als Chancengleichheit, so wichtig diese ist. Es geht um relative materielle Verfügbarkeiten am Ende der ökonomischen Prozesse („Was kommt am Schluss unten heraus?"). In diesem Kontext ist eine empirische Analyse der sozialen Situation innerhalb der einzelnen Länder und rund um den Globus wichtig. Leider sind die mathematischen Beschreibungsmittel in diesem Fall sehr beschränkt. In „A Computational Concept for Normative Equity" von Thomas Kämpke, Robert Pestel und Franz Josef Radermacher (siehe auch Literaturhinweise im Anhang) wird hierzu ein Beitrag geleistet, der eine wichtige Grundlage dieses Buches ist. Im Rahmen einer neueren mathematischen Theorie der Equity, die den Vergleich der niedrigsten mit den durchschnittlichen Einkommen als Ausgangspunkt nimmt, lässt sich gemäß dieses Ansatzes der Grad an sozialem Ausgleich angenähert über einen Equity-Parameter $\varepsilon$ beschreiben, der im Wesentlichen durch folgende Gleichung bestimmt ist:

niedrigste Einkommen = $\varepsilon$-mal das Durchschnittseinkommen
(jeweils Vollarbeitsplätze inklusive Transferleistungen)

Dieser neue Ansatz ist unmittelbar durch die EU-Definition von Armut inspiriert. In dieser Definition werden Menschen als arm definiert, wenn sie über weniger als das halbe Durchschnittseinkommen verfügen. Die EU will diese Art von Armut über ihre politischen Prozesse und ökonomische Organisation verhindern. Das wenig erfolgreich verlaufene kommunistische Experiment bezog sich dabei in seiner extremsten Ausprägung auf den Equity-Faktor 1:1 (100 Prozent), während die Armutsdefinition der Europäischen Union sich auf den Equity-Faktor $1:2 = 0{,}5$ (50 Prozent) bezieht. Die erwähnte mathematische Theorie beruht nun darauf, dass im Sinne einer inhärenten Selbstähnlichkeit der sozialen Organisation einer Gesellschaft ein uniformer Faktor $\varepsilon$ der beschriebenen Art nicht nur für die Gesellschaft als Ganzes, sondern auch für jedes Segment (Quantil) der x Prozent Reichsten unterstellt wird. Es wird also angenommen, dass auch innerhalb der jeweils x Prozent Reichsten die dort Ärmsten über ein Einkommen verfügen, das $\varepsilon$-mal das Durchschnittseinkommen der x Prozent Reichsten ausmacht. Dieser Ansatz führt auf eine lineare, inhomogene, von $\varepsilon$ abhängige Differenzialgleichung $F'(x) = \varepsilon \cdot (1-F(x)) \cdot (1-x)^{-1}$, $0 < \varepsilon \le 1$ für die zugrunde liegende Lorenzkurve und legt diese bereits vollständig fest, nämlich als die Lorenzkurve $F_\varepsilon(x) = 1 - (1-x)^\varepsilon$.

### Wie misst man Equity?

Mit der EU-Armutsdefinition ist das Ziel verbunden, dass die niedrigsten Einkommen mindestens fünfzig Prozent der Durchschnittseinkommen ausmachen sollen.

Definitionsgleichung für den Equity-Parameter:
niedrigste Einkommen = $\varepsilon \cdot$ Durchschnittseinkommen

Fordert man das für alle Segmente der x Prozent Reichsten eines Landes, $x \in [0,1]$, so ergibt sich für die Funktion F(x), $x \in [0,1]$, die für jedes x angibt, über wie viel kumulatives Einkommen F(x) die x Prozent Ärmsten der Bevölkerung verfügen, die Differenzialgleichung:

$$F'(x) = \varepsilon \, \frac{(1-F(x))}{(1-x)}, \quad 0 < \varepsilon \le 1$$

mit der Lösung (Lorenzkurve) $F_\varepsilon(x) = 1 - (1-x)^\varepsilon$.

Die beste Anpassung der empirischen Daten an diese Lösung der Differenzialgleichung liefert den Equity-Parameter eines Landes oder einer Gruppe von Ländern. Der Ausgleichseffekt in der Anpassung an die empirischen Daten hinsichtlich der Größe von $\varepsilon$ über die Betrachtung aller $x \in [0,1]$ gibt diesem Wert eine höhere Robustheit als die Betrachtung der niedrigsten Einkommen alleine.

Der dieser Arbeit wesentlich zugrunde liegende neue Equity-Parameter kommt zu ähnlichen Aussagen hinsichtlich der Reihung von Staaten gemäß ihres Niveaus an sozialem Ausgleich, wie man sie aus der Literatur von anderen Messgrößen für soziale Ungleichheit, wie etwa dem so genannten „GINI-Koeffizienten" oder dem Ungleichheitsindex der UNCTAD – Verhältnis des Einkommens des ärmsten Fünftels relativ zum reichsten Fünftel der Bevölkerung –, kennt. Das ist gut so, weil es schon bekannte Ergebnisse bestätigt. Hinzu kommt aber, dass der Equity-Parameter mehr Möglichkeiten bietet als die bisherigen Messgrößen, weil man damit nicht nur eine Zahl als Kenngröße zur Verfügung hat, sondern diese Zahl zu einer bestimmten Lorenzkurve gehört, die zudem über besondere Eigenschaften verfügt.

Wegen dieser Eigenschaften ist diese spezielle Lorenzkurve $F_\varepsilon$ unmittelbar in politischen Prozessen kommunizierbar. Sie reflektiert nicht nur die EU-Armutsdefinition, sondern beispielsweise auch Schlüsselindikatoren für Strukturförderungen in der EU, die in der Regel daran geknüpft sind, dass bestimmte Regionen mit ihrem Durchschnittseinkommen unterhalb von 75 Prozent des Durchschnittseinkommens der gesamten EU liegen (so genannte Ziel-1-Regionen). Entlang solcher Zahlenwerte würde man auch eine weltweite Entwicklung hin zu einem hohen sozialen Ausgleich und einer nachhaltigen Entwicklung zu steuern versuchen (vgl. Kapitel 28). In der Gesamtheit seiner Eigenschaften ist dieser Parameter also sehr aussagekräftig.

Ein weiterer interessanter Aspekt: Der Equity-Parameter $\varepsilon$ und die zugehörige Lorenzfunktion $F_\varepsilon$) leiten sich von der Vorstellung einer selbstähnlichen Schichtung einer Gesellschaft im Sinne eines pyramidalen gesellschaftlichen Aufbaus ab. Dahinter steckt folgende Frage: Was heißt es eigentlich in Relation zu anderen, dass jemand überdurchschnittlich viel verdient? Das bedeutet praktisch, dass er überdurchschnittlich viele Güter und Dienstleistungen anderer Menschen von möglicherweise überdurchschnittlicher Qualität erwerben kann. Gut zu verdienen heißt also vor allem auch, viele Verfügungsmöglichkeiten über die begrenzte Zeit anderer zu besitzen. In diesem Sinne reflektieren der soziale Aufbau und der unter Umständen politisch herbeigeführte Ausgleich in einer Gesellschaft einerseits Wertschöpfungsfähigkeiten und andererseits relative Trade-Offs von Zeitverfügbarkeiten. Noch genauer: Wird über Umverteilung oder andere Mechanismen für eine hohe Equity gesorgt, so heißt das auch, dass es relativ wenig personennahe Dienstleistung geben kann, weil nur wenige Menschen in der Lage sind, erheblich viel Zeit anderer Menschen, besonders jener, die auf hohem Qualitätsniveau operieren, zu bezahlen. Wer kann (im privaten Bereich) wie lange und auf welchem Qualitätsniveau zum Beispiel auf Handwerker, Künstler, Krankenschwestern, Hausboten, Taxifahrer, Architekten, Gartengestalter oder Einkaufservices zugreifen?

Wenn man die Verteilungsfragen in dieser Perspektive sieht, geht es um robuste Struktureigenschaften, nicht um filigrane Detaillierungen. So beschäftigen sich viele internationale Studien zur Frage der Welteinkommensentwicklung mit den wichtigen Details der Verteilung der Einkommen unterhalb der internationalen Armutsgrenzen von einem beziehungsweise zwei US-Dollar pro Tag. In dem hier verfolgten Equity-Konzept, das die Spanne von arm bis reich als Ganzes im Blick hat, fallen alle diese Menschen in die ärmste und zugleich größte Gruppe. Das ist die Gruppe der Menschen am unteren Ende des Einkommenspektrums, die nur irgendwie überlebt, ob mit Dollars oder ohne. Anders ausgedrückt, die verfügbaren Dollars beschreiben nur ungenügend die tatsächliche, in jedem Fall ärmliche Situation, da ja selbst jemand mit einem Einkommen von null US-Dollar in der Regel irgendwie überlebt. In dem hier gewählten Ansatz ist entscheidend, dass all diese Menschen in einem geeigneten Sinne der schwächsten Gruppe der Gesellschaft angehören, die durch das Einkommensniveau ε-mal Durchschnittseinkommen charakterisiert wird, abhängig vom jeweiligen Equityfaktor ε.

Der hier verfolgte mathematische Ansatz ermöglicht dort einige grundsätzliche Aussagen über die Verteilungssituation. So liegen immer mindestens zwei Drittel der Bevölkerung unter dem Durchschnittseinkommen, wobei dieser Anteil bei zunehmender Ungleichheit (kleinerem Equity-Parameter ε) immer größer wird und sich in Richtung 100 Prozent bewegt, wobei der kumulierte (Gesamt-)Wohlstandsanteil dieser immer größeren Gruppe von Menschen immer weiter abnimmt. Dafür wächst mit zunehmender Ungleichheit die Zahl der Reichen, das heißt, viele und immer mehr Menschen müssen immer deutlicher unterdurchschnittlich verdienen, um eine deutlich ausgeprägtere Spitze mit weit überdurchschnittlichem und immer höherem Einkommen zu ermöglichen.

So liegen zum Beispiel bei einem Equity-Faktor ε = 1 : 1,2 (83 Prozent) die Einkommen für 67 Prozent der Bevölkerung unter dem Durchschnittswert, bei einem Equity-Faktor ε = 1 : 1,6 (63 Prozent) die Einkommen für 71 Prozent der Bevölkerung unter dem Durchschnittswert und bei dem Equity-Faktor ε = 1 : 2 (50 Prozent) die Einkommen für 75 Prozent der Bevölkerung unter dem Durchschnittswert. Bei einem immer kleineren ε geht

## Pyramidaler Aufbau der Gesellschaft für verschiedene Equity-Werte

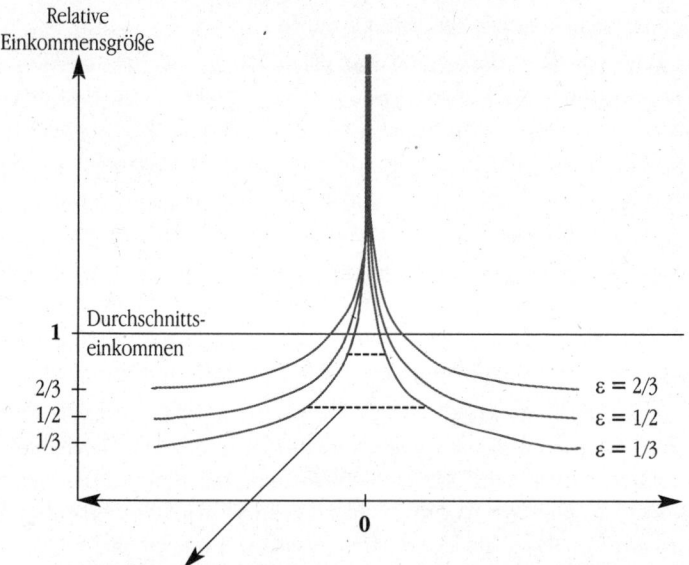

Abbildung 2: Pyramidaler Aufbau der Gesellschaft

dieser Wert schließlich gegen 100 Prozent, das heißt, bei hoher Ungleichheit haben fast alle Bürger ein Einkommen unterhalb des Durchschnitts.

Abbildung 2 zeigt den beschriebenen pyramidalen Aufbau einer Gesellschaft in Abhängigkeit vom Equity-Faktor. Man sieht, dass die „ärmste" Gruppe der Gesellschaft bei dem hier gewählten Ansatz die größte ist, dann folgt die nächstärmere Gruppe und so weiter. Gut erkennbar ist die Selbstähnlichkeit der Definition über zunehmend reichere Segmente der Gesellschaft. Bemerkenswert auch, dass die inneren Kurven in der Spitze die äußeren Kurven schneiden. Es gibt also, wie schon beschrieben, bei niedriger Equity insgesamt mehr Reiche. Nur eine Gesellschaft mit niedriger Equity kann größere Segmente von Personen an der Spitze ermöglichen, ausgeglichene Gesellschaften können das nicht. Oder anders ausgedrückt: In armen Kolonialregimen gibt es die meisten Dienstboten, nicht in reichen

82

Ländern. Allerdings sind diese Dienstboten sehr schlecht bezahlt und übernehmen elementarste Aufgaben, sie sind also von qualifizierten und gut bezahlten Dienstleistern in entwickelten Ländern klar zu unterscheiden.

Im Weiteren können die vorhandenen empirischen Daten, zum Beispiel der Weltbank, zu den Verteilungsstrukturen in Ländern oder Ländergruppen durch eine Lorenzkurve der bezeichneten Art optimal approximiert werden. Das führt zu einem Equity-Parameter, der als Beschreibung für die Gleichheits-/Ungleichheitssituation eines Landes oder einer Ländergruppe verwendet werden kann. Diese Parameter werden im Folgenden für eine Reihe von Staaten, unter ihnen alle ökonomisch bedeutenden Länder, angegeben. Mehr hierzu ist in dem schon erwähnten Text „A Computational Concept for Normative Equity" zu finden und bildet die Basis für die folgenden Beobachtungen, vgl. hierzu auch die Abbildungen 3 und 4. (Als weiterer Hinweis zu den konkreten Parametern: Es muss an dieser Stelle erwähnt werden, dass die Datenlage sehr schlecht ist. Die konkreten Zahlenwerte sind deshalb mit Vorbehalt zu betrachten. Allerdings ist die Übereinstimmung mit anderen in der Literatur verwendeten Größen für Ungleichheit in

**Beispiele für Dichten von Lorenzkurven mit zugehörigen Equity-Parametern**

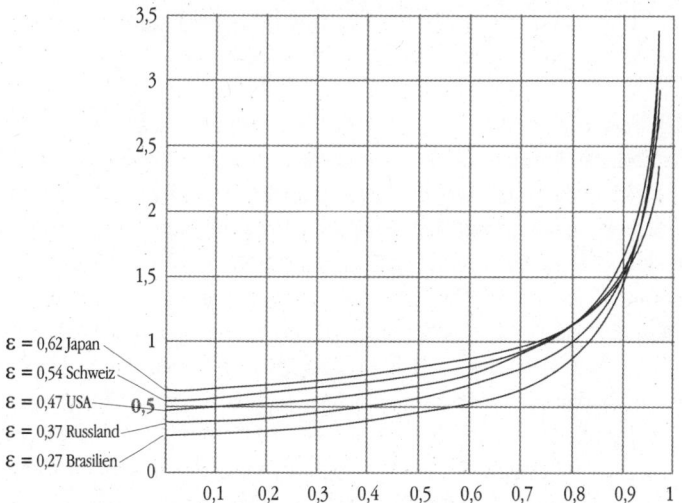

*Abbildung 3: Ausgewählte Dichten von Lorenzkurven*

der Tendenz doch so hoch, dass es als ausreichend fundiert erscheint, auf Basis dieser Zahlen weiterzuarbeiten.)

Studiert man die Equity-Faktoren in Europa, dann liegen diese in Ländern wie Österreich, in Nordeuropa, Italien und Deutschland in einer (abfallenden) Spannbreite von 1 : 1,54 (65 Prozent) bis 1 : 1,7 (59 Prozent). Die etwas raueren Verhältnisse in den Niederlanden, in Frankreich und der Schweiz drücken sich in einem Equity-Faktor von 1 : 1,85 beziehungsweise 1 : 1,86 (54 Prozent) aus. In Großbritannien und Irland liegt der Faktor mit 1 : 1,99 (50 Prozent) deutlich niedriger, so ziemlich das Äußerste, das noch mit der sozialen Logik der EU verträglich ist, und weist ein gutes Stück in Richtung auf die US-Verhältnisse. Die Ungleichheitssituation in den USA ist noch einmal schärfer, dort liegt der Wert bei 1 : 2,14 (47 Prozent). Die Kanadier, manchmal auch als die Europäer Nordamerikas bezeichnet, liegen bei 1 : 1,81 (55 Prozent); Japan liegt bei 1 : 1,61 (62 Prozent) und Korea bei 1 : 1,81 (55 Prozent); alles Werte wie in Europa. Die EU als Ganzes ist dabei in ihren Angleichprozessen als Folge ihrer vergleichsweise kurzen Existenz und der sehr unterschiedlichen Ausgangssituation der beteiligten Staaten längst nicht so weit, wie sie innerhalb der einzelnen Länder angeglichen ist. Der EU-Wert liegt heute bei 1 : 2,26 (44,2 Prozent), also noch unterhalb des US-Wertes.

Indien hat mit dem Wert 1 : 2,14 (47 Prozent) etwa den Ausgleichszustand der USA, während China mit dem Wert 1 : 2,24 (45 Prozent) noch etwas weniger ausgeglichen ist. Russland liegt heute bei 1 : 2,68 (37 Prozent), alte Kolonial- und Apartheidsregime mit klarem Oben und Unten wie Mexiko, Südafrika und Brasilien bei 1 : 3,05 (33 Prozent), 1 : 3,56 (28 Prozent) beziehungsweise 1 : 3,6 (27 Prozent). Das Extrem ist heute aber der globale Inequity-Zustand. Wenn auch die Datenlage sehr schlecht ist, so scheint doch der Welt-Equity-Parameter heute unterhalb von 1 : 8 (12,5 Prozent) zu liegen. Selbst dann, wenn auf der Basis interner Kaufkraftparitäten gerechnet wird, die sicher ein zu positives Bild der Lage der Betroffenen zeichnen, liegt er irgendwo bei 1 : 4 (25 Prozent).

Was heißt das praktisch? Es ist $F_{0,65}(0,3) = 0,207$, $F_{0,27}(0,3) = 0,092$ und $F_{0,125}(0,3) = 0,044$, das heißt, in Österreich verfügen die 30 Prozent Ärmsten über 20,7 Prozent des Gesamteinkommens ihres Landes, die 30 Prozent Ärmsten in Brasilien über 9,2 Prozent und die 30 Prozent Ärmsten weltweit nur über 4,4 Prozent des Gesamteinkommens. Das heißt aber, dass die Welt als Ganzes sozial noch einmal signifikant stärker gespalten ist als jedes einzelne Land, selbst die sozial unausgeglichensten Länder. De facto befinden wir uns heute in einem

## Wie ist die Equity-Situation heute in bestimmten Ländern und weltweit?

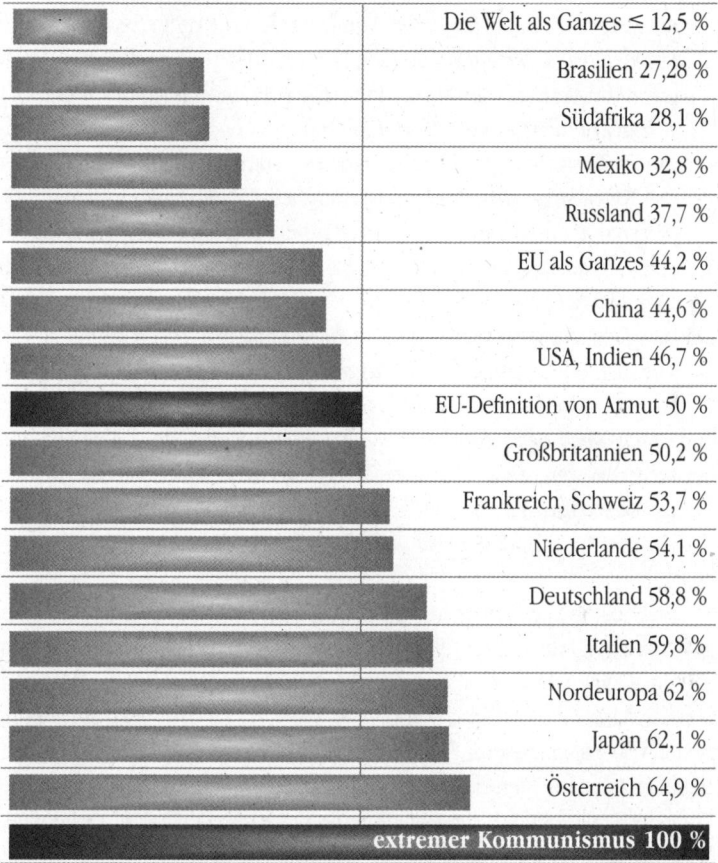

| | |
|---|---|
| | Die Welt als Ganzes ≤ 12,5 % |
| | Brasilien 27,28 % |
| | Südafrika 28,1 % |
| | Mexiko 32,8 % |
| | Russland 37,7 % |
| | EU als Ganzes 44,2 % |
| | China 44,6 % |
| | USA, Indien 46,7 % |
| | EU-Definition von Armut 50 % |
| | Großbritannien 50,2 % |
| | Frankreich, Schweiz 53,7 % |
| | Niederlande 54,1 % |
| | Deutschland 58,8 % |
| | Italien 59,8 % |
| | Nordeuropa 62 % |
| | Japan 62,1 % |
| | Österreich 64,9 % |
| | **extremer Kommunismus 100 %** |

*Wir leben heute in einem Zustand globaler Apartheid.*

*Abbildung 4: Equity-Situation weltweit*

Zustand extremer globaler Apartheid. Zwei Milliarden Menschen müssen dabei mit weniger als zwei US-Dollar pro Tag auskommen, eine Milliarde Menschen mit weniger als einem US-Dollar pro Tag, ein unerträglicher, absolut nicht friedens- und zukunftsfähiger Zustand und das größte heute bestehende Hindernis für Zukunftsfähigkeit und eine nachhaltige Entwicklung.

*„Ein für die Weltpolitik extrem wichtiger Unterschied ist der zwischen den USA auf der einen Seite und Europa, Japan, Korea und Kanada auf der anderen Seite. Die Kanadier erweisen sich dabei einmal mehr als ,die Europäer Nordamerikas'. Die entscheidende Frage dabei ist, wie man Gesellschaften organisiert. Hier steht vor allem die soziale Frage im Zentrum. Die entwickelten Länder sind sich in fast allem einig. Wir sind Freunde und haben einen gemeinsamen Wertehintergrund. Extrem uneinig sind wir aber in Bezug auf das richtige Maß an sozialem Ausgleich. Die Europäer und alle anderen entwickelten Länder investieren in erheblichem Umfang in den sozialen Ausgleich, die US-Amerikaner halten das für ein viel weniger wichtiges Thema. Wir haben verschiedene Vorstellungen von dem, was gerecht ist. Dieses Problem ist nicht leicht zu lösen. Entscheidend ist, dass die USA das deutlich anders sehen als praktisch alle entwickelten Länder und daraus mehrfach Vorteile ziehen. Zudem üben sie im Rahmen der Globalisierung über das weltökonomische System und die Freihandelslogik der WTO zunehmend mehr Druck auf die anderen Länder aus, ähnlich zu operieren, wie sie das tun. Die Folgen sind bei uns offensichtlich und schmerzhaft."*

Versucht man eine Würdigung der empirischen Situation, dann befinden sich alle erfolgreichen Staaten dieser Welt hinsichtlich ihrer internen Equity in dem kleinen Band der Werte von 46,7 Prozent (USA) bis 64,9 Prozent (Österreich). Sieht man von den USA ab, verengt sich das Spektrum auf den Bereich 50 bis 65 Prozent. Es geht hier aber nicht darum, dafür zu argumentieren, dass das österreichische Modell oder das nordeuropäische beziehungsweise das deutsche automatisch das Beste der Welt ist. In der heutigen Welt haben es diese Modelle schon deshalb schwerer, weil sie sich unter Weltordnungsbedingungen, die „Vorteilnahme" im sozialen Bereich honorieren, gegen Länder wie die USA schwer tun. Aber selbst unter einer besseren Weltordnung wird man weltweit vielleicht für etwas weniger Ausgleich votieren. Denn für eine höhere Equity zahlt man immer auch einen Preis in Form eines Verlustes an Dynamik, an Veränderungsfreudigkeit und dergleichen mehr. Auf der anderen Seite votieren offenbar alle anderen entwickelten Nationen gegen US-Verhältnisse, weil der interne Preis, der für ein derartiges Niveau an Ungleichheit bezahlt werden muss, noch viel höher ist. Eine Ungleichheit wie in den USA ist in entwickelten Ländern wahrscheinlich überhaupt nur unter den Sonderbedingungen einer Weltmacht und einem Fließgleichgewicht dauernd neu hinzukommender, hochmotivierter, positiv vorselektierter neuer Bürger (Greencard; vgl. Kapitel 7) möglich.

Die Balance hinsichtlich des möglichen Grades an Equity ist für voll entwickelte Staaten in jedem Fall wohl nur in einem kleinen Segment zu finden. Darüber hinausgehende Ungleichheit macht arm und führt zu Verweigerung und zu mangelnder Kooperationsbereitschaft – mit allen negativen Konsequenzen. Das gilt heute auch für die Welt als Ganzes. Für den Globus geht es insofern auch um Balance, also die richtige Kopplung von Regulierung und Deregulierung, nicht nur um immer mehr Deregulierung. In Europa ist heute vielleicht etwas zu viel reguliert, auf dem Globus in jedem Fall zu wenig. Bezüglich der globalen Situation geben die fehlenden Regulierungen und die daraus resultierenden Konfliktpotenziale Anlass zu großen Befürchtungen. Das gilt erst recht für einige der politischen Lösungsoptionen zum Umgang mit dieser Situation, die heute im Raum stehen (vgl. auch Kapitel 25 und 26).

# 13
## Sozialer Ausgleich: ein relativer oder ein absoluter Ansatz?

*„Die EU sieht Armut als eine relative Größe.*
*Die unterschiedliche Sicht und die anderen*
*Lebensverhältnisse in den USA üben über*
*den WTO-Mechanismus einen Druck auf die*
*Ausgleichsphilosophie aller übrigen*
*entwickelten Staaten aus."*

Die Charakterisierung von Armut ist nicht einfach. Es geht zum einen um absolute Niveaus, zum anderen aber auch um den Vergleich mit der Lebenssituation anderer Menschen (relativer Aspekt). Ausgehend von großer Armut steht zunächst das absolute Niveau im Vordergrund, das heißt die Erfüllung der Grundbedürfnisse, der Basic Needs. Sind diese einmal erfüllt, gewinnen die relativen Aspekte zunehmend an Bedeutung, obwohl natürlich auch der Gesamtwohlstand und das durchschnittliche Wohlstandsniveau ebenfalls wichtig bleiben. Konsequenterweise sieht die EU den sozialen Ausgleich als ein relatives, nicht aber als ein absolutes Konzept: Es kommt auf die Relationen der Einkommen zueinander an, nicht nur auf absolute Mindestausstattungen für die Armen. Damit rücken die Verteilungsfragen, die heute gerne aus den politischen Erörterungen ausgeklammert werden, ins Zentrum der Debatte zurück, wo sie auch hingehören.

Ein anschauliches Bild soll die zentralen Fragen verdeutlichen: Verteilungsfragen stellen sich dar wie die Aufteilung von nur einer Decke auf mehrere Personen. Wenn einige die Decke besonders erfolgreich zu sich hinzuziehen in der Lage sind, liegen andere teilweise unbedeckt. Die europäische Armutsdefinition besagt, dass „am Ende allen Ziehens" niemand weniger Decke haben sollte als 50 Prozent des Durchschnitts, also mindestens die Hälfte von dem, was jeder bei gleicher Aufteilung der Decke erhalten würde. Dass unter europäischen Equity-Bedingungen in der Regel auch der schlechter ausgestattete Teil der Bevölkerung diesem Muster mit guten Gründen zustimmen kann, liegt darin begründet, dass die „Decke" in Form des Bruttosozialprodukts im Normalfall jährlich etwas wächst und dass der

Umfang des Wachstums nach aller historischen Erfahrung von der Aufteilung der „Decke" auf die verschiedenen Marktakteure mit beeinflusst wird. Eine ungleiche Verteilung führt (bis zu einem bestimmten Punkt) zu mehr Wachstum, das allen zugute kommt, wobei diese zusätzlichen Wachstumseffekte aber unterhalb eines Equity-Wertes wie in Österreich (65 Prozent) offenbar nur noch gering sind, unterhalb der europäischen Armutsdefinitionsgrenze von 50 Prozent wohl völlig entfallen und sich bei einer weiteren Absenkung des Ausgleichs sogar rasch in ihr Gegenteil umkehren. Eine extrem ungleiche Verteilung bedeutet also weniger Wachstum als eine ausgeglichene Verteilung. Wollen also arme, ungleiche Gesellschaften substanziell reicher werden, dann müssen sie Wachstum intelligent in mehr Ausgleich kanalisieren, und zwar in Form von Ausbildung, Stärkung der Rolle der Frau, Gesundheitssystemen, also simultan zu mehr Wachstum auch die Equity erhöhen. Der große Erfolg einiger asiatischer Länder im Vergleich zu großen lateinamerikanischen Ländern wie Brasilien scheint seine tiefere Ursache in dem höheren sozialen Ausgleich in Asien zu haben. Es geht also um eine stärkere Beachtung von Anforderungen des sozialen Ausgleichs und damit um eine Stärkung der Teilhabe von immer mehr Menschen an den ökonomischen Prozessen auf einem hohen Niveau an Wertschöpfungsfähigkeit.

Vom Ansatz her besteht – hinsichtlich der gegebenen Hinweise zur Frage des sozialen Ausgleichs – allerdings eine klare Trennungslinie zu vielen Denkern in den USA und deregulierungs- und effizienzeuphorischen beziehungsweise „-obsessiven" Ökonomen, die zum Teil einen erheblichen argumentativen Aufwand betreiben, um zu begründen, warum es gut und richtig ist, dass die ohnehin schon weit überdurchschnittlich profitierende Spitze der Gesellschaft von weiterem Zuwachs noch einmal überproportional profitiert, damit „Leistung sich auch wirklich lohnt".

Für den in Europa und Asien hochgehaltenen relativen Aspekt von Armut spricht hingegen die Lebenserfahrung, dass hohe relative Einkommensunterschiede materiellen Durchgriff der „Reichen" zu Lasten der „Armen" in vielen sozialen, kulturellen und ökologischen Kontexten erlauben und damit unmittelbar die Menschenwürde betreffen und Menschenrechte gefährden. Hier, nicht in der Natur der Religion als solche, liegt heute eine der Hauptursachen für die Verbitterung eines radikalen Islams über den massiven Zugriff des Westens in seine innersten Lebensverhältnisse (vgl. hierzu die Situation in Nordirland).

*„Parlamente entwickelter Nationen verbringen den größten
Teil ihrer Zeit damit, an den Stellschrauben der Rahmenbedingungen der Wirtschaft zu drehen, damit die Ökonomie im
Endeffekt das produziert, was die Mehrheit der Bevölkerung will,
und wir nicht einfach hinnehmen müssen, was das Ausleben ökonomischer Theorien beziehungsweise Gegebenheiten letztlich für
die Bevölkerung bringt."*

Andererseits bleibt es wahr, dass für die Ärmsten zunächst einmal die
Basic Needs im Vordergrund stehen – und das ist bei armen Gesellschaften
auch erst einmal ein Schritt in die richtige Richtung. Zudem votieren entwickelte Gesellschaften in unterschiedlichem Maß für mehr absolutes Wachstum, auch auf Kosten von Equity-Anliegen. Das ist also eine in höchstem
Maße politische Frage, die Trade-Offs beinhaltet und nicht prinzipiell und
generell ein für allemal beantwortet werden kann.

*„Der Medizinsektor macht deutlich, worum es bei Verteilungs-
fragen geht. Die Deutschen geben für die neunzig Prozent Ärmeren der Bevölkerung im Schnitt mehr für Medizin aus als die USA.
Wenn man die Gesamtbevölkerung betrachtet, geben die USA im
Durchschnitt deutlich mehr für Medizin aus als die Deutschen.
Das liegt daran, dass die reichsten zehn Prozent in den USA so
unglaublich viel für Medizin ausgeben, dass das die geringeren
Ausgaben der ärmeren neunzig Prozent deutlich überkompensiert. Ein Nebeneffekt dieser Gegebenheiten ist, dass die mittlere
Lebenserwartung in den USA unter den entwickelten Nationen
besonders niedrig ist, denn die Defizite in der Versorgung von
neunzig Prozent der Bevölkerung kann man bei den reichsten
zehn Prozent nicht ausgleichen. Diesen zehn Prozent wird allerdings in den USA im High-End-Bereich der Medizin die absolute
Weltspitze geboten."*

Die Frage, die sich Gesellschaften immer wieder stellen, ist folgende: Wie
wägt man die relativen und absoluten Aspekte von Armut und Entwicklung
gegeneinander ab? Soll man heute in Europa oder Japan eine höhere
Ungleichheit forcieren, beispielsweise in Richtung US-Verhältnisse? Gegen
eine reine Deregulierungslogik bestimmter freihandelsverliebter Ökonomen

sei zunächst festgehalten, dass es das Primat der Politik zulässt, dass sich Menschen in demokratischen Prozessen gegen eine weitere Erhöhung der Ungleichheit selbst dann entscheiden dürften, wenn alle Menschen bei mehr Ungleichheit materiell dazugewinnen würden. Wir sind also im Gegensatz zu klassischen ökonomischen Theoriegebäuden nicht zu so genannten pareto-optimalen Lösungen verpflichtet, das heißt, auch bei Zugewinnen kommt es auf die Relationen an. Das macht schon deshalb Sinn, weil soziale Ausgleichs-fragen offensichtlich die beschriebene, stark relative Dimension besitzen, die in der EU-Definition von Armut zum Ausdruck kommt. Und was hier akzeptabel ist, ist auch eine Frage des persönlichen Gerechtigkeitsempfindens.

*„Es ist das Recht der Wähler, das Recht der Mehrheit und das Recht der Politik, der Ökonomie Rahmenbedingungen zu setzen, damit ökonomische Prozesse das gewünschte Ergebnis bringen. Die Ökosoziale Marktwirtschaft verfolgt die Idee einer Marktwirt-schaft, die ökologische, kulturelle und soziale Rahmenbedingun-gen explizit so formuliert, dass ein gesamtgesellschaftlicher Zustand induziert wird, wie ihn die Bürger mehrheitlich wollen und diese nicht einfach hinnehmen müssen, dass eine Philosophie der dauernden Deregulierung eine Welt mit bestimmten sozialen, kulturellen und ökonomischen Gegebenheiten schafft, die man dann als ‚gottgegeben' akzeptieren muss."*

In der Regel ist die gesellschaftliche Entscheidungssituation aber noch vertrackter. Auf dem Niveau der heutigen entwickelten Staaten bewirkt zum Beispiel ein Forcieren der Ungleichheit in Richtung US-Verhältnisse, wenn überhaupt, nur geringe Erhöhungen der Wachstumsraten. Konsequenter-weise induziert eine höhere Ungleichheit über einen überschaubaren histo-rischen Zeitraum (zehn bis dreißig Jahre) nur für die meisten Bürger einen höheren absoluten Wohlstandszustand. Das heißt, dass das in der konkre-ten Situation vielleicht noch bestehende höhere Wachstumspotenzial in einer kurz- beziehungsweise mittelfristigen Perspektive in der Regel mit einem doppelten Verlust auf Seiten der schwächeren Mitglieder der Gesellschaft bezahlt werden muss, nämlich relativ und absolut, während die stärksten Mitglieder gleich doppelt gewinnen, nämlich durch die höheren Wachstumsraten und ihren simultan erhöhten eigenen Anteil an der Ge-samtwertschöpfung. Hier liegt ein moralisches Dilemma (Moral Hazard) vor, gerade auch im Kontext von demokratischen Entscheidungsfindungs-prozessen.

Die aufgeworfenen Fragen sind Gegenstand von Gerechtigkeitstheorien, zum Beispiel jener von John Rawls (vgl. die Hinweise im Literaturverzeichnis). In freier Übersetzung seiner Überlegungen würde man fordern, dass doppelte Nachteile allenfalls für ganz wenige Prozent der Bevölkerung zulässig sein dürfen, also zum Beispiel für höchstens ein oder zwei Prozent der Bevölkerung. Interessanterweise spielt es dabei kaum eine Rolle, ob man als Messlatte die Situation der ein oder zwei oder fünf Prozent Ärmsten der Gesellschaft zugrunde legt. Tatsächlich zeigen die Zahlen, dass man beim Übergang von irgendeinem der europäischen Equity-Werte zu einer sozial unausgeglicheneren Situation angesichts des geringen, dadurch bestenfalls induzierten Zusatzwachstums oft schon einen Zeitraum von dreißig Jahren und mehr braucht, bis auch die Ärmsten absolut profitieren. Unterstellt man zum Beispiel für die Equity-Parameter 1 : 1,6 (62 Prozent) und 1 : 1,8 (55 Prozent) einen Unterschied im (mittleren) jährlichen Wachstum von 0,28 Prozent, so würden die Ärmsten erst nach dreiundvierzig Jahren profitieren.

Wenn man diese langen Zeiträume in Verbindung mit den vielen Nachteilen einer stärker unausgeglichenen Situation sieht, verwundert es nicht, dass sich die meisten entwickelten Nationen für einen Balanced Way beziehungsweise europäische Equity-Verhältnisse entschieden haben und grundsätzlich starke Widerstände gegen die Durchsetzung einer höheren Ungleichheit bestehen, und zwar völlig unabhängig davon, wie der Equity-Wert im Einzelnen aussieht. Veränderungen der Equity-Situation erfolgen insofern nur, wenn starke (Welt-)Marktzwänge im Rahmen von Doppel-strategien (Kapitel 27) dies als unvermeidbar erscheinen lassen, um die Wertschöpfungs- und Konkurrenzfähigkeit des jeweiligen Landes insgesamt zu erhalten.

### Beobachtungen zum Thema sozialer Ausgleich

- Menschen sind nicht zu pareto-optimalen Lösungen ver-pflichtet. Man muss es zum Beispiel nicht als Fortschritt empfinden, wenn andere ihr Einkommen deutlich erhö-hen, man selbst aber nur marginal. Menschen können glücklicherweise unter dem Primat der Politik für das votie-ren, was sie persönlich als fair empfinden.

- Die empirische Sozialforschung macht immer deutlicher, dass Gerechtigkeitsüberlegungen für Menschen eine zentrale Rolle spielen und dass sie in einem gewissen Umfang auch dann auf Gerechtigkeit und Fairness bestehen, wenn das für sie ökonomische Nachteile beinhaltet.

- Praktische Erfahrung zeigt immer wieder, dass Armut auch eine relative Größe ist.

- Analysen ergeben, dass eine Erhöhung der Ungleichheit bei einem hohen Niveau des sozialen Ausgleichs zu einer Erhöhung des Wachstums führen kann. Dieses Potenzial ist allerdings vom Umfang her begrenzt. Es dauert in der Regel viele Jahre, bis der ärmere Teil der Bevölkerung von einer verschärften Ungleichheit absolut profitiert. Die relative Verschlechterung aufgrund einer höheren Ungleichheit wird nie kompensiert.

- Weltpolitisch ist es heute ein Problem, dass die USA, die die höchste soziale Ungleichheit unter den entwickelten Staaten aufweisen, über das WTO-System indirekt Druck auf die anderen entwickelten Staaten ausüben, in dieselbe Richtung zu gehen.

- Die vermeintliche Überlegenheit des USA-Modells beruht dabei nicht primär auf inhärenten Vorteilen ihres gesellschaftlichen Designs, sondern darauf, dass dieses weniger auf Nachhaltigkeit, dafür stärker auf „Plünderung" und Vorteilnahme sowie darauf ausgerichtet ist, dass das heutige freihandelsdominierte weltökonomische System ein derartiges Verhalten honoriert, statt es zu bestrafen.

Hier wird aber zugleich die Problematik deutlich, die die spezifische Ausrichtung der USA bezüglich des sozialen Ausgleichs im Kontext der aktuellen Globalisierung darstellt. Die USA haben für sich ein sozial stärker unausgewogenes ökonomisches Design gewählt. Das hängt sicher auch mit den Erfahrungen aus der Pionierzeit und dem noch nicht abgeschlossenen

Prozess der Füllung des geografischen Raumes zusammen. Die Eliten profitieren dort mehr. Das finden viele Vertreter von Eliten weltweit beispielhaft. Die USA stehen damit allerdings unter den entwickelten Nationen alleine da. Dieses Design erlaubt vielleicht ein etwas höheres Wachstum als beispielsweise in den europäischen Staaten oder in Japan, aber nur um den Preis großer sozialer Ungleichheiten und daraus resultierender Spannungen.

Insofern ist der Kampf um Verteilungsfragen hart und systemimmanent unvermeidbar, vor allem zwischen jenen oben und unten in der Einkommenspyramide. Fragen, ob die heutigen nationalen beziehungsweise weltweiten Verteilungsverhältnisse noch irgendwie angemessen sind, werden dann gerne als Neiddebatte abgestempelt, damit abgewertet und tabuisiert. Das gilt zum Beispiel auch für die Feststellung, dass die dreihundert reichsten Menschen auf dieser Welt mehr besitzen als die ärmere Hälfte der Weltbevölkerung (drei Milliarden Menschen). Das muss übrigens bei einer Sozialpflichtigkeit von Eigentum kein Problem sein, ist aber unter den heutigen Weltordnungsbedingungen Ursache vieler Übel.

Nun ist, mit Blick auf die so genannte Neiddebatte, Missgunst sicher nicht die positivste menschliche Eigenschaft, hat aber eine soziale Funktion. Vor allem geht es dabei um die Begrenzung noch unangenehmerer menschlicher Eigenschaften wie Habgier, Raffsucht und maßloser Eigennutz. Und gegebenenfalls als großzügiger „Donator" oder „Spender" aufzutreten, wie das zum Beispiel in den USA in bemerkenswerter Weise bei Spitzenverdienern immer wieder passiert, ist dennoch etwas anderes, als anderen einen Rechtsanspruch auf Partizipation am gemeinsamen, nämlich gesellschaftlich erarbeiteten Reichtum einzuräumen.

Das korrespondiert mit der manchmal anzutreffenden Vorstellung von Leistungsträgern, die Bruttoeinkommen hätten sie sich verdient, die stünden ihnen zu; aber dann kommt der Staat, kommt die Allgemeinheit, dann kommen die leistungsschwachen oder -unwilligen „Raubritter" und nehmen ihnen einen großen Teil ihres Eigentums über Steuern und Sozialabgaben wieder weg. In Wahrheit ist es anders. Nur unter den Funktionsbedingungen eines modernen Staates, die sehr viele Geldmittel voraussetzen, können die Bruttoeinkommen der Einzelnen überhaupt erwirtschaftet werden. Was sie dann zur Sicherung der Funktionsbedingungen des Gesellschaftssystems abgeben, ist Voraussetzung dafür, die Bruttoeinkommen überhaupt erwirtschaften zu können. Verdient haben die Leistungsträger deshalb a priori nur – wie alle übrigen Bürger auch –, was netto übrigbleibt.

Ein weiterer Aspekt kommt hinzu. Sagen die Wachstumsraten wirklich die Wahrheit (vgl. auch Kapitel 6)? Nominal ist das Wachstum in den USA seit vielen Jahren größer als in Europa, nichts desto trotz haben die „normalen" Bürger in Europa nicht das Gefühl, dass es dem Normalbürger in den USA besser geht. Bei ständig höheren Wachstumsraten müsste das eigentlich auf Dauer der Fall sein, unabhängig von der relativen Equity-Position eines Landes. Wenn sich diese Unterschiede aber nicht real zeigen, dann kann es dafür verschiedene Gründe geben. Zum einen mag es sein, dass nicht nachhaltiges Wachstum als Wachstum ausgewiesen wird, das könnte in den USA stärker als bei uns der Fall sein. Es könnte aber auch sein, dass die Anzahl der Personen, die Wertschöpfung betreiben, in den USA schneller wächst als bei uns, vielleicht auch dadurch bedingt, dass mehr illegale Personen im ökonomischen Prozess beteiligt sind. Ferner ist auch, wie schon erwähnt, die Methodik der Bewertung technisch-wissenschaftlicher Lösungen (insbesondere Computer) in den USA rechentechnisch so ausgestaltet, dass sie zu höheren Wachstumsraten führt, ohne dass das auf bessere Verhältnisse als bei uns zurückzuführen wäre (so genannte hedonistische statt klassischer Berechnungsmethode). Es könnte schließlich auch so sein, dass in den USA der soziale Ausgleich in den letzten Jahrzehnten permanent verringert wurde. Dafür spricht einiges seit der Abkehr der USA von Präsident Franklin D. Roosevelts „New Deal", also der Abkehr von einem starken Bemühen um sozialen Ausgleich. Die Folge wäre, dass die durch höheres Wachstum zunehmenden Potenziale für die Normalbevölkerung durch immer neue Verschlechterung der Ausgleichssituation immer wieder aufgezehrt würden und sich deshalb kein wirklich substanzieller Fortschritt für die Ärmeren zeigte.

Wie dem auch sei, eine genauere Analyse des Zusammenhangs zwischen der Höhe der Wertschöpfung und des Wachstums sowie der Frage des sozialen Ausgleichs ist ein wichtiges Thema.

In dem zurzeit laufenden EU-Projekt TERRA 2000 (www.terra-2000.org) werden diese Fragen untersucht. Neben grundsätzlichen Überlegungen zu den Nachteilen extremer Lösungen (entweder zu viel oder zu wenig Ausgleich) wird unter anderem folgenden Punkten nachgespürt: erstens dem auf Dauer wohl einzig entscheidenden Potenzial für immer neues Wachstum, nämlich technischer und gesellschaftlicher Innovation, vor allem bei den führenden Nationen; zweitens dem für aufholende Nationen extrem wichtigen Prozess der Übernahme bester Lösungen der entwickelten Nationen („Leap-frogging"); drittens der Transformation des informellen Sektors der Ökonomie in den monetären, ökonomischen Prozess (Integration von Subsistenzwirtschaften, häuslichen Reproduktions-, Versorgungs- und Betreuungsleistungen etc.); viertens die Größe der Schattenwirtschaft; fünftens Illegale und ihre Einbindung in Wertschöpfungsprozesse; sechstens die methodische Bewertung des technischen Fortschritts; siebentens Kannibalisierung sozialer, kultureller und ökologischer Systeme.

Für eine Analyse des Wachstums ist insbesondere die Veränderung der Anteile der genannten Größen in Relation zueinander von erheblicher Bedeutung. Vor allem wird in TERRA 2000 auch versucht, reale Verluste in solchen Transformationsprozessen (zum Beispiel der Rückgang an häuslicher Zuwendung und Versorgung) zu quantifizieren, also Verluste und Scheinwachstum als solche offen zu legen, um zu qualifizierteren Aussagen über das Thema Wachstum zu kommen, als das bisher möglich war.

Im Weiteren wird nun, für eine Verdeutlichung der Gegebenheiten, unterstellt, es sei in den USA ein (etwas) höheres Wachstum gegeben, wie das „Deregulierungseuphoriker" immer postulieren, und die Frage gestellt, was daraus folgt und welcher Preis dafür bezahlt wird, wenn es denn überhaupt zutrifft.

Zunächst einmal stellen wir fest, dass als Folge der hohen Inequity die USA unter den entwickelten Ländern in Relation am meisten Geld für Gefängnisse ausgeben und nach wie vor die Todesstrafe nicht abgeschafft haben, die in anderen voll entwickelten Ländern mittlerweile geächtet ist.

Überführungen Krimineller in die USA, die mit der Todesstrafe bedroht sind, und selbst das Verfügbarmachen von Informationen und Beweismitteln über solche Personen sind deshalb aus der übrigen entwickelten Welt, zum Beispiel aus Europa, rechtlich allgemein nicht mehr zulässig, allenfalls noch unter speziellen Nebenabsprachen. Im Mai des Jahres 2002 wurde anlässlich des Weltkindergipfels in New York auch erneut deutlich, dass die USA nicht daran denken, an ihrer diesbezüglichen Außenseiterposition etwas zu ändern. Ganz im Gegenteil sind sie neben Somalia das einzige Land der Welt, das die UN-Kinderkonvention nicht unterschrieben hat, weil das ausschließen würde, die Todesstrafe auf unter Achtzehnjährige anzuwenden. Selbst diese Einschränkung sind die USA nicht bereit zu akzeptieren.

Das Insistieren der USA auf Anwendung der Todesstrafe selbst bei Minderjährigen hat wahrscheinlich neben historischen Gründen und Erfahrungen aus der Pionierzeit auch etwas mit der (bewussten oder unbewussten) Kriminalisierung von Armut zu tun. Armut ist häufig eine Folge eines ungerechten ökonomischen Designs und einer Vorteilnahme von wenigen via Eigentumsordnung. Die Kriminalisierung der Folgen eines solchen Designs dient auch der ethischen Rückversicherung der eigenen vorteilnehmenden Position angesichts offensichtlich unbefriedigender gesellschaftlicher Konsequenzen.

Und in einer ähnlichen Logik haben sich die USA im Juni des Jahres 2002 anlässlich des Welternährungsgipfels geweigert, ein Menschenrecht auf Ernährung zu akzeptieren beziehungsweise materiell zu unterfüttern, weil sie das unter Umständen im Verhängen von wirtschaftlichen Embargos gegen „Schurkenstaaten" behindern könnte. Rechtliche Vereinbarungen können eben sehr hinderlich sein.

Ein weiterer Punkt kommt hinzu. Es scheint so zu sein, dass die USA diesen Grad an sozialer Ungleichheit auch nur deshalb durchhalten können, weil sie als Land mit viel offenem Raum bisher viele in anderen Ländern sofort drohende Konflikte über Fließgleichgewichte hoher Einwanderungszahlen von Personen mit vorteilhafter Merkmalselektion (auch durch den Einsatz von Greencards, siehe Kapitel 7) abfedern konnten und als größter Nutznießer des von ihnen wesentlich mitinitiierten weltökonomischen Designs über Sonderrenten verfügen (zum Beispiel Zuflüsse zum Dollar als Weltreservewährung oder Zahlungen der Ölstaaten und anderer für militärischen Schutz etc.). Das heißt aber, dass die US-Lösung in Teilen zu Lasten anderer geht und in dieser Form nicht auf die übrige (entwickelte) Welt übertragbar ist, erst recht nicht auf den ganzen Globus. Man kann es auch so ausdrücken: Das US-Design basiert stärker als bei anderen Ländern auf Vorteilnahme und nutzt aus, dass das heutige WTO-dominierte Weltordnungsdesign ein derartiges Verhalten belohnt, statt es mit Sanktionen zu belegen.

Dabei ist fairerweise anzuerkennen, dass die USA im Gegenzug auch höhere Belastungen, teils auch zum Nutzen der Weltgemeinschaft, auf sich nehmen, beispielsweise bei der Finanzierung von Innovationsprozessen und bei Aufwendungen für Beiträge zum Erhalt der weltweiten militärischen Sicherheit. So ist nach wie vor eine einigermaßen stabile weltpolitische Position Europas ohne den Schutzschirm der USA nicht gegeben. Bei den Sicherheitsaufwendungen ist dabei im Einzelfall schwer zu entscheiden, ob die von den USA aufgebrachten Finanzmittel jeweils mehr den eigenen Interessen oder den Interessen der Weltgemeinschaft dienen. Vor allem in den Bereichen Forschung und Technologie profitieren die USA jedenfalls in erheblichem Umfang davon, dass die im militärischen Bereich eingesetzten Mittel in Form eines „double use" auch im zivilen Bereich wirksam werden und internationale Abkommen über die Zulässigkeit von wettbewerbsverzerrenden Subventionen in diesem Fall nicht greifen. Und ganz offensichtlich tun die USA wenig dafür, eine Welt zu schaffen, in der ihr militärischer Schutz nicht mehr benötigt wird.

Als Folge des Gesagten zwingen die USA (beabsichtigt oder nicht) über das WTO-System und ihr eigenes Modell im Moment praktisch alle entwikkelten Länder in eine höhere Inequity. Zugleich führt die Tatsache, dass sie ihr 47-Prozent-Equity-Modell als Erfolgsmodell gegen alle anderen entwickelten Nationen sehen, dazu, dass sie diese über die WTO-Logik in Abwehrkämpfe beim Rückbau ihrer sozialen Standards zwingen, so dass ein Weltprogramm gegen die globale Apartheid (vgl. Kapitel 16 und 28), das heißt gegen einen hochexplosiven Welt-Equity-Wert von $\varepsilon \leq 12{,}5$ Prozent, nicht zustande kommt. Das alles geschieht teils zur (manchmal offenen, manchmal heimlichen) Freude der Gewinner dieses Schrittes in den betreffenden Ländern. Viele Leistungsträger haben dort das Gefühl, endlich adäquat bezahlt zu werden – so wie ihre US-Kollegen.

> *„Wenn die Logik miteinander konkurrierender Ökonomien verschieden ist, braucht man Distanz, damit die unterschiedlichen Systeme nebeneinander existieren können. Sonst bekommt man einen gnadenlosen Kampf um die bessere Lösung und die weniger konkurrenzfähigen Lösungen verschwinden innerhalb kurzer Zeit. Das sagt übrigens wenig über die Qualität der verschiedenen und der hier als besser bezeichneten Lösungen aus, aber viel über den Bewertungsmechanismus. Wenn man Verschiedenheit will, braucht man Distanz."*

Nach dem 11. September 2001 hat sich das Bild allerdings etwas verändert. Der Staat wird wieder gebraucht. Deregulierung scheint nun selbst für „Freihandelsdogmatiker" nicht mehr die Lösung für alles zu sein. Das vorher vermeintlich so starke weltökonomische System kann nun kurzfristig nicht einmal mehr den Flugverkehr aus eigener Kraft versichern, das müssen jetzt (hoffentlich nur temporär) die Staaten und damit (indirekt) die Steuerzahler tun. Vorteilnahme via weltökonomischem Design ist für die USA jetzt auch nicht mehr so einfach wie bisher möglich, und zwar wegen der damit verbundenen Sicherheitsrisiken (beispielsweise bei Greencards). All das wird die US-Wirtschaft belasten. Das könnte indirekt das soziale Ausgleichsmodell der übrigen entwickelten Länder stärken und mittelfristig vielleicht die Chancen für einen Zukunftsansatz erhöhen, wie er in diesem Text beschrieben wird, also mehr sozialer Ausgleich als Teil der Weltordnungsstrukturen. Allerdings gibt es als Reaktion auf die Septemberereignisse auch eine andere Entwicklungsmöglichkeit, nämlich Sicherheitsregime zu Lasten der Bürgerrechte und, falls nötig, ökodiktatorische Lösungen des Nordens zu Lasten des Südens, um die Ressourcenbasis zu sichern und die weltweiten Umweltbelastungen zu begrenzen, ohne im Norden zu größeren Zugeständnissen gezwungen zu sein (vgl. Kapitel 25 und 26). Wohin sich die Welt entwickeln wird, ist daher alles andere als klar.

*„Durch die Informationstechnik und moderne Mobilitätsinstrumente wie Flugzeuge erleben wir eine sehr rasche Globalisierung hin zu einem einzigen durchgängigen Weltmarkt. Angesichts der Freihandelslogik der WTO zwingt dieser Globalisierungsprozess nun die gesamte Welt, sich weitgehend nach einer US-ökonomischen Logik auszurichten. Diese Logik ist weniger sozial, weniger orientiert an der Vielfalt der Kulturen und weniger umweltorientiert, als es die klassische europäische und asiatische Logik ist, aber das rechnet sich unter Freihandelsbedingungen."*

# 14
## Auswirkungen des sozialen Ausgleichs auf die Mittelschichten

*„Der Mittelstand profitiert zunächst von höherer Ungleichheit, aber dann kippt das Bild. Besonders der untere Mittelstand verliert bei höherer Ungleichheit relativ schnell an Boden.“*

Für die Kohärenz von Gesellschaften sind die Mittelschichten beziehungsweise der Mittelstand von hoher Bedeutung. Es ist jener Bereich der Gesellschaft, in dem die Lücke zwischen Arm und Reich in ausgleichsstiftender Weise überbrückt wird. Nicht überraschend ist deshalb die Bedeutung des Mittelstands in Europa größer als in den USA. Hier Kohärenz herzustellen ist ein wichtiges Thema für den Zusammenhalt von Gesellschaften. Der Verlust der Mitte ist eine Bedrohung.

Es gibt unterschiedliche Ansätze, wie man Mittelschichten beziehungsweise den Mittelstand definieren kann. Wir wählen hier den Ansatz, dass wir das Segment jener Menschen als Mittelstand bezeichnen, die in der Einkommenspyramide den Bereich des 60- bis 90-Prozent-Quantils ausmachen. Es sind also die 30 Prozent Reichsten bezogen auf die 90 Prozent Ärmsten. Diese Gruppe wird noch einmal unterteilt in das etwas größere Segment des unteren Mittelstandes, das 60- bis 80-Prozent-Quantil, und das Segment des oberen Mittelstand, den 80- bis 90-Prozent-Bereich. Die Frage ist, über welchen Wohlstandsanteil diese Gruppe verfügt und wie sich eine Erhöhung der Ungleichheit für diese Gruppe auswirkt. Dabei sei generell vorab noch einmal bemerkt (vgl. Kapitel 12), dass allgemein gezeigt werden kann, dass im Rahmen der hier zugrunde gelegten Equity-Theorie immer mindestens zwei Drittel der Bevölkerung unter dem Durchschnittseinkommen liegen, wobei dieser Anteil bei zunehmender Ungleichheit immer größer wird und dabei zugleich der kumulierte Wohlstandsanteil dieser immer größeren Gruppe von Menschen abnimmt. Anders ausgedrückt, viele und immer mehr Menschen müssen immer deutlicher unterdurchschnittlich verdienen, damit ein kleinerer Teil der Bevölkerung überdurchschnittlich verdienen kann.

## Mittelstandsanteile am Gesamteinkommen

Mittelstand definiert als das [0.6,0.9]-Quantil, unterer Mittelstand definiert als das
[0.6,0.8]-Quantil, oberer Mittelstand definiert als das [0.8,0.9]-Quantil

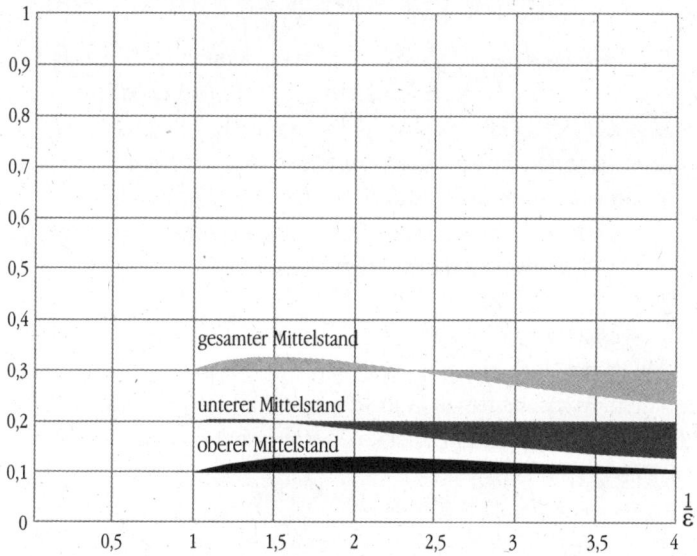

*Abbildung 5: Mittelstandsanteile am Gesamteinkommen*

Studiert man nun die Situation für den Mittelstand der Bevölkerung als Ganzes, dann ergibt sich die in Abbildung 5 dargestellte Situation.

Der Mittelstand, das [60 %, 90 %]-Quantil, verliert für ε kleiner 1 : 1,6 (63 Prozent) relativ, das heißt anteilsmäßig, gegenüber einem Höchststand von 32,7 Prozent am Gesamteinkommen und liegt für ε kleiner 1 : 2,4 (42 Prozent) anteilsmäßig unter 30 Prozent, also dem Anteil, der unter völligen Gleichheitsbedingungen ohnehin erreicht würde. Für den unteren Mittelstand (definiert als das [60 %, 80 %]-Quantil) ergibt sich für ε kleiner 1 : 1,2 (83 Prozent) relativ ein Rückgang gegenüber einem Höchstanteil von 20,55 Prozent am Gesamteinkommen. Dieses liegt schon ab ε kleiner 1 : 1,6 (63 Prozent) anteilsmäßig unter zwanzig Prozent, also dem Anteil, der unter völligen Gleichheitsbedingungen ohnehin erreicht würde. Schließlich ergibt sich für den oberen Mittelstand (das [80 %, 90 %]-Quantil) die Situation, dass für ε kleiner 1 : 2 (50 Prozent) relativ, das heißt anteilsmäßig, ein Rückgang gegenüber einem Höchstanteil von 13,1 Prozent am Gesamteinkommen eintritt. Dieser liegt für ε kleiner 1 : 4,2 (24 Prozent) unter zehn Prozent, also dem Anteil, der unter völligen Gleichheitsbedingungen ohnehin erreicht würde.

> *„Während der Mittelstand zunächst Gewinner einer zunehmenden Ungleichheit ist, kehrt sich das Bild schon relativ bald um. Insbesondere der untere Mittelstand verliert bei einer Zunahme der Ungleichheit rasch. Hier ist historisch einer der Gründe für manche Radikalisierung am rechten Rand des Parteienspektrums zu finden. Das könnte auch eine Erklärung für aktuelle Entwicklungen in Europa sein."*

Insgesamt wird deutlich, dass sich vor allem der untere Mittelstand bei Erhöhung der Ungleichheit rasch als Verlierer empfinden wird. Das gilt es zu beachten. Es scheint ferner so zu sein, dass der höhere soziale Ausgleich in Europa der Grund dafür ist, dass der Mittelstand hier eine stärkere Rolle spielt als in den USA.

# 15

## *Generationengerechtigkeit, nachhaltige Entwicklung und sozialer Ausgleich*

> *„Generationengerechtigkeit ist ein wichtiges Thema und hängt eng mit dem Konzept einer nachhaltigen Entwicklung zusammen. Zugleich gibt es auch einen engen Zusammenhang mit Fragen des sozialen Ausgleichs, also der Equity.“*

Spätestens seit der Weltkonferenz von Rio und der Definition der Nachhaltigkeit durch die Brundtland-Kommission hat Generationengerechtigkeit als Thema die Öffentlichkeit erreicht. Der Brundtland-Report definiert eine nachhaltige Entwicklung als eine solche, die die aktuellen Bedürfnisse der Menschheit befriedigt, ohne die Fähigkeit zukünftiger Generationen, ihre eigenen Bedürfnisse zu befriedigen, zu belasten. Wenn es mit dieser Definition auch ein paar logisch-konzeptionelle Probleme gibt, so ist doch klar, was aus heutiger Sicht gemeint ist, dass nämlich künftige Generationen zumindest vergleichbare Optionen und Freiheitsspielräume haben sollten wie wir selbst. Das ist das Kernanliegen der Forderung nach Generationengerechtigkeit, die von Seiten der Stiftung für die Rechte zukünftiger Generationen (SRzG) wie folgt definiert wird: „Generationengerechtigkeit ist erreicht, wenn die Chancen der zukünftigen Generationen auf Befriedigung ihrer eigenen Bedürfnisse mindestens so groß sind wie die der früheren Generationen.“

Eine ausgewogene Bewertung der Lebenschancen künftiger Generationen und damit der Generationengerechtigkeit ist allerdings nicht einfach. Als wichtiger Ausgangspunkt erscheint dem Autor zunächst einmal eine hohe Sensibilität und, damit verbunden, ein hoher Respekt vor den Leistungen derjenigen, die vor uns da waren. Dieser Punkt wird oft nicht genügend beachtet. Denn wir alle profitieren in einem extremen, meist nicht ausreichend gewürdigten Umfang von den Leistungen der langen Kette von Ahnengenerationen.

*„Wir sind alle nur Zwerge auf den Schultern von Riesen“.*

Ohne die Leistung vorangegangener Generationen (in vorstehendem Zitat die „Riesen“) könnten wir (die „Zwerge“) in unserer Lebenszeit kaum etwas bewirken. In diesem Sinne ist jede Generation nur ein Glied in einer endlosen Kette von Generationen, die alle aufeinander aufbauen. Die Leistungen der Vorgänger sind dabei von vielfältiger Art. Extrem wertvolle Beiträge und Ergebnisse historischer Prozesse für unser Leben, die oft nicht einmal wahrgenommen werden, sind zum Beispiel:

1. Vernünftige Ordnungssysteme
   Die Etablierung vernünftiger gesellschaftlicher Systeme mit ihren Ordnungen und den dazugehörigen rechtlichen Instrumenten zu ihrer Durchsetzung sind von höchster Bedeutung, um eine hohe Lebensqualität für viele Menschen zu ermöglichen. Nur in einem adäquat organisierten Rahmen dieser Art, inklusive der Persönlichkeits- und Eigentumsrechte und einer freiheitlichen Marktordnung in Verbindung mit vernünftigen Rahmenbedingungen, können sich das menschliche Leben und die menschliche Kultur in der Fülle entfalten, wie wir sie heute in den reichen Ländern dieser Welt als selbstverständlich erachten, für uns fordern und erwarten.

2. Die Etablierung von Systemen und Infrastrukturen
   Jedes Mal, wenn man mit einem Automobil eine Straße befährt, eine Brücke überquert, ein Telefon zur Hand nimmt und mit einem anderen Menschen hunderte oder tausende Kilometer weit entfernt telefoniert, greift man auf Systeme wie Automobile und (Mobil-)Telefone sowie auf Infrastrukturen wie Straßen und Kommunikationsnetze zurück, ohne die wir unser Leben in der für uns heute typischen Weise nicht gestalten könnten. Der Aufbau solcher Infrastrukturen war und ist extrem arbeitsintensiv und mühevoll und stellt heute für die Entwicklung der ärmeren Länder den größten Engpass dar. Auch heute noch benötigt der Bau einer größeren Brücke, eines Tunnels etc. Jahre und verschlingt mehrstellige Euro-Millionenbeträge.

3. Der technische Fortschritt
   Wir profitieren insbesondere von der unglaublichen Fülle an Wissen, Verfahren, Methoden usw., die aufgebaut, erfunden, entwickelt und umgesetzt wurden. Sie stehen uns heute wie selbstverständlich zur Verfügung und erweitern unseren Spielraum in so unglaublicher Weise, nicht zuletzt in Bezug auf Ernährung, Hygiene, medizinische Versorgung, Mobilität etc. Wie in diesem Buch dargestellt, sind dabei Wissen und Innovation die wichtigsten Quellen für immer neues Wachstum und auf Dauer auch die

einzigen Quellen, die uns für Wachstum zur Verfügung stehen. Unter geeigneten Rahmenbedingungen kann dieses Wachstum in ehrlicher, also mit Nachhaltigkeit verträglicher Weise dauerhaft erfolgen (vgl. Kapitel 6).

Wenn man vor diesem Hintergrund fragt, wie heute die Situation bezüglich der Generationengerechtigkeit aussieht, wenn man fragt, ob die nächste Generation vergleichbare Lebenschancen vorfinden wird wie wir, dann ist eine differenzierte Betrachtung erforderlich. Offensichtlich gibt es in Bezug auf nicht erneuerbare Ressourcen und auf Umweltbelastungen ernste Probleme, beispielsweise bei so wichtigen Rohstoffen wie Öl und Erdgas. Offensichtlich ist auch die Belastbarkeit der Atmosphäre durch weitere $CO_2$-Emissionen extrem begrenzt. Aber diese Begrenzungen sind jeweils gegen die Potenziale von alternativen Lösungen, die aus neuen Technologien beziehungsweise neuen Formen der gesellschaftlichen Organisation resultieren können, abzuwägen. Wenn man dann in der Geschichte zurückblickt, sieht man, dass es nur selten vorgekommen ist, dass die Situation für nachfolgende Generationen in der Summe aller Aspekte ungünstiger war als für die Vorangegangene, eben weil immer wieder neue, innovative Lösungen gefunden und den nachfolgenden Generationen verfügbar gemacht wurden.

Große Probleme gab es in der Vergangenheit vor allem dann, wenn Gesellschaftsordnungen zusammenbrachen, wenn Infrastrukturen zerstört wurden oder wenn in historischen Prozessen Wissen verloren ging. Aber der Normalfall war doch, dass in der Regel mehr Menschen bei durchaus stärker belasteter Ressourcenbasis mit besserer Technik in Summe besser leben konnten als die Menschen vor ihnen. Insbesondere ist es nur sehr selten vorgekommen, dass ein Zusammenbruch der Ressourcenbasis für sich alleine bereits die Lebenschancen der nachfolgenden Generationen substanziell verschlechtert hat. Erwähnt seien in diesem Zusammenhang als Beispiele dieser Art die Übernutzung der Böden bei den Mayas in Mittelamerika und eine so singuläre Situation wie die (völlig isolierte) Osterinsel, auf der die Waldbestände, mit schlimmsten Folgen, fast völlig vernichtet wurden. Das ist ein interessantes Beispiel dafür, wie Dinge falsch laufen können (vgl. hierzu das im Literaturverzeichnis erwähnte Buch von Paul Bahn und John Flenley).

Setzt man sich nun detaillierter mit den Fragestellungen der Generationengerechtigkeit weltweit oder auch in Deutschland auseinander, dann gelangt man zu einer Thematik, um deren Positionierung sich in Deutschland die schon genannte „Stiftung für die Rechte zukünftiger Generationen"

(SRzG, www.srzg.de) mit großer Wirkung verdient gemacht hat. Der Autor ist als Kurator mit dieser Stiftung verbunden; verschiedene einschlägige Publikationen der Stiftung sind im Literaturverzeichnis erwähnt.

Eine andere Organisation, die sich mit der Thematik auseinander setzt, ist „Youth for Intergenerational Justice and Sustainability" (YOIS, www.yois.de), ein international tätiger Jugendverband, der sich als Lobby für die Rechte der Jugend und künftiger Generationen versteht. Auch mit YOIS ist der Autor als Beiratsmitglied verbunden; Publikationen der Jugendorganisation sind im Literaturverzeichnis angeführt. Abschließend sei mit Futur-x (www.futur-x.de) eine weitere Organisation, die sich mit dieser Thematik beschäftigt, erwähnt.

Ein Gesamtbefund zur Situation der Generationengerechtigkeit bleibt auch nach Jahren intensiver Analysen verschiedener Fachleute zu diesem Thema schwierig und unklar. Es mag insgesamt so sein, dass wir erstmalig in der Geschichte der Menschheit bereits eine Situation vorfinden, in der die Menschheit als Ganzes ihren Nachkommen eine schwierigere Welt hinterlässt, als sie sie vorgefunden hat. Aber sicher ist das nicht; eben aufgrund der Tatsache, dass auch die technischen und organisatorischen Fortschritte noch nie so groß waren wie heute. Diese könnten selbst die aus der forciert ablaufenden ökonomischen Globalisierung und die aus dem absehbaren weiteren Wachstum der Weltbevölkerung resultierenden Belastungen noch einmal kompensieren, zum Beispiel als Folge der erhofften Umsetzung einer weltweiten ökosozialen Zukunftsstrategie, wie sie das Anliegen dieses Buches ist (vgl. hierzu die Kapitel 18, 25 und 28). Man denke nur an so unglaubliche neue Möglichkeiten wie das Internet und die damit verbundenen Vernetzungsmöglichkeiten der Menschheit, auch der Weltzivilgesellschaft, zu einem hybriden, human-technischen Superorganismus. Das ist einen Prozess, dessen Zeugen wir gerade sind.

Bei einer Einschätzung des Status quo hinsichtlich der Generationengerechtigkeit sind dann weitere Grundsatzfragen zu klären: Zum Beispiel, ob für den Großteil der heute lebenden beziehungsweise neu hinzukommenden Menschen, die ja in der weit überwiegenden Zahl, sowohl in einer absoluten Bewertung, erst recht in einem relativen Sinne, extrem arm sind, die Fortschreibung und damit der Erhalt des für sie bestehenden ungünstigen Status quo eigentlich ein wünschenswertes Ziel sein kann, das dann auch noch mit einem so positiven Begriff wie Generationengerechtigkeit belegt werden sollte. Zu fragen ist auch, was sich junge Menschen im reichen Norden dieser Welt, die ja heute den weitaus größten Teil des weltweit vorhandenen

Reichtums bei sich konzentriert finden, unter Generationengerechtigkeit aus ihrer spezifischen Sicht erwarten. Würden sie eine Situation als generationengerecht empfinden und akzeptieren, bei der zwar die Wohlstandsfähigkeit des Globus als Ganzes erhalten bliebe, aber eine signifikante Umverteilung zu Lasten der Reichen (und damit der Menschen im Norden) und zu Gunsten der Ärmeren weltweit stattfinden würde? Wohl kaum!

Mit Generationengerechtigkeit wird man deshalb vernünftigerweise eine weiter gehende Zielvorstellung verbinden müssen, nämlich eine Entwicklungsperspektive, die für nachfolgende Generationen überall auf der Welt ein hohes Niveau anstrebt und die dem ärmeren Teil der Welt zumindest die Perspektive eröffnet, in überschaubaren Zeiträumen an das Niveau der heute reichen Länder aufzuschließen. Angesprochen sind damit Fragen einer intergenerationellen Gerechtigkeit (Gerechtigkeit zwischen den Generationen) und Fragen einer intragenerationellen Gerechtigkeit (Gerechtigkeit innerhalb einer Generation), und zwar sowohl in einer nationalen als auch internationalen Perspektive. Das spezifische Anliegen der Generationengerechtigkeit ist dabei der intergenerationelle Aspekt.

Das im Literaturverzeichnis genannte Handbuch der SRzG untersucht das Thema anhand von elf Feldern (Ökologisches Kapital, Allgemeiner Lebensstandard, Staatsfinanzen, Bildung, Arbeitsgesellschaft, Kinderrechte, Weltbevölkerung, Global Governance, Gesundheit, Frieden). Je nachdem, ob man die Lebensverhältnisse verschiedener Generationen weltweit oder regional, intertemporal oder temporal, indirekt oder direkt vergleicht, kommen die Autoren des Handbuchs zu unterschiedlichen Ergebnissen.

Ein breites Gerechtigkeitsziel, wie es dem Autor vorschwebt, entspricht letztlich dem Programm für eine bessere, in einem europäischen Sinne ausgeglichenere Weltordnung, wie es in Kapitel 18, aufbauend auf der Zukunftsformel 10 → 4 : 34, diskutiert wird. Das Erreichen einer Situation der Generationengerechtigkeit würde in dieser Sicht ein erhebliches weiteres, allerdings mit Nachhaltigkeit verträgliches Wachstum erfordern, um einerseits den Status quo für die nachfolgenden Menschen im Norden erweitern zu können, andererseits gleichzeitig für die nachfolgenden Menschen im Süden nicht nur den heutigen, völlig unbefriedigenden Zustand zu perpetuieren, sondern ein Aufholen gegenüber dem reichen Teil der Welt in überschaubaren Zeiträumen zu ermöglichen.

Sollte es tatsächlich schon so weit sein, dass sich die Situation weltweit verschlechtert, sollte also die Situation für die nächste Generation insgesamt tatsächlich schlechter sein als für die derzeit lebenden Menschen, müsste das jedoch immer noch nicht bedeuten, dass bereits für die nächste Generation in den reichen Ländern ein Zurückfallen gegeben ist. Es könnte nämlich durchaus auch so sein, dass die in diesem Buch ausführlich beschriebenen nicht nachhaltigen und asymmetrischen Zugriffe des Nordens auf den Süden zur Folge haben, dass unsere Nachkommen im reichen Norden das bisherige Niveau vielleicht trotz aller globalen Probleme noch einmal reproduzieren beziehungsweise ausdehnen können, dies dann allerdings nur massiv zu Lasten der Menschen im Süden.

Fasst man alles bisher Gesagte zusammen, scheint es dem Autor in einer Gesamtwürdigung als plausibel, dass sich die Situation für die nachfolgende Generation zumindest im Norden im Augenblick eher noch verbessert als verschlechtert, auch wenn das angesichts der in diesem Buch diskutierten Zukünfte (vgl. Kapitel 25) nicht so bleiben muss. Wenn diese Einschätzung zutreffend sein sollte, stellt sich aber sofort die Frage, warum es dann bei jungen Menschen ein so weit verbreitetes Gefühl gibt, dass sich auch bei uns die Gegebenheiten beziehungsweise die Perspektiven speziell für junge Menschen ständig verschlechtern. Gemäß der Statistik haben wir ja noch Wirtschaftswachstum, und das bei abnehmender Größe der Bevölkerung. Im Prinzip müsste also die Lage in Deutschland in einer Gesamtbetrachtung besser werden, nicht schlechter, sofern die Zahlen über das Bruttosozialprodukt und sein Wachstum noch irgendetwas Zutreffendes über die Realität auszusagen vermögen (vgl. hierzu die Überlegungen in Kapitel 6 zur Frage eines nachhaltigkeitskonformen Wachstums). Wenn sich aber nun auch bei uns junge Leute zum Beispiel über die hohe Staatsverschuldung, über die schlechten Perspektiven der Rentensysteme, über ihre Berufsaussichten oder das Bildungssystem beklagen; wenn sie vor allem einen Rückbau der viel zu hohen Staatsverschuldung und gleichzeitig stärkere Investitionen in die Ausbildung fordern, welche Situation ist dann bei uns gegeben und wie sind die bestehenden Phänomene einzuordnen?

Gemäß der Logik der bisherigen Ausführungen dürfte klar sein, dass wir uns auch an dieser Stelle wieder der Frage des sozialen Ausgleichs beziehungsweise der Equity nähern, die sich ja immer wieder als die alles dominierende Frage im Hintergrund der meisten in diesem Buch behandelten Themenstellungen erwiesen hat. Der fehlende weltweite soziale Ausgleich ist ganz offensichtlich das Haupthindernis für eine nachhaltige Entwicklung, damit für die Generationengerechtigkeit und die weltweiten Zukunftsperspektiven junger Menschen. Es wird im Weiteren aber deutlich werden, dass ein zurückgehender sozialer Ausgleich auch in den reichen Ländern ein Kernproblem für die Verwirklichung einer Generationengerechtigkeit darstellt, wenn auch in einer subtil verdeckten Weise. Die nun schon mehrfach geäußerte Irritation, dass sich nämlich trotz des andauernden Wirtschaftswachstums, trotz des insgesamt vermehrten Reichtums die Situation für viele junge Leute subjektiv als Rückschritt zu früher Erreichtem darstellt, ist letztlich die Folge einer sich verschiebenden Situation bezüglich des sozialen Ausgleichs. Es ist zwar immer mehr da, aber der immer noch wachsende Reichtum wird als Folge der Globalisierung und der dadurch erzwungenen zunehmenden sozialen Spaltung auch bei uns verstärkt ungleicher verteilt. Deshalb ergibt sich in einer Betrachtung der relativen Position der Mehrheit der Menschen, unter Umständen aber auch bezüglich der absoluten Gegebenheiten, für die meisten jungen Leute ein Rückschritt. Die Verluste bei den meisten Menschen werden dabei durch überproportionale Zuwächse bei wenigen, in weiterer Folge auch bei deren Kindern und Erben und damit letztlich auch bei einigen jungen Leuten, überkompensiert.

> *„Es ist nicht klar, ob die Situation für die nächste Generation weltweit bereits schlechter ist als für die vorangegangenen Generationen. Vor allem in Deutschland und Europa spricht vieles dafür, dass es zunächst noch besser wird, auch wenn viele junge Menschen das für sich nicht so empfinden. Aber das hat dann derzeit eher Umverteilungsgründe, als dass die Ursache ein bereits erfolgender Rückschritt bezüglich des Gesamtsystems wäre."*

In der Debatte über die Generationengerechtigkeit muss man deshalb vorsichtig sein, nicht in die Diskussion einer eklatanten Mangelverwaltung einzutreten, sonst kann beispielsweise die Forderung nach einem forcierten Abbau des Staatsdefizits, so unvermeidbar ein solcher Abbau auf Dauer auch ist, zugleich zum Auslöser einer Situation werden, in der die Bildungsausgaben stark zurückgefahren werden, weil das Defizit reduziert werden muss. Das geht dann aber langfristig noch viel stärker zu Lasten der jungen Generation, oder, genauer, zu Lasten des weitaus größeren Teils dieser jungen Generation als bei den heutigen Verhältnissen. Denn nur zehn Prozent der Bevölkerung sind so reich, dass sie sich für ihre Kinder die besten Privatschulen und Universitäten auf eigene Rechnung erlauben und leisten können. Aber was ist mit den anderen? Würde man in dieser Lage das öffentliche Defizit zu reduzieren versuchen und gleichzeitig die Bildungsausgaben erhöhen wollen, dann würden sofort Mittel in vielfältigen anderen öffentlichen Bereichen, zum Beispiel für die Familienpolitik, im Gesundheitswesen, für Entwicklungshilfe, für die Herstellung von Sicherheit oder für die Förderung der mittelständischen Industrie und damit der Arbeitsplätze fehlen – alles Punkte, die ebenfalls aus Sicht einer Generationengerechtigkeit und für das Wohlergehen vieler Bürger und deren Kinder von hoher Bedeutung sind. Der politische Umgang mit dieser Thematik ist deshalb extrem schwierig. Die Herausforderungen ähneln dem Versuch der Quadratur eines Kreises. Es ist deshalb nicht einfach zu entscheiden, was zu tun ist, gerade wenn man das wichtige Thema der Generationengerechtigkeit ernst nimmt und ihm gerecht werden will.

Während die so genannte Generation der Erben nicht weiß, was sie mit dem vielen ererbten Geld anstellen soll, hat der Staat extreme Finanzierungsprobleme im Ausbildungsbereich und tut sich schon aus diesem Grund schwer, unser entgegen mancher vorschneller oder einseitiger Kritik immer noch eindrucksvolles Ausbildungsniveau in der Breite noch weiter zu verbessern, beispielsweise durch gezielte Fördermaßnahmen. Wenn auch vieles im Ausbildungsbereich bei uns kostenneutral verbessert werden könnte, so ist doch die schwierige öffentliche Finanzsituation eine große Belastung für noch mehr Investitionen in die Zukunft der jungen Generation. Wenn daher unter dem Aspekt der Generationengerechtigkeit die Kritik junger Menschen oftmals an unserer hohen Staatsverschuldung ansetzt, wird das tiefer liegende Verteilungsprobleme vielleicht nicht in ausreichendem Maße berücksichtigt. Denn diese hohe Staatsverschuldung selbst ist bereits Ausdruck veränderter Verteilungsverhältnisse, die die Zukunftsfähigkeit bedrohen und dem Ziel einer Generationengerechtigkeit zuwiderlaufen.

Schaut man sich die Verschuldungskrise in Deutschland einmal unter dem Aspekt der Verteilungsproblematik und mit Blick auf Generationengerechtigkeit an, dann ist es schon frappierend zu sehen, dass das Equity-Niveau von etwa sechzig Prozent, das im Moment in Deutschland noch besteht, schon seit langem nur aufrecht erhalten werden kann, indem sich der Staat für die Mehrheit seiner Bürger bei wenigen Prozent der Bevölkerung zur Finanzierung dieses Ausgleichs nun schon seit Jahren in immer größerem Umfang verschuldet. Dieser kleine Teil der Bevölkerung verfügt über einen Großteil des gemeinsam erarbeiteten Reichtums. Die öffentliche Verschuldung wird dann über die öffentlichen Haushalte in wichtige allgemeine Anliegen, wie Ausbildung, Sozialhilfe, Förderung der mittelständischen Industrie, Schutz der Umwelt, umkanalisiert, wobei die Mittel längst nicht ausreichen.

Der Staat ist in Folge der Globalisierungszwänge mittlerweile selbst für die Finanzierung seiner ureigensten Aufgaben zu arm. Teilweise resultiert das aus der Befreiung großer Finanzvolumina von normalerweise zu zahlenden Steuern. Diese Steuererleichterungen sollen über spezielle Investitionsförderprogramme die Besitzer dieser Volumina motivieren, das Geld zum Wohle aller in bestimmte Sektoren der Wirtschaft zu investieren, um so auch zu verhindern, dass Gelder gleich ins steuergünstigere Ausland, zum Beispiel in Steuerparadiese oder Offshore-Bankplätze, abwandern. Natürlich entstehen in der Folge weitere Eigentumswerte bei den großen Kapitaleignern und damit künftig immer neue Zwänge für den Staat, sich in unser aller Namen bei den Finanzstarken verschulden zu müssen.

Die geliehenen Mittel, die zugunsten der Gesamtbevölkerung eingesetzt werden, kommen selbstverständlich indirekt auch den Besitzern des entsprechenden Kapitals, beispielsweise in Form leistungsfähiger Infrastrukturen, gut ausgebildeter Menschen und einer friedlichen Gesellschaft, in der es sich gut leben lässt, wieder zugute. All das gilt auch für die Finanzierung des Aufbaus Ost in Deutschland; eine großartige Leistung, aber auch die Ursache erheblich gewachsener öffentlicher Verschuldung und einer gigantischen Umverteilung öffentlicher Mittel, von denen sehr viele nicht in den neuen Ländern, sondern letztlich auf Konten gut ausgestatteter Akteure in den alten Bundesländern gelandet sind. Eine Vermögensabgabe zur (anteiligen) Finanzierung der Wiedervereinigung wäre angesichts dieser Entwicklung und der heutigen Not der staatlichen Finanzen eine bedenkenswerte Alternative gewesen.

Auf Dauer ist der in der Vergangenheit gewählte bequeme Weg der permanenten Neuverschuldung, das heißt der Verpflichtung der Allgemeinheit zur Generierung zukünftiger Geldströme an einen kleinen Teil der Bevölkerung, nicht durchzuhalten. Die Umverteilung selbst zukünftiger Steuereinkommen ist heute bereits zu weit vorangeschritten. Es droht die Gefahr der Zahlungsunfähigkeit des Staates. Sicherheiten müssen her, gerade auch aus Sicht der Geldgeber. Damit nähern wir uns der „Stunde der Wahrheit" in der Wechselwirkung zwischen Kapitalbesitzern und der großen Mehrheit der Bevölkerung.

In dieser Situation wurde zunächst ein neues Arrangement, nämlich eine forcierte Deregulierung bisher öffentlicher Aufgabenfelder – aufgrund der Globalisierungszwänge irgendwann ohnehin unausweichlich –, notwendig und durchgesetzt, bei der neben der Steigerung der Effizienz eben auch öffentliches Kapital auf private Konten umgelenkt wurde. Viele Effizienzgewinne resultierten dabei aus einem massiven Abbau von Arbeitsplätzen und einer teilweisen Verschlechterung des Niveaus an sozialer Absicherung der verbleibenden Arbeitsplätze in einem zuvor öffentlich-nahen Bereich (zum Beispiel Post, Bahn, Energieversorger etc.). Die Versteigerung der UMTS-Lizenzen im Bereich zukünftiger Mobilfunkdienste kann in diesem Kontext als ein interessanter Mechanismus interpretiert werden, um in einer Hype-Phase ausgefallene Steuereinnahmen an anderer Stelle auf innovativen Wegen für öffentliche Zwecke zu erschließen, wobei diese hohen Kosten jetzt allerdings die Entwicklung dieser innovativen Zukunftsmärkte zusätzlich massiv belasten, mit großen Risiken für die ganze Branche. Hinzu kommen, wie man jetzt sieht, erhebliche Steuerausfälle, die anderenfalls wohl nicht in dieser Form aufgetreten wären.

Nach den großen Umverteilungsschritten durch Privatisierung bisher öffentlicher Aufgaben wurden Umverteilungsprozesse an Kapitalmärkten zu einer weiteren Methode der asymmetrischen Verteilung von Mitteln und zur Förderung von Kapitalkonzentrationen, teils auch zu Lasten des (unteren) Mittelstandes. Dazu mussten schließlich Kleinanleger und oftmals auch Pensionsfonds als Verlierer herhalten. Hier spielt das Thema der „Hype-Generierung", also der Erzeugung vollkommen unrealistischer euphorischer Erwartungen an den Aktienmärkten, in den letzten Jahren eine große Rolle (vgl. Kapitel 22), ein aus Insiderperspektive wiederum gelungener „Fischzug", bei dem dann allerdings mancher Täter auch zum Opfer wurde. Das ist ein Prozess, in dem insbesondere der Mittelstand, dort vor allem der untere Mittelstand, erheblich belastet wurde (vgl. hierzu auch die Hinweise zu diesem Thema in Kapitel 14).

Zum Schluss wird wohl nur noch die gegenseitige Kannibalisierung von Unternehmen in großen internationalen „Mergerprozessen" als weiteres Mittel der Kapitalkonzentration übrig bleiben, ein Vorgang, den man in den letzten Jahren bereits häufiger beobachten konnte. Bei solchen Firmenzusammenschlüssen verlieren meist viele Personen, durchaus auch Führungskräfte, ihre Arbeitsplätze, wobei die Führungskräfte aber gut entschädigt werden. Komplementär dazu wird angesichts der Konzentration von Marktmacht und erreichbaren (Teil-)Monopolen an der Spitze unglaublich dazuverdient. Aber auch dieser Prozess ist endlich. In Summe bleibt es einfach dabei, dass, um einen einfachen Vergleich zu bringen, eine Decke nun einmal nur so groß ist, wie sie ist. Alles Zerren daran nutzt zum Schluss wenig, da letztlich doch nur noch asymmetrisch umverteilt werden kann. Für Umverteilungsprozesse gilt aber das schon diskutierte Prinzip: Je mehr umverteilt ist, umso weniger ist zum Schluss zusätzlich noch durch induziertes jährliches Wachstum zu holen, denn irgendwann geht bei zu asymmetrischer Verteilung, bei zu geringem sozialen Ausgleich, sogar die Wachstumsfähigkeit zurück (vgl. hierzu erneut Kapitel 13). Das heißt also, wenn zu viel gezerrt wird, wächst die „Decke" sogar langsamer, als das bei mehr sozialem Ausgleich der Fall wäre.

Grundtatbestände sind auch in der Wirtschaft fast naturgesetzlich: Wasser fließt nicht den Berg hinauf, auch nicht unter Globalisierungsbedingungen und auch nicht unter Bedingungen einer forcierten Deregulierung, wie wir sie als Teil der aktuellen Globalisierungsprozesse nun seit einigen Jahren erleben.

### Generationengerechtigkeit und sozialer Ausgleich

- Die Perspektiven für die nächste Generation sind schwer einzuschätzen. Massiven ökologischen Problemen stehen unglaubliche technische und gesellschaftliche Innovationen und Fortschritte sowie Fortschrittspotenziale gegenüber. Die Balance abzuschätzen ist schwierig und hängt entscheidend von den weiteren (welt-)politischen Entwicklungen und der Natur der zukünftigen Weltordnungssysteme ab.

- In einer weltweiten Perspektive muss Generationengerechtigkeit mehr sein als die Reproduktion des Status quo. Die Armen auf diesem Globus und Milliarden zusätzlicher Menschen als Folge des nach wie vor hohen Wachstums der Weltbevölkerung werden für sich zu Recht ein Aufholen gegenüber dem reichen Norden reklamieren.

- Im Norden scheint sich die Situation für nachfolgende Menschen summarisch vielleicht noch zu verbessern. Allerdings kann das aufgrund der auch bei uns in der Folge der Globalisierung stattfindenden Umverteilungsprozesse nach oben für die meisten jungen Menschen bereits einen Rückschritt bedeuten.

- Die hohen öffentlichen Schulden, speziell in Deutschland, resultieren vor allem aus dem Ersatz fehlender Staatseinnahmen durch Verschuldung der öffentlichen Seite bei Wenigen zur Finanzierung staatlicher Aufgaben, insbesondere der Förderung von Generationengerechtigkeitsanliegen für viele, zum Beispiel für die Finanzierung von Bildung, Familienpolitik, Sozialpolitik, Naturschutz, Förderung der mittelständischen Wirtschaft und insbesondere in den letzten Jahren die Finanzierung der deutschen Wiedervereinigung und der damit zusammenhängenden Gerechtigkeitsanliegen.

- Angesichts der kritischen Lage der öffentlichen Finanzen muss die öffentliche Verschuldung jetzt mit Augenmaß zurückgeführt werden. Das wird in Deutschland wegen der leeren öffentlichen Kassen aber wahrscheinlich zu Lasten der Generationengerechtigkeit gehen.

- Generationengerechtigkeit wird sich deshalb vor allem in Deutschland noch stärker mit der Frage des sozialen Ausgleichs verknüpfen. In der Summe wird auf einige Zeit noch mehr da sein, einige werden weit überproportional profitieren, aber für viele wird ein Rückschritt Realität werden, so wie das heute schon beobachtet werden kann.

- Generationengerechtigkeit ist in vollem Umfang möglich und würde mit dem in diesem Buch beschriebenen Konzept einer weltweiten Ökosozialen Marktwirtschaft, basierend auf der Zukunftsformel $10 \rightarrow 4:34$, erreicht (vgl. Szenario C in Kapitel 25).

Die Stunde der Wahrheit für die Zukunftsfähigkeit einer entfesselten deregulierten globalen Ökonomie (Turbokapitalismus) kommt deshalb unverrückbar näher. Der 11. September 2001 und die aktuelle Krise der Weltfinanzmärkte sind Frühwarnzeichen. Sie geben Hinweise auf noch viel größere Desaster, die in der Zukunft drohen, wenn wir einfach so weitermachen wie bisher. Dies tangiert auch die Frage der Verschuldung der öffentlichen Haushalte und der Generationengerechtigkeit. Viele schnell gemachte Vorschläge zur Sanierung der Staatsfinanzen zielen de facto auf ein anderes Verteilungsmuster, seine Durchsetzung und den Appell an die Bevölkerung, diese Entwicklung beziehungsweise die Unausweichlichkeit dieser Prozesse zu akzeptieren. Aber sind die Risiken der inneren Abwehr durch die Betroffenen und deren Gefühl, unfair behandelt worden zu sein, in ihren Wirkungen letztlich noch zu beherrschen?

Nach Einschätzung des Autors liegt heute jedenfalls in der Verteilungsproblematik für uns in Europa und weltweit der entscheidende Hebel zur Herstellung von Generationengerechtigkeit, nicht im Abbau der Staatsverschuldung als primärem Thema, so unausweichlich ein mit Augenmaß betriebener Rückbau der Schulden zurzeit auch ist. Denn unter Globalisierungsbedingungen muss man sich dem Thema des Schuldenabbaus stellen, weil anderenfalls kurzfristig massive Ausweichaktionen (Fluchtaktionen) von Personen und Kapital ins Ausland drohen und ein solcher Schritt des Sich-Entziehens von der Sozialpflichtigkeit des Eigentums bisher aufgrund fehlender internationaler Standards im Bereich der Besteuerung und angesichts der attraktiven Angebote in Steuerparadiesen nicht mit genügend hohen Strafkosten belegt werden kann. Politisches Augenmaß ist in dieser schwierigen Situation das Wichtigste, weil man sonst nur in eine Mangelverwaltung eintreten würde. Die Forderung nach forciertem Abbau des Staatsdefizits würde dann nämlich zum Auslöser einer Entwicklung, die man unter dem Aspekt einer Generationengerechtigkeit überhaupt nicht wollen kann.

Gleichzeitig das öffentliche Defizit zu reduzieren und die Bildungsausgaben dennoch zu erhöhen zielt, wie schon erklärt, in Richtung der Quadratur eines Kreises. Es würden dann, wie schon dargestellt, umso mehr Mittel in vielfältigen anderen öffentlichen Bereichen fehlen, die ebenfalls für eine Generationengerechtigkeit von hoher Bedeutung sind, zum Beispiel die Familienpolitik, das Gesundheitswesen, die Entwicklungshilfe, der Bereich der inneren Sicherheit, der Aufbau von Infrastruktur, die Förderung der Wissenschaft und die Förderung der so wichtigen mittelständischen Wirtschaft und damit der Arbeitsplätze.

Die politische Situation ist deshalb nicht einfach und der politische Umgang mit dieser Thematik besonders schwierig. Die Herausforderungen sind gewaltig und es ist nicht einfach zu entscheiden, was zu tun ist.

# 16

## *Der Zustand einer globalen Apartheid*

> *„Die Welt als Ganzes ist heute in einem signifi-*
> *kant unerträglicheren Ungleichheitszustand als*
> *die Staaten mit höchster Inequity. Das kann nach*
> *aller historischen Erfahrung nicht gut gehen."*

Die Welt befindet sich heute in einem Zustand globaler Apartheid ($\varepsilon \leq 12,5$ Prozent). Das ist eine klassische revolutionäre Situation, jetzt auf Weltebene, und zwar unter anderem wegen des massiven Angriffs auf die Menschenwürde und die kulturelle Vielfalt, die aus einem hohen Niveau an Ungleichheit, damit verbundenen „Durchgriffen" im kulturellen Bereich und dem ungehemmten Prozess der punktuellen Reichtumsanhäufung zu Lasten der Umwelt und zukünftiger Generationen resultiert. Hier wird offensichtlich, wo in der weiteren weltweiten Entwicklung am dringendsten angesetzt werden muss, wenn Nachhaltigkeit das Ziel ist. Nicht überraschend ist das auch seit Jahren die Position der entsprechenden UN-Verantwortlichen, so zum Beispiel von Klaus Töpfer, der auf UN-Ebene die Verantwortung für die Umweltthematik hat.

> *„Wir haben auf diesem Globus zurzeit einen absolut nicht*
> *zukunftsfähigen, zutiefst ungerechten Zustand. Zwanzig Prozent*
> *der Menschen verfügen über achtzig Prozent des Einkommens, die*
> *restlichen achtzig Prozent nur über zwanzig Prozent. Das ist nicht*
> *friedensfähig. Das ist langfristig nicht haltbar. Das wird sich*
> *rächen, wenn wir es nicht aktiv verändern."*

Wir leben heute in einem Zustand globaler Apartheid und das unter Bedingungen einer Weltökonomie, in der zunehmend jeder mit jedem verknüpft ist und die Menschen ihre relative Position nicht mehr primär national, sondern zunehmend international beurteilen. Das kann nicht gut gehen. Je mehr sich Menschen, vor allem auch aufgrund der überall verfügbaren Medien, als Teil der Weltökonomie und nicht mehr primär als Teil der Wirtschaft ihres eigenen Landes verstehen und erleben, umso mehr wird dieser Zustand zu einem Sprengsatz werden. Historisch gesehen haben niedrige Equity-Faktoren immer wieder zu Revolutionen geführt, es sei denn, es gelingt eine diktatorische Kontrolle (zum Beispiel eine Sicherheitsdiktatur der Reichen zu Lasten der weniger Reichen und/oder eine Ökodiktatur des Nordens zu Lasten der Entwicklungschancen des Südens; vgl. Kapitel 25). Es sind dabei nie die Ärmsten, die in solchen Revolutionen zuschlagen, sondern adäquat ausgestattete „heilige Krieger", also im weitesten Sinne ethnisch oder religiös beziehungsweise von Gerechtigkeitsanliegen oder kulturellen Anliegen her motivierte Personen im Zentrum des Systems, die gegen die offensichtlichen oder von ihnen so empfundenen Ungerechtigkeiten, die aus den jeweiligen Eigentumsverhältnissen und dem ökonomischen Design resultieren, ankämpfen.

Es sei an dieser Stelle daran erinnert, dass George Washington, einer der Begründer der Vereinigten Staaten von Amerika, zuvor hoher Offizier der britischen Kolonialarmee war. Viele seiner Mitstreiter waren Adelige und damit dem britischen Königshaus besonders verpflichtet. Sie alle haben sich gegen die Krone, gegen die legale Macht, gegen Recht und Ordnung aufgelehnt, mit Gewalt, mit militärischen Mitteln. In der heutigen Sprache würde die Obrigkeit von Illegalität, Terror, abscheulichen Verbrechen etc. sprechen. In Südafrika war das die Sprache, die gegen die Aktionen des ANC (Afrikanischer Nationalkongress) verwendet wurde, aber ohne den ANC und die von ihm eingesetzten Mittel, auch solche terroristischer Art, hätte Nelson Mandela nie mit Willem de Klerk, seinem Gegenüber, zu dem beeindruckenden friedlichen Transformationsprozess finden können, dessen Zeugen wir zum Glück alle in den letzten Jahren geworden sind. Auch zur Gründung des Staates Israel wurde massiv Terror eingesetzt, wie immer man das aus heutiger Sicht bewerten mag.

*„Der Norden zwingt über massiven ökonomischen Druck, aber auch ersatzweise über ökonomische Verführungen, anderen sein Wirtschafts- und Gesellschaftssystem und damit auch eine bestimmte soziale und kulturelle Logik auf. Wir dürfen uns im Norden nicht wundern, wenn es dagegen Widerstand und Hass gibt. Das gilt auch, wenn wir nur unsere Leistungsfähigkeit über Medien verbreiten. Wenn man jemandem, der das Geld für eine medizinische Operation nicht aufbringen kann, über das Fernsehen vermittelt, dass seine Frau, seine Mutter, sein Kind oder*

*der Ehemann mit einer Operation um zweitausend US-Dollar*
*gerettet werden könnten, dann ist das eine Form von immateriel-*
*ler Gewaltanwendung, wenn die Betreffenden ökonomisch keine*
*Chance haben, sich die benötigten Geldmittel legal zu beschaffen.*
*Der Versuch, das Geld dennoch zu besorgen, endet für die Ärm-*
*sten oft in ökonomisch erzwungener Prostitution, in Drogen-*
*handel, in Kleinkriminalität. Die Welt ist für einen Menschen, ob*
*reich oder mittellos, mit dem Wissen um bestimmte Möglichkeiten*
*eine andere als im Zustand der Unwissenheit, mit allen Konse-*
*quenzen. Wer ist dann hier Opfer und wer Täter?"*

Wir erleben den Aufstand gegen die Folgen des heutigen ungerechten und umweltzerstörerischen globalen ökonomischen Designs nun regelmäßig bei vielen internationalen Regierungskonferenzen – begleitet von Protesten und Straßenschlachten von Umweltschützern, Gewerkschaften des Nordens und des Südens, Nichtregierungsorganisationen, Dritte-Welt-Gruppen und Globalisierungsgegnern. Das ist zugegebenermaßen eine heterogene Koalition mit sehr unterschiedlichen, teils nicht kompatiblen Anliegen, die aber dennoch in dieser Heterogenität auf eine offene Wunde, eine Krankheit, ein ungelöstes Problem, hinweist. Auch die Terroranschläge in New York und Washington im Jahr 2001 sind in diesen Kontext einzuordnen.

*„Wenn einer alles hat, die Stärke und die militärische Macht,*
*dass er bei Bedarf auf Knöpfe drücken und Flugzeuge und*
*Raketen losschicken kann, egal, was dann passiert, darf er sich*
*nicht wundern, wenn der, der das alles nicht hat, sich etwas*
*anderes überlegt."*

Der reiche Norden steht heute vor der Frage, ob er nun noch mehr Mittel zur Verbunkerung und Abwehr einsetzen will – bis hin zur Einschränkung der Bürgerrechte des Einzelnen und mittelfristig bis hin zum Schutz der Umwelt- und Ressourcenbasis durch globale ökodiktatorische Lösungsansätze – oder ob er irgendwann die politische Herausforderung der Überwindung der weltweiten Spaltung in Angriff nehmen will (vgl. auch die Kapitel 25 und 28). Dabei muss man nicht gleich die innerstaatliche europäische Form des sozialen Ausgleichs weltweit anstreben. Das Niveau, das wir heute in den USA finden, auch wenn es, wie dargestellt, heute innerhalb der entwickelten Nationen der Welt bereits das höchste Maß an sozialer Ungleichheit beinhaltet, würde völlig ausreichen.

> *„Der beste Ansatz, um den Frieden herzustellen, besteht darin, weltweit für mehr Gerechtigkeit zu sorgen. Da sind in erster Linie die gefragt, die über die Mittel verfügen, das zu tun, und zugleich die Regelwerke schreiben, nach denen die Dinge ablaufen. Die Personen, die in Regelwerken die Beistriche setzen dürfen, sind jene, die die größte Verantwortung haben. Noch deutlicher: Ein erheblicher Teil der Ungerechtigkeiten und Brutalität auf diesem Globus geschieht legal, nämlich über das (welt-)ökonomische Systemdesign."*

### Globale Apartheid

- Die weltweite soziale Ungleichheit ist noch viel größer als jene in den am stärksten durch Ungleichheit gekennzeichneten Ländern der Welt (Kolonialregime, Apartheidregime). Das gilt selbst dann, wenn man in Kaufkraftparitäten rechnet.

- Dieser Zustand macht die Welt arm. Achtzig Prozent der Menschen sind nicht auf einem Niveau wertschöpfend tätig, das der Basis des heutigen Wissens und der heutigen Technik angemessen wäre.

- Indirekt arbeiten zu viele Menschen als moderne Sklaven im Umfeld relativ einfacher Tätigkeiten oder personennaher Dienstleistungen zum Vorteil der Reichen auf dieser Welt. Über das weltökonomische Design erfolgt dabei eine Vorteilnahme des Nordens durch Export massiver Umweltbelastungen, sozialer Ausbeutung und Zerstörung kultureller Vielfalt zu Lasten der Armen.

- Die Beseitigung des Welthandels wäre keine adäquate Antwort auf diese Situation, wohl aber die Etablierung einer fairen Weltordnung.

- Im Rahmen einer solchen Weltordnung werden Innovationen in lebenswichtigen Bereichen (zum Beispiel in der Medizin) auf Dauer nur noch dann umsetzbar sein, wenn in überschaubaren Zeiten weitgehend alle Menschen davon profitieren können.

- Die heutige, völlig inakzeptable Ungleichheit auf diesem Globus wird in dem Umfang, in dem Menschen sich als Teil eines weltweiten ökonomischen Systems empfinden, in eine revolutionäre Situation münden, wenn dem nicht ernsthaft entgegengewirkt und allen Menschen eine Perspektive auf Partizipation eröffnet wird.

# 17
## Die Notwendigkeit eines Übergangs zu einer „Weltinnenpolitik"

*„In Zeiten einer globalisierten Ökonomie
sind die sozialen, kulturellen und
ökologischen Nöte rund um den Globus
nur noch als Themen einer Weltinnenpolitik
beherrschbar. Die Kontrolle über die
Regelwerke der Weltökonomie wird dabei
zu einer entscheidenden Frage."*

Eine zentrale Frage für Weltfrieden und nachhaltige Entwicklung, die sich heute weltpolitisch stellt, ist die, ob und wann die reichen Länder – und dort insbesondere die Eliten – endlich bereit sind zu akzeptieren, dass in Zeiten der ökonomischen Globalisierung die sozialen, ökologischen und kulturellen Fragen irgendwann zu Fragen einer „Weltinnenpolitik" werden.

*„Wir stehen vor der großen Herausforderung, an einem
gerechteren Weltmodell zu arbeiten. Die Ökosoziale Marktwirtschaft eröffnet dabei eine realistische Perspektive für eine
bessere Welt."*

Man kann die wirtschaftlichen Vorteile einer solchen Ordnung und eines entsprechenden (welt-)ökonomischen Designs über ökonomische Globalisierung auf Dauer nicht ungestraft für sich nutzbar machen, ohne gleichzeitig auf der sozialen Seite die globalen Interdependenzen ebenfalls mitzutragen. Keinesfalls reicht es, die genannten Fragen an die National-staaten zurückzuweisen, und das unter Ordnungsbedingungen, die das Unterlaufen sozialer, kultureller und ökologischer Bestände honorieren und damit, spieltheoretisch betrachtet, Abwärtsspiralen zu Lasten bisheriger Standards fast „erzwingen". Die weltsozialen Fragen müssen zum Gegenstand der (Welt-)Politik werden, und entsprechende Beiträge für Entwicklung – bis hin zur teilweisen Anerkennung von Weltbürgerrechten und eines Weltbürgertums – sind zu leisten. Marktöffnungen sind in diesem

Kontext ein wichtiges Element, reichen aber alleine nicht aus, da sie ohne geeignete Ausgestaltung zu viele Verlierer in Nord und Süd zur Folge haben. Diese Öffnungsprozesse müssen daher von geeigneten Ausgleichsmaßnahmen zwischen Gewinnern und Verlierern, im Norden wie im Süden, flankiert werden, wie das bei EU-Erweiterungsschritten auch immer geschieht (vgl. hierzu auch die Hinweise zum landwirtschaftlichen Sektor in Kapitel 24).

Der Norden ist hier mindestens so gefordert wie bei technischen und ökonomischen Innovationen. In der Nichtbereitschaft, hier entschieden zu handeln, liegt im Moment das größte Versagen des Nordens und seiner Eliten. Ein wesentlicher Faktor ist dabei das Verhalten der USA an der Spitze der Pyramide. Die USA sind seit Ende des Zweiten Weltkriegs „Herrscher" über die hauptsächlich durch sie selbst initiierten Weltordnungssysteme. Diese waren gut für ihre Zeit und das derzeitige ökonomische Weltdesign mag immer noch – in einer kurz- beziehungsweise mittelfristigen Perspektive – gut für die USA sein, aber es ist nur eine Lösung für die „Spitze der Pyramide", es ist keine Lösung für zehn Milliarden Menschen und für den Globus in Zeiten einer entfesselten Weltökonomie.

> *„Mir ist folgende Botschaft besonders wichtig: Entscheidende Fragen auf dieser Welt werden heute durch wenige, strategisch platzierte, Paragraphen geregelt, vor allem, wenn es um das Design des weltökonomischen Systems geht. Mit wenigen Paragraphen werden über komplexe ökonomische Wechselwirkungen letztlich Milliarden Euro von einer Gruppe von Konten auf eine andere Gruppe von Konten transferiert."*

Eine weitere Beobachtung ist in diesem Kontext wichtig. Nichts ist in der heutigen Weltökonomie so wertschöpfend wie die Kontrolle der Regelwerke. Hier können, etwas überspitzt formuliert, mit zwei Sätzen und drei Kommata Milliarden von Euro umgelenkt werden. Derzeit erleben wir um Basel II herum eine solche Veränderung. Der Grundsatz, die Hinterlegung von Eigenkapital von Banken für gewährte Kredite an das Kreditrisiko zu koppeln, ist begrüßenswert. Entscheidend ist aber die Ausgestaltung, zum Beispiel hinsichtlich der Messung des Kreditrisikos. In der ursprünglichen Form primär externer Ratings, wie sie im angelsächsischen Raum schon immer üblich waren, wäre dieser Schritt massiv zu Lasten des europäischen Mittelstandes und zu Lasten des in der Region verteilten Teils der europäischen Finanzinfrastruktur wirksam geworden. Ursache wäre unter anderem eine nicht ausreichende Würdigung der Bedeutung impliziter Wissensbestände gewesen, wie sie für die europäische mittelständische Wirtschaft und viele asiatische Unternehmen – sehr viel stärker als beispielsweise für Unternehmen in den USA – charakteristisch sind. Ähnlich nachteilig für Europa waren die ursprünglich vorgesehenen Belastungen bei langfristigen Finanzierungsformen, die in Europa für die Unternehmen, vor allem die mittelständische Wirtschaft, eine viel größere Bedeutung haben als in den USA. Mittlerweile ist durch Intervention der europäischen Politik und das Instrument eines „internen Ratings" vieles in eine bessere Richtung gebracht worden, auch was die Behandlung kleinerer Kredite anbelangt. Vielleicht könnten die Regelungen für kleine Unternehmen und lokal operierende Banken noch weiter vereinfacht werden, um regionale Wertschöpfungsstrukturen zu stärken. Noch deutlicher: Nicht alle Regelungen, die für große, international operierende Finanzdienstleister Sinn machen, müssen auf kleine, lokal operierende Finanzdienstleister übertragen werden. Hier kann ohne Weiteres klar differenziert werden. Glücklicherweise ist im Verlauf des Jahres 2002 durch Anstrengungen der Politik auch einiges hierzu erreicht worden. Deutlich wurde und wird an diesem aktuellen Beispiel, wie wichtig es ist, die Macht zu besitzen, auf Detailfragen derartiger internationaler Regelungen Einfluss nehmen zu können.

*„Es ist gut, dass die Europäer gegen Details des ursprünglichen „Basel II" gekämpft haben. Es sind oft nur wenige Zeilen, die man ändern muss, um ein Design in eine faire Form zu überführen, beispielsweise indem adäquat zwischen klein und groß oder regional und international unterschieden wird. Wenige wesentliche Zeilen derartiger Vertragswerke bestimmen über die Logik der Ökonomie der Zukunft weitgehend mit und haben damit indirekt einen erheblichen Einfluss auf die Wettbewerbsfähigkeit des Mittelstands in Europa."*

Die Kontrolle über den Prozess der Regelveränderung ist der „Heilige Gral" der Weltökonomie und des Weltfinanzsystems. „Root-System-Design" bis hin zur Frage internationaler Regelwerke gegen Steuerhinterziehung, Schwarzgeld und so weiter sind das entscheidende Thema. Was ist erlaubt und was nicht? Wem nützt was?

*„Die klassische europäische Logik beinhaltet Fühlungsvorteile aus Nähe. Information vor Ort bringt einen zusätzlichen Wert für den, der vor Ort präsent ist. Wenn ich jemanden kenne und ihm in die Augen schauen kann, hat das auch ökonomische Effekte, selbst wenn diese nicht kalkülhaft erfassbar sind. Das ist ein Wert, durch den kleine regional operierende Unternehmen und/oder kleine Banken unter Umständen wirtschaftlich bestehen können, obwohl das nach einem internationalen Transparenzregime nicht vermittelbar ist. Sie kommen zurecht, weil die handelnden Personen zuverlässig sind, eine Vertrauensbeziehung zueinander haben und diesem Vertrauen auch gerecht werden. Das ist die klassische europäische Logik. Aber diese wurde in den ursprünglichen Regelwerken von Basel II nicht voll reflektiert, stattdessen wurden Global Player bevorteilt."*

In einer systemtheoretischen Sicht liegen konsequenterweise im Bereich der Regelsetzung auch die größte Verantwortung für nachhaltige Verhältnisse und das größte Potenzial für ethisches Versagen. Die für die Regelwerke letztlich zuständigen Eliten setzten ihre Macht bis heute primär zur Beförderung weitgehend co-finanzierungsfreier Entwicklungsprozesse ein. Sie generieren durchaus ein hohes weltweites Wachstum inklusive partieller Aufholprozesse einzelner Länder, aber in einer Weise, dass der Norden und damit die Spitze der Pyramide immer weit überproportional profitiert. Die Ressourcenströme verlaufen nach wie vor von den Armen zu den Reichen und nicht umgekehrt – ein Skandal. Damit werden in der Weltökonomie Systemzustände herbeigeführt, wie sie bisher noch jedes entwickelte Land, natürlich auch die USA, für sich intern abgelehnt hat. Über dieses Design werden heute alle Länder und Unternehmen, die mithalten wollen, in einen Strudel gezwungen, der letztlich die Spaltung innerhalb des Nordens und innerhalb des Südens vergrößert und die Umwelt global massiv gefährdet. Hier wird ständig unsägliches Leid über hunderte Millionen Menschen gebracht, von mindestens 8,8 Millionen Verhungernden pro Jahr erst gar nicht zu sprechen. („The toughest crimes are legalized.")

Wieso verschließen „autistische" Freihandels- und Deregulierungsdogmatiker die Augen vor dem Offensichtlichen? Unverkennbar ist jedenfalls, dass die USA, meist mit Unterstützung aller reichen Länder, Bollwerke gegen die Inkorporation ökosozialer Lösungselemente in die Weltordnungsregime baut. An keiner Stelle ist das heutige Machtzentrum in den USA so wenig kompromissbereit wie an dieser – das Drama um den Kyoto-Vertrag („Das würde unserer Wirtschaft schaden.") sagt hier alles. Die Mächtigen in den USA sind heute zu vielem bereit, um Koalitionen gegen den Terror zu bilden, sie bezahlen sogar den größten Teil ihrer UN-Schulden. Aber bisher nur, um den Kern des bestehenden weltwirtschaftlichen Designs zu schützen, nicht um endlich, und sei es aus einsichtsvollem Egoismus, den Weg hin zu einem zukunftsfähigen Weltordnungsdesign zu eröffnen.

### Übergang zu einer Weltinnenpolitik

- Die erfolgte ökonomische Globalisierung erzwingt es, soziale, kulturelle und ökologische Aspekte des menschlichen Lebens künftig im Rahmen globaler Vereinbarungen zu adressieren.

- Erforderlich ist deshalb der Übergang zu einer Weltinnenpolitik zur Beherrschung dieser Fragen.

- Damit stellen sich auf Weltordnungsebene dieselben Herausforderungen, die im Bereich der Nationalstaaten oder zum Beispiel auch in der EU zu bewältigen waren. Es geht jetzt darum, die Regelwerke der Weltökonomie an diese Situation anzupassen, vor allem durch eine Kopplung von Regimen wie WTO, IMF, WB, ILO sowie UNESCO- und UNEP-Vereinbarungen.

- Die Kontrolle über das Root-System-Design, also über die Formulierung der Regelwerke der Weltökonomie, wird immer mehr zur entscheidenden Machtfrage auf diesem Globus und ist auch der Dreh- und Angelpunkt für die Ermöglichung einer nachhaltigen Entwicklung.

- Weltbürgerrechte sind eine adäquate Zielvorstellung für die erforderlichen Entwicklungen.

Interessant ist allerdings, wie nun die Reaktion auf den Terror, leider nicht eine Reaktion auf die großen weltweiten Nöte, zu Veränderungen in eine Richtung führt, gegen die die USA sich noch bis vor kurzem gestellt haben, nämlich zum Beispiel die Kontrolle von Geldflüssen, Schließung von Offshore-Bankplätzen und dergleichen. Nach den Erfahrungen mit Anthrax-Angriffen kam es in der letzten WTO-Runde in Katar sogar zu einer bis dahin undenkbaren Veränderung hinsichtlich der Honorierung intellektueller Eigentumsrechte im Pharmabereich, und zwar bei nationalen Notständen, auf die schon hingewiesen wurde. Das sind Schritte in die richtige Richtung. All das könnte die europäischen und asiatischen Ordnungsansätze in den kommenden Jahren stärken, falls hier angeknüpft wird. Allerdings könnten diese Schritte auch in eine ganz andere Richtung zielen, sich nämlich als erste Schritte auf dem Weg hin zu Sicherheitsregimen zu Lasten der Bürgerrechte und zu ökodiktatorischen Lösungen auf Weltordnungsebene erweisen (vgl. Kapitel 25). Unabhängig von diesem Punkt werden die USA künftig in jedem Fall weniger als bisher von der Spitze der Pyramide her profitieren können (zum Beispiel in der Greencard-Thematik). Die US-internen Wertschöpfungsprozesse werden durch soziale Aufwendungen und Sicherheitsaufwendungen stärker als bisher belastet werden. Das nimmt etwas den Druck von den stärker sozial ausgerichteten übrigen entwickelten Nationen und sollte auch das Verhältnis ihrer Währungen zum Dollar positiv beeinflussen. Zugleich stehen damit die Zeichen etwas besser als bisher für einen weltweiten Balanced Way, wenn auch um einen hohen Preis und eigentlich vermeidbare Risiken.

*„Geistige Eigentumsrechte und Patentrechte sind gesellschaftliche Konstrukte. Das ist legitim. Aber wenn man über Eigentumsrechte reden darf, dann darf man auch über soziale Bestände reden, über den Wert der Vielfalt der Kulturen und über den Schutz der Umwelt. Man muss eine ‚McDonaldisierung' der Welt nicht unbedingt als gottgegeben hinnehmen."*

# 18

# Ein Programm für eine bessere Weltordnung: die Zukunftsformel 10 ⟶ 4 : 34

*„10 ⟶ 4 : 34 könnte eine Schlüssel-
formel für eine nachhaltige Zukunft
sein."*

Was heißt das nun alles für die Ausgangsfrage nach den Möglichkeiten einer nachhaltigen Entwicklung beziehungsweise als Voraussetzung für die Etablierung eines gerechteren Weltordnungssystems? Fast zwangsläufig führen die hier angestellten Überlegungen zu einem Zukunftsentwurf, der einen doppelten Faktor 10 (wie in Kapitel 4 beschrieben) mit der Organisation adäquater Wachstums- und Ausgleichsprozesse als Teil eines zukunftsfähigen Global-Governance-Systems weltweit geeignet kombiniert.

Ziel muss eine deutlich höhere Equity auf diesem Globus als Folge der künftigen Wachstumsprozesse sein. Dieser Aspekt ist ähnlich wichtig wie der weltweite Schutz der Umwelt und der Ressourcenbasis. Die Auswertungen zeigen, dass Win-Win-Lösungen möglich sind. Überall kann ein mit Nachhaltigkeit verträgliches Wachstum stattfinden, das Niveau in Bezug auf sozialen Ausgleich muss nirgends verringert werden. Es kann, wo erwünscht beziehungsweise erforderlich, verbessert werden. Gleichzeitig kann die Umwelt national und weltweit geschützt werden. Welchen Equity-Wert soll man anstreben? In Kapitel 12 wurde deutlich, dass sich nach allen bisherigen Erfahrungen in den entwickelten Staaten ein zufriedenstellender gesellschaftlicher Zustand nur in einem Equity-Spektrum von 47 bis 65 Prozent herstellen lässt. Hier muss man sich in der entwickelten Welt nicht streiten. Ein US-Wert von 1 : 2,14 (47 Prozent) wäre für die Welt schon ein gewaltiger Fortschritt, das könnte zunächst einmal das Ziel sein. Dann kann man weitersehen.

Wenn höhere weltweite Equity ein entscheidendes Ziel ist, dann muss zu seiner Erreichung ein Faktor 10 an weltweitem Wachstum über Ordnungssysteme und Co-Finanzierung (im Rahmen eines Welt-Marshall-Plans für eine nachhaltige Entwicklung) richtig eingesetzt werden. Das ist das ökosoziale Programm – ein Hauptanliegen dieses Textes –, inspiriert durch den Marshall-Plan, über den die USA nach dem Zweiten Weltkrieg den raschen

## Weltweite Verteilungsverhältnisse heute

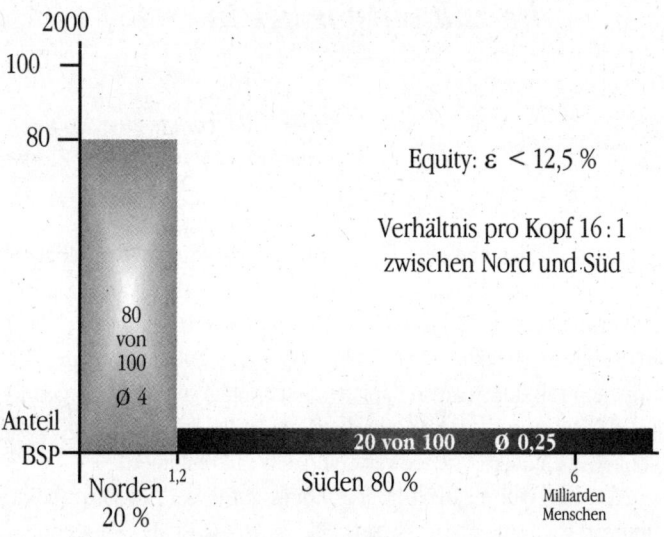

*Abbildung 6: Weltweites Verteilungsmuster heute*

Aufbau in Europa mit ermöglicht haben. Die USA haben damals vier Jahre lang ein Prozent ihres Bruttosozialprodukts nach Europa transferiert – als Investition in eine bessere gemeinsame Zukunft. Diese Form der Co-Finanzierung war zugleich eine sehr kluge Investition. Der frühere US-Vizepräsident Al Gore hatte einen entsprechenden Welt-Marshall-Plan ganz in diesem Sinne vorgeschlagen – ein inspirierender Ansatz, der Zeugnis von einem klaren Verständnis der weltökonomischen Nöte ablegte. Im Literaturverzeichnis finden sich weitere Beiträge dieser Art. Besonders hervorgehoben sei, dass der britische Schatzkanzler Gordon Brown 2001/2002 in Abstimmung mit seiner Regierung ein ähnlich inspiriertes Programm vor dem Hintergrund aktueller europäischer Politiktrends für die ganze Welt vorgeschlagen hat (Tackling Poverty, A Global New Deal; vgl. die Hinweise im Literaturverzeichnis). Leider war und ist eine Umsetzung solcher Überlegungen bis heute nie ein ernstes Thema der Weltpolitik, weder in den USA, noch bei den G8-Gipfeln.

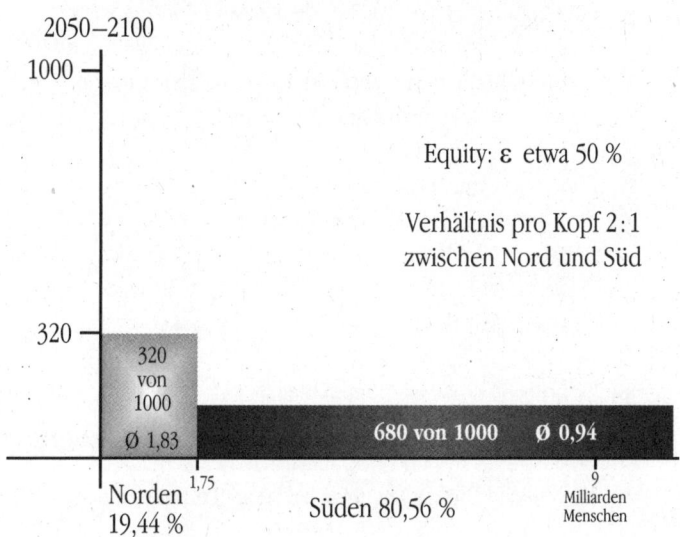

**Veränderung der Verteilungsverhältnisse weltweit bei gleichzeitig erheblichem, aber nachhaltigkeitsverträglichem Wachstum**

2050–2100

1000

Equity: ε etwa 50 %

Verhältnis pro Kopf 2 : 1
zwischen Nord und Süd

320

320
von
1000

Ø 1,83

680 von 1000    Ø 0,94

Norden    1,75
19,44 %

Süden 80,56 %

9
Milliarden
Menschen

*Abbildung 7: Veränderung der weltweiten Verteilungsmuster als Folge eines Welt-Marshall-Plans*

*„Eine bessere Zukunftsperspektive ist möglich. Sie verlangt allerdings eine geeignete Aufteilung des Potenzials, das ein Faktor 10 an Vergrößerung des Weltbruttosozialprodukts eröffnet. Die asymmetrische Verteilung dieses Wohlstandes ist die Schlüsselfrage.“*

Wie sollten nun die erreichbaren Wachstumspotenziale eingesetzt werden? Eine Faustformel könnte hier (neben den Alternativen 5:30 beziehungsweise 6:26) eine Aufteilung 4:34 sein, die darin besteht, dass über die nächsten fünfzig bis hundert Jahre der Norden sein Konsumvolumen noch einmal vervierfacht, nämlich von heute 80 Einheiten von 100 auf dann 320 Einheiten von 1000. Der Norden würde damit zugleich den Raum dafür frei machen, dass im Rahmen eines weltweiten Gesamtfaktors 10 an Volumenzuwachs der Süden sein Volumen vervierunddreißigfacht, also von heute 20 Einheiten von 100 auf 680 Einheiten von 1000 (vgl. Abbildungen 6 und 7).

129

### Ein Welt-Marshall-Plan für eine nachhaltige Entwicklung: die 10 ⇢ 4 : 34-Zukunftsformel

- Ein doppelter Faktor 10 über die nächsten fünfzig bis hundert Jahre erlaubt eine Verzehnfachung des Weltbruttosozialprodukts ohne zusätzliche (kritische) Umweltbelastungen und zusätzlichen Ressourcenverbrauch.

- Das Wachstumspotenzial ist im Rahmen eines Weltgesellschaftsvertrages (Global Contract) im Verhältnis 4 : 34 zwischen Nord und Süd aufzuteilen. Dabei sind Co-Finanzierungsmaßnahmen und Implementierungen von Standards Teil des Designs der Weltökonomie.

- Das Bevölkerungswachstum stabilisiert sich dabei zwischenzeitlich bei etwa 1,75 Milliarden Menschen im Norden (inklusive Zuzug) und 7,25 Milliarden im Süden. Das ist ein wesentlicher Beitrag zu einer nachhaltigen Entwicklung.

Am Ende dieses Prozesses wäre der reiche Norden im Verhältnis zum Süden immer noch summarisch pro Kopf um etwa einen Faktor 2 reicher. Im Vergleich zum heutigen mittleren Unterschied eines Faktors 16 pro Kopf zwischen Nord und Süd wäre das aber ein großer Schritt in Richtung von mehr Equity. Es erscheint realistisch, hierbei für die 1,75 Milliarden Menschen im Norden einen internen Faktor von 1 : 1,7 (59 Prozent) und für die 7,25 Milliarden Menschen im Süden einen internen Faktor von 1 : 2 (50 Prozent) zu erreichen. Das würde dann mit einem weltweiten Equity-Faktor von 1 : 2,05 (49 Prozent) einhergehen. Das wäre ein ausgeglichenerer Zustand als heute in der EU (als Ganzes) und in den USA, das wäre die Überwindung der heutigen globalen Apartheid und die Verwirklichung einer weltweiten Ökosozialen Marktwirtschaft.

Von den Wachstumsraten her würde ein weltweiter Faktor 10 summarisch, wie bereits in Kapitel 5 erwähnt, ein durchschnittliches weltweites jährliches Wachstum von 4,71 Prozent in einer fünfzigjährigen und von 2,33 Prozent in einer hundertjährigen Perspektive bedeuten. Das würde für den Norden bei einer 4 : 34-Aufteilung noch eine mit Nachhaltigkeit verträgliche, also echte durchschnittliche Wachstumsrate von 2,81 Prozent oder 1,39 Prozent pro Jahr in einer fünfzig- beziehungsweise hundertjährigen Betrachtung bedeuten, für den Süden immerhin eine entsprechende durchschnittliche Wachstumsrate von 7,31 Prozent beziehungsweise 3,59 Prozent. Diese Wachstumsraten dürfen, wie in Kapitel 6 dargestellt, nicht mit den heutigen verglichen werden. Die heutigen liegen (in der Tendenz) messtechnisch höher, teilweise auch wegen der beschriebenen Scheineffekte der Bruttosozialprodukt-Berechnungsmethode durch die „Kannibalisierung" von Beständen und das Unterlaufen von Nachhaltigkeitsbedingungen.

Schließlich ist zu beachten, dass es letztlich um die Pro-Kopf-Situation und um Zukunftsfähigkeit geht. Unter besseren Equity-Bedingungen wird die Bevölkerungszahl irgendwann zu sinken beginnen. Das ist ein besonders wichtiger Effekt, da das viel zu hohe Bevölkerungswachstum nach wie vor eine zentrale Bedrohung für unsere Zukunft darstellt. Als Folge einer sinkenden Größe der Weltbevölkerung würde sich die Pro-Kopf-Situation schnell und deutlich verbessern, wenn ein Programm der hier angedeuteten Art realisiert werden könnte.

Es ist in diesem Kontext der vielleicht größte Fehler der Weltpolitik, dass sie seit 1965 eine Verdoppelung der Weltbevölkerung von damals drei auf heute sechs Milliarden Menschen nicht zu verhindern verstanden hat. Nötig wäre hierzu ein weltweites soziales Programm gewesen, wie es in diesem Text beschrieben wird. Es gibt heute breite Erfahrungen, wie durch die Bereitstellung elementarer sozialer Leistungen, die Stärkung der Rolle der Frau, Maßnahmen im Bereich „Reproductive Health" sowie das Zur-Verfügung-Stellen von Informationen und Hilfsmitteln im Bereich der Verhütung die Trends hinsichtlich der Bevölkerungsentwicklung umgekehrt werden können, und zwar in allen Kulturen und in Wechselwirkung mit den Weltreligionen. Dabei kann auf Abtreibung als Mittel der Bevölkerungskontrolle ganz verzichtet werden. Es ist ein immer wieder gleiches Muster in vielen internationalen Projekten, etwa bei der Stiftung Weltbevölkerung oder der Rotarian Initiative for Population and Development, festzustellen: dass bei Bereitstellung von Information, Gesundheitsdiensten und entsprechenden technischen Hilfsmitteln die Geburtenraten sofort zurückgehen.

Es geht darum, Menschen in Entwicklungs- und Schwellenländern elementare Menschenrechte zukommen zu lassen, die die Menschen im Norden seit langem für sich als selbstverständlich ansehen, nämlich über ihre eigene Familiengröße selbst bestimmen zu können. Es ist in diesem Zusammenhang ein Skandal der Weltpolitik, dass weltweit mindestens dreihundertfünfzig Millionen Paare, die Familienplanung betreiben wollen, dies wegen fehlender Informationen beziehungsweise Hilfsmittel nicht tun können. Zu der hinsichtlich der Bevölkerungsentwicklung auf uns zukommenden Problematik sei abschließend noch Folgendes bemerkt: Es gibt weltweit zurzeit 2,1 Milliarden Kinder. Das ist ein großer Schatz, wenn wir weltweit richtig in diese Kinder investieren. Bleiben viele in Notsituationen und uninformiert, wird die Weltbevölkerung nur umso schneller wachsen. Dabei gilt: Das weltweite Bevölkerungswachstum wird in Zukunft fast vollständig in den Städten der Entwicklungsländer stattfinden. Bereits heute lebt nahezu die Hälfte der Weltbevölkerung in städtischen Gebieten – fast drei Milliarden Menschen. Dieser Anteil wird weiterhin drastisch steigen. Für das Jahr 2030 wird erwartet, dass voraussichtlich zwei Milliarden zusätzliche Menschen in Städten leben werden. Die Zahl der Stadtbewohner wird dann entsprechend auf rund fünf (von insgesamt dann 8,3) Milliarden Menschen steigen. Problematisch ist dabei, dass viele der weltweit größten Megastädte bereits heute damit überfordert sind, ihrer schnell wachsenden Bevölkerung menschenwürdige Lebensbedingungen zu ermöglichen. Wenn es nicht gelingt, das Bevölkerungswachstum in den Städten zu verlangsamen, wird sich das Wachstum der Megacities nicht steuern lassen.

Es mutet in diesem Kontext schon fast zynisch an, wie die USA sich auch in der Frage der Bewältigung der Bevölkerungsfrage auf UN-Ebene fast völlig isolieren. Die jetzige Administration, stark beeinflusst durch fundamentalistische religiöse Wählergruppen in den USA (Bibelgürtel), hat einen weiteren Rückbau der ohnehin stark limitierten und mit Auflagen versehenen finanziellen Förderung der UNFPA (United Nations Population Fund) vorgenommen. Die UNFPA-Direktorin Thoraya Obaid bedauerte die Entscheidung der US-Regierung und warnte vor den Folgen der fehlenden Unterstützung: „Mit den jetzt gestrichenen Finanzmitteln könnten zwei Millionen ungewollte Schwangerschafen und siebenundsiebzigtausend Fälle von Säuglings- und Kindersterblichkeit verhindert werden."

Die im Hintergrund agierenden fundamental-klerikalen Kreise in den USA, die interessanterweise mit der Anwendung der Todesstrafe für unter Achtzehnjährige kein Problem haben, reduzieren die Lebenschancen der Menschen in ökonomisch wenig entwickelten Ländern aus Sorge um Abtreibungen, so als ließen sich diese in einer Welt der Armut durch noch mehr Armut verhindern. Vielleicht geht es aber (unterschwellig) auch noch um etwas anderes, nämlich um das Verhindern von Entwicklung durch Perpetuierung von Verhältnissen, die im eigenen Land nie akzeptiert würden, als eine Form des Erhalts von Unterentwicklung, eine Form der Ökodiktatur und des asymmetrischen Zugriffs auf die Güter dieser Erde (vgl. Kapitel 25 und 26), die andere indirekt an voller Teilhabe hindert und damit die Konkurrenzlage im Zugang zu Ressourcen und hinsichtlich der Wahrnehmung von „Verschmutzungsrechten" entspannt.

Fragt man nach der Organisation eines doppelten Faktor-10-Programms mit einer Zuwachsaufteilung 4:34, so gilt Folgendes: Das weltökonomische System ist in der Lage, die entsprechenden Prozesse selbst zu organisieren, wenn die Rahmenbedingungen der Märkte stimmen. Noch deutlicher: Nur über Marktmechanismen, Unternehmertum und Innovation ist dieses Ziel, wenn überhaupt, zu erreichen. Wir wissen, dass aufholende Länder deutlich höhere Wachstumsraten erreichen können als die führenden Länder. Das ist heute schon so und resultiert einerseits aus den in diesen Ländern noch in großem Umfang möglichen Extensionsprozessen aus dem informellen Sektor heraus, andererseits daraus, dass die aufholenden Länder im Wesentlichen Lösungen kopieren und ganze Entwicklungsschritte überspringen („Leap-frogging") können, also nicht die aufwendigen Innovations- und Suchprozesse finanzieren müssen, die den Fortschritt bei den Spitzenreitern einzig noch ermöglichen. In diesen Effekten und der daraus resultierenden höheren sozialen Ausgewogenheit liegen von der ökonomischen Seite her die Chancen für einen vernünftigen Global-Governance-Ansatz. Und dieser beinhaltet insbesondere die Chance, über eine weltweite Ökosoziale Marktwirtschaft eine große ökonomische Perspektive für die gesamte Menschheit mitzuerschließen.

# 19
## *China und Indien: Probleme heutiger Aufholprozesse unter WTO-Bedingungen*

*„Fortschritte unter heutigen WTO-Bedingungen sind zu teuer erkauft, das zeigen die Beispiele Indien und China."*

Es lohnt sich, das beschriebene Zukunftsszenario (doppelter Faktor 10, 4 : 34-Wachstumsmuster) mit den heutigen Wachstumsprozessen zu vergleichen, wie sie unter WTO-Bedingungen ablaufen und von Verfechtern einer Freihandelslogik gerne als Beweis für die Leistungsfähigkeit des heutigen Ordnungsrahmens vorgetragen werden. Hier sind die Beispiele Indien und China wichtig und sehr illustrativ, denn die Schätzungen gehen für das Jahr 2050 davon aus, dass dann Indien mit 1,5 Milliarden Menschen China als bevölkerungsreichstes Land der Welt überholen wird. Beide Länder zusammen haben dann mit drei Milliarden Menschen die Größe der Weltbevölkerung von 1965.

Die politischen Herausforderungen, vor denen diese Länder und ihre Führungen stehen, sind gigantisch. Sie übersteigen alles, was je in den entwickelten Ländern zu leisten war. Es stünde deshalb unseren Kommentatoren und manchen Politikern gut an, die Verhältnisse dort mit etwas mehr Bescheidenheit und Zurückhaltung zu kommentieren und stattdessen stärkere materielle Unterstützung zu leisten. Dass unter den dortigen Bedingungen überhaupt Entwicklung gelingt, ist schon ein kleines Wunder. Indien und China sind dabei auch deshalb besonders interessant, weil in Asien Entwicklungsprozesse tendenziell stärker als zum Beispiel in Lateinamerika mit einer Ausrichtung an Equity-Zielen, auch im Bereich der Ausbildung für alle, verfolgt werden. Inhärent eröffnet das diesen Ländern einen Weg hin zu einem höheren Gesamtreichtum (relativ zur Bevölkerungszahl), als das heute in Lateinamerika (zum Beispiel in Brasilien) der Fall ist.

*„Es ist schon merkwürdig. Wenn man sich fragt, welches Land den Weg in die Zukunft in den letzten zwanzig Jahren*

*besser bewältigt hat, Indien oder China, dann stellt man fest,
dass es nicht die Demokratie Indien war, die die größten
Fortschritte gemacht hat, sondern das kommunistische Regime
China. Die chinesische Führung hat in sehr intelligenter Weise
die Machtmöglichkeiten des Systems genutzt, um attraktiv für
internationales Kapital zu sein sowie das Bevölkerungswachstum in Grenzen zu halten, und so ein Wirtschaftswachstum generiert, das China mittlerweile deutlich nach vorne
gebracht hat."*

Indien ist die größte Demokratie auf der Welt. Das Land ist vielfach
geteilt: regional, religiös und durch das Kastenwesen. Das Land bemüht sich
um sozialen Ausgleich, zum Beispiel über das größte Affirmative-Action-
Programm der Welt. Das bedeutet die Zuteilung von Zugängen zu
Ausbildung und zu öffentlichen Ämtern nach bestimmten soziodemographi-
schen Merkmalen, von denen einige bereits genannt wurden. Indien hat
heute einen Equity-Faktor von 1 : 2,14 (47 Prozent), also etwa den US-Wert.
Indien hat zu viel Bürokratie von teilweise ungenügender Qualität und offensichtlich auch Probleme mit der Korruption. Hinzu kommt das viel zu hohe
Bevölkerungswachstum.

Insgesamt ist das Land deshalb vergleichsweise unattraktiv für internationale Investitionsentscheidungen. Deshalb hat das Land nur ein vergleichsweise niedriges jährliches Wachstum von etwa vier bis fünf Prozent. Die
Armut kann so nicht überwunden werden, das Bevölkerungswachstum frisst
das vergleichsweise geringe Wachstum der Wirtschaft fast völlig auf. In Indien
herrscht ein den US-Verhältnissen entsprechender Grad an sozialem
Ausgleich, aber bei hoher absoluter Armut und einer sehr großen
Bevölkerungszahl. Das zeigt, dass ein vergleichsweise hoher sozialer
Ausgleich alleine noch nicht die Probleme eines Landes löst, vielmehr muss
auch ein gewisser Wohlstand hinzukommen.

In Indien sterben deshalb nach wie vor Menschen auf der Straße und
nach wie vor verhungern Menschen in diesem Land. Eine Demokratie wie
Indien ist in keiner einfachen Lage, schon gar nicht, wenn ein derartiges Land
und seine Spezialisten in einem offenen weltökonomischen System mit den
„Verführungen" des weltweiten Reichtums und seinem materiellen
Durchgriff konfrontiert sind. Hierzu gehört auch das Problem des Braindrain
(siehe Kapitel 7).

### Ein Vergleich der Entwicklungspfade von China und Indien in den letzten zwanzig Jahren

- Indien und China erreichen in ihren Entwicklungsprozessen einen vergleichsweise hohen sozialen Ausgleich, besser als Staaten in Lateinamerika, wie zum Beispiel Brasilien.

- Indien ist eine Demokratie und hat ein großes Affirmative-Action-Programm. Das führt zu Ausgleich, aber auch zu Ineffizienz.

- Indien verteilt Wachstum als Demokratie etwas stärker um als China und verbleibt stärker im konsumtiven Bereich. Das belastet die Investitionsfähigkeit.

- Indien kann in der Bevölkerungsfrage nicht wirklich wirksam agieren. Deshalb wächst die Bevölkerung nach wie vor viel zu rasch. In Summe ist deshalb das Wirtschaftswachstum in Indien niedriger als in China und wird zudem durch das höhere Bevölkerungswachstum fast vollständig kompensiert. Der Fortschritt ist deshalb sehr limitiert.

- China setzt demgegenüber die Macht der kommunistischen Partei ein, um das Bevölkerungswachstum zu kontrollieren und gegen die eigene Ausgleichslogik soviel soziale Ungleichheit durchzusetzen, dass das Land für internationale Investoren interessant ist.

- Auf diese Weise hat China in den letzten zwanzig Jahren sein Bruttosozialprodukt vervierfacht. China ist auf dem Weg, sich aus der Armutsfalle zu befreien.

- Der vor kurzem erfolgte WTO-Beitritt Chinas ist ein weiterer wichtiger Zwischenschritt in diesem Prozess. Er erhöht noch einmal die Wachstumspotenziale, wird aber im Gegenzug auch die Ungleichheit in China noch einmal verschärfen. Die Frage ist, ob die kommunistische Führung die daraus resultierenden internen Spannungen auf Dauer unter Kontrolle halten kann.

- Diese letzte Frage ist eine zentrale Frage für die künftige Stabilität der Welt.

In China ist die Situation anders: Die kommunistische Führung nutzt ihre extremen, teils diktatorischen Machtmöglichkeiten in sehr intelligenter Weise aus, wobei die noch häufige Anwendung der Todesstrafe in China zugegebenermaßen ein großes Problem für den Beobachter darstellt. Die chinesische Führung versucht in ihrer Politik einerseits, das Bevölkerungswachstum zu kontrollieren und die Korruption zu bekämpfen, sowie andererseits den unter heutigen Weltwirtschaftsbedingungen notwendigen, dennoch gegen die eigene soziale (kommunistische) Logik laufenden Grad an sozialer Ungleichheit [$\varepsilon = 1 : 2{,}24$ (45 Prozent)], der noch etwas höher als in den USA ist, durch den das Land aber zugleich für einen internationalen Kapitaleinsatz attraktiv wird, durchzusetzen. Die Integration Hongkongs, verbunden mit dem Verbleib Hongkongs als eigenständiges Mitglied in der WTO und das Nicht-Antasten der Hongkonger Währungsreserven waren dabei ein weitsichtiges Element chinesischer Politik, auch mit Blick auf eine eventuelle Lösung der Taiwan-Frage.

China erreicht seit nunmehr zwanzig Jahren kontinuierlich Wachstumsraten von etwa zehn Prozent pro Jahr. Das bedeutet eine Vervierfachung des Bruttosozialprodukts in dieser Zeitspanne. China entwickelt sich so zu einer Wirtschaftsmacht. Das Land wird reicher, niemand verhungert mehr auf der Straße, auch wenn China nun zunehmend vor dem Problem steht, eine so große Bevölkerung auf einem immer höheren Qualitätsniveau (zum Beispiel Fleischkonsum) zu ernähren. Hieraus resultieren heute schon massive Probleme wie Bodenerosion, sinkende Grundwasserspiegel und Wassermangel in vielen Regionen des Landes. Letzteres ist einer der Gründe für die gigantischen Staudammprojekte, die zurzeit in China umgesetzt werden, die aber wieder eigene ökologische Probleme aufwerfen.

China hat in dieser Situation verstanden, dass es jetzt der WTO beitreten muss, und zwar rasch. Das wird die sozialen Spannungen in China noch einmal verschärfen, aber die Chinesen wissen, dass sie keine andere Wahl haben, wenn sie reich werden wollen, und sie müssen reich werden, wenn sie nicht Opfer des Willens anderer sein wollen. Das heutige weltökonomische System lässt ihnen keine Alternative. Sie haben die Regelwerke des Systems nicht mitbestimmen dürfen, aber sie müssen Mitglied der WTO werden, wenn sie ökonomisch eine Chance haben wollen. Die China für den WTO-Beitritt abverlangten Zugeständnisse waren auf Insistieren der USA härter als üblich. Hier werden die Wurzeln künftiger Konflikte in China gelegt, vielleicht ein erstes Zeichen ökodiktatorischer Politikmuster des Nordens (insbesondere der USA) gegenüber China. Das alles beinhaltet enorme Risiken nicht nur für dieses Land, sondern für die Welt, nicht zuletzt angesichts der absehbaren Engpässe in China im Bereich Ernährung, aber etwas anderes bietet die Weltökonomie, bieten die WTO und die Weltfinanzsysteme, bietet der reiche Norden nicht an, weil er Angst vor der Co-Finanzierungsfrage hat beziehungsweise Gefangener von Deregulierungsideologien ist.

# 20
## Eine Einordnung der WTO-Logik in den Kontext eines ökosozialen Designs

> *„Die Welt leidet unter den Denkfehlern von ideologischen, teils sogar obsessiven beziehungsweise autistischen Deregulierern, die nicht verstanden haben, dass Märkte aus Wettbewerb in Verbindung mit Rahmenbedingungen bestehen, nicht aus Wettbewerb zu Lasten erforderlicher Rahmenbedingungen. Freier Welthandel ist ein wichtiger erster Schritt zu internationaler Zusammenarbeit, dann müssen aber weitere Ordnungselemente hinzu kommen."*

Geht man von den Maßstäben der Urväter der Idee der Marktwirtschaft, der Sozialen Marktwirtschaft und der ordo-liberalen Sicht der Marktwirtschaft aus, dann erweist sich die Frage der Rahmenbedingungen von Märkten als die zentrale Thematik in einem ökosozialen Design. Diese Thematik ist heute auf Weltordnungsebene nicht angemessen geregelt. Die alte Lösung, dieses Thema den Nationalstaaten zu überlassen, ist heute nicht mehr adäquat, weil im Gegensatz zu früher der Welthandel nicht länger ein kleines Anhängsel nationaler Ökonomien ist, die im Wesentlichen noch die Verhältnisse bestimmen, sondern, im Gegenteil, der internationale Kontext nun zunehmend die Verhältnisse auf den nationalen Märkten bestimmt. Selbst innerhalb der Triade reichen die Regelungsmechanismen auf der Ebene der Staaten nicht mehr aus, jetzt läuft das Spiel „Abwärtsspirale innerhalb der Triade". Konsequenterweise steht nun unvermeidbar die Beschäftigung mit der Weltordnungsfrage, also auch mit der Weiterentwicklung der WTO, an.

Das heutige weltökonomische System als „Inkarnation" einer optimistischen, deregulierungsorientierten Sicht auf die Ökonomie versucht, sich diesem Ansinnen zu entziehen. Es wird argumentiert, dass das offene Welthandelssystem durch globalen Handel und das Öffnen der Grenzen weltweit Entwicklungsmöglichkeiten eröffnet und damit de facto auch die Equity erhöht. Das ist wahr, an Globalisierung, Welthandel oder Marktmechanismen führt deshalb auch kein Weg vorbei. Dennoch ist das Design der heutigen Lösung inadäquat, weil vergessen wird, dass Wettbewerb nur unter entsprechenden Rahmenbedingungen zu vorteilhaften Resultaten für die Mehrheit der Menschen führt, nicht aber ohne diese Rahmenbedingungen. Wenn die Rahmenbedingungen nicht stimmen, produziert der Markt Lösungen zum Vorteil vergleichsweise Weniger und zu Lasten der überwiegenden Mehrheit und der Zukunftsfähigkeit. Sie stimmen heute deshalb nicht mehr, weil die nationale Ebene mittlerweile zu schwach ist, dieses Thema bei sich zu regeln, und die internationale Ebene diese Aufgabe bisher nicht einmal adressiert hat.

> *„Das Problem mit dem heutigen WTO-Regime ist, dass es für soziale, kulturelle und ökologische Belange nicht zuständig ist. Dazu sagt man bei der WTO: Das müssen die UN, andere weltweit operierende Organisationen oder die einzelnen Staaten selbst regeln. Aber der Wettbewerb unter den Freihandelsbedingungen der WTO führt dann zu Abwärtsspiralen in allen genannten wichtigen Bereichen der Gesellschaft, oft noch unter den kleinsten gemeinsamen Nenner aller beteiligten Staaten."*

Das weltökonomische System verringert heute die weltweite Ungleichheit aber nur sehr langsam und außerdem in der Weise, dass die Welt, wie schon erwähnt, einen dreifachen Preis dafür zahlen muss, der in jedem Teilbereich zu hoch ist: erstens den Preis der Zerstörung der Umwelt weltweit, zweitens den Preis der Verschärfung der Ungleichheit im Norden und drittens den Preis der Verschärfung der Ungleichheit im Süden.

Manche Verfechter dieses Ansatzes begrüßen dabei die zunehmenden Ungleichheiten in Nord und Süd als Ausdruck einer gerechten Belohnung der Leistungsfähigen. Aber für den Globus und für neunzig Prozent der künftig zehn Milliarden Menschen ist dieser Preis zu hoch. Die ökologischen Folgen werden vernachlässigt, die humanitären Probleme, die induzierten kulturellen Konflikte und das daraus resultierende revolutionäre Potenzial werden verdrängt. Verdrängt werden auch „Kannibalisierungseffekte" und ökologische Zerstörung sowie die zukünftigen Kosten von all dem, inklusive der Kosten von Unfrieden und Terror, die irgendwann (von anderen?) bezahlt werden müssen.

> *„Die Regeln des Welthandels und des Weltkapitalmarktes sind heute ein entscheidender Begrenzungsfaktor für die nationalen*

*Wohlfahrtssysteme. Systemkonkurrenz führt angesichts fehlender Ausgleichsmechanismen zu unfairem Wettbewerb und zu zunehmenden Spaltungen, zugleich zur Zerstörung der Umwelt."*

### Probleme mit der WTO-Logik

- Das WTO-Regime, also die Freihandelslogik, ist für wirtschaftlich schwächere Länder ein Fortschritt gegenüber gar keiner Teilhabe am Weltmarkt.

- Das Freihandelsregime würde auf Dauer auch zu einem weltweiten sozialen Ausgleich auf einem deutlich höheren Niveau als dem heute bestehenden führen.

- Allerdings lassen die Zeitkonstanten im ökologischen Bereich diesen klassischen Weg nicht zu. Bevor dieses Ziel über einen liberalisierten Weltmarkt erreicht würde, würden die Ökosysteme kollabieren.

- Ferner ist auf dem durch WTO und IMF vorgegebenen Weg auch ein zusätzlicher doppelter Preis in Form einer sozialen Spaltung im Norden wie im Süden zu zahlen. In Bezug auf die relative Positionierung, teils auch der absoluten Positionierung, gibt es schon heute massive Verlierer der Globalisierungsprozesse.

- Das muss so nicht sein. Durch vernünftige Co-Finanzierungsregime wie in Europa lässt sich der Weg zu einem durchgängigen Weltmarkt auch so gestalten, dass die Umwelt geschützt und die sozialen Spaltungen nicht erhöht, sondern in angemessener Weise verringert werden. Allerdings braucht man dazu ein entsprechendes weltökonomisches Design.

Aus diesem Grund bleibt auch die Armutsfrage infolge der engen Wechselwirkung mit dem ungebremsten Bevölkerungswachstum ungelöst, mit allen Problemen der Perpetuierung der Situation, die wir heute erleben. Am meisten bereitet dabei die Entwicklung in Afrika Sorge, hier muss unbedingt rasch etwas geschehen. Die weltweiten Nöte sind erschreckend. Aber, all das wäre nicht notwendig. Bei einem besseren weltökonomischen Design, wie es übrigens intern für alle erfolgreichen Länder selbstverständlich ist, lassen sich weltweite Aufholprozesse so organisieren, dass die Umwelt geschützt und die Equity in Nord und Süd simultan im Bereich typischer heutiger Werte in den entwickelten Ländern gehalten beziehungsweise dort hingeführt werden kann, und zwar entlang der in Kapitel 18 gegebenen Hinweise. Das wird in Kapitel 28 weiter vertieft.

*„Es wäre dennoch völlig verfehlt, die WTO abschaffen zu wollen. Wir haben eine globale Ökonomie und brauchen daher ein globales Ordnungssystem. Dieses System braucht aber eine Koppelung zwischen den WTO- und IMF-Themen, der ILO, dem kulturellen Sektor und dem Umweltbereich. Die wirkliche Herausforderung besteht darin, wie man all diese Bereiche zukunftsfähiger organisieren und miteinander verknüpfen kann.“*

Die gegebenen Hinweise verstehen die aktuelle WTO-Logik als einen der wesentlichen Gründe für die heutigen weltweiten Fehlentwicklungen und einen ökosozialen Ansatz als die bessere Alternative mit Blick auf eine nachhaltige Entwicklung und Zukunftsfähigkeit. Hier sind deshalb Veränderungen in Richtung Ökosoziale Marktwirtschaft dringend erforderlich (vgl. auch Kapitel 18 und 28). Es soll aber dennoch nicht verkannt werden, dass der freie Welthandel in einer historischen Perspektive eine wichtige Türöffnerfunktion für weltweite Entwicklungsprozesse hatte und hat.

## 21
# Die Bedeutung einer Freihandelslogik in einer historischen Perspektive

*„In einer historischen Betrachtung war Freihandel wohl die einzige realistische Option zur Entwicklung der zurückliegenden Länder und zur Ermöglichung weltweiter Wachstumsprozesse. Zudem waren die Wirkungskräfte zunächst viel weniger durchgreifend, als das heute der Fall ist. Auf dem jetzt erreichten Niveau und unter den bestehenden Gegebenheiten ist nun aber ein weiterer Schritt notwendig, der hin zu einem konsistenten Weltgesellschaftsvertrag führen muss."*

In diesem Text wird vehement für einen Weltgesellschaftsvertrag und eine Transformation des weltökonomischen Rahmens in Richtung Ökosoziale Marktwirtschaft argumentiert. Insbesondere wird das Freihandelsprinzip, ein kleinster gemeinsamer Nenner des Gebens und Nehmens zwischen souveränen Staaten, die ihre wesentlichen Anliegen noch intern lösen können, als nicht mehr adäquat angesehen. Freihandel bedeutet hierbei freier Austausch von Gütern ohne wie immer geartete Mechanismen, die sich der internen Folgen dieses Austausches in den beteiligten Ländern annehmen. Insofern ist der europäische Binnenmarkt nicht nach Freihandelslogik organisiert, sondern nach den Prinzipien eines gemeinsamen Marktes. Das beinhaltet insbesondere die gemeinsame Verantwortung der beteiligten Staaten für bestimmte soziale, kulturelle und ökologische Anliegen, durchaus auch verbunden mit dem immer wieder erforderlichen Aufbrechen verkrusteter, innovationsfeindlicher gesellschaftlicher Strukturen.

Dass das bedingungslose Freihandelsprinzip für unsere Welt nicht mehr adäquat ist, ist eine Konsequenz des inzwischen erfolgten Übergangs in einen einzigen weltweiten Markt. (Welt-)Handel ist heute nicht mehr eine nachgeordnete Größe, sondern dominiert das Geschehen. Dieser Übergang in einen einzigen Weltmarkt ist übrigens weniger die Folge politischen Willens und politischer Gestaltungskraft, sondern wurde und wird wesentlich durch die unglaublichen neuen Möglichkeiten im Bereich der Informations- und

Kommunikationstechnik und im Verkehrswesen bestimmt. Hätten wir diesen Prozess politisch gestalten können, hätten wir angesichts der Erfahrungen in der EU mindestens eine dreißigjährige Übergangsfrist vorgesehen.

Konkret lassen sich die Effekte eines forcierten Freihandels unter den heutigen weltökonomischen Bedingungen etwa wie folgt charakterisieren. Es handelt sich hierbei um einen interessanten „Deal" zwischen den Leistungsträgern des Nordens und der sich neu formierenden Gruppe der Leistungsträger im Süden. Letztere übernehmen im Rahmen der internationalen Arbeitsteilung zu vergleichsweise geringen Kosten Aufgaben, die bisher der sozial schwächere Teil im Norden übernommen hatte. Dies erzeugt bei diesem Bevölkerungsteil Druck hin zu schlechteren Konditionen und führt zum Verlust von Arbeitsplätzen (durch Auslagerung von Arbeit, Rückbau der Sozialsysteme und einen verminderten sozialen Ausgleich als Folge zurückgehender Steuereinnahmen des Staates). Kleinere Landwirte, ungelernte Arbeiter, einfache Dienstleister etc. im Norden sind die Verlierer in diesem Prozess. Im Süden gilt das zunächst entsprechend für die Normalbevölkerung, die, auch dann, wenn sie von den Globalisierungsschritten indirekt geringfügig profitieren mag, nun mit dem sozialen Unterschied zu einer dynamischen Leistungsgruppe konfrontiert wird, die sich in die Weltökonomie integriert und zugleich die resultierenden Folgen einer forcierten ökologischen Degradierung hautnah erlebt und im täglichen Alltag ertragen muss.

Wenn der Befund für die heutige Situation auch eine kritische Sicht auf die Freihandelslogik beinhaltet, so wird rückblickend in einer historischen Perspektive doch deutlich, dass Freihandel als kleinster gemeinsamer Nenner der Ausgangspunkt war, von dem aus mit einer Ausdehnung des Welthandels ein wichtiger erster Schritt in Richtung auf ein Weltentwicklungsprogramm erfolgen konnte. Es ist deshalb richtig, dass wahrscheinlich nur über diesen Mechanismus den Ländern des Südens eine Chance eröffnet wurde, sich zunehmend in internationale Wertschöpfungsprozesse einbringen zu können und teilweise sogar zur Spitze aufzuschließen. Und gegenüber gar keiner Teilhabe ist, gerade auch für ökonomisch schwächere Länder, die Teilnahme am Weltmarkt unter Freihandelsbedingungen vorzuziehen, denn sonst bleibt ein Land für immer arm und damit Objekt des Willens anderer. Noch deutlicher: Weil Innovation und technischer Fortschritt heute die wichtigsten Wachstumstreiber und damit die Motoren der Entwicklung sind, fällt jedes Land unvermeidbar zurück – und wird damit immer mehr zum Objekt des Willens anderer –, das nicht eng in ökonomische Wechselwirkungsketten mit den stärksten Promotoren dieses technischen Fortschritts eingebunden ist. Wahrscheinlich war dieser Punkt wesentlich mitentscheidend dafür, dass das Ostblocksystem unter friedlichen Bedingungen auf Dauer nicht haltbar war.

Bei aller Problematik eines deregulierten Welthandels ist dieser also als Türöffner und erster Schritt hin zu einer Einbindung Voraussetzung für jede wirkliche Chance der Teilhabe. Selbst wenn dieser Prozess auf allen Seiten Gewinner und Verlierer erzeugt und ein solcher Entwicklungspfad, wie dargestellt, die soziale Spaltung der betreffenden aufholenden Länder erhöht, so schafft er doch erstmals ein Potenzial von Personen und Strukturen, die in der Lage sind, im Rahmen internationaler ökonomischer Prozesse mitzuwirken, Wertschöpfung in das eigene Land zu bringen und damit die Voraussetzungen dafür zu schaffen, irgendwann weiter gehende Schritte unternehmen zu können. Nur über diesen Prozess entstehen in diesen Ländern in einem ersten Schritt so etwas wie ein langsam wachsender Reichtum (wenn auch sehr ungleich verteilt) und damit ökonomische und in der Folge auch politische Macht. Nur über diesen Prozess der Erhöhung des eigenen Bruttosozialprodukts kommt ein Land irgendwann auch in den Zustand, selbst erhebliche Umfänge an Ressourcen zu verbrauchen und in der Folge die Umwelt in erheblichem Umfang belasten zu können. Das ist natürlich an sich nicht positiv und klingt im ersten Moment merkwürdig, aber hier geht es um „Waffengleichheit". Nur wer so wie die anderen zu massivem Verbrauch fähig ist, nur wer so wie die anderen sehr viel „Dreck" erzeugt beziehungsweise erzeugen könnte, ist ein wirklich ernst zu nehmender Verhandlungspartner, denn er ist Konkurrent um Volumina, spürbar und präsent, das heißt, er hat „Gewicht" beim Ressourcenverbrauch wie bei den indirekt damit zusammenhängenden Umweltbelastungen.

Hinsichtlich des weltweiten Gleichgewichts ist dabei zusätzlich zu beachten, dass bei Zurückhaltung seitens der ärmeren Länder der Norden um so mehr Ressourcen vergleichsweise preiswert verbrauchen kann und wird, nämlich alles, was der Süden aufgrund seiner Armut und Unterentwicklung nicht in Anspruch nehmen kann, zum Beispiel das Recht auf umfangreiche $CO_2$-Emissionen. Das heißt, mehr Gewicht des Südens beim Verbrauch verändert die Verbrauchsmöglichkeiten und Verbrauchsumfänge des Nordens unmittelbar.

So frustrierend die Erkenntnis dieser Zusammenhänge auch ist, so wichtig ist hier die Beobachtung, dass erst dann ernsthafte Lösungsanstrengungen erfolgen, wenn auf dem Wege einer offensichtlichen Übernutzung der Ressourcen und übertriebener Umweltbelastungen eine weltweite Problemlage schmerzhaft spürbar wird. Also nur, wenn die Probleme spürbar und offensichtlich werden, gibt es für den Süden eine Chance, ernster genommen und gleichberechtigter Partner von Weltordnungsverträgen zu werden. Indien, und noch mehr China, wurden in diesem Kontext in den letzten Jahren immer mehr zu gewichtigen Faktoren der Weltpolitik. Vor allem die für jeden Beobachter offensichtliche Tatsache, dass erhebliche weitere bedrohliche Zuwächse an Belastungen drohen, je mehr der Süden sich in seinem Verbrauch dem des Norden annähert, veränderte in den letzten Jahren die weltpolitische Debatte. Das gilt auch angesichts der zunehmenden Konkurrenz um Rohstoffe, die weltweit für die nächsten Jahrzehnte absehbar ist, inklusive der Konkurrenz um Trinkwasser. Das wird ein besonders wichtiges Thema werden.

### *Einordnung der WTO-Logik*

- Es wäre falsch, in einer historischen Perspektive gegen Freihandel zu argumentieren.

- Freihandel war am Anfang der kleinste gemeinsame Nenner, von dem aus eine Ausdehnung des Welthandels möglich war.

- Erst über diesen Schritt bekamen die Länder des Ostens und des Südens eine Chance, sich voll zu entwickeln.

- Integration in den Weltwirtschaftsprozess war und ist in den Wirkungen wichtiger als Entwicklungshilfe.

- Freihandelslogik war insofern ein Türöffner, ein Ausgangspunkt für eine Chance.

- Allerdings ist mittlerweile ein so weit gehender Stand der weltökonomischen Integration erreicht, dass auf der Vertragsseite ein diffizileres Konstrukt benötigt wird als nur der kleinste gemeinsame Nenner des Freihandels, wenn Nachhaltigkeit und Zukunftsfähigkeit erreicht werden sollen.

All das eröffnet jetzt die Chance in Richtung einer Co-Finanzierung von geordneten Entwicklungsprozessen auf Weltordnungsebene, allerdings als Alternative auch die Gefahr primär sicherheitsorientierter und ökodiktatorischer Abwehrmaßnahmen (vgl. Kapitel 25). Hier ist rückblickend jedenfalls festzuhalten, dass auch die Europäer, trotz ihrer internen Ausgleichsphilosophie, nie zu substanziellen Schritten hinsichtlich der Unterstützung der Entwicklung des Südens bereit waren, sondern, ganz im Gegenteil, über harte Handelsbeschränkungen in kritischen Bereichen wie bei Textilien und in der Landwirtschaft sogar Marktchancen des Südens protektionistisch abgewehrt haben, solange die Zwänge hin zu einem weltweiten Ausgleich noch nicht das Gewicht hatten, das wir heute verspüren, zum Beispiel auch im Hinblick auf die soziale Lage der eigenen ungelernten Arbeiter im Kontext mit der massiven weltweiten Auslagerung von Produktionsstätten.

Rückblickend ist daher klar, dass weder die Europäer, bei aller sozialer Orientierung nach innen und allen hehren Erklärungen, noch andere Anstrengungen im Sinne von Co-Finanzierung für eine wirkliche substanzielle Entwicklung des Südens unternommen hätten, wenn nicht zunächst die Dynamik eines weitgehend freien Welthandels mit seinen verschiedenen problematischen Nebeneffekten die jetzt erkennbaren Wirkungen nach sich gezogen hätte. Nun erst wird ernsthaft über weiter gehende Lösungen nachgedacht. Dabei ergibt sich auch eine Chance, die protektionistischen Positionen der EU aufzulockern. Diese haben natürlich egoistischen Charakter, sie zielen aber auf den Schutz der internen Verlierer von Öffnungsprozessen (wie Mitarbeiter in arbeitsintensiven Industrien und Bauern), hatten aber leider den dadurch Ausgeschlossenen der Dritten Welt nichts an Kompensation zu bieten. Das war und ist nicht fair, das ist keine Extension europäischen Denkens auf den Globus und auf Dauer innerhalb der Staatengemeinschaft nicht koalitions- und mehrheitsfähig. Jetzt geht es, gerade auch im Landwirtschaftsbereich, darum, zu gemeinsamen Lösungen zwischen Nord und Süd zu kommen, die noch besser sind als eine bloße Marktöffnung (vgl. Kapitel 24).

Insofern ist der GATT-WTO-Marktöffnungsmechanismus rückblickend der Türöffner gewesen, der den ärmeren Ländern endlich substanzielle Chancen der Teilhabe eröffnet hat, wenn auch um den Preis der zunehmenden internen Spaltung in vielen dieser Länder, der induzierten zunehmenden Spaltung in den Ländern des Nordens und der weltweiten massiven Bedrohung der Umwelt.

Eine realistische Chance für ein ausgeglichenes Entwicklungsmodell für die Welt ergibt sich erst heute: Mit dem Erreichen des Status quo übt der Süden Druck aus, Druck in Form der Induzierung sozialer Spaltung im Norden, aber vor allem Druck in Bezug auf die Übernutzung von knappen Ressourcen und in Form nicht mehr tragbarer Belastungen der Umwelt. Dass weitere Milliarden Menschen das tun könnten, was die Menschen in den OECD-Ländern seit Jahrzehnten vorleben, führt dieses Modell unter den bestehenden technischen Möglichkeiten und den vorhandenen Ordnungssystemen ad absurdum. Erst vor dem Hintergrund dieser bedrohlichen Perspektive erkennen Länder wie die Staaten Europas die Notwendigkeit, ihr bisheriges internes Erfolgsrezept der Co-Finanzierung von sozialem Ausgleich und Entwicklung nun auch auf den ganzen Globus zu übertragen, wobei allerdings machtpolitisch die Alternative eines ökodiktatorischen Sicherheitsregimes nicht ausgeschlossen werden kann, abhängig davon, wie sich die Dinge weiter entwickeln.

Jedenfalls haben die beschriebenen Punkte, alle miteinander verknüpft, eine entsprechende Logik. Die einzelnen Schritte folgen in einer natürlichen historischen Perspektive aufeinander. Der entscheidende letzte Schritt liegt jetzt vor uns. Nicht anders als auf nationaler Ebene beim Kampf um die erfolgte Bändigung der Märkte geht es um die Erreichung der richtigen Balance. Dieser Schritt muss die Globalisierung der Ökonomie mit einer Transformation der großen sozialen, kulturellen und ökologischen Anliegen der Menschheit hin zu Fragen einer Weltinnenpolitik verknüpfen. Hierzu ist ein weltweiter Gesellschaftsvertrag erforderlich, der die ökonomischen Prozesse über ökosoziale Rahmenbedingungen für die Weltökonomie geeignet ausrichtet. Es wäre das die letzte Runde in einem langen Ringen um die richtige Ordnung der Ökonomie. Die Globalisierung ist ein letzter Schritt der Entgrenzung und der durch die Systembedingungen induzierten Flucht aus bestehenden Regelwerken. Das ökonomische System kann sich nun zukünftig nirgendwohin mehr auf der Erde ausdehnen und nirgendwohin mehr ausweichen. Mit der Globalisierung ist der letzte Schritt der Extension getan. Die Frage ist, ob Ordnung und Regulierung rechtzeitig nachziehen können, um ein Desaster zu verhindern. Konkrete Überlegungen hierzu finden sich in Kapitel 28.

# 22

## *Die Krisen an den Kapitalmärkten: Betriebsunfall oder System?*

> *„Der Heilige Gral" euphorischer Markt- und Deregulierungstheoretiker ist die vermeintliche kollektive Intelligenz von Märkten, insbesondere der Finanzmärkte. Je mehr freies Spiel der Kräfte dabei zugelassen wird, desto mehr Intelligenz bei Kauf- und Verkaufsentscheidungen wird als Folge des Wirkens einer unsichtbaren Hand erwartet. Aber das ist alles Theorie, die Realität ist immer wieder ganz anders. Es geht um Stimmungen, man wird Zeuge kollektiver Paranoia und an den Schaltstellen der Systeme sitzen Insider, die die Entwicklungen zu ihren Gunsten steuern und Milliarden Euro verdienen, ohne irgendetwas dafür zu leisten. Die Zeche zahlen dann zum Schluss wir alle."*

Woran krankt die Philosophie des Freihandels, etwa an den internationalen Weltfinanzmärkten? Woran krankt der Glaube an und die Hoffnung auf die kollektive Intelligenz von Märkten, die in der jüngsten Zeit ein „Waterloo" nach dem anderen erlebt haben. Nun, es handelt sich bei dem Glauben an die kollektive Intelligenz der Märkte zwar um ein attraktives theoretisches Konzept, dieses wird aber in der Realität immer wieder ausgehebelt.

> *„Märkte produzieren effizient das Richtige, wenn die Rahmenbedingungen stimmen. Sind die Rahmenbedingungen falsch, produzieren sie genauso effizient das Falsche."*

Das Problem freier globaler Märkte besteht darin, dass sie immer wieder von Insidern für „Umverteilungsfischzüge" genutzt werden. Das Ausmaß der hier in jüngster Zeit vor allem in den USA, dem Mekka der Philosophie der Marktderegulierung und des Turbokapitalismus, sichtbar gewordenen „Betrugskartelle" ist gewaltig. Worte wie Rating, Auditing, Corporate Ethics haben einen neuen Klang bekommen. Dabei wird angesichts der „Verführungen" dieser Märkte immer wieder folgendes Muster deutlich: Im Zentrum des Systems sitzen Insider, die ihnen spezifisch verfügbare Informationen nutzen können, um überproportionale Renditen aus dem System herauszuholen. Das ist zwar nicht legal, aber es gibt vielfältige Möglichkeiten, solches Insiderwissen unentdeckt zu nutzen. Insbesondere sind viele der Akteure in diesem Umfeld als Anteile-Halter besonders motiviert, in eine bestimmte Richtung zu agieren. Einschlägige Vertreter dieser Thematik in den Medien, ebenso manche Anlageberater, Investmentbanker, Wirtschaftsprüfer, Führungskräfte und Aufsichtsräte der Unternehmen sind teilweise massiv und mit hohen persönlichen Vorteilen in diesen Prozess eingebunden. So korrekt das Verhalten handelnder Personen dabei im Regelfall auch sein mag, bildet die Gesamtkonstellation doch ein System, das Elemente gegenseitiger Bereicherung beinhaltet. Dieselben Personen besitzen oft einerseits exklusive Informationen, andererseits besitzen sie selber oder Personen in ihrem Umfeld auch erhebliche Anteile an einschlägigen Unternehmen.

Nun ist der Finanzmarktbereich in Teilen ein „Kasinofeld" oberhalb der realen Ökonomie, wobei die gehandelten Volumina an den Finanzmärkten sich mittlerweile um zwei Größenordnungen oberhalb der realen Ökonomie bewegen. Hier kann gigantisch umverteilt werden. Zum einen besteht die Möglichkeit, an einem internationalen Wachstum in Schwellenländern von zehn Prozent und mehr pro Jahr teilzuhaben, das aus der Tatsache resultiert, dass dort die sozialen, kulturellen und ökologischen Standards niedriger als in den entwickelten Ländern sind und zudem Aufholprozesse organisiert werden, also nicht die Suchkosten von Innovationsprozessen finanziert werden müssen, wie das in den hoch entwickelten Staaten der Fall ist. Kapital aus den hoch entwickelten Ländern kann sich damit aus der Falle eines sehr begrenzten Wachstumskorridors von vielleicht zwei bis drei Prozent in den entwickelten Heimatländern befreien, wenn auch nur um den Preis des teilweisen (offenen beziehungsweise verdeckten) Unterlaufens der Sozialpflichtigkeit des eingesetzten Kapitals, das sich nun dem weiteren investiven Aufbau im eigenen Staat entzieht. Über Futures und andere Finanzmarkt-Derivate kann sogar an den Erwartungen für die Zukunft hinsichtlich derartiger Wachstumsraten partizipiert werden. Angesichts der bis vor kurzem in Krisensituationen immer wieder zuverlässig einsetzenden Hilfen des Internationalen Währungsfonds im Falle von Finanzmarkteinbrüchen in den sich entwickelnden Ländern waren auch die deutlich höheren Risiken einer solchen internationalen Anlagepolitik kein Hinderungsgrund, auf diese

Weise hohe Renditen anzustreben. Dabei sind die entsprechenden Strategien der internationalen Bankenszene noch rigider als die auf Seiten der „normalen Anleger". Besonders die Art, wie die Vergabe internationaler Kredite geregelt ist und die Sicherstellung von Rückflüssen durch den IWF um fast jeden Preis erfolgt, läuft im Kern auf eine „Plünderung" der Normalbevölkerung in Staaten eines mittleren ökonomischen Leistungsniveaus hinaus, wobei sich internationale Geldgeber und lokale Eliten die „Beute" teilen. Wie so etwas abläuft und was die Folgen davon sind, zum Beispiel in Form der Verelendung großer Teile der Bevölkerung, kann man zurzeit in mehreren Staaten Lateinamerikas präziser verfolgen.

Noch attraktiver als internationale Anlagepolitik ist es aber, eine Hysterie an Gewinnerwartungen, einen Hype zu generieren, bei dem zuletzt der Normalbürger auch versucht, in diesem Prozess an den Anlagemärkten selbst mit substanziellen, möglichst überdurchschnittlichen Gewinnen teilzuhaben. Das ist aufgrund einer elementaren Mathematik in der Breite unmöglich, aber solange es „boomt", solange es aufwärts geht, fällt es nicht auf, dass andere noch erheblich mehr verdienen. Wenn die Begeisterung groß ist, werden elementare Überlegungen oft unterlassen, besonders dann, wenn „überzeugende" Stories, zum Beispiel über die völlig neuen Bedingungen einer Wissensökonomie im Unterschied zu klassischen ökonomischen Prozessen („Wissen wird durch Teilen nicht weniger, sondern vermehrt sich sogar") einen plausiblen, wenn auch leider nicht zutreffenden Hintergrund für eigentlich unmögliche „Wertschöpfungsexplosionen" abzugeben scheinen.

Tatsächlich ist die Situation wie folgt: Neben Insidern, die im Mittel weit überdurchschnittlich gewinnen, agieren noch zwei weitere Gruppen. Zum einen gut situierte Anleger, die sich zum Beispiel auf Index-artige Portefeuilles mit Langfristorientierung abstützen können und die somit zumindest die mittlere Performance des Marktes für sich erschließen, zum anderen schließlich naive Normalbürger, die einen regelmäßigen Rücklauf wollen, keine Insider sind, nicht langfristig operieren können oder wollen und sich nicht an Indices binden, da sie meinen, etwas von der Sache zu verstehen, beziehungsweise auf den Hype hereinfallen. Diese letzte Gruppe muss im Mittel (naturgesetzlich) schlechter als die zweite Gruppe und damit die mittleren Marktperformer abschneiden, da sie alles das schon kompensieren muss, was die Insider über die Marktperformance hinaus für sich zu erschließen in der Lage sind. Nicht überraschend stellt diese Gruppe zum Schluss die größten Verlierer in diesem Prozess. Dies gilt vor allem für diejenigen, die als Letzte vor dem Umkippen des Marktes einsteigen. Sie verlieren nämlich in der Regel das eingesetzte Kapital fast vollständig. Dabei ist es für die „Macher" besonders attraktiv, über einen Hype immer mehr Menschen in diesen Prozess hineinzuholen, ganz ähnlich, wie dies bei den (in Deutschland und Österreich verbotenen) „Pyramiden"- oder „Kettenbrief"-Spielen der Fall ist, die auf einem Prozess der dauernden Verdoppelung beziehungsweise Vervielfachung beruhen. Wenn der Markt dann irgendwann naturgesetzlich und unvermeidbar kollabiert, findet die größte Umverteilung statt. Hier sei daran erinnert, dass jeder Euro, den jemand in der aktuellen Krise durch Verkauf an den Börsen verliert, bei jemand anderem als Gewinn auftaucht.

Denn an den Börsen und als Folge des Börsengeschehens geht im Prinzip kein Geld verloren. Bei jedem Handel von Aktienpaketen steht dem Verlust auf der einen Seite immer ein entsprechender Gewinn auf der anderen Seite gegenüber. Sofern Papiere gehalten werden, gibt es ein Auf und Ab, das aber, von Bewertungsfragen abgesehen, für die Betroffenen weitgehend wertneutral ist. Eher drücken sich hier Verschiebungen zwischen verschiedenen Segmenten von Besitztiteln aus, die ihrerseits natürlich Rückwirkungen auf das weitere Wirtschaftsgeschehen, die Investitionstätigkeit und das Wachstum haben. Vieles ist hier Illusion, stark emotional und stimmungsabhängig. Neben den „Hochs" und „Tiefs" gibt es dabei viel heiße Luft und ebenso Unterbewertungen. Und wie rechnet man Immobilienbesitz gegen Barguthaben, Geldanlagen, Optionen, Goldbarren, Aktien etc. auf? Immer wieder geht es vor allem um Risikostreuung und sehr stark um die Abschätzung von Risiken und Chancen hinsichtlich einer von uns prinzipiell im Vorhinein nicht erschließbaren Zukunft. Stets sind Renditeerwartungen gegen Risiken abzuwägen; der eigentliche rationale Kern der Thematik.

*„Spekulative Finanzmarktprozesse sind der Kasinobereich der Ökonomie. Weil nämlich bei jeder erfolgten Transaktion jedem Verlust bei einer Gruppe von Marktakteuren ein gleich großer Gewinn bei einer anderen Gruppe von Marktakteuren gegenübersteht. Auch in der aktuellen Krise ist innerhalb der Transaktionen an den Börsen kein Euro oder Dollar verlorengegangen. Viele Gelder sind dabei von kleinen, gutgläubigen oder naiven Anlegern zu Profis und cleveren Insidern geflossen. Jene, die sich nicht vorstellen können, wie jemand an der aktuellen Kapitalmarktkrise verdient haben kann, mögen sich folgendes Beispiel vorstellen: Ein Profi, der vor einiger*

*Zeit die Telekom-Aktie in großer Stückzahl für dreißig Euro pro Stück gekauft und dann bei hundert Euro wieder abgestoßen hat, kauft jetzt, in der Krise, dieselbe Menge bei zehn Euro wieder zurück. Der Profi hat am Ende die ursprüngliche Menge von Aktien wieder in seinem Besitz, allerdings mit einem Gewinn von sechzig Euro pro Aktie. Bei dem niedrigen aktuellen Preis von zehn Euro kann er getrost abwarten, dass der Wert wieder steigt. Selbst ein Absinken auf einen Cent ist für ihn problemlos, weil er dann immer noch rund fünfzig Euro pro Aktie dazugewonnen hat. Ich wage sogar vorauszusagen, dass angesichts der Werthaltigkeit der Telekom und angesichts der Perspektiven in der Informations- und Kommunikationstechnik der Wert dieser Aktie irgendwann auch wieder auf fünfzig Euro steigen wird. Das dauert einige Jahre, aber wenn der Profi dann verkauft, macht er die nächsten fünfzig Euro pro Aktie gut. Und vielleicht wird er dann später irgendwann bei einem erneut niedrigeren Kurs wiederum einsteigen.“*

Das Erzeugen einer Aktienhysterie ermöglicht einen „Fischzug“ der Profis und Insider, der noch gewaltiger ist als alles, was durch Globalisierung und Partizipation an internationalem Wachstum erreichbar ist. Die Art, wie bei uns in den letzten Jahren „harmlose Bürger“ zu begeisterten Aktionären gemacht wurden, hatte in einigen seiner extremen Formen schon fast Betrugscharakter, auch wenn vielleicht bei den meisten euphorischen Promotoren schlichte Naivität und Begeisterung die am häufigsten anzutreffenden Charaktermerkmale gewesen sein mögen.

Worin besteht nun der „Betrug“? Was ist an diesen Märkten systematisch inakzeptabel im Verhältnis zu einem normalen Kasino, das durchaus einen Reiz für risikofreudige Menschen haben kann, vorausgesetzt, sie wissen, was sie tun und sind finanzstark genug, um auch Verluste auszuhalten? Der entscheidende Punkt ist der folgende: Spricht man über den Bereich des Aktienmarktes und der großen Finanztransaktionen als einem Kasino oberhalb der realen Ökonomie, dann ist der Kasino-Begriff vorsichtig zu verwenden. Im Unterschied etwa zu Roulette, wo Schwarz und Rot im Wesentlichen dieselbe, dem Spieler bekannte Wahrscheinlichkeit von etwa fünfzig Prozent haben, handelt es sich bei den Weltfinanz-, -kapital- und -anlagemärkten um ein Kasino, in dem bestimmte Mitspieler, nämlich Insider, bessere Kenntnisse über jeweils zutreffende Wahrscheinlichkeiten haben als die übrigen Spieler und diese

Wahrscheinlichkeiten teilweise sogar direkt beeinflussen und verändern können und dies auch tun. In ein normales Kasino eines solchen Typs, das bei uns ohnehin gesetzlich verboten wäre, würde kein vernünftiger Mensch ohne äußerste Not hineingehen. Bei Kapitalmärkten in der Hype-Phase scheinen manche das spezifische Risiko aber nicht mehr wahrzunehmen oder wahrnehmen zu wollen. In den letzten Monaten hat sich das allerdings wieder geändert, zumindest vorläufig, bis zur nächsten kollektiven Euphorie.

*„Die Vorteilnahme zu Ungunsten gutgläubiger Kleinaktionäre an den Aktien- und Finanzmärkten zeigt ein weltweit gültiges Muster auf, das in ähnlicher Weise auch immer wieder zu Lasten der sich erst entwickelnden Länder wirksam wird. Formal haben alle die gleiche Chance, aber tatsächlich profitieren jene an der Spitze des Systems, jene, die die Regeln schreiben und auslegen, sowie die Insider. Der weltweite Turbokapitalismus unter Freihandelsbedingungen ist ein Dschungel. Nur wer auch die geheimen Regeln dieses Dschungels kennt, hat eine wirkliche Überlebenschance. Das sind vor allen die Akteure im Zentrum des Systems und an den Schaltstellen der Macht."*

Das alles haben wir in den letzten Jahren bei den nie enden wollenden Aufwärtstrends an der Börse erlebt, die in der Substanz letztlich nur von (teils impliziten) Erwartungen der zukünftigen Partizipation an massiven Umverteilungsprozessen geprägt waren, da es in der Realökonomie nirgendwo ein Wachstum gab, das diese Erwartungen hätte begründen beziehungsweise bedienen können. Umverteilung über den Abbau des sozialen Ausgleichs innerhalb von Gesellschaften, induziert über Mechanismen der Globalisierung und forcierte, sozial nicht abgefederte Innovationsprozesse, war die wichtigste Basis für massive Zuwachschancen. Das Zentrum des Booms, der große Treiber der Entwicklung, war dabei die New Economy, aufbauend auf den unglaublichen technischen Innovationspotenzialen im Bereich der Informations- und Kommunikationstechnik, die ihrerseits auch der eigentliche Verursacher der großen Globalisierungsschritte des letzten Jahrzehnts war und ist.

*„Ich leite ein Hightech-Institut im Bereich der Informationstechnik, das Forschungsinstitut für anwendungsorientierte Wissensverarbeitung, kurz FAW, in Ulm, das selber in diese*

*Entwicklungen einbezogen ist. Daraus ergeben sich besondere Einblicke in das Phänomen der New Economy. Neben einer ganzen Reihe von Ausgründungen ist aus dem FAW vor allem ein bekannter Anbieter im Bereich E-Commerce hervorgegangen, der sehr erfolgreich am Neuen Markt platziert werden konnte."*

Der Autor ist als Leiter eines anwendungsorientierten, sich zu einem hohen Grad selbst finanzierenden Forschungsinstituts eng in wirtschaftliche Prozesse eingebunden und arbeitet in vielen Kontexten als Berater mit Unternehmen und verschiedensten gesellschaftlichen Organisationen und Einheiten zusammen. Von den Branchen her betrifft das vor allem die Informations- und Kommunikationstechnik bis hin zur (Service-)Robotik, die Automobilindustrie, die Druckindustrie, den Maschinenbau sowie Finanzdienstleister und Unternehmen der Versicherungswirtschaft, insbesondere Rückversicherer. Die Aktivitätenspanne dieser Unternehmen reicht von international tätigen Firmen der Großindustrie (Global Players) über besonders erfolgreiche Vertreter der mittelständischen Industrie (so genannte ,Hidden Champions') bis hin zu kleinen mittelständischen Firmen und dem Handwerk. Hieraus resultieren vielfältigste Einblicke in Marktabläufe bis hin zum Zentralbereich der so genannten New Economy.

Vor dem Hintergrund entsprechender Erfahrungen und Einblicke hat der Autor schon vor einigen Jahren den Kollaps der völlig überzogenen „Steigerungsspiele" im Bereich der New Economy und ebenso die inhärenten Probleme in den unglaublichen Wachstumsraten an den Aktien- und Kapitalmärkten vorhergesagt. An der katastrophalen Entwicklung der letzten Monate ist deshalb nichts Überraschendes, sie erfolgt zwangsläufig und unvermeidbar, nur der genaue Zeitpunkt dieses Umkippens und des Strukturwechsels war in diesem nahezu chaotischen Geschehen im Vorhinein nicht präzise bestimmbar, allenfalls eingrenzbar.

Im Moment erleben wir folgerichtig den großen Frust, nachdem die Verluste realisiert sind. Deshalb ist das Börsengeschehen zurzeit nicht mehr attraktiv. International sind Anlagen gefährdeter als früher. Der Internationale Währungsfonds (IMF) wird nicht mehr alle Risiken mit öffentlichem Geld kompensieren. Mit Basel II werden die Auflagen im internationalen Geschäft deutlich härter werden, das heißt, es werden Risikobelastungen durch adäquate Gewinnabschläge kompensiert werden müssen. Hinzu kommt, dass im Moment der Normalbürger nach all den Verlusten total frustriert ist.

Interessante Geschäfte über Umverteilungs- und „Hype-Spiele" sind damit im Moment blockiert. Schlechte Zeiten. Aber das ist aus übergeordneter Sicht ganz gut so. Das gibt dem Prozess eine gewisse Normalisierung und stärkt auch wieder die stärker physisch-orientierten Bereiche der Ökonomie.

> *„Bemerkenswert ist an den Aktienmärkten das vergleichsweise gute Abschneiden solcher Unternehmen, die in ihren Strategien eine Langfristorientierung an Prinzipien der Nachhaltigkeit in sozialer, ökologischer und kultureller Hinsicht verfolgen. Entsprechende Zertifizierungen sind ein guter Indikator für eine solide Firmenpolitik. Fonds, die sich auf Aktien derartiger Unternehmen konzentrieren, zeigen schon seit Jahren eine weit überdurchschnittliche Performance. Jetzt, nach dem Ende des Hypes, wird sich dieses Muster noch stärker durchsetzen."*

Wie soll man nun mit den aktuellen Problemen umgehen? Glauben wir den Protagonisten deregulierter Märkte, den Freihandelsdogmatikern und den gläubigen Anhängern der kollektiven Intelligenz der Märkte, dass dies nur kleine Ausrutscher waren, Fehlverhalten einzelner Personen, begrenzte Probleme, keine prinzipiellen Fragen? Glauben wir, dass mit ein paar neuen oder verschärften Regeln für die Zukunft alle Probleme dieser Art gelöst sein werden und sich die kollektive Intelligenz zum Wohle aller Menschen entfalten wird? Ist das Paradigma einer immer weiter gehenden Deregulierung und Beschleunigung im Kern in Ordnung, war nur die handwerkliche Ausgestaltung ungenügend oder haben wir es mit einem paradigmatischen, mit einem Systemproblem zu tun? Aus Sicht des Autors ist Letzteres der Fall.

Die ökonomische Theorie, so deutungsmächtig und lebenspraktisch nützlich sie in der Regel auch sein mag, ist eben doch nur ein theoretisches Konstrukt, auch was die Leistungsfähigkeit von Regelwerken anbelangt. Aus Sicht des Autors ist es nämlich grundsätzlich nicht möglich, alle wesentlichen Funktionsbedingungen von Märkten letztlich über in irgendeinem Sinne kanonisch ableitbare Regelwerke abzubilden. Selbst wenn das prinzipiell der Fall wäre, bliebe das extrem schwierige praktische Problem, die theoretischen Gegebenheiten mit der Realität und ihren vielen versteckten, mit Asymmetrien versehenen gesellschaftlichen Arrangements in Übereinstimmung zu bringen (vgl. hierzu die vom Bundesministerium für Bildung und Forschung geförderten Untersuchungen des Autors und verschiedener

Mitarbeiter zum Thema des nicht-expliziten Wissens, auf die im Literatur-verzeichnis unter „Forschungsinstitut für anwendungsorientierte Wissens-verarbeitung" hingewiesen wird).

*„Viele Menschen haben angesichts der Krise der Weltfinanz-märkte Angst vor der Zukunft der Wirtschaft. Das ist gut nachvoll-ziehbar. So kritisch dieser Punkt aber auch ist, noch kritischer ist für die Zukunft der Wirtschaft auf lange Sicht der folgende: Das größte Risiko für zukünftiges Wachstum, zukünftigen Wohlstand und die Weltwirtschaft stellen heute weitere Umweltzerstörungen und Ressourcenübernutzungen dar, zum Beispiel der Klima-wandel oder das Versiegen der Erdölquellen, und die aus der ungerechten weltsozialen Situation her möglicherweise resultie-renden Aktionen wie Massenemigration und Terror. Am meisten betroffen werden bei uns zunächst Rückversicherer, Versicherer und Finanzdienstleister sein, deshalb gibt es in diesen Branchen besondere Anstrengungen zur Förderung einer nachhaltigen Entwicklung. Die anderen Branchen werden nachfolgen."*

Ein besonders großes Problem hängt zurzeit damit zusammen, dass die Möglichkeiten zur Durchsetzung von Regelwerken hoher Zielorientierung zur Sicherung der Qualität von Marktprozessen als Folge der Globalisierung ab- und nicht zugenommen haben. Niedrige Standards werden in vielen Bereichen zu Wettbewerbsvorteilen für Standorte. Eine internationale Abstimmung für höhere Regelebenen und -qualitäten ist praktisch kaum her-zustellen, weil vor allem die großen Gewinner der heutigen Gegebenheiten teilweise extrem mächtig sind. Sie sitzen in Schlüsselpositionen und können sogar die politischen Verhältnisse in einzelnen Ländern signifikant beeinflus-sen. Erst der 11. September 2001 hat hier eine Veränderung gebracht, wenn auch aus ganz anderen Motiven. Jetzt wird mehr Transparenz hergestellt, um dem Terrorismus die Finanzbasis zu entziehen. Dabei ist es auch unvermeid-bar, dass bestimmte Delikte von Marktakteuren, zum Beispiel Steuerdelikte zu Lasten der Allgemeinheit, stärker in das Blickfeld geraten. Aber schon laufen große Anstrengungen, diese beiden Fälle zu separieren. Transportiert werden auch vielfältige, wohlmeinende ethische Begründungsversuche für die unge-heuerlichen Zustände bei typischen, das Gemeinwohl schädigenden Betrugs-delikten. Dies geht sogar bis zu der ganz absonderlichen gedanklichen Konstruktion, dass viele nationale Besteuerungssysteme, nicht zuletzt in Europa, „Enteignungstatbestände" darstellen. Die hier zum eigenen Vorteil operierenden und argumentierenden Personen vergessen dabei immer wieder, dass ihre hohen Einnahmen, Vermögen und Gewinne ohne eine tragfähige gesellschaftliche Ordnung gar nicht möglich wären und das Zahlen der Steuern selbstverständlich Voraussetzung dafür ist, entsprechend hohe Volumina überhaupt verdienen und gegebenenfalls auch konsumieren zu dürfen.

*„Im Auftürmen von Regelwerken scheinen die Akteure oft einem alten Irrtum verfallen zu sein, wie er in dem Sprichwort ‚Nachdem sie das Ziel aus ihren Augen verloren hatten, verdoppelten sie ihre Anstrengungen' zum Ausdruck kommt."*

Ein Problem in den weltökonomischen Entwicklungen, das regelmäßig hervortritt, besteht darin, dass es den USA immer wieder gelingt, der Welt ihre „Logik" aufzunötigen. Oft geschieht das zum Beispiel dadurch, dass sich US-Gerichte zunehmend das Recht anmaßen, über Sachverhalte überall auf dieser Erde zu richten und damit auch materielle Wirkung zeigen, sofern es im Bereich der US-Rechtssprechung möglich ist, auf Eigentumstitel der Beklagten zuzugreifen. Diese Entwicklung steht übrigens in einem lehrreichen Kontrast zur massiv ablehnenden Haltung der USA gegenüber dem Internationalen Strafgerichtshof (vgl. hierzu Kapitel 26).

In der aktuellen Krise an den Finanzmärkten wurde ein ähnliches Muster deutlich. Mit großer moralisch-ethischer Attitüde haben die USA an der Spitze der Pyramide der Welt vermittelt, dass die US-Bilanzierungsregeln und -standards den europäischen überlegen sind. Im Aufstellen von Regelwerken für ein ethisch einwandfreies Verhalten sind die USA „Weltmeister". In New York hat auch die Entwicklung zu völlig überhöhten Gehaltszahlungen an Spitzenmanager ihren Ursprung. Wie weit das alles trägt, sieht man mittlerweile. Über vielfältige Marktmechanismen wurden und werden die europäischen Unternehmen genötigt beziehungsweise motiviert, ihre bewährten, im Kern vorsichtigen und konservativen Bilanzierungsmethoden zunehmend durch andere zu ersetzen, entweder durch US-amerikanische (US-GAAP, Generally Accepted Accounting Principles) oder alternativ die internationalen Methoden nach IAS (International Accounting Standards), die jetzt für die Zukunft von der EU vorgeschrieben sind. Die USA erkennen die IAS-Methoden aber bisher nicht an, obwohl diese stark angloamerikanisch beeinflusst sind. Beide Systeme sind, und das ist der entscheidende Punkt, stärker regelbasiert, während die deutschen Ansätze stattdessen an wenigen Prinzipien orientiert sind. Wie so oft zwingen uns die USA nun einmal mehr zu ihrem Vorteil ihre Denkweise auf, in diesem Fall das Abgehen von einem primär an Prinzipien orientierten Ansatz hin zu einem primär regelbasierten Ansatz.

Ein regelbasierter Ansatz lässt angesichts der unglaublichen Vielzahl an zu beachtenden Regeln, der Orientierung an Einzelfällen und der Probleme von Nichtspezialisten, Gegebenheiten sachgemäß zu beurteilen, mehr verdeckte Fehlinformationen zu als ein prinzipienbasierter Ansatz. Für ausländische Anleger, die keine Spezialisten sind, resultieren spezifische Fehlinterpretationen nicht zuletzt auch aus möglichen Wechselwirkungen mit weiteren, in den USA anders als im Ausland geregelten Sachverhalten, zum Beispiel hinsichtlich der Rentenversorgungssysteme. Hier besteht ein großes Risiko intendierter wie nichtintendierter Fehlinformationen in Richtung der Anleger. Bezüglich der Umverteilungs- und Veruntreuungstatbestände aus jüngster Zeit seien hier einige Ansatzpunkte genannt:

1. Akquisitionskosten, noch konkreter, der Umgang mit „Goodwill": also der Differenz zwischen den buchhalterischen Substanzen und dem effektiv bezahlten Preis für übernommene Firmen. Hier lassen sich voller Optimismus Werte darstellen, denen real keine entsprechende werthaltige Substanz gegenübersteht.

2. Restrukturierungskosten: Hier geht es um wesentliche Veränderungen der betrieblichen Abläufe. Dabei zielt man zum Beispiel über moderne Umverteilungsmechanismen, vor allem einen forcierten Abbau von Mitarbeitern zugunsten stärker technikbasierter Lösungen, auf eine rasche Verbesserung der Ertragslage, um die Erwartungen an zukünftige Renditen hochzutreiben. Die Nutzung bestimmter bilanzieller Ausgrenzungsmöglichkeiten kann dabei die Optik insbesondere des operativen Ergebnisses deutlich verbessern.

3. Optionspläne: Solche Pläne sind in Teilen ein Mechanismus der massiven Vorteilnahme und Bereicherung von Führungskräften in Hype-Phasen. Hiermit wird ein Verhalten belohnt, das Renditen fast um jeden Preis, auch den Preis der Zukunftsfähigkeit, hochzujubeln versucht. Zugleich erfolgt eine substanzielle Umverteilung in Richtung der Insider, die einer kritischen Abwägung bezüglich der Sozialpflichtigkeit des Eigentums

und von Nachhaltigkeitsanliegen kaum standhalten würde. Auch die Kostenseite wird nicht richtig dargestellt. Denn oft stellen diese indirekten Zahlungen an Mitarbeiter (Führungskräfte) Personalkosten dar, ohne dass sie unter US-GAAP überhaupt als Kosten dargestellt werden müssen. Bei den (Neu-)Aktionären werden insofern auch völlig überzogene Gewinnerwartungen gefördert.

4. Pensionsverpflichtungen: Hier führt die Berücksichtigung der Pensionskassen als Teil der Gesamtbilanz der Unternehmung zu erheblichen Problemen, wenn die erwarteten hohen zukünftigen Renditen bei massiven Aktienmarkteinbrüchen, wie wir sie im Moment beobachten, nicht zu erfüllen sind.

5. Vermarktung: Hier sind die Motive der Analysten von Bedeutung. Da ihre Einnahmen bei Verkäufen und Neuplatzierungen am höchsten sind, tendieren auch sie oft in eine überoptimistische Richtung. Geht es gut, rechnet sich der Optimismus, falls nicht, trifft es primär den Kunden.

Die Gefahr von Missbrauch ist in allen genannten Bereichen gegeben. Für den New Economy-Bereich, mit dem der Autor intensiv vertraut ist, sei hier als Beispiel einer besonders eindrücklichen Form der Manipulationen angedeutet, dass einzelne Akteure in der Hochphase des Hypes das Geld der Aktionäre nicht mehr in Neu- beziehungsweise Fortentwicklungen von Produkten und in Kundenbeziehungen investiert haben (deren Entwicklung viel zu lange gedauert hätte), sondern lieber (in geschickt verdeckter Form) gegen Geld Referenzen für nicht vorhandene Produkte „gekauft" haben. Mit den sich rasch vergrößernden Kunden- und Referenzlisten konnte in dieser Phase am besten neues Geld neuer Aktionäre generiert werden. Andere haben zum Beispiel über Partner Bestellungen bei sich selbst induziert, um Wachstumsraten künstlich hochzuhalten und so Erwartungen zu befriedigen. Der Höhepunkt des Hypes war durch ein so genanntes „Cash-burning" charakterisiert, also die Vernichtung von Geld ohne das Schaffen von Gegenwerten. Damit war der Zustand einer „Voodoo"-Ökonomie erreicht, die sich von jeder realen Basis gelöst hatte. Bis zum Kollaps der Märkte konnte es dann nicht mehr lange dauern – schließlich endet jeder Rausch irgendwann mit einem Kater. Die Regeln der Physik holen schließlich auch die Welt der Halluzinationen ein.

Es ist für jeden Beobachter evident, was solche Entwicklungen zum Beispiel für eine Kapitalmarkt-basierte Rente bedeuten können, auf die zurzeit immer mehr Experten ihre Hoffnung für das deutsche Rentensystem richten. Ebenso offensichtlich ist, wie schnell der Staat, so oder so, über Stützungszahlungen und im äußersten Notfall sogar über die Sozialhilfe, auch bei einer Kapitalmarkt-basierten Rente, wieder zur letzten Auffanglinie wird. Und das in einer Situation, in der dem Staat als Folge der Globalisierungszwänge die Einnahmen wegbrechen und Städte und Gemeinden ihre finanzielle Handlungsfähigkeit verlieren. Letzten Endes kann alles Lebenswichtige, das zu irgendeinem Zeitpunkt „verzehrt" wird, weitgehend immer nur aus dem entnommen werden, was zu diesem Zeitpunkt neu geschaffen wird. Eine Loslösung der Renten- oder Krankheitskosten von der realen Produktions- und Dienstleistungsbasis und damit den real-wirtschaftlichen Akteuren gibt es deshalb nie, es bleibt immer ein Stück realer beziehungsweise materieller Umlagefinanzierung.

Wie reagiert die Gesellschaft in dieser Situation? Wenn wieder einmal etwas schief gegangen ist, wird sofort und fast reflexartig nach einer Verschärfung der Regelwerke gerufen; angesichts der Vertrauenskrise an den Kapitalmärkten ebenso wie nach dem BSE-Skandal und weiteren Skandalen in der Landwirtschaft und der Ernährungsindustrie. Das ist zwar naheliegend und verständlich, aber mit zumindest zwei grundsätzlichen Problemen behaftet: Zum einen sorgt die Häufung von Regeln und deren Wechselwirkung üblicherweise für mehr Komplexität, die noch dazu mit neuen Intransparenzen und damit auch neuen Unsicherheiten und Missbrauchsmöglichkeiten verbunden ist. Zum anderen gibt es prinzipielle Grenzen hinsichtlich der Möglichkeit, das Verhalten von Menschen, insbesondere von Insidern in der Nähe höchst attraktiver ökonomischer Potenziale, durch Regelwerke und Strafandrohung in einem legal vorgesehenen Spektrum zu halten. Dass es zu Missbrauch kommt, ist quasi ein Naturgesetz, wenn die Gewinnmöglichkeiten punktuell zu attraktiv sind. Hierin liegt deshalb eine gute Begründung für substanzielle steuerliche Belastungen von hohen Gewinnen und für soziale Umverteilungsmechanismen, weil nur so übergroße Verführungen zu „Plünderungs- und Mitnahmeverhalten" begrenzt werden können.

*„Regelwerke sind im Bereich der Wirtschaft unverzichtbar, stoßen aber immer wieder an Grenzen. Sie setzen als Basis ethisch-moralische Bestände voraus, die der Markt selbst nicht produzieren kann. Sie müssen aus der Gesellschaft als Fundament einer*

*Ordnung entstehen, die ihrerseits vor allem auf Regelwerken und*
*der Macht des Rechts aufbaut. In dieses gesellschaftliche Funda-*
*ment des Marktes muss investiert werden. Hier geht es um soziale,*
*kulturelle und ökologische Aspekte einer nachhaltigen Entwick-*
*lung und ihre gesellschaftliche Verankerung und Finanzierung.*
*Hinzukommen muss aber auch – und das hören viele nicht*
*gerne –, dass Gewinnmitnahmemöglichkeiten für Akteure im*
*Zentrum des Systems begrenzt werden müssen, zum Beispiel durch*
*gesellschaftliche Umverteilungsmechanismen. Denn auch hier gilt*
*das Prinzip ,Gelegenheit macht Diebe'."*

Als weiterer limitierender Faktor in Bereich der Regelsetzung kommt
hinzu, dass die Gesellschaft im Aufstellen der Regeln immer jenen hinter-
herläuft, die die Regeln zu unterlaufen versuchen und (fast unvermeidbare)
Lücken für sich und ihre Vorteilnahme zu nutzen wissen. Sie agieren dabei
am liebsten formal korrekt, um dabei immer wieder wissentlich gegen den
Sinn und die Intention entsprechender Bestimmungen zu verstoßen. Hier
tritt im Umfeld von Insiderdelikten in der Wirtschaft vor allem das Problem
auf, dass die hochspezialisierten Experten im ökonomischen Bereich, von
Wirtschaftsprüfern bis hin zu den Juristen, die im Umfeld der
Gesetzgebungsprozesse tätig sind, in der Regel in mehrfachen Rollen in
diese Abläufe involviert sind. Zum einen sind sie an der Erarbeitung der
Regelwerke beteiligt, zum anderen aber auch bei der Regelauslegung und
Rechtsprechung. Viele sind zugleich wieder als hochbezahlte Berater tätig,
die es Spitzenkräften und Unternehmen ermöglichen, sich optimal im
Verhältnis zu den sich verändernden Regelwerken zu platzieren, wogegen
formal ja auch nicht argumentiert werden kann. Gerade weil sehr viel Geld
im Spiel ist, sind Expertisen auf allerhöchstem Niveau aktivierbar. Der staatliche Bereich kann hier in der Regel finanziell nicht mithalten und ist auf
„Überzeugungstäter" zur Verteidigung des allgemeinen Wohls in den Reihen
der eigenen Beamten angewiesen, die zwar unter schwierigen Bedingungen
zum Teil Beachtliches leisten, ansonsten aber immer wieder auf den Zufall
warten müssen, der ihnen zur Seite springt.

Zusammenfassend heißt das, dass der Versuch der Beherrschung der
Realität über formalisierte Regelwerke prinzipielle Grenzen hat, so unerlässlich ein Grundbestand solcher Regeln auch ist. Aber man irrt gewaltig, wenn
man sich nach jedem Kollaps des Systems und jeder Serie von Skandalen von

den begeisterten Verteidigern dieses regelbasierten Systemansatzes erzählen lässt, der gesamte Ansatz sei dennoch im Prinzip richtig, hier hätten nur einige schwarze Schafe ein Fehlverhalten gezeigt. Schließlich sei nach einer kleinen Nachbesserung mit ein paar weiteren Regeln alles wieder in Ordnung. Man solle sich von Zweifeln an diesem Ansatz nicht irre machen lassen. Die Zweifler seien alle nur verkappte Naivlinge oder Kommunisten und Systemveränderer, die kleine menschliche Fehler, die es doch zugegebenermaßen überall gäbe, zur Systemfrage hochzustilisieren versuchen.

Soll man ihnen glauben, den „Freihandelsdogmatikern" und „Regel-Euphorikern"? Wohl nicht, denn es gibt tatsächlich eine Systemfrage, und das System befindet sich in einer sehr gefährlichen Schieflage.

### Probleme an den Kapitalmärkten – Kapitalmarktkrise: Betriebsunfall oder System?

- Das kollektive Intelligenzpotenzial von Märkten wird immer wieder durch Vorteilnahme von Insidern unterlaufen.

- Die Situation am Neuen Markt war teilweise nur noch als Spekulation auf Partizipation an massiven Umverteilungsgewinnen zu verstehen.

- Die Regelorientierung der US-Bilanzierungsphilosophie ist Teil des Problems.

- Ein Nachbessern von Regelwerken kann die Probleme an den Kapitalmärkten nur teilweise unter Kontrolle bringen.

- Aus systematischen Gründen sollte keine zu hohe Mitnahme von Gewinnmöglichkeiten zugelassen werden.

- Märkte basieren auf gesellschaftlichen Voraussetzungen, die sie selber nicht zu produzieren in der Lage sind.

- Regulierung der Märkte, Sozialpflichtigkeit des Eigentums und zum Beispiel eine Tobin Tax sind Instrumente, die insgesamt zu besseren Ergebnissen an den Kapitalmärkten führen können, als wir sie heute beobachten können.

Sehr vieles lässt sich nicht einfach auf der Ebene von immer mehr Regeln und immer mehr Kontrolle verankern. Sehr viel muss stattdessen über tief in den Menschen verankerte Bestände wie Mitmenschlichkeit, Moral und Ethik erreicht werden. An dieser Stelle kommt den Religionen, aber auch einem tief verankerten Humanismus, eine zentrale Bedeutung zu. Sehr hilfreich ist auch, wie schon angedeutet, wenn die Gewinnmöglichkeiten prinzipiell limitiert werden, zum Beispiel durch eine genügend hohe Besteuerung und Umverteilung der Gewinne und Einkommen oder ganz allgemein eine durchgesetzte Sozialpflichtigkeit von Eigentum. Prozesse der „Vorteilnahme" dürfen sich nicht zu sehr rechnen. So ist es in der Wirkung besonders negativ, wenn die „Beute" aus völlig unangemessenen „Fischzügen" anschließend auch noch in Steuerparadiesen der Besteuerung entzogen werden kann und angesichts der Drohung, Mittel außer Landes zu bringen, auch noch die nationalen Steuern, zum Beispiel auf Gewinne aus spekulativen Aktiengeschäften, gesenkt werden müssen. Hier brauchen wir dringend national wie weltweit bessere Lösungen.

Was die Qualität der Regelwerke betrifft, kommt im Rahmen der heutigen Globalisierung erschwerend hinzu, dass in dem aktuell ablaufenden internationalen Wettbewerb der Staaten um Investitionskapital nun auch noch die Staaten beginnen, sich quasi betriebswirtschaftlich statt volkswirtschaftlich zu verhalten. Sie werden dabei in höchst sensiblen Bereichen für eine nachhaltige Entwicklung eher zum Regelabbau gezwungen und sind derzeit auch nicht in der Lage, weltweit Regelwerke adäquat zu verbessern. Aber nur eine weltweite Implementierung verspricht, wenn überhaupt, langfristig mehr Erfolg. Hier haben sich der 11. September 2001 und auch die aktuell sichtbar gewordenen Insider-Bilanzskandale an den Kapitalmärkten insofern positiv ausgewirkt, als dass die USA, die sich bisher immer gegen international abgestimmte Verschärfungen von Transparenzanforderungen in diesen Bereichen gewehrt haben, diese jetzt forcieren, um vor allem die Finanzquellen des Terrorismus auszutrocknen. Das ist zwar nicht das wichtigste Argument für die jetzt anstehenden Schritte, aber immerhin besser als nichts. Das heißt, es hilft manchmal auch, das Richtige aus anderen Gründen als aus dem wirklich dominierenden Anliegen heraus zu tun.

Aus Sicht des Autors geht es zukünftig vor allem auch darum, die Mitnahme-Effekte an den Weltfinanzmärkten nun generell zu limitieren, zum Beispiel durch eine (bescheidene) weltweite Besteuerung. Wie in diesem Kapitel deutlich beschrieben wurde, wird dadurch nicht die kollektive

Intelligenz der Weltfinanzmärkte reduziert. Ganz im Gegenteil. Eine mäßige Tobin Tax bringt das System durch eine geringfügige Erhöhung der „Reibung" in den Prozessen aus einem derzeit manchmal nahezu chaotischen Bereich und einem in der Summe wenig intelligenten Zustand in einen vernünftigeren, intelligenteren Zustand, der zum Beispiel weniger durch die Konzentration von Insideraktivitäten auf Mitnahme-Effekte geprägt ist, zurück.

Elemente einer globalen Besteuerung der Ökonomie zur Gewinnung von Mitteln zur Co-Finanzierung von Entwicklung, wie sie in diesem Buch als Voraussetzung von Zukunftsfähigkeit immer wieder gefordert werden, erweisen sich bei vernünftiger Organisation auch als hilfreich, um die Fehlentwicklung immer stärker deregulierter Märkte zu korrigieren. Mit solchen Instrumenten nähern wir uns endlich der Wiederherstellung des Primats der Politik und einer intelligenten, balancierten Koppelung von politisch legitimierter Regelsetzung zum Wohle aller und der Dynamik der Märkte zur Erhöhung der Wertschöpfungsfähigkeit innerhalb der gesetzten Rahmenbedingungen zur Erhöhung der allgemeinen Lebensqualität. Eine geringfügige Kapitaltransfersteuer (Tobin Tax) würde dabei durch Dämpfung kurzfristig spekulativer Möglichkeiten zugleich eine stärkere Betonung von langfristigen, nachhaltigen Investitionen fördern, die wir dringend brauchen, aber in dem aktuell eher kurzfristig ausgerichteten Hype-Klima nicht mehr finanzieren konnten. Deshalb wäre zum Beispiel eine Tobin Tax, verbunden mit einer viel weiter gehenden Regulierung der Weltfinanzmärkte, inklusive der Einbindung beziehungsweise Disziplinierung von Offshore-Bankplätzen und Steuerparadiesen sowie der Vereinbarung von Mindestbesteuerungsniveaus, ein wichtiger Schritt hin zu einer besseren Welt.

Es ist dabei klar, dass solche Maßnahmen nur in einer weltweiten Lösung Sinn machen. Handeln Deutschland oder Europa in diesem Bereich alleine, drohen Wettbewerbsnachteile, da unsere eigenen ökonomischen Akteure ihre Aktivitäten aus Konkurrenzgründen teilweise verlagern müssten, um zu überleben. Das können wir uns nicht erlauben. Deshalb brauchen wir in diesem schwierigen, aber wichtigen Themenfeld doppelstrategieartige Politikansätze (vgl. Kapitel 27) und internationale Lösungen.

# 23
## Könnte ein Zinsverbot die Probleme auf diesem Globus lösen?

*„Zinseszinsverbote und eingebauter Werteverlust von Geld sind keine geeigneten Ansatzpunkte für die Bewältigung der heutigen weltweiten Herausforderungen."*

Man hört in Zusammenhang mit dem Funktionieren der Wirtschaft oft merkwürdige Vorstellungen. So meinen manche, die Wirtschaft würde ohne Gesamtwachstum kollabieren. Das ist Unsinn. Schrumpfung kann sogar attraktiv sein, nämlich bei noch schneller abnehmender Bevölkerungszahl, dann gäbe es sogar noch ein Wachstum pro Kopf. Und selbst bei abnehmendem Wohlstand pro Kopf muss kein Problem auftreten, wobei natürlich klar ist, dass die Verteilungsprobleme bei Wachstum wesentlich leichter zu lösen sind.

In ähnlicher Weise trifft man angesichts der weltweiten sozialen Probleme manchmal auf die Vorstellung, übergroße Ungleichheiten wären eine Folge des Zinseszinseffekts und ließen sich sehr einfach dadurch vermeiden, dass man zum Beispiel ein Zinsverbot erlässt oder Geld sogar mit Strafzinsen beziehungsweise einem „eingebauten" kontinuierlichen Werteverlust belastet, damit es rasch ausgegeben, nicht aber gehortet wird und somit Zinseszinseffekte entfallen. Von einem solchen veränderten Umgang mit Geld wird zugleich erhofft, dass sich spekulative Elemente an den Weltfinanzmärkten, wie sie im vorherigen Kapitel behandelt wurden, erst gar nicht ergeben würden.

Solche Vorstellungen werden allerdings der Natur der insgesamt bestehenden Probleme nicht gerecht. Natürlich ist es richtig, dass man bei vorhandenem politischen Willen über Nullverzinsung oder gar negative Verzinsung Einfluss auf die Nutzungsformen von Geld nehmen könnte und so große Anhäufungen von Vermögen erschwert werden würden. Allerdings ist mit einem solchen Vorgehen eine ganze Reihe von Schwierigkeiten verbunden. Zunächst können Spekulationen in einer kurzfristigen Perspektive nach wie vor Sinn machen. Des Weiteren drohen ganz neue Probleme. Da das Gesamtvolumen des verfügbaren Geldes unter Beachtung der Umschlagshäufigkeit (Geldmengenproblematik) zu dem Gesamtbestand an materiellen Werten korrespondieren muss, droht bei Geld mit eingebautem kontinuierlichen Werteverlust Deflation, da angebotene Güter und Dienstleistungen synchron an (Geld-)Wert verlieren würden. Noch gravierender ist allerdings, dass die Sparquote drastisch zurückgehen würde. Diese ist aber eine wichtige Basis für Investitionen in die Zukunft, das heißt, Investitionen in die Zukunft würden erheblich erschwert. Das geht dann zu Lasten der Zukunftsfähigkeit und der Innovationskraft von Gesellschaften. Gesellschaften, die so vorgehen, werden Geld eher in kurzfristigem Konsum umsetzen beziehungsweise gleich weniger arbeiten, als es in langfristige Projekte zu investieren, die erst in vielen Jahren Gewinne abzuwerfen versprechen.

Angesichts der zunehmend unbeherrschbaren Veränderungsprozesse würde es auf Weltordnungsebene auf längere Sicht sicher Sinn machen, irgendwann dahin zu kommen, dass insgesamt eine Verlangsamung aller Abläufe, inklusive der Innovationsprozesse, bewirkt wird. Solange eine entsprechende Weltordnung fehlt und Staaten unter WTO-Bedingungen miteinander konkurrieren, wirft sich aber jedes Land, das, auf welche Weise auch immer, seine Innovationsfähigkeit reduziert, in seiner relativen Wettbewerbsposition selbst zurück. Negative Ertragszinsen würden diese Folge nach sich ziehen. Zurzeit ist das daher für kein Land eine realistische Position. Das gilt auch in einer weltweiten Perspektive angesichts der Notwendigkeit der Verwirklichung eines doppelten Faktors 10 über die nächsten fünfzig bis hundert Jahre.

> *„Ein Zinseszinsverbot oder eine automatische, kontinuierliche Abwertung des Geldes würden vor allem die Sparneigung und damit die Investitionen in die Zukunft massiv blockieren. Sie sind daher für die Lösung der vor uns liegenden Probleme in der aktuellen Situation ein vollkommen ungeeigneter Ansatz."*

Wir wissen heute vielmehr, dass unter den bestehenden Bedingungen der technische und gesellschaftliche Fortschritt auf Dauer die einzige wirkliche Quelle eines nachhaltigkeitskonformen weiteren Wachstums bildet (vgl. Kapitel 6). Wer Wachstum haben will – und wir brauchen zumindest für die nächsten Jahrzehnte dringend weiteres Wachstum für die Ermöglichung weltweiter Aufholprozesse –, braucht technischen Fortschritt. Negative Zinsen würden eine Blockade des technischen Fortschritts bedeuten und es entstünde dann kaum noch Neues. Das würde den Ressourcenverbrauch antreiben und nicht erlauben, ihn zu stabilisieren. Das ist vor allem dann keine realistische Option, wenn noch Jahrzehnte hindurch hohe weltweite Ungleichheit primär über die richtige Nutzung weiteren Wachstums überwunden werden soll. Noch einmal: Ein Faktor-10-Ansatz wäre in einem Umfeld ohne dynamische Innovation und hohes Wachstum nicht realisierbar. Insofern wären kontinuierlicher Wertverlust des Geldes und ein Zinseszinsverbot kontraproduktiv.

### *Probleme eines Zinseszinsverbotes und ähnlicher Ansätze*

- Ein Zinseszinsverbot beziehungsweise ein eingebauter kontinuierlicher Werteverlust des Geldes können zu Problemen mit der Geldmenge und zu einer Deflation führen.

- Wird der Verzicht auf den raschen Konsum von Verfügungsrechten (Geld) nicht belohnt, geht die Sparquote sofort massiv zurück.

- Als Folge nimmt die Innovationsfähigkeit von Gesellschaften in signifikantem Umfang ab. Das beeinträchtigt die Konkurrenzfähigkeit der betroffenen Staaten in der weltweiten Konkurrenz und die Fähigkeit zur Lösung der vor uns liegenden weltweiten Probleme in erheblichem Maße.

- Wird die Innovationsfähigkeit weltweit durch entsprechende internationale Lösungen reduziert, sind die großen globalen Probleme nicht mehr durch rasches Wachstum lösbar – ebenfalls eine gefährliche Situation.

- Die bessere Alternative ist die heutige Form der Geld- und Zinswirtschaft, aber unter adäquaten weltökonomischen Rahmenbedingungen. Hierzu gehören die Sozialpflichtigkeit des Eigentums, eine angemessene Besteuerung von Einkommen und Gewinnen, eine gewisse Redistribution via Erbschaftssteuern und der adäquate Einsatz von entsprechenden (Umverteilungs-)Mitteln für weltweite Entwicklung.

Die erfolgversprechende Strategie ist deshalb eine andere. Man sollte, wie in diesem Text dargestellt, auf Welthandel, offene Märkte, Innovation und Investitionen setzen. Dazu ist eine angemessene Verzinsung notwendig und sinnvoll, aber hinsichtlich der angestrebten Wirkungen gilt das nur unter entsprechenden nationalen und weltweiten Ordnungsbedingungen. Solche, in ihren Wirkungen positive Ordnungsbedingungen beinhalten insbesondere eine adäquate Sozialpflichtigkeit von Eigentum und damit verbunden die Besteuerung aller Gewinne, ob auf der Produktionsseite oder auf der Kapitalseite, und gewisse Ausgleichsmöglichkeiten über Erbschaftssteuern. Diese Mittel sind entsprechend einzusetzen, um das Beste für Entwicklung und sozialen Ausgleich für alle herauszuholen. Das ist die Logik eines „Balanced Way", einer Ökosozialen Marktwirtschaft.

Natürlich braucht man auch an dieser Stelle weltweite Vereinbarungen. Es handelt sich im Wesentlichen um Weltordnungsfragen, vor allem dann, wenn man zu substanziellen Veränderungen gegenüber dem Status quo kommen will. Auf Weltordnungsebene kann man dann die Größenordnungen der Besteuerung und Umverteilung auf Dauer so ansetzen, dass das Tempo der Innovation adäquat gesteuert beziehungsweise reduziert werden kann. In fünfzig Jahren wird dann hoffentlich sehr viel stärker als heute in Richtung Langsamkeit gegangen werden können, sofern bis dahin ein ausreichender weltweiter sozialer Ausgleich erreicht ist und vielleicht auch ein Wertewandel hin zu mehr geistig-spirituellen als materiellen Gütern stattgefunden hat. Das Motto lautet also: zunächst noch mehr Innovation und Beschleunigung, um schließlich das Tempo wieder zurücknehmen zu können. Die heutige Situation ist nicht einfach, sie erinnert, wie schon bemerkt, an einen „Ritt auf dem Tiger" oder einen „Tanz auf dem Vulkan".

# 24
## Die Landwirtschaft als Testfall: das ökosoziale Modell im Bereich der Landwirtschaft

> *„Der landwirtschaftliche Sektor verlangt in Marktöffnungs- und Globalisierungsprozessen besondere Lösungen, wenn Nachhaltigkeit erreicht werden soll. Marktöffnungsprozesse sind mit geeigneten Co-Finanzierungsmechanismen zu koppeln."*

Der folgende Abschnitt setzt sich mit Fragen der ökonomischen Positionierung der Landwirtschaft in Zeiten der Globalisierung auseinander. Das geschieht im Kontext des Modells einer Ökosozialen Marktwirtschaft, wie es insbesondere von Josef Riegler und anderen für diesen Sektor während der letzten zehn bis fünfzehn Jahre entwickelt wurde. In diesem Zusammenhang sei insbesondere auf die Publikation „The WTO, Agriculture and Sustainable Development", herausgegeben von Heinrich Wohlmeyer, hingewiesen. Ebenso wird in dem Buch „Die Bauern nicht dem Weltmarkt opfern!" von Josef Riegler und anderen zu diesem Thema Stellung genommen (siehe Literaturhinweise).

Landwirtschaft ist für alle Gesellschaften ein wichtiges Thema. In reichen Gesellschaften beträgt der Anteil dieses Sektors am Bruttosozialprodukt zwar nur noch ein bis drei Prozent, nimmt man aber die Veredelungsprozesse und den Handel im Bereich der Ernährung hinzu, so erreicht man doch immerhin zwanzig Prozent. Psychologisch wichtig ist noch das Wissen darum, dass in Krisenzeiten Landwirtschaft und Ernährung schnell zu alles dominierenden Themen werden können. Insofern ist Landwirtschaft ein spezieller Teil der Ökonomie. Immer geht es unter psychologischen und rein lebenspraktischen Aspekten auch darum, auf lokaler beziehungsweise regionaler Ebene Rückfallpositionen für den Notfall zu sichern. Es geht nicht um Autarkie, aber doch um eine gewisse Robustheit.

*„Die Ökosoziale Marktwirtschaft beschäftigt sich mit der zentralen Frage, wie wir das Verteilungsproblem lösen wollen und was man tun muss, damit eine Gesellschaft friedens- und zukunftsfähig ist. Es geht dabei um das, was die Europäer eine vernünftige Ordnung nennen, also um die Frage des sozialen Ausgleichs, die Equity."*

Der landwirtschaftliche Sektor ist besonders eng mit der Frage der Nachhaltigkeit verknüpft. Es geht hier im weltweiten Kontext auf der ökologischen Seite vor allem um Böden, Wasser, Wälder, Luft, Klima und genetische Vielfalt. Bei all diesen Themen ist eine enge Wechselwirkung mit dem landwirtschaftlichen Bereich offensichtlich. Die Landwirtschaft besitzt deshalb auch aus dieser Sicht eine große politische Bedeutung. Das gilt entsprechend für die soziale Dimension der Nachhaltigkeit, vor allem, wenn man weltweite Marktöffnungsprozesse oder EU-Erweiterungsprozesse betrachtet. Denn in ärmeren Gesellschaften spielt die Landwirtschaft auch für das Bruttosozialprodukt, die Beschäftigung und die Einkommen nach wie vor eine relativ große Rolle, und zwar sowohl als Haupt- wie auch als Nebenerwerbsquelle. In den ärmeren Ländern sind nach wie vor viele Menschen in der Landwirtschaft beschäftigt. Von der Art, wie diese Menschen in der Region leben, hängt in der Regel auch der Erhalt des lokalen kulturellen Umfeldes ab. Die Gestaltung des landwirtschaftlichen Sektors hat deshalb indirekt viel mit sozialen und kulturellen Fragen zu tun. Überall dort, wo die Nachhaltigkeit hinsichtlich der Bodennutzung etwas mit langfristigen, meist mündlich oder über Zusammenarbeit übermittelten Erfahrungen zu tun hat, kann das entsprechende Wissen auch nur in der Wechselwirkung von Menschen und lokaler bäuerlicher Kultur erhalten werden. Das gilt insbesondere in Dritte-Welt-Ländern mit schwierigen Bodenverhältnissen und klimatischen Bedingungen hinsichtlich der Frage der dort indigen lebensfähigen Pflanzen.

Konsequenterweise kann man deshalb die Landwirtschaft nicht nur unter Effizienzgesichtspunkten sehen, obwohl natürlich andererseits die Ernährung der Weltbevölkerung bei immer mehr Menschen und einem immer höheren Erwartungsniveau ohne eine massiv industrialisierte und zudem extrem effiziente Landwirtschaft in den entwickelten Ländern gar nicht denkbar wäre. Die Beispiele Japan und China zeigen, dass dabei in bevölkerungsreichen und dicht besiedelten Ländern eine kleinräumig strukturierte, gärtnerisch intensiv gestaltete Landbewirtschaftung eine Alternative zu großflächigen Produktionsmethoden bildet. Wobei die Ernährungs-situation in China in jedem Fall schwierig werden wird, wenn der Wohlstand weiter wächst, vor allem, was die Wasserproblematik anbelangt.

Unter Nachhaltigkeitsaspekten, aber auch unter Aspekten des Verbraucherschutzes und der Volksgesundheit, kommen weitere Fragen hinzu, beispielsweise dann, wenn die Landwirtschaft hochtechnisiert wird und somit vielleicht die Gesundheit der Tiere an dauernder Medikation hängt. Auf diese Weise ergeben sich neue Probleme und es wird der Ruf nach hochwertigen Nahrungsmitteln laut, bei deren Herstellung und Produktion auf bestimmte bedenkliche technische Mittel und Prozesselemente verzich-tet werden kann. Das führt in Richtung Bio- oder Öko-Landwirtschaft und künftig wohl auch in eine „High-End"-Landwirtschaft und -Produktionskette, in der alle Prozesse für viel Geld von der Informationsseite Hightech-mäßig dokumentiert werden, entsprechende Markenzeichen eingeführt werden und als Folge davon wieder ganz neue Fragen, zum Beispiel der Abgrenzung (Labeling) oder des Markenschutzes, auftreten. Labeling im Nahrungs-mittelbereich wird vermutlich im Welthandel noch sehr an Bedeutung gewinnen, muss aber in einem international abgestimmten Rahmen erfolgen und diskriminierungsfrei gestaltet werden.

Gerade bei Landwirtschaft und Ernährung handelt es sich um ein besonders sensibles und komplexes Feld. Gerade hier ist eine reine Freihandelslogik als Steuerungsmechanismus problematisch. Deshalb ist an dieser Stelle auch sehr genau zu studieren, wie die EU bisher vorgegangen ist. Nicht ohne Grund ist seit Beginn der europäischen Einigung und in den Erweiterungsschritten immer sehr viel Geld in die Co-Finanzierung und Angleichung von Standards im landwirtschaftlichen Sektor geflossen. Tangiert sind hier Fragen einer gewissen Autarkie, aber noch mehr die Organisation eines sozialen und kulturellen Transformationsprozesses, der auf diese Weise finanziell unterfüttert wird. Würde man im Rahmen einer unkonditionierten Marktöffnung nur nach Freihandelslogik operieren, würde sich ein Großteil des Drucks aus dem Übergang in eine größere gemeinsame Wirtschaftszone mit dem dort vorhandenen zusätzlichen Wachstumspotenzial auf diesen loka-len Bereich der Ökonomie konzentrieren. Die kleinen Bauern wären die Verlierer, die Aktionäre der großen Unternehmen die Gewinner.

Schnelle Marktöffnungen bei großem sozialen Gefälle ohne Co-Finanzierung induzieren nämlich bei den wirtschaftlich höher entwickelten Partnern in der Regel Druck auf kleine Landwirte und angelernte

Industriearbeiter – während bei den wirtschaftlich weniger entwickelten Ländern die Chancen für Landwirte und Industriearbeiter besser werden. Aber auch dort bleibt der Druck auf die Konditionen und Tarife hoch, zudem wird oft zu Lasten der Umwelt operiert. Alles in allem keine Lösung mit Zukunftsperspektive. Wie in Kapitel 17 dargestellt, geht das zu Lasten des Ausgleichs im Norden und Süden und zu Lasten des globalen ökologischen Systems. Durch Co-Finanzierung lassen sich diese Nachteile bei etwas geringerem Gesamtwachstum und weniger Umverteilung nach oben weitgehend vermeiden.

Aus diesem Grund hat es auch eine Berechtigung, wenn die EU auf Ebene der WTO nicht unkonditioniert oder nicht ohne interne Transformationsmechanismen in Richtung eines freien Marktes geht. Das heißt allerdings nicht, dass die Marktbarrieren, die die EU in der Vergangenheit im landwirtschaftlichen Sektor gegen den Süden aufgebaut hat, in Ordnung waren. Vielmehr haben die Einfuhrbeschränkungen und Agrarsubventionen zum Teil völlig inakzeptable Situationen erzeugt. Da können dann die von uns exportierten und subventionierten Lebensmittel billiger in Drittländern verkauft werden, als sie dort überhaupt produziert werden können. Das zerstört die lokalen Märkte.

Wenn die Europäer zu Hause marktregulierend operieren, müssten sie das auch weltweit sehr konsequent tun. Das heißt, die entwickelten Länder müssten weltweit als Kompensation verlangsamter Marktöffnungen im landwirtschaftlichen Bereich in die Co-Finanzierung der sich entwickelnden Länder eintreten, um so auch den neuen Partnern im Rahmen von Win-Win-Lösungen zu helfen, schneller den Weg aus der Landwirtschaft heraus in industrielle Bereiche zu finden und zugleich die Professionalisierung der dortigen Landwirtschaft voranzutreiben. Die Orientierung derartiger Übergangsprozesse, das Denkmodell, nach dem man verfahren sollte, und die Zielvorstellungen sind zu entwickeln (vgl. auch Kapitel 28). Sie fallen vernünftigerweise in die Logik einer weltweiten Ökosozialen Marktwirtschaft, wie sie in diesem Text dargestellt ist und von Josef Riegler und anderen seit Jahren befürwortet wird.

Mit Blick auf die Zukunft ist es dabei besonders wichtig zu erkennen, dass auf den landwirtschaftlichen Sektor, unter den heutigen Globalisierungsbedingungen, beim Übergang zu neun bis zehn Milliarden Menschen bis zum Jahr 2050 gewaltige Herausforderungen auch von der Mengenseite her zukommen werden.

Wenn eine vernünftige Weltentwicklung bis 2050 und darüber hinaus gelingt, dann werden statt heute sechs Milliarden neun bis zehn Milliarden Menschen ernährt werden müssen. Vom Volumenzuwachs noch gravierender wird aber sein, dass statt 1,25 Milliarden dann eher drei Milliarden Menschen als Teil eines gut situierten weltweiten Mittelstands auf einem hohen Konsum- und damit Ernährungsniveau leben werden. Das bedeutet dann einen deutlich höheren Verbrauch, vor allem von Milchprodukten, Fleisch und Käse. Da für hochwertige Ernährung über tierische Veredelungsprozesse je nach Qualitätsanforderungen und Standards ein Faktor 5 bis 10 und mehr an Biomasse in Relation zu einer Ernährung primär über Getreide benötigt wird, kommt ein gigantischer Bedarf an zusätzlicher, landwirtschaftlich erzeugter Biomasse auf die Welt zu. Tatsächlich ist bei den heutigen Konsum- und Bedarfsdeckungsmustern überhaupt noch nicht abzusehen, wie die benötigten Mengen an hochwertiger Nahrung überhaupt je produziert werden sollen. Das gilt erst recht, wenn auch andere Nachhaltigkeitsaspekte erfüllt werden sollen, zum Beispiel in Bezug auf Flächenverbrauch, Wasser, Erhalt der genetischen Vielfalt, Wälder, Meere oder Klima.

Das heißt zugleich, dass sich die Konflikte um die Frage des Protektionismus im Rahmen einer Zusammenarbeit auflösen könnten, die nötig sein wird, um den rasch steigenden weltweiten Bedarf an hochwertigen Nahrungsmitteln überhaupt befriedigen zu können. Ernährung wird jedenfalls zu einem weltstrategischen Thema werden und hochwertige tierische Nahrung vergleichsweise teuer sein. Zugleich kann ein erhebliches soziales Problem entstehen, wenn nämlich bei Fortbestehen einer massiven weltweiten sozialen Ungleichheit der reiche Teil der Menschheit mittels seiner Kaufkraft der ärmsten Milliarde den Reis vom Teller nimmt, um diesen durch Tiere zu schleusen, um daraus hochwertige Nahrung für sich selbst zu produzieren. Dieser letzte Punkt führt wieder zurück zum zentralen Thema dieses Buches, zur sozialen Frage, zur Frage der Equity, also zur Notwendigkeit der Herstellung von zumindest einem solchen Umfang an sozialem Ausgleich auf diesem Globus, dass die Kaufkraft am unteren Ende der (Welt-)Sozialleiter immer noch hoch genug ist, um die eigene soziale Position in existenziellen Bereichen schützen zu können. Das beinhaltet insbesondere und als Minimum, die eigene Ernährung problemlos bezahlen zu können (vgl. hierzu Kapitel 28).

Gleichzeitig wird hier erkennbar, dass wir uns weltweit weiter in Richtung einer hochprofessionellen und extrem leistungsfähigen Landwirtschaft orientieren müssen, und das auf einem hohen, das heißt mindestens dem heutigen

EU-Niveau der Produktionsqualität entsprechenden Standard. Anders sind die Welternährungsprobleme nicht zu lösen. Da global nicht überall so günstige Voraussetzungen für eine weitere Steigerung der landwirtschaftlichen Produktion bestehen wie in Europa, liegen hier große Chancen für unseren Kontinent. Eine der größten geostrategischen Stärken der EU könnte künftig darin bestehen, in der Ausdehnung nach Osteuropa und in Zusammenarbeit mit Russland der wichtigste Anbieter hochwertiger Nahrungsmittel unter WTO-Bedingungen und Nachhaltigkeitsanforderungen für den weltweiten Export zu werden. Wenn man diese Perspektive hat, dann würde ein ökosoziales Modell der Marktwirtschaft letztlich auf die folgenden Lösungselemente abzielen:

### Elemente eines ökosozialen Marktmodells für den landwirtschaftlichen Sektor in Europa und weltweit

- Co-Finanzierung der Entwicklung der Landwirtschaft bei den weniger entwickelten Partnern, sowohl in Europa als auch weltweit.

- Im Gegenzug Forcierung von Ausgleichszahlungen für die Landwirtschaft in den höher entwickelten Ländern, sofern vereinbarte weitere Funktionen wie Landschaftspflege, Tier- und Umweltschutz, Naturschutz sowie Qualität und Sicherheit für die Konsumenten übernommen werden (Multifunktionalität).

- Ausbau einer unter WTO-Bedingungen wettbewerbsfähigen, exportorientierten Landwirtschaft.

- Nutzung der besonderen Chancen in Osteuropa und der Zusammenarbeit mit Russland – auch im Hinblick auf nachwachsende Rohstoffe (Nawaros) und erneuerbare Energien.

- Angebot von sehr aufwendigen Produkten, die besondere ethische Anforderungen berücksichtigen, informationstechnisch hochwertig realisiert sind und deutlich mehr kosten werden als Standardangebote. Hier wird Labeling eine große Rolle spielen.

- ### *Co-Finanzierung der Entwicklung in den neuen Mitgliedsstaaten und darüber hinaus*

  Zunächst wird man über Co-Finanzierungsmechanismen in den in Kürze hinzukommenden Ländern der EU dafür sorgen, dass dort die Landwirtschaft zügig ein höheres Effizienzniveau erreicht. Über längere Zeit werden dennoch viele Arbeitsplätze verbleiben, bis man zu Verhältnissen wie in den voll entwickelten Ländern kommt. Das, was man dort tut, würde man abgeschwächt auch weltweit anstreben, also abgestimmte und co-finanzierte Entwicklungsprozesse in der Landwirtschaft kombiniert mit mehr Marktöffnung voranzutreiben. Die vorgesehenen Ausgleichselemente, die mit Modifikationen gegenüber unkonditionierten Freihandelsbedingungen korrespondieren müssten, sind jeweils über Co-Finanzierungsmechanismen zu implementieren und weltweit zu vereinbaren. Ein Ansatz muss darin bestehen, entsprechende Bevölkerungsanteile in ärmeren Ländern, die dann nicht (mehr) in der Landwirtschaft ihr Auskommen finden, stärker in andere Wirtschaftssektoren zu transferieren, zum Beispiel über Ausbildung in Richtung Leichtindustrie oder Servicesektor. Zugleich würde bei uns der Strukturwandel „sozial abgefedert" weiterzuführen sein.

- ### *Leistungsabgeltungen für nicht direkt landwirtschaftliche Funktionen (Multifunktionalität)*

  Sofern man in diesem Kontext innerhalb der EU kleinere Bauernhöfe, die unter Weltmarktbedingungen nicht überleben können, weiter in ihrer Funktion erhalten will, bietet das ökosoziale Modell mehrere Ansatzpunkte. Diese fallen allesamt unter den Begriff der Multifunktionalität der Landwirtschaft und zielen im weitesten Sinn in Richtung Natur- und Landschaftsschutz und auch in Richtung Erhalt der bäuerlichen Kultur und des kulturellen Lebens in der Region. Hier muss man WTO-konforme Lösungen finden. Es geht darum, Leistungen, und seien es anteilige Leistungen, in der Landwirtschaft co-finanzieren zu dürfen, die einen völlig anderen Charakter haben als (nur) die Produktion von Nahrungsmitteln. Hierbei muss allerdings auf die Wettbewerbsfähigkeit an anderen Standorten geachtet werden, denn eine solche Lösung kann nur Teil einer fairen Weltlösung sein. Die EU bewegt sich, gerade auch mit dem neuen Strukturierungsvorschlag von EU-Agrarkommissär Franz Fischler, in diese Richtung. Das ist ein richtiger Ansatz.

- ***Wettbewerbsfähige, exportorientierte Landwirtschaft***

  Für die in Bezug auf die ökologischen Anforderungen normale Landwirtschaft in den günstigen Lagen Europas ist es unvermeidlich, dass die Produktion unter WTO-Bedingungen weltmarktfähig werden muss. Für unternehmerische und leistungsfähige Fachleute und Betriebe ergeben sich hier künftig interessante neue Chancen, auch in Osteuropa. Jeder kann selbst in Osteuropa aktiv werden und natürlich können viele Betriebe voll wettbewerbsfähig auf der „Premium"-Ebene auf dem Weltmarkt operieren. Wenn hochwertige Nahrung bezogen auf die Nachfrage knapp wird, werden die Einkommen der Landwirte steigen. Hochwertige Käse- und Milchprodukte sind im Export nach Indien und Russland schon heute ein attraktiver Markt für die deutsche, österreichische und schweizerische Milchwirtschaft.

- ***High-End-Labels***

  Schließlich wird es eine weitere neue Dimension geben, die stark technikorientiert sein wird. Das zielt auf eine Nahrungsmittelproduktion, die vor allem für das High-End der Gesellschaft unterschiedlichste Zusatzbedürfnisse befriedigt. Hier wird man für unterschiedlichste ethische Anforderungen (wie Tierhaltung, Tierbehandlung, Futter, sozial-kulturelle Produktionsbedingungen oder Umweltschutz) ein spezifisches Profil der Produktion von High-End-Lebensmitteln (Pflanzen- und Tierprodukte) anbieten, bei dem Herstellungsbedingungen transparent und nachprüfbar dokumentiert sind. Der informationstechnische Teil wird dabei im Endausbau vielleicht teurer werden als die Produkte selbst. Noch aus der letzten Faser Fleisch oder aus dem letzten Tropfen Milch wird man über eine DNS-Analyse letztlich an den „Schlüssel" kommen, um dann über Internet oder andere Informationskanäle eine lückenlose Dokumentation des gesamten Produktionsprozesses eben dieses Fleisches oder Milchprodukts bis in das letzte Detail hin zu erhalten. Das zielt auf ein sehr vielfältiges Hightech-Labeling von Produkten, das WTO-konform auszugestalten ist. In diesem Bereich ist eine große Chance gerade auch für die europäischen Landwirte zu sehen.

In Summe ist die Ökosoziale Marktwirtschaft ein Modell, das der Tatsache Rechnung trägt, dass wir unter Globalisierungs- oder EU-Ausdehnungsbedingungen – wenn wir unsere Automobile weltweit exportieren wollen – im Gegenzug zulassen müssen, dass aus weniger entwickelten Ländern Nahrungsmittel zu uns kommen, wenn dort die Produktionsbedingungen günstiger sind. Der Prozess ist aber nicht allein über eine Freihandelslogik adäquat und nachhaltig gestaltbar, sondern nur über Marktöffnungen in Verbindung mit geeigneten Co-Finanzierungsmechanismen und fairen Wettbewerbsbedingungen, um eine schnellere Konvergenz zwischen Nord und Süd, sozialen Ausgleich innerhalb der einzelnen Länder und parallel dazu einen weltweiten Umweltschutz in einem international abgestimmten Rahmen zu ermöglichen. Dadurch wird nicht zuletzt vermieden, dass der Preis für neue Wachstumschancen in den reichen Ländern primär von kleinen Bauern und wenig qualifizierten Arbeitern bezahlt werden muss.

Mit dem in diesem Text angestrebten Weltgesellschaftsvertrag für Nachhaltigkeit als Teil einer weltweiten Ökosozialen Marktwirtschaft werden, wie schon erwähnt, speziell auch Transporte wesentlich teurer werden. Durch das Zahlen ehrlicher Preise für Mobilität, zum Beispiel über die Inkorporierung der Preise für Verschmutzungsrechte, wird dann ein Teil des Drucks, der aus Lohnunterschieden rund um den Globus resultiert, aufgefangen werden können. Hieraus resultiert eine aus vielen Gründen wünschenswerte Re-Regionalisierung der Produktion von Gütern niedriger Wertschöpfung.

Sonst muss es auch in der Landwirtschaft das Ziel sein, Weltmarktfähigkeit mit unterschiedlichsten Produktqualitäten, die ihrerseits entsprechend dokumentiert werden, zu erreichen. Für Europa ist in diesem Bereich in Zusammenarbeit mit den neuen Partnern in Mittel- und Osteuropa und in Russland für die nächsten zwanzig bis fünfundzwanzig Jahre ein großes Wachstum der Markt- und Absatzchancen in Sicht. Dieses wird Europa geostrategisch stärken. Gleichzeitig wird es einer der möglichen Ansatzpunkte für eine nachhaltige Organisation des Globus sein. Die Ökosoziale Marktwirtschaft ergibt, richtig ausgestattet, für die Landwirtschaft eine vielversprechende Perspektive.

# 25
## *Vier mögliche Zukünfte für die Welt*

> *„Der Problemdruck wird die Welt entweder in
> Richtung einer Ökosozialen Marktwirtschaft
> oder hin zu stärker diktatorischen Lösungen zu
> Lasten der allgemeinen Bürgerrechte zwingen.
> Je länger wir mit einer Veränderung des welt-
> ökonomischen Designs warten, umso wahr-
> scheinlicher werden ökodiktatorische und
> sicherheitsgetriebene Ansätze werden."*

In dem vorliegenden Text wird für eine Ökosoziale Marktwirtschaft als Alternative beziehungsweise Zukunft der heutigen WTO-dominierten weltweiten Ordnungsregime im Bereich der Wirtschaft argumentiert. Diese Position ist vor allem im Kontext einer Typologie möglicher Zukünfte der Welt zu sehen, die im Folgenden beschrieben wird und vier Fälle unterscheidet. Der Zugang zu der gewählten Klassifikation erfolgt aus Einsichten im Umfeld eines sich herausbildenden Weltethos. Die vielleicht wichtigsten Grundforderungen eines Weltethos sind die beiden folgenden:

• *Ökologische Stabilität*

Die Menschen dürfen in ihren kollektiven Aktivitäten die langfristige Stabilität der Ökosysteme, also der Umwelt, nicht überfordern. Das zielt auf ökologische Stabilität, Begrenzung der Ressourcennutzung und die Limitation der Umweltbelastungen auf langfristig durchhaltbarem Niveau. Letztlich geht es um Beschränkungen kollektiven menschlichen Tuns, die physikalische Gegebenheiten, also Naturkonstanten, reflektieren.

• *Schutz der Menschenwürde*

Jedes Arrangement, das die Menschen unter Beachtung der Forderung „ökologische Stabilität" miteinander treffen, muss so sein, dass die Würde aller Menschen geachtet wird. Das bedeutet, dass niemand das

## Denkbare Weltzukünfte

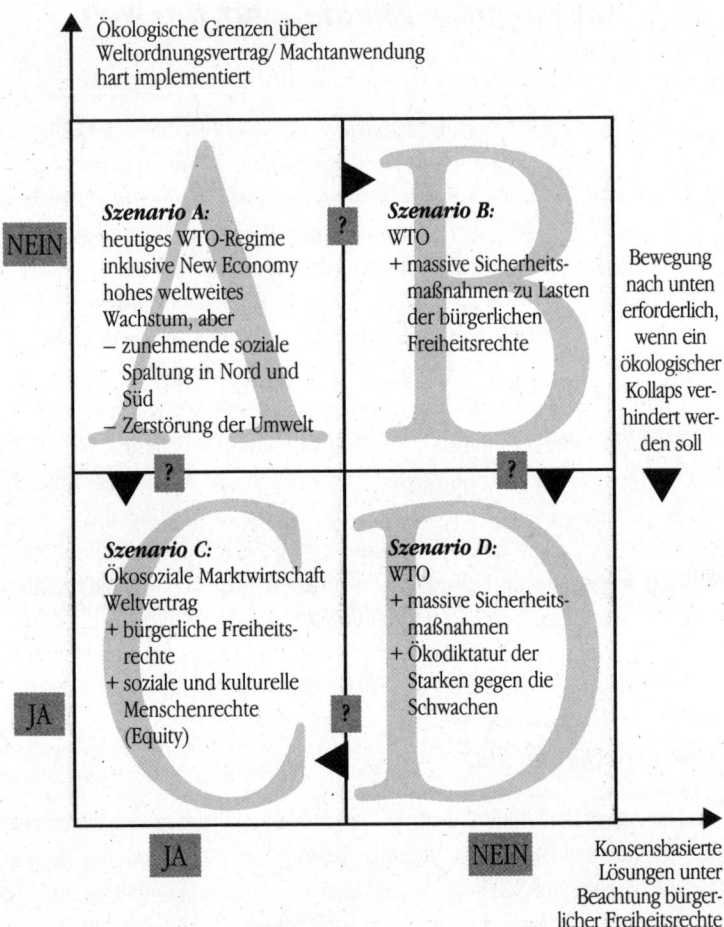

Ökologische Grenzen über
Weltordnungsvertrag/ Machtanwendung
hart implementiert

**NEIN**

**Szenario A:**
heutiges WTO-Regime
inklusive New Economy
hohes weltweites
Wachstum, aber
– zunehmende soziale
  Spaltung in Nord und
  Süd
– Zerstörung der Umwelt

**Szenario B:**
WTO
+ massive Sicherheits-
maßnahmen zu Lasten
der bürgerlichen
Freiheitsrechte

Bewegung
nach unten
erforderlich,
wenn ein
ökologischer
Kollaps ver-
hindert wer-
den soll

**Szenario C:**
Ökosoziale Marktwirtschaft
Weltvertrag
+ bürgerliche Freiheits-
rechte
+ soziale und kulturelle
Menschenrechte
(Equity)

**Szenario D:**
WTO
+ massive Sicherheits-
maßnahmen
+ Ökodiktatur der
Starken gegen die
Schwachen

**JA**

**JA**

**NEIN**

Konsensbasierte
Lösungen unter
Beachtung bürger-
licher Freiheitsrechte

*Abbildung 8: Eine Typologie möglicher Zukünfte für die Welt*

Objekt des Willens anderer sein darf, was wiederum eine gewisse soziale
und kulturelle Equity voraussetzt. Dieser Punkt reflektiert, dass für
Menschen jenseits des schieren Überlebens nichts so wichtig ist wie
Fairness, Gerechtigkeit und die Vermeidung von Demütigung.

Angesichts der zentralen Bedeutung der eben genannten Punkte im Rahmen eines Weltethos, die übrigens ihrerseits bereits eine Implementierung wesentlicher Anliegen einer Generationengerechtigkeit beinhalten, sind Weltordnungsregime darauf zu prüfen, ob sie die beschriebenen Zielvorstellungen umsetzen. Das führt zunächst zu der Frage, ob Ordnungsregime die auf Dauer unvermeidbaren Begrenzungen im Bereich des Ressourcenverbrauchs und der Umweltbelastungen in ihren Rechts- und Wirtschaftsordnungen über Gebote und Verbote, Auflagen und Vorgaben sowie Anreizsysteme und Preissetzungen tatsächlich implementieren (Ja/Nein) und des Weiteren zu der Frage, ob sie dabei (zumindest) die bürgerlichen Freiheitsrechte beachten (Ja/Nein).

Der erste Punkt ist in seiner Unvermeidbarkeit noch offensichtlicher als der zweite. Wenn die Menschen eine vernünftige Zukunft haben sollen, wenn wir nicht nur eben mal die letzte Party feiern wollen, muss hier eine Lösung gefunden werden oder die Natur findet sie selbst. Der zweite Punkt wurde hier sehr vorsichtig formuliert. Es wird nicht auf Menschenwürde in ihrer Ganzheit eingegangen, sondern zunächst nur auf die bürgerlichen Freiheitsrechte als Kernbestandteil der Forderung nach Beachtung der Menschenwürde. Das ist angesichts des aktuellen Standes der weltpolitischen Argumentation eine Selbstverständlichkeit, auch wenn sich nach dem 11. September 2001 im Bereich der Bekämpfung des Terrorismus erste Elemente eines Double Standards mit Bezug auf die bürgerlichen Rechte zeigen. Forderungen nach sozialen und kulturellen Rechten werden zunächst nicht erhoben. Es wird aber deutlich werden, dass das eine nicht ohne das andere zu haben ist.

Die beiden genannten Ja/Nein-Fragen führen zu der Unterscheidung von vier Fällen (vier denkbaren Zukünften), die in Abbildung 8 mit A, B, C, D bezeichnet sind.

## 1. Zukunftsszenario

Option A stellt das aktuelle neoliberale WTO-dominierte Regime der Weltökonomie dar, das konsensbasiert operiert, die Freiheitsrechte als Zielvorstellung hochhält, im sozialen und kulturellen Bereich große Defizite aufweist und die erforderlichen Beschränkungen des kollektiven menschlichen Tuns auf Weltordnungsebene bisher nicht hat verankern können. Dieses Szenario ist offensichtlich nicht zukunftsfähig.

## 2. Zukunftsszenario

Option B ist die Erweiterung des heutigen WTO-Regimes um Sicherheitselemente und Sicherheitsarchitekturen. Dazu gehören sowohl die zunehmende Kriminalisierung von Auflehnung gegen den ungehemmten Ressourcenverbrauch und die immer weiter zunehmenden Umweltbelastungen als auch die Kriminalisierung von Auflehnung gegen die weltweit fehlenden sozialen und kulturellen Bürgerrechte, also die ungenügende Equity. Hier waren nach dem 11. September 2001 erste Schritte deutlich zu beobachten. Ein Terroranschlag wurde zur Kriegserklärung (gegen wen genau?) genutzt, der NATO-Bündnisfall ausgerufen, offenbar mit Fehlinformationen gearbeitet. Bürgerrechte wurden innerhalb von Wochen durch parlamentarische Mehrheiten eingeschränkt, öffentliche Reflexion wurde schwierig, teilweise war und ist eine Normierung und Tabuisierung der öffentlichen Kommunikation zu beobachten. Exemplarisch sei an dieser Stelle die Kontrolle von Mobiltelefonaten thematisiert. So hat der Deutsche Bundestag mittlerweile eines der umstrittensten Mittel im Anti-Terror-Kampf legalisiert, nämlich den so genannten IMSI-Catcher, der es der Polizei ermöglicht, Mobiltelefone zu orten und zu identifizieren. Damit werden die Daten sämtlicher Mobiltelefone im Umkreis von hundert Metern erfasst, ohne dass die Besitzer es erfahren. Alle Gespräche können abgehört werden. Das gilt auch, wenn Verdächtige auf andere Namen zugelassene Handys benutzen. Festgehalten sei, dass der Einsatz des IMSI-Catchers nur bei Straftaten von erheblicher Bedeutung erlaubt ist.

Während Europa vor dem 11. September 2001 die Differenzen zu den USA sehr deutlich beim Namen genannt hatte, dominierten danach Solidarität und vielleicht auch Angst. Man scharte sich hinter der Nummer eins zusammen, teilweise schienen Politiker es auch zu genießen, weltmilitärisch wieder dabei zu sein und harte Sicherheitspolitik zu exekutieren. Dabei ist nicht auszuschließen, dass gerade eine undifferenzierte Übernahme von US-Positionen dazu führen könnte, dass wir in Europa in verstärktem Maße selbst Opfer von terroristischen Anschlägen werden. Das wäre dann fast eine „Self-fullfilling Prophecy". Die Suche nach Schutz provoziert die Konstellationen, die Schutz erfordern.

So weit die Hinweise zur Lage in den entwickelten Ländern. In Bezug auf schwächere, dem „feindlichen" Lager zugerechnete Länder und die dortige Bevölkerung wird indirekt im Rahmen von Ad-hoc-Legitimationsstrukturen teilweise massiv durchgegriffen. Das bleibt auch dann richtig, wenn man zum Beispiel die von den Taliban etablierte Ordnung in Afghanistan als unzumutbar – auch und gerade für die betroffenen Frauen – ansieht.

Denkt man die weiteren Optionen im Kontext eines solchen Ansatzes zu Ende, dann sind mit neuen technischen Entwicklungen am Horizont Möglichkeiten denkbar, die so weit gehen könnten, dass jeder (potenziell verdächtige) Mensch per Geburt oder später mit einem eingepflanzten Chip versehen wird, der eine lückenlose Kontrolle seiner Aktionen ermöglicht, und das mit der Begründung, anders sei Sicherheit in einer Welt mit dunklen Kräften nicht zu haben. Wem die Vorstellung eines eingebauten Chips zu weit geht, sei folgende Variante nahe gelegt: ein zukünftiges, handyartiges Gerät, das man permanent eingeschaltet lässt (lassen muss), das über permanentes Abgreifen von Körpersignalen die Personenidentität zweifelsfrei feststellt und mit dem alle finanziellen Transaktionen durchgeführt werden (müssen). Diese Geräte könnten an stationären Punkten, ohne dass der Nutzer dies bemerkt, summarische Informationen austauschen, Zeit- und Ortsidentitäten permanent prüfen, sich mit Geräten aller Personen im Nahbereich permanent kurzschließen und Informationen über Kontakte mit anderen weitergeben. Eine Kopplung mit überall präsenten Überwachungskameras könnte hinzu kommen – der gläserne Mensch wäre perfekt und „Big Brother is watching you" eine adäquate Beschreibung der Situation. Das wäre dann eine völlig transparente Situation, die permanent über Rechnernetze verfolgt und mit anderen Informationen verknüpft werden könnte. Klassische Auflehnung gegen die Missachtung der Menschenwürde durch das von Seiten des reichen Nordens implementierte globale Ordnungsdesign wird dann zu dunklen Akten der Mittäterschaft mit religiös oder ethisch verblendeten Weltverbesserern erklärt werden.

Tatsächlich ist man mit den heutigen Überwachungsmöglichkeiten, etwa bei Verfolgung aller Mobilfunktelefonate nach Ort, Zeit und Inhalt sowie der Bezahlvorgänge unter Nutzung von Kreditkarten, diesem Punkt schon ein gutes Stück nahe gekommen. Bei dem jetzt anstehenden Schritt zu einem „Ubiquitous Computing" und angesichts der Perspektive von Chips in der Alltagskleidung der Menschen, die vielfältige Informationen mit einer Umgebungsinfrastruktur austauschen, werden die Möglichkeiten dieser Art sich noch einmal potenzieren. Die internationalen Trends weisen in diese Richtung. Zukunftsfähig ist dieses Szenario dennoch nicht, da die Probleme der Ressourcengrenzen und der übermäßigen Umweltbelastungen nach wie vor ungelöst bleiben.

### 3. Zukunftsszenario

Option C ist der „Balanced Way", also das ökosozial orientierte Modell, das konsensbasiert ist, die Freiheitsrechte beachtet und zusätzlich über einen Weltgesellschaftsvertrag erforderliche Limitationen kollektiven menschlichen Tuns implementiert. Zur Durchsetzung des erforderlichen Konsenses über verschiedenste Schutzbestände ist allerdings die simultane Durchsetzung eines hohen Grades an weltweiter Equity erforderlich. Das führt zu einem hohen sozialen und indirekt auch zu einem kulturellen Ausgleich, denn mehr weltweite Equity ist auch der wirkungsvollste Mechanismus zum Schutz ökonomisch schwächerer Kulturen. Insgesamt induziert das eine sehr weitgehende Durchsetzung von Menschenrechten, auch im sozialen und kulturellen Bereich, eine voll umfängliche Generationengerechtigkeit und letztlich ein Weltbürgertum. Verbunden damit ist auf Dauer eine Verlangsamung aller in sozialer, kultureller beziehungsweise ökologischer Hinsicht kritischen Innovationsprozesse hin zu einem gesellschaftlich besser verkraftbaren Veränderungstempo, eine Abnahme des Wachstums der Weltbevölkerung und letztlich wohl die Etablierung einer Weltdemokratie (vgl. Kapitel 28). Es ergibt sich ein stabiles, robustes, langfristig zukunftsfähiges Szenario, das sicher seine eigenen Probleme aufwerfen wird, aber von der Struktur her geeignet erscheint, diese zu bewältigen.

### 4. Zukunftsszenario

Option D ergänzt schließlich die in B beschriebene Konstellation um die Durchsetzung unvermeidbarer Limitationen im Bereich des Ressourcenverbrauchs und der Umweltbelastungen. Das geschieht in Szenario D aber nicht über konsensartige Mechanismen, die wiederum die Realisierung eines hohen weltweiten sozialen Ausgleichs erfordern würden, sondern im weitesten Sinne über Macht und Druck, zum Beispiel Druck des Machtzentrums im Norden gegen die eigene Bevölkerung und des Nordens als Ganzes gegenüber dem Süden, natürlich wiederum massiv gekoppelt mit Sicherheitsmechanismen der bereits angedeuteten Art. Wesentlich hierfür ist unter anderem eine Kontrolle der Rohstoffbasis – bei Öl schon immer ein dominantes Thema der US-Außenpolitik. Ein denkbarer Ansatz könnte darin bestehen durchzusetzen, dass Öl nur noch auf höchstem technischem Effizienzniveau eingesetzt werden darf – weil es eine so wertvolle Ressource ist. Diese Diskussionen gibt es heute schon. Der Süden nutzt mit seiner schlechten Technologie die Ressourcen oft nicht gut aus. Aber er kann darauf verweisen, dass er dennoch pro Kopf viel weniger dieser Ressourcen verbraucht und weniger Dreck erzeugt als der Norden mit der sauberen Technologie, einfach weil der Umfang an Gesamtaktivitäten (pro Kopf und insgesamt) im Norden bei weitem größer ist. Dennoch versucht der Norden immer wieder, wie in den letzten Jahren bei Überlegungen der OECD zur Kopplung von Exporthilfen an die Umsetzung höchster technischer Entwicklungsstandards, den Süden hier ein weiteres Mal zu belasten (Zwang zum Kauf höchst effizienter Technologie, die es in der Regel nur im Norden gibt), um damit indirekt dessen Möglichkeiten, Ressourcen überhaupt verbrauchen zu können, zu begrenzen – zum Vorteil des Nordens, der dann weniger Konkurrenz hat.

Ein anderer Punkt, der in Richtung ökodiktatorisches Sicherheitsregime weist, ist besonders irritierend und verlangt höchste Aufmerksamkeit. Es gibt in den USA starke Stimmen, die im Rahmen des antiterroristischen Kreuzzugs in den verarmten und zurückgebliebenen Regionen Afrikas und Asiens, die den Nährboden für Terroristen bilden, explizit den Schutz der Menschenrechte aufgeben wollen, also offen mit einem Double Standard operieren. Das ist ein erster Schritt in die hier befürchtete Zukunftsentwicklung. Die Suspendierung eben dieser Rechte auch bei uns wird dann nicht lange auf sich warten lassen, wenn dieser Weg erst einmal beschritten wird.

*„Es ist offensichtlich, dass auf dieser Welt langfristig keine Chance zum Erhalt eines hohen Niveaus an menschlicher Kultur besteht, wenn nicht auf irgendeine Weise unvermeidbare, aus den Naturgesetzen resultierende Begrenzungen in das globale ökonomische System inkorporiert werden. Es ist allerdings unklar, ob und wie das geschehen wird. Wird das auf friedliche Weise unter Beachtung der Menschenrechte und der Menschenwürde geschehen, dann wird es zu einer weltweiten Ökosozialen Marktwirtschaft führen. Andernfalls wird man eher auf Sicherheitsregime und Gewaltanwendung setzen müssen, auch Gewalt des Nordens gegen den Süden in Form einer Ökodiktatur. Es ist heute nicht klar, was wir tun werden, aber je länger wir warten, umso mehr werden wir unter dem Druck kurzfristiger Gegebenheiten, Ereignisse und*

*Katastrophen dazu tendieren, die zweite Variante zu wählen, egal wie hoch der Preis ist, auch für uns selbst."*

Vergleicht man die verschiedenen Zukünfte, dann ist offensichtlich, dass die Optionen A und B schon aufgrund physikalischer Zwänge nicht dauerhaft sein können, während Option D zunächst eine Perspektive der Stabilität bietet. Die Frage wird aber sein, ob Zustand D über längere Zeit durchzuhalten ist oder in Revolution und Terror enden wird.

Bemerkenswert ist an dieser Stelle jedenfalls folgende Beobachtung: Angesichts der Tatsache, dass nur die Szenarien C oder D eine langfristige Stabilität erlauben, ist eine stabile Zukunft, die die bürgerlichen Freiheitsrechte im Rahmen von Konsensprozessen erhält, offenbar nur zu haben, wenn gleichzeitig auch die sozialen und kulturellen Rechte und damit alle Aspekte von Menschenwürde adäquat implementiert werden. Gelingt das nicht, ist die einzige (vielleicht) stabile Alternative ein Sicherheits- oder Kontrollregime, das allerdings zwangsläufig den Verlust der bürgerlichen Freiheitsrechte auch für die Menschen in den reichen Ländern beinhaltet (denkbar sind dabei auch Mischformen der Szenarien C und D, die dann zu Teilverlusten bei den Freiheitsrechten führen). In diesem Sinne stellt sich also heraus, dass letztlich und auf Dauer unter der Beachtung unveränderbarer äußerer Beschränkungen des menschlichen Tuns und damit letztlich unter Beachtung von Naturgesetzen volle bürgerliche Freiheitsrechte als Teil der Menschenwürde nur dann für alle zu haben sind, wenn gleichzeitig die sozialen und kulturellen Bürgerrechte für alle verwirklicht werden. Die heutige Aufteilung zwischen Arm und Reich auf diesem Globus ist also auf Dauer in Verbindung mit dem Schutz der Umwelt und dem Erhalt bürgerlicher Freiheitsrechte nicht kompatibel, deshalb auch die Zuspitzung „Balance oder Zerstörung" im Titel dieses Buches.

Richtig betrachtet, weisen diese Überlegungen in Richtung eines „Dritten Weges" der seit dem Fall der Mauer in Europa immer wieder thematisiert wurde. Solche Überlegungen werden in den Mainstream-Debatten normalerweise als historisch überholt zurückgewiesen. Gerne wird auch mit Häme darauf verwiesen, dass jeder Versuch der Implementierung eines „Dritten Weges" immer wieder gescheitert ist. Dabei wird gerne übersehen, dass trivialerweise unter den heutigen Bedingungen einer weltweiten Freihandelsordnung ein „Dritter Weg" natürlich chancenlos ist. Denn die Bevorteilung von Strategien eines Turbokapitalismus ist ja bereits auf der obersten Ebene der Weltordnungsstrukturen im Bereich der Ökonomie implementiert. Die

Frage eines „Dritten Weges" ist damit immer und vor allem eine Frage der Ausgestaltung der weltweiten Ordnungssysteme. Die Implementierung einer weltweiten Ökosozialen Marktwirtschaft, wie sie zentrale Zielstellung dieses Buches ist, ist aber gerade die Durchsetzung des Weltordnungsrahmens für einen richtig verstanden „Dritten Weg", der sich in der Folge automatisch auch auf den staatlichen Ebenen durchsetzen würde, sogar in den USA.

Fragt man sich nun, wofür die Menschheit angesichts der beschriebenen Ausgangssituation auf dem Weg in die Zukunft votieren wird, dann ist eine Antwort nicht einfach. Festzuhalten ist erneut, dass die Zustände A und B inhärent instabil sind. Wenn im weiteren Verlauf das System an Ressourcengrenzen stößt, werden in der Folge massive Probleme auftreten, die entweder zu einem Systemkollaps führen oder aber das System zwingen werden, sich in einen stabileren Zustand zu bewegen, also in einen Zustand, in dem die erforderlichen Limitationen, wie auch immer, durchgesetzt sein werden. Das können nur die Szenarien C und D sein. Wenn die dazu notwendigen Veränderungen erst sehr spät erfolgen, werden die Anpassungsprozesse sehr schmerzhaft sein und viele Menschen ausschließen. In diesem Fall kommt dann wohl nur ein Übergang aus dem Zustand A oder B in Richtung D in Frage. Das wird mit dem enormen Risiko verbunden sein, dass der sich zusehends erhöhende Druck im sozialen und kulturellen Bereich, gesteigert durch eine sich aufbauende Ablehnung der Eingriffe in die Bürgerrechte in den entwickelten Ländern, die aus immer schärferen Sicherheitsmaßnahmen resultieren, sich letztlich in einem massiven Aufstand der Menschen im Norden wie im Süden gegen diese Ordnung entladen könnte. Hier sind unterschiedlichste Formen von Verweigerung und Terror zu erwarten, die weit über das hinausgehen, was heute schon weltweit erkennbar ist. Stabilisierung ist in Szenario D deshalb wohl nur dann möglich, wenn die Kontrolle der Aktivitäten der Menschen mit den oben beschriebenen informationstechnischen Methoden fast zu hundert Prozent gelingt, deshalb die Vorstellung einer elektronischen Rundumüberwachung vieler (aller?) Menschen, gegen die wiederum mit noch höheren Widerständen von Teilen der Zivilgesellschaft, vor allem auch in den hoch entwickelten Ländern, zu rechnen ist. Das heißt aber, dass das im Verhältnis zu A und B noch vergleichsweise stabile Szenario D ebenfalls ein extremes, teils mit Chaosdimensionen verbundenes Szenario ist und allenfalls für den Fall äußerster Bedrohungen ein ernsthaft zu verfolgendes Denkmodell sein kann.

Die einzige vernünftige und hoffnungsvolle Option bleibt Szenario C. Das ist das ökosoziale Marktmodell, der Balanced Way, die einzige erkennbar stabile und menschengemäße Lösung der bestehenden Herausforderungen für eine nachhaltige Entwicklung. – Das ist einer der Gründe, warum in diesem Text für das ökosoziale System votiert wird. – Hier darf man allerdings mit den Umorientierungsprozessen nicht zu lange warten. Ist die Krise erst da, bleibt keine Zeit für Weltgesellschaftsverträge. Deshalb brauchen wir ein neues politisches Denken, eine antizipatorische, die hohe Dynamik der Veränderungen institutionell geeignet reflektierende (Welt-)Demokratie (vgl. Kapitel 28), die letztlich wohl nur über einen ökosozialen Marktansatz realisiert werden kann. Das ist ein Punkt, auf den Mihajlo Mesarovic vom Club of Rome immer wieder hinweist.

Die Stabilität ökosozialer Systeme resultiert insbesondere aus der im Laufe der Zeit mit diesem Ansatz einhergehenden höheren Langsamkeit, damit im weitesten Sinne der Beherrschbarkeit dieser Situation. Dazu kommt, dass die Bevölkerungszuwächse zurückgehen und sich dadurch die Verteilungsspielräume massiv erhöhen werden.

Deshalb argumentiert der Autor seit Jahren für das ökosoziale Modell und hat auf das Risiko massiver Terroranschläge angesichts der weltweiten Gegebenheiten schon seit langem hingewiesen. Der September 2001 hatte insofern nichts Überraschendes.

*„Der Norden greift heute über Prozesse der Globalisierung sehr massiv in die Lebensverhältnisse von Menschen überall auf diesem Globus, auch regional, auch vor Ort, auch in den Familien, ein, oft mit Effekten der Entwürdigung und kulturellen Entwurzelung. Wie beim Prinzip kommunizierender Röhren ist das aber nicht als Einbahnstraße zu haben. Völlig unvermeidbar gibt es deshalb nunmehr auch eine Rückwirkung der Armutsverhältnisse an vielen Stellen des Globus zurück auf die Verhältnisse in den reichen Ländern, regional und vor Ort. Dies ist unvermeidbar, weil die ökonomischen Effekte der Globalisierung eben nur dadurch erschließbar sind, dass die verschiedenen Sphären nicht streng voreinander abgeschottet sind, sondern durch vielfältige Diffusionsprozesse miteinander verknüpft sind. Ein zu hoher Kontrollaufwand an den Übergangsstellen dieser Austauschprozesse würde die Wertschöpfungsfähigkeit dieses Arrangements massiv unterminieren. Also müssen wir Rückkoppelungen zulassen, also kommen die von uns mitinduzierten Probleme irgendwann bei uns wieder an. So wie wir*

*seit langem die Verhältnisse im Süden destabilisieren, schlägt jetzt die Not des Südens bei uns zurück, zum Beispiel in Form weltweiter Umweltzerstörung, aber auch in Form von Aids, Terror etc."*

Fragt man sich nun allerdings, was nach dem 11. September 2001 passiert ist, dann sieht man, dass sich die Welt, vor allem die derzeitige politische Führung der USA, im Moment unter dem Druck der Ereignisse fast reflexhaft und viel zu wenig reflektiert eher auf dem Weg von A nach B beziehungsweise D als auf dem Weg von A nach C befindet. Es ist wie oft in der Geschichte der Menschheit so, dass man zu lange wartet und dann unter Druck kurzfristig handeln muss. In der Bedrängnis besteht das Handeln dann nicht aus Verträgen, nicht aus Geduld und Verständnis, sondern aus dem Versuch der Schuldzuweisung, des Separierens und der massiven Eingriffe. Besonders irritierend ist dabei, wie leichtfertig selbst demokratische Gesellschaften innerhalb von Wochen bereit sind, wesentliche bisherige Freiheiten und darin zum Ausdruck kommende historische Erfahrungen beinahe ungeprüft zu opfern. Wie würden wir erst reagieren, wenn es zu einer Häufung solcher Anschläge käme, was keineswegs unwahrscheinlich ist?

Es soll an dieser Stelle natürlich nicht verkannt werden, dass der Anschlag vom 11. September 2001 in New York eine extreme ökonomische Bedeutung hatte. Es handelt sich um den größten Versicherungsfall der US-Geschichte mit versicherten Schäden, allein an den Gebäuden, von über zwanzig Milliarden US-Dollar. Hier wurde das wichtigste Zentrum der Weltökonomie getroffen. Das hat für viele Firmen dramatische ökonomische Konsequenzen. Indirekt betroffen sind neben anderen die Luftfahrtindustrie und natürlich die Arbeitnehmer dieser Firmen. Der 11. September 2001 ist ein großes ökonomisches und vielleicht noch mehr ein machtpsychologisches Thema. Vor allem haben die Menschen in den USA die Sicherheit verloren, in ihrem eigenen Land unangreifbar zu sein. Das ist eine völlig neue Erfahrung. Es ist selbstverständlich und eine Frage der Staatsräson wie auch des Selbstbehauptungswillens, dass man terroristischen Aktionen massiv entgegen treten muss, wie immer die direkten oder indirekten Begründungszusammenhänge auch aussehen mögen. Das schon deshalb, weil anderenfalls eine inflationäre Mehrung solcher Aktionen wie ihrer Begründungsversuche die Folge wäre. Terrorismus muss für die Terroristen selbst mit extremem Risiko und persönlichen Gefahren verbunden sein, sonst ist ein friedliches Zusammenleben auf Dauer nicht möglich. Aber dieser Abwehrkampf ist nur der kleinere Teil in der Bewältigung der Thematik. Wird nicht gleichzeitig an der Etablierung einer gerechten weltweiten Ordnung gearbeitet, werden berechtigte Anliegen ausgeklammert, wird verhindert, dass tiefer liegende Konflikte und ungerechte Verhältnisse aufgearbeitet werden können, dann besteht nach allen historischen Erfahrungen die Gefahr, dass der Kampf gegen den Terrorismus mehr Terrorismus erzeugen als verhindern wird.

Deshalb gilt es, ein größeres Bild zu sehen und differenzierter zu fragen. Denn Ökonomie und Geld sind ein Thema, Menschen und Menschenwürde ein anderes. Zumindest ist es allgemeiner Konsens, dass Menschen wichtiger sind als Geld, auch wenn nicht zu verkennen ist, dass fehlendes Geld indirekt Einfluss auf die mittlere Lebenserwartung und damit Menschenleben hat. Wenn man aber eine Sicht auf das Thema nach der Anzahl der geschädigten Menschen nimmt, dann stehen den etwa dreitausend Opfern des Anschlages vom 11. September 2001 mindestens vierundzwanzigtausend Menschen gegenüber, die täglich weltweit verhungern. Und dieser Anschlag relativiert sich auch in Bezug auf das, was in offenen Gesellschaften mit hoch empfindlichen, geographisch zum Teil extrem konzentrierten Infrastrukturen an Terroranschlägen unterschiedlichster Art prinzipiell möglich ist. Neben Flugzeugen und Hochhäusern ist hier auch an schwere Lastkraftwägen und Schiffe als Trägermedien und Brückenbauwerke, an Tunnels, große Öl- und Gastanks, Kernkraftwerke, Dämme, U-Bahnen, Züge, große belebte Sportarenen und ganz besonders an weitflächige Trinkwasserreservoire als Zielobjekte zu denken. Aus einer solchen Sicht waren die Ereignisse vom 11. September 2001, so furchtbar sie waren, nur ein Anschlag mittlerer Größe.

Hier wäre nun aus der Sicht dieses Textes ein Welthumanitätsprogramm gefordert, aber die Energie richtet sich auf anderes. Gefährlich ist vor allem die nahezu ausschließliche, fast schon besessene Konzentration auf den weiteren Ausbau der militärischen Optionen bei den USA. Zum einen wird versucht, sich über Raketenabwehrsysteme gegen klassische Angriffe völlig zu immunisieren, zum anderen wird angestrebt, Informationstechnik und moderne, roboterbasierte Waffentechnik zu nutzen, um sich auf im weitesten Sinn elektronikbasierten Schlachtfeldern im Wesentlichen ohne Menscheneinsatz behaupten oder dort den eigenen Willen durchsetzen zu können.

Die USA scheinen in diesem Kontext bereits heute weltweit alle Informationsströme, zum Beispiel Mobilfunk und Internet, permanent zu durchleuchten, auch bei den Verbündeten. Sie unternehmen auch Schritte gegen den Einsatz von Verschlüsselungstechnologien, um den Zugriff auf alle Informationen zu erhalten. Das ist durch Sicherheitsüberlegungen motiviert, aber zugleich auch zum Vorteil ihrer Wirtschaft. Sie gestehen sich das Recht dazu einfach zu und verlangen von ihren Verbündeten Solidarität, auch wenn ihre Forderungen sich im Widerspruch zu internationalen Vereinbarungen befinden. Aber seit dem 11. September 2001 ist die Welt eben anderes.

Die USA fühlen sich konsequenterweise auch dazu berechtigt, mittels hochauflösender Satellitenkameras Verhältnisse vor Ort, überall auf dieser Welt, auszuspionieren. Im Krisenfall werden sie, wie man jetzt sieht oder befürchten muss, auch unbemannte „Drohnen" einsetzen, wenn sie dies aus Sicherheitsüberlegungen für erforderlich halten. Hier ist insbesondere durch die Möglichkeit, punktuell Einzelpersonen zu detektieren und im Zweifelsfall anzugreifen, ein Langfristpotenzial denkbar, das große Sorge macht und mit der Vorstellung von zivilen Rechten kaum noch vereinbar ist.

Noch einmal: Es ist nicht klar, wofür sich die Welt hinsichtlich der Gestaltung der Zukunft entscheiden wird. Irritierend sind die Reaktionen auf den 11. September 2001 in jedem Fall. Der Anschlag war für viele überraschend, er hat Symbolcharakter, er hat enorme ökonomische Implikationen, denn bestimmte Sicherheiten sind verloren gegangen. Im Verhältnis zu mindestens vierundzwanzigtausend Verhungernden pro Tag war er aber mit etwa dreitausend Toten eine immer noch begrenzte Katastrophe. Und nach wie vor sind seit dem 11. September 2001 täglich mindestens vierundzwanzigtausend Menschen verhungert.

Wenn man die Zahlen – dreitausend Tote bei dem Terroranschlag vom 11. September 2001 und vierundzwanzigtausend Verhungernde Tag für Tag, Jahr für Jahr – einander gegenüberstellt, dann ist damit noch nichts über die konkrete Verknüpfung dieser beiden Zahlen ausgesagt. Allerdings sollte man zur Kenntnis nehmen, dass für hunderte Millionen Menschen der Zusammenhang offensichtlich ist. Es hilft dann im Zusammenhang mit unserer zukünftigen Friedenslage wenig, wenn die Gewinner des Status quo eine Verknüpfung der beiden Zahlen als unangemessen, unfair und unzulässig bezeichnen und größten Wert darauf legen, dass sie für die zweite Zahl keine Verantwortung tragen und die Schuld ganz woanders zu suchen sei. Denn entscheidend für die Chancen und Risiken einer friedlichen zukünftigen Welt ist an dieser Stelle, dass man dies mit guten Argumenten auch ganz anders sehen kann und dass hunderte Millionen von Menschen rund um den Globus für sich zu dieser anderen Sicht gekommen sind.

Noch einmal: Vierundzwanzigtausend Tote pro Tag bewirken im reichen Norden kaum eine Reaktion und die weniger entwickelte Welt nimmt täglich zur Kenntnis, dass das so ist. So haben auf dem Welternährungsgipfel in Rom im Juni 2002 die Staatschefs der Südhalbkugel das mangelnde Interesse und das wenig ernst gemeinte Engagement des Nordens massiv beklagt. Südafrikas Präsident Thabo Mbeki merkte an, dass bei dem kurz zuvor erfolgten NATO-Russland-Gipfel kein Regierungschef der großen Industrienationen gefehlt habe, beim Ernährungsgipfel fast alle. „Ich nehme an, dass achthundert Millionen Hungernde für sie kein wirklich ernstes Problem sind."

Die Diskrepanz in den Reaktionen des Nordens bezüglich der Problemlage auf diesem Globus ist beschämend, wenn Menschenwürde, Menschenrechte, Humanität und Gerechtigkeit mehr sind als nur Worte. – Wie soll es weitergehen, wenn weitere Anschläge folgen? Tatsächlich drohen dem reichen Norden noch ganz andere Schläge, wenn die Situation und das Verhalten unverändert bleiben.

Dass der 11. September 2001 hinsichtlich der Reaktionen letztlich den Übergang von Szenario A nach B beziehungsweise D stärker als den Übergang von A nach C gefördert hat, macht Sorge. Diese Krise hätte eine Chance sein können. Die Chance für ein Umdenken wurde bisher aber nicht genutzt. Vor allem jenes politische Gravitationszentrum in den USA, das zurzeit die Macht besitzt und die Politik bestimmt, beharrt völlig undifferenziert auf einer Einteilung der Welt in die „Guten" und die „Bösen", ohne sich zu fragen, wie viel Gewalt in den legalen Strukturen angelegt ist, die die „Guten" weltweit zu ihren Gunsten implementiert haben („The toughest crimes are legalized"). Hier ist noch viel zu tun.

### Wofür *wird sich die Welt entscheiden?*

- Der 11. September 2001 übt einen großen Druck in Richtung Systemveränderung aus.

- Die Chancen einer Ökosozialen Marktwirtschaft sind stärker ins Blickfeld gerückt. Allerdings müssen die Europäer wieder den Mut finden, mehr in diese Richtung zu argumentieren.

- Die USA spielen mit der Option, sich Weltordnungsverträgen möglichst ganz zu entziehen.

- Sicherheitsregime und zukünftige ökodiktatorische Ansätze sind eine Denkalternative zu einer Ökosozialen Marktwirtschaft, aber sie sind sehr gefährlich.

- Wenn man nicht frühzeitig etwas ändert, muss man unter Druck entscheiden. Es bleibt keine Zeit mehr, um Verträge auszuhandeln. Dann ist man schnell bei Machtanwendung, Sicherheitsdenken und dem Einsatz von Instrumenten struktureller beziehungsweise sogar direkter Machtausübung.

- Eine nachhaltige Entwicklung erfordert mehr als reflexhaftes Sicherheitsdenken, sie erfordert Elemente einer antizipatorischen Demokratie.

Die Analyse der vier Zukunftsszenarien, die in diesem Kapitel behandelt werden, ist kein einfaches Thema. Das vorliegende Buch beschäftigt sich vor allem mit Szenario C, also dem ökosozial inspirierten Modell. Szenario C ist vor allem durch die Vorstellung eines doppelten Faktor 10 über die nächsten fünfzig bis hundert Jahre und einer asymmetrischen Aufteilung eines Faktor-10-Wachstumspotenzials im Verhältnis $4:34$ zwischen Nord und Süd mit der Zielvorstellung, eine an den Gegebenheiten in den entwickelten Ländern orientierte weltweite Equity-Situation bis zum Jahr 2050 zu erreichen, gekennzeichnet.

In dem europäischen Projekt TERRA 2000 (www.terra2000.org) werden ähnliche Überlegungen auch für die anderen Szenarien angestellt. So wird für das zweite möglicherweise stabile Modell, das ökodiktatorische Sicherheitsmodell, also Szenario D, angenommen, dass bis zum Jahr 2050 statt eines doppelten Faktor 10 zum Beispiel ein doppelter Faktor 6 erreicht wird. Die Ressourcenverbräuche und ökologischen Belastungen werden also auch in diesem Szenario in den heutigen Grenzen gehalten, und zwar erneut in einem Synchronismus von Wachstum und Erhöhung der Ökoeffizienz. Die ungleiche Wohlstandsverteilung zwischen Nord und Süd löst sich in diesem Szenario aber nicht auf, da der Süden nicht massiv befähigt wird, für sich selbst ein höheres Wachstum zu erschließen. Die Welt bleibt als Ganzes deutlich ärmer, der soziale Ausgleich deutlich geringer und die Ökoeffizienz wächst wegen des geringeren ökonomischen Drucks in diese Richtung ebenfalls nicht so rasch wie in Szenario C. Der Ressourcenverbrauch ist ähnlich dem ökosozialen Modell. Die Konstanthaltung gelingt gegenüber dem ökosozialen Modell aber weniger durch die höhere Ökoeffizienz als durch ein Aufrechterhalten einer höheren Asymmetrie zwischen Nord und Süd durch Anwendung von Macht und Implementierung eines massiven Sicherheitsregimes. Der Norden wird in dem Modell nicht reicher als im ökosozialen Modell, aber der Süden bleibt wesentlich ärmer. Die Equity-Situation wird deshalb nicht in dem erforderlichen Umfang verbessert, sondern wird bei etwa 26 Prozent erwartet, die Geburtenraten bleiben deshalb wahrscheinlich hoch. Die andauernde massive Ungerechtigkeit der mit Macht durchgesetzten Konstellation erzeugt zunehmenden Widerstand. Es wird versucht, diesen durch Sicherheitsregime und militärischen Druck zu kontrollieren, dies auch zu Lasten der Bürgerrechte in den reichen Ländern. Die Aufwendungen im Sicherheitsbereich sind entsprechend höher. Die Verluste an Bürgerrechten sind auch im Norden gravierend, der Widerstand dagegen wird in Nord und Süd massiv sein. Das Modell kann aus ökologischer Sicht stabil sein, aber es erreicht diese Stabilität nur durch eine mit Zwang durchgesetzte, erheblich verlangsamte Entwicklung des Südens. Wegen der massiven Ungerechtigkeiten trägt es ein extremes Risiko von Auflehnung und Terror in sich, ein hoher Preis für die erhoffte Sicherheit.

Es bleiben dann die beiden nicht nachhaltigen Szenarien A und B, also freihandelsbestimmte Lösungen (ähnlich der heutigen WTO-Philosophie) mit und ohne starke Sicherheitselemente. Das könnte sich zum Beispiel in einem hypothetischen, über fünfzig Jahre allerdings wohl nicht durchhaltbaren 14:7-Muster von weltweitem Wachstum und erreichbarer höherer Ökoeffizienz über die nächsten fünfzig bis hundert Jahre ausdrücken. Das hypothetische, allerdings auf Dauer nicht durchhaltbare Wachstum würde irgendwo im Zeitraum zwischen 2050 und 2100 auf einen Faktor 14 zulaufen. Wegen des Fehlens entsprechender Weltgesellschaftsverträge wird die Ökoeffizienz in diesem Zeitraum nur um den Faktor 7 zunehmen. Für das Aufteilungsmuster zwischen Nord und Süd könnte das Verhältnis 8:38 realistisch sein. Dies reflektiert ein substanzielles Aufholen des Südens unter WTO-artigen Bedingungen; das Versprechen offener Märkte erfüllt sich in diesem Sinne. Dies geschieht allerdings zu langsam. Die Equity liegt zum hypothetischen Endzeitpunkt der Betrachtung wohl bei eher 38 Prozent. Diese beinhaltet ihrerseits ein Konfliktpotenzial. Auch wird das Bevölkerungswachstum so nicht ausreichend gestoppt.

Hinzu kommen die viel zu hohen ökologischen Belastungen und Ressourcenverbräuche, die in diesem Szenario auf eine Verdoppelung der Anforderungen an die natürlichen Systeme gegenüber dem ökosozialen Modell hinauslaufen. Diese hohen Belastungen sind der Preis für eine Equity, die höher als in Szenario A und B, aber immer noch nicht hoch genug ist. Die latenten Spannungen in diesem Modell werden sich potenzieren, wenn es zu dem erwarteten Kollaps der Ökosysteme und entsprechenden nahezu chaotischen Systemzuständen kommen wird. Das wird alles nicht friedlich durchzuhalten sein. In TERRA werden hierzu verschiedene mögliche Krisensituationen und Zeitpunkte identifiziert, die alle mit dem Auseinanderlaufen von ökonomischen Erwartungen und ökologischer Realität in diesem Szenario zusammenhängen. So sind massive Konflikte, vor allem um Ernährung und Wasser, zu erwarten, wenn in der Zielprojektion ein mit hoher Kaufkraft ausgestatteter weltweiter Mittelstand von bis zu drei Milliarden Menschen auf unserem heutigen Ernährungsniveau leben will. Der Einsatz der hohen Kaufkraft dieser Gruppe kann rein lebenspraktisch für die ärmste Milliarde Menschen bedeuten, dass diesen das Getreide vom Teller genommen wird, um es durch Tiere zu schleusen und so in Steaks und Milchprodukte für den reichen Teil der Weltbevölkerung zu veredeln. Der in diesem Veredelungsprozess benötigte Biomasse-Input im Premiumbereich der Nachfrage dieses Mittelstandes liegt um den Faktor fünf bis fünfzehn höher, als wenn sich alle Menschen direkt von Körnern ernähren würden. Hier drohen insofern massive Verteilungskonflikte in den Bereichen Ernährung und Wasser, noch viel massiver als heute, wenn nicht in einen höheren weltweiten sozialen Ausgleich investiert wird. Analysen zeigen ähnliche krisenhafte Entwicklungen in Bezug auf das verfügbare Öl auf (hier sind irgendwo ab 2015 schockhafte Marktreaktionen plausibel) und ebenso unüberwindbare Engpass-Situationen bezüglich des insgesamt von Menschen nutzbaren Biosynthese-Volumens mit Verwertungskategorien wie Nutzpflanzen, Tierzucht, Holzproduktion, Fischfang, Flächen für Infrastrukturausbau, Gebäude etc. und Verbrauch fossiler Rohstoffe.

Insgesamt drohen deshalb in Szenario A massive Probleme und Konflikte: Menschen, die zu Massen verhungern, forcierte Migration, Chaos, Terror, Mord und Totschlag mit allen Konsequenzen. Das Zahlenmaterial macht deutlich, dass solche Entwicklungen spätestens zwischen 2030 und 2050 zu erwarten sind, wenn nicht rechtzeitig ein Umsteuern zu einer Begrenzung der Ressourcenverbräuche und Umweltbelastungen und zu mehr sozialem Ausgleich, also in Richtung des ökosozialen Modells, erfolgt.

Erweitert man schließlich wegen der extremen Sicherheitsproblematik Szenario A in Richtung Einsatz von massiven Sicherheitselementen, also in Richtung Szenario B, dann bleiben die wesentlichen Projektionen für den

Zielzeitpunkt 2050 (oder später) bestehen, allerdings wird in Szenario B jetzt in weit höherem Umfang in Sicherheit investiert. Das mindert etwas den realen Wohlstand. Ferner kommen jetzt weitere Konflikte mit den Menschen der reichen Länder hinsichtlich der Bürgerrechte hinzu, die zusätzlich einen entsprechenden Widerstand in diesen Ländern erzeugen werden. Die Grundstruktur der unvermeidbar auftretenden Probleme bleibt aber ähnlich wie bei Szenario A.

Die wesentliche Frage hinsichtlich einer Differenzierung beider Wege in die Zukunft wird sein, ob und wie sich unter Bedingungen eines Sicherheitsregimes die Situation in der Nähe des Chaospunkts entwickelt: Kommt es wegen der Auflehnung der Zivilgesellschaft gegen die Sicherheitsmaßnahmen früher zum Crash oder kann der Druck im Kessel noch etwas länger gehalten werden, so dass der Crash erst später kommt? Ein Crash, vielleicht in Form von Terror, als Reaktion auf das massive Verhungern rund um den Globus bei gleichzeitigem großen Reichtum an der Spitze der Pyramide und als deutlicher Ausdruck des Widerstands gegen eine für jeden ethisch geprägten Menschen offensichtliche und unerträgliche Ungerechtigkeit, die dieser Form von globaler Ordnung innewohnt.

Soviel zu der Thematik der vier betrachteten Zukünfte aus der Sicht der laufenden Forschungsarbeiten in dem von der EU geförderten TERRA-2000-Projekt. In diese Arbeiten sind neben dem Autor besonders Thomas Kämpke (FAW, Ulm), Mihajlo D. Mesarovic und Robert Pestel vom Club of Rome sowie Thomas Schauer (FAW, Ulm) involviert. Die weitere und detaillierte Analyse dieser Szenarien ist Gegenstand aktueller Analyse. Die Hinweise sollen ein Gefühl für die Art der Überlegungen eröffnen, die in diesen Arbeiten verfolgt werden und die den Einschätzungen in diesem Buch zugrunde liegen.

Was heißt das nun alles in Zahlen und Wahrscheinlichkeiten? Die Wahrscheinlichkeit, dass die Menschheit auf einem friedlichen Weg in einen die Menschenwürde achtenden, ökologisch verträglichen und langfristig stabilen Zustand, also in das Szenario C, überwechseln wird, liegt nach Einschätzung des Autors bei etwa dreißig bis fünfzig Prozent. Der 11. September 2001, aber auch aktuelle Einschätzungen zur Klimaproblematik und zur Verfügbarkeit von Öl, machen deutlich, dass Zustand A zunehmend instabil wird und dass wir ausgehend von A in einen anderen Zustand wechseln müssen. Vielleicht hat sich in diesem Kontext die Wahrscheinlichkeit für einen Wechsel zu einer Ökosozialen Marktwirtschaft geringfügig in Richtung auf fünfzig Prozent erhöht. Aber noch stärker werden jetzt wohl Sicherheitsregime und in der Folge ökodiktatorische, auf asymmetrische Verteilung und Ressourcenkontrolle und -sicherung ausgerichtete Ansätze als naheliegende Handlungsalternativen gesehen werden. Erste Anzeichen in dieser Richtung sind bereits erkennbar (vgl. hierzu Kapitel 26). Der Autor fragt sich, wann werden wohl Überlegungen zu Präventivmaßnahmen gegen China angesichts des chinesischen Wirtschaftswunders und des damit zunehmenden Ressourcenbedarfs und der zunehmenden Umweltbelastungen zu einem ernsthaften Thema avancieren und welche Rolle werden in diesem Kontext Menschenrechtsfragen oder die Unterstützung von Demokratisierungsbewegungen in China oder die Zukunft Taiwans spielen, zum Beispiel als Rechtfertigungskontext für derartige Schritte? Vielleicht ist die Realität aber auch schon weiter. Es gibt seit einigen Jahren Hinweise für eine verdeckte Unterstützung islamischer Aufstandsbewegungen an der chinesischen Westgrenze zu Afghanistan und Pakistan durch die USA. Auch die historisch schwierige Situation in Tibet ist in diesem Kontext zu beachten. Es fällt schwer, sich hier ein klares Bild zu machen; und vielleicht führt der 11. September 2001 auch in diesen Bereichen zu einer Neubewertung – zumindest temporär.

Und wie werden die USA erst reagieren, wenn sie in fünfundzwanzig Jahren massives Opfer von Klimaveränderungen, zum Beispiel von vermehrten und verstärkten Hurrikans, werden sollten und dann den wirtschaftlichen Aufschwung in Ländern wie China und Indien als Ursache dieser Veränderungen und unmittelbares Sicherheitsrisiko für die USA identifizieren werden?

Die Chance zum Nachdenken wird jedenfalls nicht ausreichend genutzt. Selbst die Europäer plädieren primär für Bündnissolidarität und, vielleicht auch als Folge von Angstreflexen, weniger stark für ihre bisherige alternative und stärker differenzierte Sicht der Dinge, als sie das noch vor dem 11. September 2001 getan haben, auch wenn sich in jüngster Zeit mit dem Streit um den Internationalen Strafgerichtshof (vgl. Kapitel 26) ein vorsichtiger Umschwung und eine Rückbesinnung auf eigene Positionen und Erfahrungen andeutet, nur leider viel zu schwach und mit zu wenig Durchsetzungsvermögen.

Die Situation ist zugegebenermaßen schwierig. Viele Betrachter halten die Wahrscheinlichkeitsschätzung des Autors ohnehin für viel zu optimistisch. Viele sehen kaum Chancen für langfristig stabile Verhältnisse. Wenn der Autor an dieser Stelle optimistischer ist, dann wegen vieler sehr vernünftiger, teils überraschender Entwicklungen der letzten Jahre, vom Fall der Mauer über die Artikulation der Weltzivilgesellschaft anlässlich der Auftaktrunde der WTO in Seattle bis hin zu einer breiten Diskussion über die Tobin Tax, die Vereinbarungen in Marrakesch über ein Weltklimabündnis in jüngster Zeit und die Etablierung eines Internationalen Strafgerichtshof gegen massive Einschüchterungsversuche der USA. Hier scheint Hölderlins Beobachtung „Wo die Probleme wachsen, wächst auch das Rettende" in hoffnungsstiftender Weise wirksam zu sein.

Eine große Chance bilden in diesem Kontext auch die informationstechnischen Vernetzungsmöglichkeiten der Weltzivilgesellschaft, die immer effizienter genutzt werden. Wenn es in dem Ringen um eine bessere Weltordnung auch nur gelingt, in einem Schneeballsystem pro Jahr immer wieder eine weitere Person zu gewinnen, die für eine neue Weltordnung eintritt, und zugleich pro Jahr immer wieder eine weitere Person mit derselben Art zu denken dazu gewinnt, und so weiter, hat man in dreiunddreißig Jahren in einem Schneeballsystem jeden Menschen erreicht, da $2^{33}$ gleich acht Milliarden ist. – Und die Überzeugung einer Person pro Kopf und Jahr, das sollte doch bei einem so wichtigen Thema zu schaffen sein. Fassen wir den Stier bei den Hörnern!

# 26

## Ökodiktatur und sicherheitsorientierte Verführungen: einige Überlegungen zur aktuellen Politik der USA und Israels

> *„Unter Bedingungen der Bedrohung scheinen ökodiktatorische und sicherheitsorientierte Lösungen attraktiv zu sein. Ganz offensichtlich tendieren nach dem 11. September 2001 die Gravitationszentren der Macht in den USA wie in Israel in diese Richtung. Exemplarisch ist hierfür die fast schon obsessive Ablehnung des Internationalen Strafgerichtshofs durch die USA und die dem Völkerrecht zuwiderlaufende Behandlung der Palästinenser durch Israel in den zurückliegenden Monaten. Es ist offensichtlich, dass diese Strategie für die Welt, den Weltfrieden und eine nachhaltige Entwicklung nicht zukunftsfähig ist.“*

Eine Hauptthese dieses Buches ist die Verführungskraft einer ökodiktatorischen, das heißt auf Sicherung von massiv asymmetrischen Ressourcenzugriffen und Umweltnutzungspotenzialen zielenden Politik der Reichen gegen die Armen beziehungsweise des Nordens gegen den Süden. Bei einem solchen Ansatz wird angesichts seiner Ungerechtigkeit ein offensiver Einsatz von Sicherheitsinstrumenten zur Bekämpfung absehbarer Widerstände vielfältigster Art erwartet. Die hier geäußerte These bedeutet vor allem, dass sich führende demokratische Staaten, allen bisherigen Bekundungen und internationalen Prinzipien zum Trotz, irgendwann für diesen Weg entscheiden könnten. Das erscheint zunächst als undenkbar. Geht man dann aber die hoch entwickelten Staaten der Reihe nach durch und betrachtet deren Umgang mit Ressourcen, ihre Verbrauchsmuster, den Einsatz von Macht, den Zugriff auf Öl, Wasser, Land, Böden, Rohstoffe, Menschen etc., dann stößt man auf zwei Beispiele, nämlich die USA und Israel, bei denen ganz offensichtlich Schritte in die vom Autor erwartete beziehungsweise befürchtete Richtung heute bereits im Ansatz erkennbar sind. In den USA gilt dies verstärkt seit den Anschlägen vom 11. September

2001, in Israel seit dem Regierungsantritt von Premier Ariel Sharon. Beide Beispiele sind bisher noch weitgehend isoliert, aber sie könnten sich ausweiten und Schule machen – eine extrem gefährliche Entwicklung; gerade deshalb ist es auch wichtig, dieses Thema zu vertiefen, auch um die Zusammenhänge zu verdeutlichen. Dies geschieht im Weiteren.

Zum Schluss dieses Kapitels folgen dann zur Klärung auch einige Hinweise zur Geschichte des Konflikts im Nahen Osten und schließlich Überlegungen dazu, unter welchen Voraussetzungen ein echter Friede zwischen Israel und der palästinensischen Seite doch noch erreicht werden könnte. Der Kern des Lösungsansatzes zielt auf einen ökosozialen anstelle eines ökodiktatorischen Ansatzes, wie er bereits in Kapitel 25 auch für die Lösung der Weltprobleme als einziger robuster und zukunftsfähiger Weg aufgezeigt wurde. Vor allem diese Überlegungen für einen Frieden sind eine weitere Motivation für den Autor, sich mit dieser besonders schwierigen Thematik zu befassen.

Wenn nun im Weiteren im Kontext von weltweiten Sicherheitsfragen und Verträgen primär auf die USA und Israel eingegangen wird, nicht aber zum Beispiel auf China, Indien oder Russland, die ihrerseits intern und extern spezifische Problembereiche haben, zum Beispiel die Taiwan-Frage und die schwelenden Konflikte in Kaschmir und Tschetschenien, dann deshalb, weil die USA und Israel mit Europa eng befreundete Nationen und demokratische Staaten sind. Es gibt einen gemeinsamen Wertehintergrund. Wir sind in Bündnissen und Verträgen eng miteinander verbunden. Eine gemeinsame Verteidigung dieses Wertehintergrundes ist in allseitigem Interesse; diese Solidarität wird aber auch immer wieder erwartet beziehungsweise eingefordert. Ferner ist es die zentrale These dieses Buches, dass gerade die reichen Länder der Welt, allesamt Demokratien, zukünftig der Verführung eines ökodiktatorischen Designs erliegen könnten, wenn es einmal eng wird, was vielleicht schon bald der Fall sein könnte, wenn wir kollektiv so weitermachen wie bisher. Deshalb ist auf die gegenwärtigen Entwicklungen in jenen Demokratien, die sich akut bedroht fühlen, eine besondere Aufmerksamkeit zu richten. Hier stößt man dann unmittelbar auf die USA und Israel, der Grund dafür, warum sich der Autor in diesem Kapitel mit diesem Thema ausführlich beschäftigt. Hinzu kommt, dass man bei beiden Nationen zunehmend Verhaltensmuster beobachtet, die der heutigen europäischen Rechts- und Vertragsorientierung und dem asiatischen Ausgleichsdenken widersprechen. In der Ablehnung weltweiter Vereinbarungen gehen diese Länder heute sogar weiter als China, Indien und Russland.

## I. Der Kampf „David gegen Goliath":
## die Eigendynamik auf dem Weg in die Krise

Bevor im Weiteren die Erörterung aktueller Politikmuster auf Seiten der USA und Israels in der Auseinandersetzung mit einer „gegnerischen" Seite erfolgt, sei ein abstrakter Blick auf das Thema vorausgeschickt. Die Geschichte lehrt uns, dass sich zu gewissen Zeitpunkten bestimmte Systeme oder Regime etablieren können. Dabei ist der Begriff des Systems nicht notwendigerweise als etwas Monolithisches oder präzise Greifbares zu verstehen, sondern kann die heutige weltweite ökonomische Ordnung ebenso meinen wie den heterogenen Kreis der heutigen Globalisierungsgegner. Bei der Etablierung von Systemen gibt es in der Regel Gewinner und Verlierer. Ist die Zahl der Verlierer groß und empfinden diese das etablierte System als zutiefst ungerecht, kommt es häufig zum Konflikt. Solche Konflikte laufen nach bestimmten Mustern ab. Exemplarisch wird im Folgenden eine dreiphasige Einteilung gewählt.

* **Phase 1**

Die Vertreter des Status quo betonen die Vorzüge und die Legalität des etablierten Systems. Sie verweisen auf legale Wege der Veränderung. Die Verlierer betonen demgegenüber die Asymmetrien des Designs und seiner Verteilungsstrukturen und erklären die Etablierung des Systems als illegal. Parallel versuchen sie manchmal, Veränderungen innerhalb der legalen Strukturen herbeizuführen. Angesichts der Asymmetrie der Verhältnisse ist dieser Versuch oft zum Scheitern verurteilt. Auf verschiedenste Weise, zum Beispiel in der Folge legal herbeigeführter kleinerer Systemveränderungen oder durch Ermattung der Verlierer, kommt der Konflikt häufig bereits in Phase 1 zu einem Ende.

* **Phase 2**

Die Verlierer geben nicht auf, kommen aber für sich zu dem Schluss, dass eine legale Veränderung des Status quo an den Machtverhältnissen scheitert. Sie sprechen von struktureller Gewalt und versuchen eine punktuelle Gegenwehr, zum Beispiel in Form von Terror, in einem Kampf „David gegen Goliath". Das System schlägt selbstverständlich zurück. Es spricht zunehmend nur noch von der Abscheulichkeit des Terrors jener, die sich auflehnen, aber niemals von dem so wahrgenommenen ungerechten Design, dessen Folge der Terror mit fast naturgesetzlicher Konsequenz ist. Meist enden diese Konflikte in Phase 2 durch Ermattung jener Seite, die sich auflehnt, oder weil diese erkennt, dass der Preis, den sie für den Widerstand zahlen muss, zu hoch ist. – Oft ist das Hinnehmen eines subjektiv empfundenen Unrechts immer noch besser als das Chaos, das aus seiner Bekämpfung resultiert. Zweifel regen sich: Vielleicht haben die Vertreter des Status quo ja recht, vielleicht war es von Vorneherein gar kein ungerechtes Design, sondern das bestmögliche?

- ## *Phase 3*

Selten, aber immer wieder, erreicht der Konflikt Phase 3. Das heißt, dass der Konflikt sich hinzieht und zuspitzt. Die Seite, die sich auflehnt, kann sich mit Terror und „Nadelstichen" immer wieder bemerkbar machen, die Vertreter des Status quo schlagen massiv zurück. Die Strategieelemente der etablierten Macht heißen: Polizeiaktionen, Geheimdienstoperationen, Einsatz struktureller Macht, Sicherheitsregime, Gegenterror. Der Status quo militarisiert sich, die Bürger werden immer stärker einbezogen und müssen selbst erhebliche Nachteile hinnehmen. Es stellt sich ein prekäres „Gleichgewicht der Gewalt" ein, das nach einer Lösung sucht.

Besonders unglücklich ist dabei eine Situation, in der sich die Kontrahenten in einer Spirale der Gewalt verirren. Dies gilt vor allem dann, wenn die Vertreter des Status quo erklären, dass sie nur dann zu Verhandlungen bereit seien, wenn die Terroranschläge aufhören, und zugleich betonen, dass sie alle illegalen Aktivitäten mit militärischen Machtmitteln rasch bereinigen werden. Spätestens von diesem Zeitpunkt an ist die sich auflehnende Seite machtlogisch geradezu gezwungen, nach jedem militärischen Schlag der legalen Seite ihrerseits erneut zuzuschlagen. Das ist die Logik des Konflikts, die fast naturgesetzlichen Charakter hat. Denn nur, wenn sich die auf Veränderung drängende Seite nach einem gegen sie gerichteten Militär- oder Anti-Terrorschlag als nach wie vor handlungsfähig beweisen kann, dokumentiert sie damit, dass die Strategie massiver militärischer Gegenschläge der vermeintlich Stärkeren nicht erfolgreich ist. Der Prozess bleibt damit in der Schwebe; die Opposition zum Status quo bleibt ein ernst zu nehmender Faktor und damit in einer wirksamen Position. Zeitpunkt,

Anlass und Ort für neue Terroranschläge werden oft sogar sehr spezifisch ausgewählt, um damit für jeden erkennbar zu kommunizieren, dass man nicht nur nach wie vor zu Gegenschlägen in der Lage ist, sondern sogar wann und wo man will. – Bei aller nüchternen Betrachtung der Mechanismen sollte man dennoch nicht vergessen, dass dieser Gewalt, die von beiden Seiten genährt wird, viele Menschen – direkt und indirekt – zum Opfer fallen.

Dabei ist offensichtlich, dass allenfalls die Vertreter des Status quo die Spirale der Gewalt durchbrechen können, wenn sie das ehrlich wollen und wenn sie es wirklich können. Wenn zum Beispiel die Führung des Status quo ihr eigenes Schicksal mit einem militärischen Erfolg im Durchexerzieren der Gewaltspirale verknüpft hat, kann sie nicht mehr zurück. Nur die Vertreter des Status quo können überhaupt den Gewaltzyklus durchbrechen, weil an ihrer Existenz und Stärke normalerweise kein Zweifel besteht. Das Durchbrechen kann gelingen, wenn das legale System bereit ist, der anderen Seite in der Gewaltanwendung zunächst das „letzte Wort" zu überlassen, trotzdem in Verhandlungen eintritt und zugleich klar macht, dass sie einen leichten militärischen Erfolg nicht mehr für möglich hält. Zugleich muss aber die sich auflehnende Seite beweisen, dass sie verhandlungs- und friedensfähig ist. Eine oft hilfreiche Alternative kann auch die Einbeziehung einer dritten, neutralen Partei sein. So wird eine Balance hergestellt und es werden die Minimalvoraussetzungen für einen Verständigungsfrieden geschaffen. Klar ist allerdings, dass dem Weg aus dem Dilemma in den Frieden erst einmal ein doppeltes „Wollen" vorangehen muss.

## Mögliche Ausgänge des Konfliktes in Phase 3

Historisch gesehen gibt es nach Erreichen der Phase 3 zum Beispiel die folgenden Lösungsformen:

1. Der Widerstand wird mit Gewalt gebrochen. Dies kann bis zu Völkermord und Vertreibung reichen. Oder die Verlierer lenken ein und akzeptieren den Status quo, aus welchen Gründen auch immer.

2. Alternativ kann auch das Status-quo-System an den Belastungen zerbrechen. Das System wechselt dann kurzfristig in einen anderen, zunächst unbestimmten Zustand. Bei der nach aller Erfahrung oft chaotischen Natur solcher kurzfristig erfolgenden Systemwechsel kann das Ergebnis aus Sicht aller Beteiligten schlechter sein als die Ausgangssituation.

3. Beide Seiten finden sich in einem historischen Kompromiss zusammen. Dieser mag zum Beispiel ein ökodiktatorisches Sicherheitsregime in eine ökosoziale Lösung transferieren. Auf diese Weise sind in der Geschichte einige der großen Fortschritte der Menschheit im gesellschaftlichen Systemdesign gelungen, aber praktisch nie ohne die vorherige schmerzhafte Phase der Auseinandersetzung (Phase 3), die oft bis zu Krieg oder Bürgerkrieg geführt hat.

## II. Israel und USA: Auch befreundete Nationen können sich fundamental irren

Was die aktuellen subtilen Auseinandersetzungen in dieser Welt betrifft, mit den USA um die Weltordnung, mit Israel um die Zukunft der Palästinenser, kann sich jeder Beobachter selbst ein Bild davon machen, an welcher Stelle des Phasenmodells sich die Konflikte, die im Weiteren thematisiert werden, heute befinden.

Ein ökodiktatorisches Sicherheitsregime ist offensichtlich ein zunehmend attraktives Modell in politischen Prozessen. Ein implizit ökodiktatorisches Element der US-Politik, aber auch der Politik der reichen Länder insgesamt, ist zum Beispiel seit langem der Kampf für die Durchsetzung einer Weltordnung des (selektiven) Freihandels. Ein solcher erlaubt einen raschen und asymmetrischen Zugriff auf die Ressourcen dieser Welt zu Lasten der ärmeren Länder sowie zukünftiger Generationen. Dabei geht es darum, Ressourcen nutzen beziehungsweise aufbrauchen zu dürfen, bevor große bevölkerungsreiche Staaten wie China und Indien über weiteres Wachstum und damit eine erhöhte Kaufkraft zu ernsthaften Konkurrenten um diese Ressourcen werden. Dieses Element der unübersehbaren Vorteilnahme wird noch deutlicher in der Weigerung der USA, sich als Hauptverursacher von $CO_2$-Emissionen in international abgestimmte Prozesse zur Reduktion dieser Emissionen einzubringen. In ihrem offen artikulierten Egoismus schockierend für die ganze Welt war dabei die Aussage von Präsident George W. Bush, den Kyoto-Vertrag deshalb nicht akzeptieren zu können, weil das der US-Wirtschaft schaden könnte. Wie hätte er wohl argumentiert, wenn in den USA, wie in den Küstenregionen von Bangladesch, das Leben von Millionen Menschen bei einem Anstieg der Weltmeere, verursacht durch den Klimawandel, bedroht wäre und andere Länder, nicht die USA, Hauptverursacher dieser Emissionen wären?

Die klare Orientierung der USA an der Sicherung des (einseitigen) Ressourcenflusses wird flankiert durch eine Sicherheitspolitik, die bei Bedarf auch die Stützung undemokratischer Regime erlaubt. In diesem Bereich haben die USA mit ihrer Politik schon viel Schaden angerichtet. So wurden zum Beispiel die Taliban durch US-Unterstützung erst stark gemacht. Das enge Paktieren mit nicht-demokratischen Regierungen ist besonders deutlich in der Kooperation mit verschiedenen Ölstaaten zu beobachten, aber auch im Zusammenhang mit der Einrichtung von Militärstützpunkten, mit deren Hilfe die eigenen Interessen, wie auch die wirtschaftlichen Interessen der entwickelten Welt insgesamt, gesichert werden. Dies betrifft zum Beispiel die freie Durchfahrt auf See und den ungehinderten Fluss von Öl und Gas, vor allem im Persischen Golf. Der Krieg um Kuwait wie die Aktionen nach dem 11. September 2001 in Afghanistan hängen ebenfalls eng mit dieser Thematik zusammen. Dasselbe Muster wird deutlich, wenn die USA sich heute gegen Präsident Saddam Hussein und den Irak nicht nur einen Präventivschlag zubilligen, sondern ebenso daran denken, den Diktator von seinen Ölquellen abzuschneiden, also diese zu besetzen.

*„Wie sollen die Europäer reagieren, wenn die USA ohne UN-Mandat den Irak angreifen und damit das Völkerrecht offen als für sie nicht mehr bindend erklären sollten? Und wie werden Russland und China reagieren – und aus welchen Motiven heraus?*

Gewichtige Neuorientierungen der US-Politik aus jüngster Zeit verstärken das beschriebene ökodiktatorische, sicherheitsorientierte Muster. Auf viele in dieser Hinsicht instruktive und problematische Positionen der US-Politik aus jüngerer Zeit wurde in verschiedenen Kapiteln dieses Buches bereits hingewiesen. Einige weitere Punkte werden nachfolgend angeführt. So arbeitet der Nationale Sicherheitsrat der Vereinigten Staaten nach Verlautbarungen in der Presse an der Ausarbeitung einer neuen strategischen Doktrin für so genannte defensive Interventionen und eventuelle Präventivschläge gegen Terrororganisationen oder „Schurkenstaaten", die im Besitz von ABC-Waffen sind (so genannte „präventive Verteidigung"). Die Grenze zu Willkürmaßnahmen verschwimmt dabei. Auch in Bezug auf die Menschenrechte der Bürger dieser Staaten wird de facto im Rahmen von (verdeckten) Einsätzen gegen diese Länder ein niedrigeres Niveau als adäquat deklariert (Double Standard). Ferner wird über den Einsatz neuer kleinerer Atomwaffen nachgedacht. Komplettiert wird diese Konstellation durch den Aufbau eines Raketenabwehrsystems, mit dessen Hilfe man hofft, sich gegen feindliche Angriffe völlig immun machen zu können.

Ein weiteres ökodiktatorisches Element, auf das in diesem Text schon mehrfach hingewiesen wurde, sind stark durch die USA gestützte Überlegungen, dem Süden ohne Ausgleich durch Co-Finanzierungsmaßnahmen hohe Standards, etwa bezüglich Energieeffizienz, aufzuzwingen, zum Beispiel über OECD-Richtlinien zur Exportförderung. Das würde dem Süden einiges von seinen ohnehin begrenzten Wettbewerbsvorteilen nehmen, und das ohne jede Kompensation. Auf ein weiteres subtiles ökodiktatorisches Element in der Politik der USA, das schon im Kapitel 18 angesprochen wurde und seiner Natur nach besonders hässlich ist, sei ebenfalls noch einmal hingewiesen. Es ist dies die Blockadepolitik der derzeitigen US-Regierung gegen den UN-Bevölkerungsfonds (UNFPA). Reaktionäre Kräfte in den USA setzten ihren Einfluss auf die Regierung durch und perpetuieren durch Entzug der finanziellen Förderung familienpolitischer Maßnahmen unsägliches Leid für hunderttausende Frauen und Kinder und Familien in dieser Welt, inklusive massenhaftem unnötigem Sterben.

Ein Lehrbeispiel für einen ökodiktatorischen, sicherheitsorientierten Ansatz bietet Israel. Im Nahen Osten kann man deshalb vieles über eine mögliche Zukunft des Globus lernen. Israel hat zum Beispiel nach der Besetzung des Westjordanlands 1967 den überwiegenden Teil der dortigen Wasserressourcen für sich selber reklamiert und dies mit Machtinstrumenten durchgesetzt. In derselben Weise reklamiert Israel Grundstücke im Westjordanland nach Belieben für eigene Siedlungen, Infrastrukturprojekte oder jetzt für den Bau eines Sicherheitszaunes, und das entgegen sämtlicher UN-Resolutionen in dieser Angelegenheit. All dies erfolgt immer wieder zu Lasten der Palästinenser nach Gutdünken, also in Form von Willkürakten und ohne Einbeziehung einer neutralen dritten Partei, was eine naheliegende Möglichkeit wäre, die Situation zu entspannen. Dies gilt in derselben Weise für die Kontrolle des gesamten Außenhandels der Palästinenser mit sehr einseitiger Ausgestaltung der Konditionen und ebenso seit zwei Jahren für das Zurückhalten erheblicher Steuermittel, die der palästinensischen Autonomiebehörde gehören. Noch stärker ökodiktatorisch ist die wiederholte, gezielte Zerstörung der palästinensischen Infrastrukturen in den letzten Monaten. So wird Armut perpetuiert, Entwicklung verhindert, und es werden immer wieder die Voraussetzungen dafür geschaffen, die palästinensische Seite rückständig zu halten, was dann gerne als Ursache von Fehlentwicklungen beklagt wird. Der Erhalt von Rückständigkeit erscheint spätestens seit dem Regierungsantritt von Premier Ariel Sharon als ein bewusst oder unbewusst verfolgtes Politikziel. Weil nämlich ein rückständiges, sich nicht entwickelndes Land nie zu einem ernsthaften Konkurrenten um begrenzte Ressourcen und militärisch nie zu einem ernsthaften Gegner wird. – Und das ist das wichtigste, geheime, nie offen artikulierte, vielleicht auch nur intuitiv verfolgte Anliegen eines ökodiktatorischen Sicherheitsregimes.

Um vor den weiteren Ausführungen Missverständnisse zu vermeiden, sei an dieser Stelle vorab klargestellt, dass es aus Sicht des Autors selbstverständlich ist, dass sich die USA gegen terroristische Anschläge verteidigen dürfen und dass der Staat Israel um sein Existenzrecht kämpfen darf, wenn es bedroht ist. Die Frage ist allerdings, ob die Existenz des Staates Israel wirklich bedroht ist. Aus Sicht des Autors ist dies eine immer wieder als Begründungskontext instrumentalisierte Position, die aber in der Sache, angesichts der militärischen Stärke Israels, des israelischen Besitzes von Atomwaffen und der fast bedingungslosen Unterstützung Israels durch die USA, unzutreffend ist. Diese Einschätzung erfolgt trotz des zugegebenermaßen großen Hasses, der Vernichtungswut, des Nationalismus und des religiösen Fanatismus radikaler Palästinenserorganisationen in ihrem Kampf gegen Israel. Denn alle diese Gruppen sind um Größenordnungen zu schwach, um die Existenz des Staates Israel ernsthaft zu gefährden.

Zu fragen ist dann auch, ob es unter langfristigen Aspekten klug ist, auch nur erfolgreich sein wird oder unter Prinzipien der Menschenrechte und des Humanismus sowie einer Weltethik richtig ist, wenn die USA und Israel gegen eine von ihnen wahrgenommene Bedrohung ihrer Existenz massive Macht- und Gewaltmittel einsetzen, um ihren ohnehin schon schwer auf anderen Staaten und Völkern lastenden Zugriff noch einmal zu verstärken.

Der Zugriff der USA bezieht sich dabei weltweit auf die Nutzung vielfältigster Ressourcen und die Bekämpfung von Ländern, die sich dem US-amerikanischen Willen widersetzen. Man denke in diesem Zusammenhang nur an die schon seit Jahrzehnten andauernde „Verfolgung" eines so kleinen Landes wie Kuba. Trotz vieler positiver Beiträge der USA für die Welt und den Weltfrieden seit dem Zweiten Weltkrieg fühlen sich deshalb weltweit immer mehr Menschen durch die Politik der USA bedroht.

Der 11. September 2001 richtete sich vor diesem Hintergrund nach Meinung vieler Beobachter vor allem auch gegen die Weltmachtrolle und die

Dominanz der USA im Bereich der Wirtschaft, der Kultur und der Sicherheit und gegen den so wahrgenommenen Zugriff der USA auf Rechte und Ressourcen anderer. Hier geht es vor allem auch um den offensichtlich unzureichenden Respekt des westlichen Modells vor anderen Kulturen beziehungsweise aus Sicht vieler negativ Betroffener der US-amerikanischen Politik um kulturelle Selbstbehauptung und um die Bekämpfung von Situationen, in denen über ökonomische Mechanismen, selbst in intimsten Lebensbereichen, permanent zu Lasten anderer massiv durchgegriffen werden kann.

Der Zugriff Israels bezieht sich demgegenüber schon immer, aber erst recht seit dem Juni-Krieg von 1967, auf Leben, Boden, Wasser, Hab und Gut von Menschen, die dem Kulturkreis und den Völkern angehören, denen früher das Land gehörte, auf dem sich jetzt der Staat Israel befindet, und ebenso auf jene Gebiete, die manche politischen Verantwortungsträger Israels jetzt offenbar dem israelischen Territorium hinzufügen wollen. Diese in einer bestimmten historischen Deutung von vielen Palästinensern so wahrgenommene illegale Landnahme, der massive Zugriff auf begrenzte Ressourcen sowie die systematische Degradierung der Lebensbedingungen der Palästinenser durch Israel in den letzten Jahren sind zentrale Probleme im Nahen Osten.

Ein besonders gewichtiges Hindernis für einen Frieden bilden in diesem Kontext die (mit Bezug auf die international maßgebende UN-Resolution 242 von 1967) völkerrechtswidrig errichteten jüdischen Siedlungen auf dem Gebiet der Palästinenser. Neben dem Rückkehrrecht der palästinensischen Flüchtlinge und dem Status von Jerusalem sind diese Siedlungen ein fast unüberwindliches Hindernis für einen Ausgleich. Die völkerrechtlich maßgebliche UN-Sicherheitsrats-Resolution 242 von 1967, die auch von Israel und den USA anerkannt wurde, ist in dieser Frage eindeutig. Die jetzige israelische Regierung akzeptiert offenbar die dort verankerte Ablehnung territorialer Zugewinne, insbesondere neuer Landgewinne als Folge des Sechs-Tage-Krieges, nicht mehr und unternimmt alles, um in diesem Punkt ihren Spielraum auszuweiten. Die israelische Politik will heute offenbar mehr – gegen die Meinung der ganzen Welt.

Aber auch unter Präsident Ehud Barak, der im Verhältnis zu der heutigen Administration ein Friedensaktivist war, ging der Bau jüdischer Siedlungen weiter. Auch Präsident Barak war in Camp David nicht bereit beziehungsweise politisch dazu nicht in der Lage, die UN-Resolution 242 voll umzusetzen. Vielmehr wurde von Präsident Yassir Arafat erwartet, einen Siegfrieden Israels über die Positionen der Resolution 242 hinaus, also unterhalb der völkerrechtlichen Ausgangssituation, zu akzeptieren. Vielleicht hätte Präsident Arafat dies angesichts der realen Machverhältnisse auch besser tun sollen. Aber wie hätte er dies der heutigen palästinensischen Bevölkerung vermitteln sollen, wo doch Israel in seinem heutigen Staatsgebiet ohnehin schon über achtundsiebzig Prozent des historischen Palästina diesseits des Jordans verfügt? Das ist aus der Sicht eines neutralen Beobachters eigentlich schon mehr, als für einen historischen Kompromiss angemessen wäre. Vielleicht sollte Israel Teile davon im Gegenzug zu einem palästinensischen Entgegenkommen in der Frage des Rückkehrrechts der Flüchtlinge zurückgeben. Aber davon kann keine Rede sein. Die achtundsiebzig Prozent scheinen den im Moment tonangebenden politischen Akteuren in Israel offenbar nicht auszureichen. Mit Prämien werden deshalb neue Siedler in klarer Verletzung der UN-Resolution 242 in die besetzten Gebiete zu Lasten der dort lebenden palästinensischen Bevölkerung gelockt, um Fakten zu schaffen. Gemäß den Statuten des Internationalen Strafgerichtshofs könnte in zukünftigen Konflikten eine ähnliche Vorgehensweise einer Regierung, wie sie von israelischer Seite in den Palästinensergebieten heute verfolgt wird, künftig sogar einmal als Kriegsverbrechen gewertet werden.

> *„Für einen deutschen Wissenschaftler ist aus meiner Sicht eine Äußerung zu den Problemen im Nahen Osten angesichts der historischen Schuld Deutschlands und der besonderen Verpflichtung, die wir auch deshalb gegenüber Menschen jüdischen Glaubens und dem Staat Israel haben, besonders schwierig. Aber haben wir nicht auch gleichzeitig eine indirekte Verpflichtung gegenüber den Palästinensern? Schließlich haben die von den Deutschen verursachten Gräuel wesentlich zur Ermöglichung beziehungsweise internationalen Akzeptanz eines israelischen Staates beigetragen. Diesem wichtigen Schritt der ‚Heimatfindung' für jüdische Menschen steht nun aber das damit verbundene gravierende Unrecht an den dort zuvor lebenden Palästinensern gegenüber, die an den Pogromen in Deutschland und Europa nicht beteiligt waren. Hier haben offenbar Dritte für Gewalttaten anderer zahlen müssen."*

Die Politik Israels im Nahen Osten unter Ariel Sharon ist nach Meinung vieler Beobachter als „brutal" zu bezeichnen. Die UN-Menschenrechtskommission hat diese Politik im April des Jahres 2002 scharf verurteilt. Kein verständiger

Mensch, weder US-Bürger noch Europäer noch Israeli, würde heute freiwillig mit einem Palästinenser den Platz tauschen und sich Tag und Nacht dem von immer mehr Menschen so wahrgenommenen Staatsterror Israels ausgesetzt sehen wollen. Man kann sich zurzeit kaum einen unkomfortableren, unsichereren Platz vorstellen als diesen, an dem man täglichen Zugriffen ausgeliefert ist.

*„Premier Sharon will den Palästinensern offenbar so zusetzen, dass sie einen Frieden von Israels Gnaden weit unterhalb der Linie akzeptieren müssen, die die völkerrechtlich maßgebliche Resolution 242 von 1967 zieht. Dazu musste er einen Weg finden, um den Oslo-Prozess vollständig zu liquidieren. Manche meinen, dass er mit seinem Gang auf den Tempelberg, immerhin der drittheiligste Ort des Islams, der ganzen Welt vorgeführt hat, wie man so etwas macht. Dass die Radikalen auf der palästinensischen Seite nur auf diesen Anlass gewartet haben, passt ins Bild."*

Die Rationalisierung des eigenen Verhaltens umfasst auf der israelischen Seite den verständlichen Willen, nie mehr Opfer zu sein. Einer irritierten Welt wird zugleich kommuniziert, dass das Offensichtliche, also das immer deutlicher an Staatsterror erinnernde Verhalten Israels, in Wirklichkeit nicht so sei, wie es erscheint, und dass man den wahren Sachverhalt ohnehin nur als Beteiligter richtig einschätzen könne, nicht als Beobachter von außen. Viele, die die Entwicklung von außen verfolgen, können kaum glauben, was sie sehen, aber natürlich wird Israel allgemein ein besonderer moralisch-ethischer Kredit aufgrund des Holocaust zugestanden. Zudem kontert die israelische Seite, über ein weltweites Beziehungsnetz gut organisiert, wirksam und systematisch jede israelkritische Berichterstattung. Zu kaum einem Thema auf diesem Globus operiert (nach persönlichen Erfahrungen des Autors) die Mehrzahl der westlichen Journalisten so vorsichtig wie im Falle Israels – dies ist „vermintes" Gelände. Deshalb ist es schwer, sich ein Bild von der wahren Situation der Palästinenser zu machen, umso mehr, als Israel zugleich Recherchen und Berichterstattungen vor Ort behindert. Bei den im April 2002 erfolgten massiven Aktionen der israelischen Armee in dem palästinensischen Flüchtlingslager von Dschenin ging das so weit, dass Journalisten aus aller Welt mit Waffengewalt an der Berichterstattung gehindert und eine offizielle Untersuchung der Vereinten Nationen kategorisch verhindert wurde. Einigermaßen verlässliche Informanten über verdeckt ablaufende Maßnahmen der israelischen

Streitkräfte und ihre Wirkungen sind heute Betreuer palästinensischer Studenten an ausländischen Universitäten, die vor allem die Schwierigkeiten bei Aufenthaltsgenehmigungen und Rückkehrrecht verfolgen können, Ärzte von internationalen Hilfsorganisationen, die in den Palästinensergebieten tätig sind oder waren, sowie UN-Personal in den palästinensischen Flüchtlingslagern.

*„Symptomatisch und zugleich gänzlich inakzeptabel ist Israels Zurückweisung fast aller UN-Resolutionen zu diesem Konflikt. Die zentrale Resolution 242 wurde zwar akzeptiert, aber nicht umgesetzt. Mit welchen Argumenten will der Westen eigentlich dem Irak Sanktionen für die Nichtbeachtung von UN-Sicherheitsratsbeschlüssen aufzwingen, wenn Israel genau das regelmäßig vorlebt? Für die Menschen aus den ökonomisch schwächeren Teilen der Welt reduziert sich das auf ein ihnen wohlbekanntes Muster: dass nämlich der reiche Norden regelmäßig mit zweierlei Maß misst, abhängig davon, was ihm nutzt und passt und was nicht. Dasselbe Muster zeigt sich darin, dass die US-Regierung die UN gerne einbindet, wenn dies für sie bestimmte Operationen erleichtert, im Übrigen aber die UN immer dann auszuschalten versucht, wenn sie sich in ihrer eigenen Handlungsfreiheit eingeschränkt fühlt. Aber so sind Frieden und Zukunftsfähigkeit nicht zu gewinnen. Und hat das extreme Verhalten für Israel Sicherheit geschaffen? Verspricht dieser Weg auf Dauer Frieden?"*

Die aufgeworfenen Fragen und Zusammenhänge werden noch klarer, wenn man die aktuelle Entwicklung um den Internationalen Strafgerichtshof verfolgt und zugleich noch genauer die Politik Israels seit dem Beginn der zweiten Intifada der Palästinenser betrachtet. Beide Themenbereiche werden deshalb im Folgenden weiter vertieft.

### III. Das Ringen um die Errichtung eines Internationalen Strafgerichtshofs

In Bezug auf den Internationalen Strafgerichtshof konnte die Welt in den letzten Monaten eine dramatische Entwicklung beobachten. Während US-Gerichte sich seit langem das Recht herausnehmen, über Sachverhalte überall auf dem Globus zu urteilen und für Bestrafungen auf Eigentumstitel von Beklagten überall auf der Welt im Handlungsbereich der USA zuzugreifen, bekämpft die aktuelle US-Administration den Internationalen Strafgerichtshof in fast schon obsessiver Weise. Die US-Regierung lehnt diesen Vertrag, der sich (nur) auf schwerste Verbrechen, nämlich Völkermord, Verbrechen gegen die Menschlichkeit, Kriegsverbrechen und zukünftig vielleicht einmal das Verbrechen der Aggression bezieht, vehement ab und hat dazu die von dem früheren US-Präsidenten Bill Clinton geleistete Unterschrift unter das Statut (der aber keine Ratifizierung gefolgt war) zurückgezogen. Die USA sind dabei nicht alleine. Es gibt auch andere Staaten mit einer ablehnenden Haltung, darunter mehrere, die wie die USA bereit sind beziehungsweise in der Vergangenheit bereit waren, pro-aktiv Gewalt zur Verfolgung ihrer eigenen Interessen einzusetzen, insbesondere China, Indien, Israel und Russland.

*„Israel hat das Statut des Internationalen Strafgerichtshofs zwar unterschrieben, aber wie Russland bisher nicht ratifiziert. In einer Erklärung zur Unterschrift bringt Israel zum Ausdruck, wie sehr es vor dem Hintergrund der singulären Erfahrungen des Holocaust die Einrichtung dieses Gerichtshofs unterstützt und begrüßt. Zugleich beklagt Israel allerdings die Aufnahme von Formulierungen in das Statut, die es als politisch motiviert und gegen die Politik Israels gerichtet interpretiert. Hier wird das Dilemma der aktuellen Politik Israels deutlich. Israel sieht sich als starker Verfechter von Demokratie, Gerechtigkeit, Antikolonialismus, Antirassismus, Menschenwürde für alle und internationaler Solidarität angesichts schmerzlicher historischer Erfahrungen und vielfacher Leiden von Menschen jüdischen Glaubens seit Jahrhunderten und kann nicht verstehen, dass immer mehr Menschen auf diesem Globus in der israelischen Politik, vor allem der Politik der aktuellen Regierung, oft das Gegenteil dieser Prinzipien am Werk sehen. Bei Fortsetzung der heutigen Politik ist es unschwer vorherzusagen, dass sich der Internationale Gerichtshof zukünftig mit der Politik Israels wird auseinandersetzen müssen, weil die Nichtumsetzung der UN-Resolution 242 als Aggression gewertet werden könnte und israelische Gerichte das wahrscheinlich nicht so sehen werden. Es stellt sich auch deshalb die Frage, ob Israel letztlich das Statut ratifizieren wird. Solange die derzeitige Politik weiterverfolgt wird, wohl eher nicht."*

Dass alle oben genannten Staaten dem Statut nicht (definitiv) beigetreten sind, bedeutet nicht, dass ihre Bürger automatisch vor Strafverfolgung sicher sind. Hierin liegt ein Teil der aktuellen Konflikte der internationalen Gemeinschaft mit den USA begründet. Neben der Staatsbürgerschaft eines Beklagten ist nämlich ein weiterer wesentlicher Anknüpfungspunkt für das potenzielle Tätigwerden des Internationalen Strafgerichtshofs der Staat, auf dessen Hoheitsgebiet das fragliche Verbrechen stattgefunden hat und, sofern es an Bord eines Schiffes oder Luftfahrzeugs begangen wurde, der Staat, in dem dieses Fahrzeug registriert ist. Da die weit überwiegende Zahl der Staaten der Welt dem Statut beitreten wollen beziehungsweise bereits beigetreten sind, ergeben sich aus Sicht der USA gerade bei internationalen Friedenseinsätzen viele Anknüpfungspunkte, um potenziell US-Bürger beziehungsweise -Soldaten vor dieses Gericht zu bringen. Nun müsste das insofern immer noch kein Problem sein, als der Internationale Strafgerichtshof allenfalls dann tätig werden kann, wenn ein Straftatbestand in dem betreffenden Land, in diesem Fall den USA, nicht selbst verfolgt wird. Das ist angesichts der rechtsstaatlichen Traditionen in den USA zunächst nicht zu erwarten. Allerdings ist es bei der in manchen Punkten doch spezifischen Rechtsauffassung der USA wie auch jener Israels nicht auszuschließen, dass schon bald eine Situation auftreten könnte, in der der Internationale Strafgerichtshof die Verfolgung bestimmter Tatbestände als geboten erachtet, die beiden genannten Länder das aber verweigern. Außerdem bleibt die Unsicherheit, ob der Internationale Strafgerichtshof die Art der Verfolgung eines Verbrechens in einem Land, in diesem Fall den USA oder Israel, im Einzelfall als rechtlich angemessen einstuft oder nicht.

*„Im Kontext des Internationalen Strafgerichtshofs wird es schon bald um allerwichtigste Fragen im Bereich der Weltpolitik gehen, nämlich um die Letzthoheit über die Begriffe: Wer definiert, was rechtens ist, wo Freiheit verteidigt, Menschenrechte beachtet, Verträge gewahrt und Aggression bekämpft wurde? Wer definiert, ob eine Handlung eine legitime präventive Selbstverteidigung oder eine ungerechtfertigte Aggression war? Wer definiert, was Terror ist, was Apartheid, was Rassismus? So mag sich irgendwann die Welt die Frage stellen, ob die fortgesetzten, in jeder Hinsicht disproportionalen $CO_2$-Emissionen der USA und die Weigerung dieses Landes, sich hinsichtlich dieser Frage in abgestimmte Verträge mit anderen Staaten einzubringen, eine Aggression zum Beispiel gegen arme,*

*bevölkerungsreiche Länder mit ungeschützten Küstenregionen wie*
*Bangladesch darstellt. Ebenso könnte die forcierte Siedlungspolitik*
*Israels auf dem Territorium der Palästinenser in eklatanter*
*Missachtung einschlägiger UN-Resolutionen – das kann man nicht*
*oft genug betonen – als eine solche gewertet werden. Und in Bezug*
*auf immer wieder deutlich werdende Schritte hin zu einer ‚Sonder'-*
*Behandlung von palästinensischen Bürgern in Israel, gegen die es*
*auch innerhalb Israels immer wieder massive Kritik gibt, mag*
*irgendwann die Beurteilung auf Rassismus lauten. Angesichts der*
*zunehmenden Kluft in der Beurteilung solcher Sachverhalte zwi-*
*schen den USA und Israel auf der einen Seite und vielen anderen*
*Ländern auf der anderen Seite wird der massive Widerstand der*
*USA gegen die Einrichtung dieses Strafgerichtshofs nachvollziehbar."*

Natürlich gelten alle bereits vorgebrachten Kritikpunkte und Beobachtungen hinsichtlich der Politik der USA und Israels in der jüngeren
Vergangenheit nicht kollektiv für alle Bürger dieser Länder. Das galt, wie schon
erwähnt, schon gar nicht für die letzte US-Administration und für die vorige
israelische Regierung, die sehr viel stärker vertragsorientiert und auf internationalen Konsens hin ausgerichtet waren. Und schon gar nicht für die Zeit unter
Yitzhak Rabin, der sich bekanntermaßen nachdrücklich für einen Friedens-
prozess engagiert hatte. Präsident Bill Clinton hat das Statut des Internationalen
Gerichtshofs nach langem Zögern zumindest unterschrieben, auch wenn er die
Ratifizierung seinem Nachfolger überlassen hat. Die hier formulierte Einschätzung gilt aber für aktuelle Gravitationszentren der Macht in beiden
Ländern, vor allem heute, in einer Situation der Bedrohung. Und gerade in
Krisensituationen, in denen man sich einer Bedrohung ausgesetzt fühlt, treten
tiefer liegende Verhaltenspositionen deutlicher zutage. In beiden Ländern findet sich heute in einflussreichen Gruppen eine Position, die, wie begründet
auch immer, automatisch davon ausgeht, dass man es besser weiß als alle anderen, dass man sowieso Recht und vielleicht das noch ungebrochene Gefühl hat,
dass (der jeweilige) Gott das eigene Tun wohlgefällig sieht.

*„Die Menschen in Palästina stehen vor extremster sozialer*
*Not. Ein ILO-Bericht aus jüngster Zeit spricht von einem sozialen*
*Notstand und einer drohenden Tragödie. Der US-Botschafter in*
*Israel, Dan Kurtzer, sprach nach Medienberichten von einer*

*‚humanitären Katastrophe', siebzig Prozent aller Palästinenser leben nach Medienberichten inzwischen von weniger als zwei US-Dollar pro Tag, einer internationalen Armutsgrenze, jedes fünfte Kind leidet an Unterernährung."*

Die humanitäre Situation wird für die Palästinenser in den letzten Monaten immer bedrohlicher. Dies ist eine Folge der aktuellen israelischen Politik, die ihrerseits eine Reaktion auf die Bedrohung durch palästinensische Angriffe gegen Israel und seine Menschen ist. Die Frage ist aber, ob die israelischen Aktionen noch angemessen sind. Denn zu beachten ist, dass neben der völlig inadäquaten politisch-gesellschaftlichen Situation auf Seiten der Palästinenser eine Hauptverantwortung für den schlechten Zustand der Ökonomie und die schreckliche Armut der Palästinenser bei Israel liegt. Dies gilt vor allem, was die Entwicklung der letzten zwei Jahre anbelangt und hat viel damit zu tun, dass die Palästinenser primär über Arbeiten für israelische Auftraggeber Einnahmen erzielen können. Dies ist auch eine Chance, die aber zurzeit nicht genutzt werden kann. Und es gibt keine Möglichkeit für die Palästinenser, hierfür einen Ausgleich zu finden, schon deshalb, weil Israel alle Außenbeziehungen der Palästinenser kontrolliert. Man stelle sich für einen Moment vor, der gesamte Außenhandel Israels würde durch die Palästinenser kontrolliert, jede logistische Bewegung innerhalb Israels müsste ständig palästinensische Kontrollpunkte passieren und wäre von palästinensischer Zustimmung abhängig. Wie stünde es dann wohl um die wirtschaftliche Leistungskraft Israels? Israel hält in dieser Situation nicht nur umfangreiche Geldmittel der palästinensischen Autonomiebehörde zurück, sondern versucht, die vom Umfang her ohnehin schon geringen Mittelzuflüsse an die Palästinenser weiter zu kappen. So wird die EU bedrängt, ihre Zahlungen zu reduzieren, und zwar deshalb, weil aus den EU-Mitteln zur Unterstützung der palästinensischen Autonomiebehörde teilweise der Terror gegen Israel finanziert würde. Dies sehen auch einige EU-Parlamentarier so, und es ist aller Wahrscheinlichkeit nach auch nicht auszuschließen, denn bekanntlich hängt ja alles mit allem zusammen. Aber wenn dieser Zusammenhang problematisch wäre, sollte man auch Folgendes bedenken: Israel fließen über die internationale Arbeitsteilung sowie vielfältige Formen der Unterstützung und Zusammenarbeit ungleich mehr Mittel zu als den Palästinensern. Mittel, die ganz legal auch in den Militärapparat Israels fließen. Müsste man nicht konsequenterweise, wenn man die Argumentation Israels schlüssig weiterführt, zu dem Schluss kommen, dass so auch die Wirtschaftsbeziehungen Europas und der übrigen Welt mit Israel dazu beitragen, den Konflikt zu verschärfen? Hinzu kommt, dass der, von einem großen Teil der Welt so wahrgenommenen, agressiven Politik Israels, mittelbar und unmittelbar, zahlenmäßig viel mehr Palästinenser zum Opfer fallen, als der terroristische Kampf der Palästinenser die israelische Bevökerung an Leben kostet. Wäre Israel nicht durch einen „moralisch-ethischen" Kredit besonders geschützt, hätte die Welt wohl schon lange über ökonomische Druckmittel wie Embargos nachgedacht – so wie seinerzeit beim Apartheidregime in Südafrika. Dort hat die andere Hautfarbe der Unterdrückten es erleichtert, die Muster hinter der Politik deutlich zu erkennen. Dabei ist es nicht die Position des Autors, einen Wirtschaftsboykott gegen Israel zu empfehlen. Vielmehr sollten die vorherigen Ausführungen nur klar machen, dass es genauso wenig ein schlüssiges Argument gibt, die EU-Unterstützungsleistung für die Palästinenser zu reduzieren. Ganz im Gegenteil sollten diese Leistungen angesichts der Not der palästinensischen Bevölkerung dringend erhöht werden, und zwar in einer Weise, dass sie zur Linderung der Not der Menschen wirksam werden, unabhängig von der Frage, ob es weitere Attentate gibt oder nicht.

Die USA und Israel sind für Ordnungen und Verträge, aber nur für solche, die sie im Wesentlichen selber bestimmen und auslegen können. Darum gestehen sie sich Atomwaffen zu, aber anderen nicht, und nach der selben Logik ist die Ad-hoc-Einrichtung eines internationalen Straftribunals, wie zum Beispiel gegen den serbischen Ex-Präsidenten Slobodan Milosević, in Ordnung, aber nicht eine Institutionalisierung einer universellen, weltweiten Kultur des Rechts. In dieser Frage des weltweiten Rechts zeigen sich die Unterschiede zu den Ländern, die den Internationalen Strafgerichtshof stützen, in besonders eklatanter Weise. Hier werden auch Unterschiede zu Ländern wie China, Indien und Russland deutlich, die zwar ebenfalls dem Statut eines Internationalen Strafgerichtshofs bisher (durch Ratifikation) nicht beigetreten sind, dieses aber zumindest nicht aktiv bekämpfen. Ganz anders die USA.

Für die Weltgemeinschaft wird zunehmend deutlich, dass die USA keine international gemeinsam beschlossene und auf Dauer legitimierte Institution des Rechts dulden wollen, die auch nur potenziell über einen US-Bürger Recht sprechen kann, und die jetzige israelische Regierung wird dies wohl auch eher nicht akzeptieren, jedenfalls nicht vor einem Friedensschluss im Nahen Osten. Israel scheint mittlerweile sogar dem Urteil der USA nicht mehr voll zu trauen, weil den USA immer dann, wenn einmal nicht die Position Israels gestützt wird, eigennützige Motive hinsichtlich der politischen Einbindung von Ölstaaten in die Anti-Terror-Koalition oder rein ökonomische Interessen als mögliche Motive unterstellt werden. Beide Länder bemühen sich immer um Verhältnisse, in denen sie gleichzeitig Richter und Polizist sind. So handelt Israel im Westjordanland seit der Okkupation nach eigenem Gutdünken. Man kann das auch willkürlich nennen. Auf jeden Fall immer so, dass niemals Dritte (und sei es ein mit US-Amerikanern besetzter Beirat) darüber abwägen, ob Maßnahmen angemessen sind oder nicht.

*„Die deutschen Verbrechen während des Dritten Reiches an den Juden waren monströs und ungeheuerlich, sie übersteigen das Vorstellungsvermögen. Und die damals geringe Hilfsbereitschaft vieler Länder gegenüber jüdischen Flüchtlingen war für viele der Zurückgewiesenen tödlich und ist, vor allem im Rückblick, ebenfalls schockierend. Dieser Alptraum gegen jede Menschlichkeit sagt allerdings nichts darüber aus, ob die Politik der aktuellen israelischen Regierung gegenüber den Palästinensern unter Aspekten des Völkerrechts, der Humanität oder der Gerechtigkeit akzeptabel ist oder nicht."*

In der Ablehnung eines Internationalen Strafgerichtshofs greifen die USA durchaus zu extremen Mitteln. Es wurden massive Pressionen gegen beitrittswillige, wirtschaftlich schwache Länder unternommen, um die Hinterlegung einer ausreichenden Zahl von Unterschriften zur Etablierung dieses Gerichtshofs, der seinen Sitz in Den Haag haben wird, zu verhindern. Dennoch sind die Voraussetzungen für die Etablierung des Internationalen Strafgerichtshofs mittlerweile gegeben, die US-Pressionen haben seine Etablierung zum Glück nicht verhindern können – die Weltgemeinschaft hat sich wie beim Kyoto-Vertrag gegen die US-Politik koordiniert. Dies gibt aus Sicht dieses Buches Hoffnung und ist aus Sicht der USA ein Ärgernis und bedrohlich für die Zukunft.

Zugegebenermaßen ist das Thema für die USA, die sich ja oft in der Rolle des „Weltpolizisten" sehen oder dazu auch gedrängt werden, nicht einfach. Selbst wenn die USA dem Vertrag nicht beitreten, könnte es, wie oben beschrieben, zu Verfahren gegen US-Bürger kommen, wenn nämlich die in Rede stehenden Straftaten auf dem Boden eines Landes geschehen sind, das dem Statut beigetreten ist. Auch könnten Geheimdienstagenten oder Verbündete anderer Nationalität oder US-Amerikaner mit doppelter Staatsbürgerschaft betroffen sein. Konsequenterweise bekämpfen die USA die Einrichtung mit allen Mitteln und verweigern jede Kooperation. Der US-Senat hat sogar den extremen Schritt getan, zum „Schutz" amerikanischer Staatsbürger und weiterer, mit den USA in enger Verbindung stehender Personen, ein Gesetz [„American Servicemembers Protection Act" (ASPA)] vorzulegen, das dem US-Präsidenten alle Optionen, offensichtlich bis hin zu einem militärischen Eingreifen in den Niederlanden, also bei einem NATO-Partner, erlauben würde, um die US-internen Rechte dieser Bürger und Betroffenen gegenüber dem Internationalen Strafgerichtshof durchzusetzen, wenn je eine solche Situation auftreten würde. – Falls die weiteren gesetzgeberischen Schritte in diesem Sinne abgeschlossen werden.

*„Für einen Bürger Deutschlands ist eine Analyse der Politik der USA keine einfache Angelegenheit. Wir sind in Deutschland den USA aus historischen Gründen zu besonderem Dank verpflichtet. Ich selbst habe in den USA meine Habilitation in Mathematik fertiggestellt und habe in diesem Land viele meiner wichtigen Freunde und Kollegen. Es ist vor diesem Hintergrund irritierend, zu dem Schluss zu kommen, dass die derzeitigen politischen Entwicklungen in den USA, vor allem seit dem 11. September 2001, in ihren ökodiktatorischen und sicherheitsfixierten Denkmustern für die Zukunft der Welt extrem gefährlich sind und keine Beiträge zu Zukunftsfähigkeit und Nachhaltigkeit darstellen."*

Interessant ist in diesem Kontext die Frage, wie die USA bei einem hypothetischen Eingreifen in Den Haag reagieren würden, wenn die Europäer militärischen Widerstand gegen einen solchen gewaltsamen Zugriff leisten würden. Nach Medienberichten haben die USA inzwischen auf Proteste der Niederlande hin erklärt, dass ein militärisches Eingreifen in dieser Angelegenheit in den Niederlanden als NATO-Land unter allen Umständen undenkbar sei. Hoffentlich sind die Medienberichte an dieser Stelle zutreffend. Und gilt die Zurückhaltung der USA auch für eventuelle Drohungen? Der Gesetzesentwurf, der in dieser Hinsicht leicht hätte Klarheit schaffen können, ist jedenfalls weniger deutlich. Hoffen wir, dass es nie zu einer solchen Situation kommen wird, dass bald wieder Vernunft eintritt und die USA vielleicht sogar erkennen, wie viel Positives ein Internationaler Strafgerichtshof auch für die Wahrung der berechtigten Interessen dieses zurzeit stärksten Landes auf dem Globus bewirken kann. Genau gesehen steht der Internationale Strafgerichtshof nämlich in der besten Tradition amerikanischer Lösungsansätze für die Probleme dieser Welt.

In jüngster Zeit haben die USA die Ebene des Weltsicherheitsrates genutzt, um Immunitätsgarantien für ihre Staatsbürger bei internationalen Friedenseinsätzen zu erhalten, zum Beispiel aktuell im Kontext der anstehenden Verlängerung des Mandats in Bosnien, um auf diese Weise den Status des Internationalen Strafgerichtshofs in wesentlichen Punkten auszuhebeln. Sie waren offenbar sogar dazu bereit, an dieser Frage die Verlängerung dieses wichtigen Mandats scheitern zu lassen. Viele haben in diesem Kontext von brutaler Erpressung gesprochen. Der UN-Sicherheitsrat hat sich dem gebeugt und zumindest für ein Jahr eine solche Immunität ausgesprochen, basierend auf dem ihm zustehenden Recht, Verfahren vor dem Internationalen Strafgerichtshof (temporär) auszusetzen. Allerdings besteht jetzt die Gefahr, dass diese Ausnahmeregelung in Zukunft immer wieder verlängert wird. Die USA haben des Weiteren erklärt, dass sie die Möglichkeiten des Internationalen Strafgerichtshofs in Bezug auf US-Staatsbürger zusätzlich auch durch individuelle Abkommen mit möglichst vielen Signatarstaaten des Statuts weiter reduzieren wollen. Die USA sind hierzu bereits an einige dieser Länder herangetreten. In den kommenden Monaten und Jahres ist hier mit erheblichen Pressionen auf bilateraler Ebene zu rechnen.

*„Es war ein großer Fehler der EU-Politik, hier wieder einmal gegenüber den USA „eingeknickt" zu sein. Hoffentlich zeigt sich Europa zukünftig in diesen wichtigen Fragen entschlossener und weicht einem Konflikt mit den USA nicht gleich aus, selbst wenn dies (temporär) zu einer zunehmenden Ausgrenzung der USA aus internationalen Prozessen führen könnte. Aber vielleicht ist ein solcher Schritt jetzt überfällig. Jedenfalls ist das Thema einer internationalen Kultur des Rechts in Zeiten der ökonomischen Globalisierung für die Zukunft der Welt viel zu wichtig, um US-Pressionen immer wieder nachzugeben."*

In der Massivität der beschriebenen Ablehnung kommt wohl zum Ausdruck, dass einflussreiche Machtpromotoren in den USA ihr Land offenbar zunehmend in der Defensive sehen, was die Bewertung ihrer Politik durch andere Nationen anbetrifft. Die mit der neuen Administration und vor allem nach dem 11.September 2001 zunehmend ungeschminkt sichtbar werdende

Linie eines „America first", auch zu Lasten Dritter, trifft international auf Ablehnung, auch wenn diese nicht offen artikuliert wird. Immer mehr Menschen kommen für sich selbst zu dem Schluss, dass die USA mit Hilfe der vor allem von ihnen selbst mitkonzipierten globalen Ordnungsregime unter dem Motto einer freien, fairen und ausgewogenen internationalen Rahmensetzung de facto immer wieder ihren eigenen Vorteil verfolgen. So sprechen die neuen protektionistischen Maßnahmen zum Schutz der eigenen Stahlindustrie eine deutliche Sprache. In ähnlicher Weise haben die USA nach der Welthandelsrunde in Doha im November 2001 auch in der Agrarsubventionierung eine abrupte Kehrtwendung vorgenommen. Mit der neuen „Farm Bill" werden die amerikanischen Agrarsubventionen massiv in die Höhe getrieben. Das ist ein Tabubruch mit Blick auf die den Entwicklungs- und Schwellenländern erst vor kurzem gegebenen Versprechungen und belastet die Situation zwischen Nord und Süd erheblich.

In dieser Situation schließen Verantwortliche in den USA ganz offensichtlich nicht mehr aus, dass einmal eine Situation eintreten könnte, in der sich die übrige Welt in einem legalisierten Verfahren zu der offiziellen Position durchringen könnte, dass bestimmte US-Aktionen dem Völkerrecht widersprechen. Das könnte in ähnlicher Weise zukünftig einmal für Aktionen des israelischen Staates gelten, für dessen Schutz sich die USA in besonderer Weise verantwortlich fühlen.

Warum würde das Urteil eines Internationalen Strafgerichtshofs die Situation verändern? Während bis heute jede Artikulation von Zweifeln an der Korrektheit bestimmter US-Aktionen gerne als anti-amerikanisch ausgelegt und im Sinne einer Political Correctness tabuisiert wird – ähnliches gilt übrigens auch für die Äußerung von Zweifeln an der Korrektheit israelischen Vorgehens, das als antijüdisch beziehungsweise antisemitisch motiviert gesehen wird –, wäre die Berufung auf ein Urteil eines entsprechenden internationalen Strafgerichtshofs eine neue Qualität. Im Moment bestehen Bedenken gegen Aktionen der USA, etwa der Sonderbehandlung von Al-Kaida-Kämpfern, die gegen jede rechtsstaatliche Tradition erfolgt, zum Beispiel in Form einer Unterbringung in Käfigen, und die mit der Idee von Menschenwürde nicht vereinbar ist. Dies geschieht über Verfahrenselemente, die auch in den USA höchst umstritten sind, etwa durch Verlegung von US-Gefangenen in Länder, in denen Folterung erlaubt ist und bei rechtsstaatlich nicht überprüfbarer willkürlicher Zuordnung von Verdächtigen zu dem Kreis derart behandelter Personen. Eine rechtliche Überprüfung dieser Abläufe und Verfahren wird bisher durch die US-

Administration rigoros abgelehnt. Nicht überraschend bekämpfen die USA auch das auf UN-Ebene weitgehend abgestimmte Zusatzprotokoll zur Anti-Folter-Konvention, das internationalen Beobachtern erlauben soll, die Einhaltung der Menschenrechte in Gefängnissen zu überprüfen. Die USA wollen unbedingt solche UN-Inspektionen auf ihrem Militärstützpunkt Guantanamo auf Kuba verhindern. Im dortigen Gefängnis halten die USA Al-Kaida- und Taliban-Kämpfer gefangen. Irritierend sind in diesem Kontext generell auch der deutliche Abbau ziviler Rechte in den USA seit dem 11. September 2001 und die aktuellen Pläne des Präsidenten, ein Netz von Informanten (TIPS – Terrorism Information and Prevention System) zum Schutz vor Terror zu installieren, das in manchem an längst überwundene Zustände in nicht-demokratischen Staaten erinnert.

Würde angesichts dieser Asymmetrie ein Internationaler Strafgerichtshof ein entsprechendes Urteil fällen, würde das die Situation gegenüber dem Status quo erheblich verändern. Zum Beispiel würden Strafverfolgung und Festnahmen von Beschuldigten drohen, wenn diese ins Ausland reisen wollten. Die neue Qualität derartiger Positionierungen auf internationaler Ebene ist wohl auch der tiefere Grund dafür, dass Israel die UN letztlich daran gehindert hat, die Vorwürfe schwerer Kriegsverbrechen bei der gewaltsamen Invasion und Besetzung des Flüchtlingslagers von Dschenin im Westjordanland im April 2002 vor Ort zu überprüfen. Auch hier sind nach den vorliegenden Informationen zahlreiche Verstöße gegen internationales Recht erfolgt.

Der ungarisch-jüdische Schriftsteller István Eörsi hat hinsichtlich der Gesamtthematik des Israel-Palästina-Konflikts in einem bemerkenswerten Beitrag aus jüngster Zeit (vgl. die Hinweise im Literaturverzeichnis) angemerkt, dass er angesichts seiner Erfahrungen mit dem Mordsystem der Nazis als junger Mensch im Budapester Ghetto die Konsequenz gezogen hat, immer an der Seite der Unterdrückten zu sein, und das sind seiner Meinung nach heute im Nahen Osten die Palästinenser. Zwischen der Judenfrage, der Politik des Staates Israel und im Besonderen der Politik Ariel Sharons ist nach Meinung von István Eörsi strikt zu trennen.

Nach internationalem Recht ebenso unakzeptabel ist die von Israel verfolgte Strategie der gezielten Liquidation von mutmaßlichen palästinensischen Terroristen, also eine Strategie der staatlich exekutierten Tötung, die zudem mit erheblichen Gefahren für betroffene unschuldige Personen in der unmittelbaren Umgebung der Opfer solcher Liquidationen verbunden ist (gerne als Kollateralschäden verharmlost). Die EU hat diese israelische Methode des Tötens außerhalb der Gerichtsbarkeit immer wieder zurückgewiesen. In diesem Zusammenhang sei auch an die große Zahl unschuldiger Opfer fehlgeleiteter US-Raketen in Afghanistan erinnert – ebenfalls Kollateralschäden. Allerdings scheint die israelische Seite einen weit höheren Aufwand, inklusive der Risiken für die eigenen Geheimdienstkräfte, als die USA zu betreiben, um solche Fälle zu vermeiden.

> *„Die israelische Armee hat mehrfach die Häuser von Angehörigen palästinensischer Selbstmordattentäter zerstört und Menschen abgeschoben. Der Oberste Gerichtshof in Israel widerspricht zwar einem solchen Vorgehen in Beachtung internationaler Prinzipien gegen Sippenhaft, hat es aber schwer, sich gegen die faktischen Verhältnisse durchzusetzen."*

Die aktuelle US-amerikanische Interpretation der heutigen weltpolitischen Konflikte kennt nur noch „gut" und „böse", wobei alle, die nicht die USA-Position übernehmen, Gegner sind. Dies gilt jetzt auch für Menschen und Gruppierungen, die irgendwo auf dieser Erde gewaltsam Veränderungen anmahnen. Warum sind aber Menschen an vielen Stellen der Welt gewalttätig? Weil die Staatengemeinschaft dieser Welt nach allen historischen Erfahrungen am ehesten dann auf ein Unrecht reagiert, wenn die Betroffenen sich dadurch bemerkbar machen, dass sie illegal Gewalt anwenden. Nur in sehr spezifischen Konstellationen des Machtgleichgewichts haben friedliche Formen des Widerstands große Wirkung erzeugt. Erinnert sei hier an große und vorbildliche Friedenskämpfer wie Mahatma Gandhi und Martin Luther King. Aber solche spezifischen Konstellationen sind selten und so herausragende Vorbilder und Persönlichkeiten ebenfalls. Es sind dies deshalb schwierige Zeiten für berechtigte Fragen zum Status quo, zum Beispiel in Tschetschenien oder Kaschmir. Die Welt kann sich damit offenbar nicht mehr sachgerecht beschäftigen, zum Beispiel mit der von Indien seit Jahrzehnten verweigerten, von der UN geforderten Volksabstimmung in Kaschmir, wo sich die Bevölkerung islamischen Glaubens seit Jahrzehnten starken Repressionen ausgesetzt sieht. Wenn aber starke Staaten wie Russland oder Indien oder Israel interne Lösungen verweigern und wenn sich die Opfer einer passiven Politik des jahrelangen Aussitzens von Ungerechtigkeiten in Form eines weltweiten Schweigens gewaltsam bemerkbar machen, wird das „Terror" genannt. Gegen diesen ist dann jedes Mittel in einer Koalition starker Staaten erlaubt. Dies gilt auch für den Palästina-Konflikt.

Die Situation Israels im Nahen Osten weist gewisse Ähnlichkeiten mit der Situation der USA in der ganzen Welt auf. Israel ist regional, die USA sind weltweit die mit Abstand stärkste Macht. Auseinandersetzungen mit anderen haben daher immer den Charakter des Kampfes von David gegen Goliath. Menschen, die gegen die Logik dieser Länder argumentieren, werden schnell abqualifiziert. Und immer wieder gilt: „Wer nicht für mich ist, ist gegen mich." In der Behandlung solcher Gegenstimmen sind die USA allerdings tolerant, solange es nicht ans „Eingemachte" geht, an die eigenen Interessen, an die eigene so empfundene Sicherheit. Wenn es aber ernst wird, wenn es zum Konflikt kommt, dann werden die eigenen Interessen durchgesetzt, massiv, präventiv, die eigene Stärke nutzend und immer mit dem Ergebnis, dass der Großteil der Opfer der anderen Seite angehört. Über welche Opfer dann in den Medien hauptsächlich berichtet wird, ist ein anderes Thema.

Das Ringen auf dem Globus mit den USA ist subtil, da es um internationale Ordnungsfragen geht, die schwer greifbar sind; Vorteilnahme ist nicht so leicht zu identifizieren. In Bezug auf Israel ist der Konflikt klarer und vordergründiger, damit verstehbarer, auch wenn das vom Autor vermutete ökodiktatorische Design in der Strategie der heutigen israelischen Regierungsmannschaft noch nicht direkt an der Oberfläche erkennbar ist. Der Palästina-Konflikt ist mittlerweile weit fortgeschritten, er treibt auf eine rasche Klärung zu, so oder so, deshalb ist aus diesem Konflikt viel über mögliche zukünftige US-Reaktionen zu lernen, weil die globale Konfliktsituation sich aus Sicht des Autors gemäß der in diesem Buch dargestellten Analysen wahrscheinlich noch deutlich verschärfen wird, wenn sich nicht bald Wesentliches ändert und sich die Weltpolitik in Richtung auf ein ökosoziales Modell bewegt (vgl. hierzu die Hinweise in Kapitel 25).

## IV. Einige Hinweise zur Natur der aktuellen Auseinandersetzungen im Nahen Osten

Für viele Beobachter ist die Auflehnung der Selbstmordattentäter in Palästina nachvollziehbar, was nicht notwendigerweise mit Zustimmung gleichzusetzen ist. Die permanenten Eingriffe Israels im Westjordanland und im Gazastreifen sind für die dort lebenden Menschen unerträglich. Die palästinensische Bevölkerung lebt wie in einem Gefängnis. Genannt seien hier die regelmäßige Verhängung von Ausgangssperren, Leibesvisitationen, Festnahmen verdächtiger Personen, Durchführung von Straßenkontrollen, Beschlagnahmung von palästinensischem Land, Entscheidungen israelischer Behörden zu Lasten palästinensischer Anliegen, verwaltungsmäßiger Zugriff auf Wasserrechte und Verschlechterung der Wasserversorgung, im Einzelfall Verweigerung des Rückkehrrechts, wenn Palästinenser ins Ausland reisen. Hier hat Israel vor kurzem sogar mit der extremen Option gearbeitet, Palästinenser-Präsident Yassir Arafat auf diese Weise aus seinem eigenen Land zu vertreiben. Eine stärkere Demütigung des Repräsentanten eines Volkes ist kaum vorstellbar.

Drei Beispiele für die gezielte Torpedierung einer wirtschaftlichen Entwicklung in den Palästinensergebieten auf der Detailebene seien hier exemplarisch beschrieben. Sie zeigen, wie subtil die Vorgehensweise ist und welche Möglichkeiten Israel hat, seine administrative Macht verdeckt zum Verfolgen eigener Ziele zu nutzen. Erwähnt sei erstens die gezielte Zerstörung von Olivenhainen, zum Beispiel im Westjordanland, begründet als Schutzmaßnahmen gegen Heckenschützen. Getroffen wird damit vor allem die traditionelle, ländlich-bäuerliche Basis der palästinensischen Kultur, deren Existenzgrundlage Olivenöl ist. Zweitens: Die Unterminierung der touristischen Möglichkeiten im Westjordanland (zum Beispiel in Bethlehem), die wegen der Nähe zu Jerusalem und der deutlich niedrigeren Hotelkosten sehr günstig sind. Hier kann die israelische Administration die Situation zu Gunsten der eigenen israelischen Hotelinfrastruktur durch Variation der durchschnittlichen Kontrollzeiten an den Übergangspunkten fast beliebig gestalten. Diese Möglichkeit wird nach Aussage von Insidern auch konsequent genutzt. Hinzu kommt drittens die Einschränkung der Arbeit von Wissenschaft und Forschung auf Seiten der Palästinenser, zum Beispiel durch Förderung von Armut, Degradierung von Infrastrukturen (insbesondere auch IT-Infrastrukturen) sowie Behinderung von Reisen sowohl innerhalb der Palästinensergebiete als auch ins Ausland. Wenn man bedenkt, dass der hohe israelische Lebensstandard vor allem auf Wissenschaft und Forschung, vor allem im IT-Bereich und im Bereich der Militärindustrie und verwandter Gebiete, beruht, sieht man sofort, wie wichtig gerade dieser Punkt für die Behinderung einer palästinensischen Entwicklung ist.

*„Premier Ariel Sharon will mit den Palästinensern erst dann weiterverhandeln, wenn Palästinenser-Präsident Yassir Arafat sein Amt aufgibt. Allenfalls danach besteht also eine Chance auf Freigabe der widerrechtlich besetzten palästinensischen Gebiete.*

*Man stelle sich vor, wie die Reaktion in Israel aussehen würde,*
*wenn die palästinensische Seite den Rücktritt von Premier Sharon*
*zur Voraussetzung dafür machen würde, über einen Stopp der*
*Selbstmordattentate zu verhandeln."*

In der Summe haben israelische Maßnahmen gegen die Palästinenser zu einer merkbaren Verkürzung der durchschnittlichen Lebenserwartung der palästinensischen Bevölkerung beigetragen, und zwar durch die Behinderung der ökonomischen Entwicklung, durch ökologische Degradierung des Landes und durch unterlassene Hilfeleistung. Besonders inakzeptabel ist dabei in jüngster Zeit die Verhinderung von Hilfeleistungen, zum Beispiel für Kranke, Arme und Schwache, unter anderem durch Blockierung des Zuflusses von Medikamenten, durch Verhinderung des Zugangs von Krankenwagen, durch Verhinderung des Transports in Krankenhäuser, durch Verhinderung der Verfügbarkeit einer entsprechenden Infrastruktur, und immer wieder durch Verhängung von Ausgangssperren zur Erhöhung der Sicherheit der eigenen Soldaten bei der Durchführung von Besatzungsaktionen.

*„Die Regierung Scharon verfolgt im Nahen Osten nach Meinung*
*vieler Beobachter eine subtil verdeckte Strategie der Apartheid, die*
*nicht zuletzt zu einer erheblichen Verkürzung der durchschnitt-*
*lichen Lebenserwartung auf Seiten der Palästinenser führt. Die*
*Bausteine dieser Politik, die natürlich ihrerseits in Wechselwirkung*
*mit den palästinensischen Anschlägen gesehen werden muss, sind*
*Ghettoisierung,, Vertreibung, Deportation, Sippenhaft, Willkürmaß-*
*nahmen, militärische Gewaltanwendung, Ausgangssperren, Zer-*
*störung der Infrastruktur, Zerstörung von administrativen Struk-*
*turen, Kappen von Außenbeziehungen, Unterbindung von Waren-*
*flüssen, ökologische Degradierung, Unterminierung der medizi-*
*schen Versorgung, Verhinderung von Hilfe in medizinischen*
*Notfällen, Torpedierung von Ausbildungsmöglichkeiten, Behinde-*
*rung der Forschung, Behinderung wirtschaftlicher Aktivitäten,*
*Aufzwingen von Sprachregelungen, Zensur, Verweigerung der*
*Rückreise nach Auslandsaufenthalten, Verschlechterung der*
*Ernährungslage, Einschränkung der Wasserversorgung, Erhöhung*
*von Stress, Erzeugung von Frustrationen, psychische Folterung,*
*Entmündigung, Entrechtlichung. Das Ziel dieser Politik scheint*

*erkennbar zu sein. Die Palästinenser sollen endlich klein beigeben,*
*sie sollen endlich still sein, am besten gleich das Land verlassen."*

Messen mit zweierlei Maß wird besonders daran erkennbar, dass bei jedem palästinensischen Selbstmordanschlag die Medien und damit die Welt mit höchster Empörung über die Opfer informiert werden, der eigene tödliche beziehungsweise lebensverkürzende Zugriff gegen unbeteiligte Zivilisten aber im Dunkeln, unter gezielter Ausschaltung der Medien über wohlbekannte Muster der Ghettoisierung und Apartheid erfolgt, und zwar immer so, dass im Einzelfall die Schuld als solche im Detail nur schwer nachweisbar ist, da der Zugriff nicht direkt erfolgt, sondern indirekt, im Besonderen eben durch Umstände, die Hilfeleistung unmöglich machen. Noch wirkungsvoller ist die Perpetuierung von Armut gleich von Beginn an, durch die die Lebenserwartung der Betroffenen, nicht zuletzt durch die Unterernährung von Kindern, massiv reduziert wird, ein weiteres charakteristisches Element einer ökodiktatorischen Strategie. Wie soll eigentlich ein Palästinenser reagieren, dessen Kind, Frau oder Mutter stirbt, weil aufgrund einer von Israel willkürlich verhängten Ausgangssperre kein Arzt erreicht werden konnte? Israel nennt die Selbstmordattentäter feige und heimtückisch. Wie nennt man dann, wenn Worte noch irgendeine Bedeutung haben, ein staatliches System, das mit einem riesigen Militärapparat, gegen die Meinung fast der ganzen Welt, regelmäßig Ausgangssperren verhängt und „im Unsichtbaren", so dass der unmittelbare Nachweis der Folgen dieser Aggression unmöglich gemacht wird, eine systematische Lebensverkürzung einer wehrlosen Zivilbevölkerung bewirkt? – Würde man das, wenn es nicht ausgerechnet im Nahen Osten passieren würde, nicht als beginnenden Völkermord bezeichnen?

> *„Sind die von vielen so wahrgenommenen ersten Elemente völkermordartiger Tatbestände in der Besatzungspolitik Israels im Sinne der systematischen Lebensverkürzung der Palästinenser eher unbeabsichtigte Begleiterscheinungen einer ansonsten friedensorientierten Politik? Oder sind sie Teil eines ökodiktatorischen Designs mit sicherheitspolitischer Flankierung zur permanenten Durchsetzung asymmetrischer Zugriffe auf eine objektiv extrem limitierte Ressourcenbasis im Nahen Osten? Zugegebenermaßen halten die Opposition innerhalb Israels und der Oberste Gerichtshof Israels bei fragwürdigen Maßnahmen auf Seiten der Regierung,*

*zum Beispiel bei Sippenhaft, immer dagegen, aber all dies läuft der Exekutive und den militärischen Aktionen oft nur hinterher."*

Moshe Zimmermann, der Leiter des „Richard Koebner Center for German History" an der Hebräischen Universität in Jerusalem, hat zu den beschriebenen Vorgängen aus jüngster Zeit in einem bemerkenswerten Artikel seine Verzweiflung über die entsprechenden Politikmuster auf israelischer Seite nachdrücklich zum Ausdruck gebracht. Der Titel des Beitrags „Mein Nachbar, der Feind – Was den Historiker verzweifeln lässt" zeigt die Richtung der Überlegungen auf (vgl. Hinweise im Literaturverzeichnis).

Die Besetzung des Gazastreifens dauert nun schon seit fünfunddreißig Jahren an. Es ist die perfekte Realisierung dessen, was israelische Fachleute Separation nennen. Präsident Sharon scheint für das Westjordanland Ähnliches im Sinn zu haben. Die israelischen Maßnahmen im Gazastreifen gehen in manchen Aspekten weiter und sind in dem täglichen Terror gegen die betroffenen Menschen teilweise schlimmer, demütigender und erniedrigender als das, was in Südafrika in Zeiten der Apartheid geschehen ist. In dem „Gefängnis" Gazastreifen in der Größe von rund zehn mal vierzig Kilometern sitzen heute etwa 1,2 Millionen Palästinenser, eng zusammengepfercht, ohne Arbeit, zu großen Teilen unter der Armutsgrenze von zwei US-Dollar pro Tag lebend, durch Israel von der Welt abgeriegelt, selbst auf der Seeseite. Die Zerstörung des Flughafens in Gaza-Stadt wird vor diesem Hintergrund in seiner ökodiktatorischen Logik sofort offensichtlich. Das Gebiet des Gazastreifens wurde in winzige Sektoren zergliedert, an der Grenze jedes Sektors sind Kontrollpunkte installiert. Siebentausend israelische Siedler haben dabei für sich und den Schutz ihrer Siedlungen nach Medienhinweisen über vierzig Prozent des ohnehin schon unglaublich kleinen Landes konfisziert, pro Kopf bedeutet das gegenüber den Palästinensern eine Besserstellung um mehr als einen Faktor 100. Die Landnahme durch neue israelische Siedler geht immer noch weiter und wird mit militärischer Gewalt durchgesetzt.

Viele Beobachter fragen sich an dieser Stelle, warum Extremisten auf Seiten der Palästinenser in Form ihrer gegen Menschen gerichteten Selbstmordattentate eine Strategie verfolgen, die die palästinensischen Anliegen in den weltweiten Kommunikationsprozessen so sehr belastet. Wenn sie diese auf Dauer ohnehin problematische Politik nicht gleich aufgeben, sondern weiterhin eine gewalttätige Strategie verfolgen wollen, warum greifen die palästinensischen Extremisten dann nicht primär und unter Vermeidung ziviler Opfer die

Infrastrukturen Israels an und degradieren die dortige Umwelt, so wie dies die israelische Armeen auf dem Gebiet der Palästinenser nun immer öfter tut? Gibt es einen tieferen Grund hinter der taktisch so unklugen palästinensischen Strategie oder ist dies ein Zeichen schierer Verzweiflung und Hilflosigkeit beziehungsweise die Blindheit von Hass und religiösem Fanatismus? Wenn der Autor diese Frage hier und anderswo stellt, dann vor allem aus folgendem Grund: Weltweit verschließen sich viele Menschen dem palästinensischen Anliegen wegen des Terrors gegen Zivilisten kategorisch. Die Frage ist aber, ob ihre Haltung wirklich eine andere wäre, wenn sich die Palästinenser, so wie umgekehrt die israelische Armee, auf die Zerstörung von Infrastrukturen und die Degradierung der Lebensbedingungen der Bevölkerung verlegen würden. Der Autor beobachtet in diesem Kontext regelmäßig eine empörte Reaktion statt der konkreten Aussage, dass Angriffe gegen die Infrastruktur in der Tat akzeptabler wären als solche gegen unschuldige Zivilisten. Tatsächlich scheint es so zu sein, dass viele Gesprächspartner auch solche Angriffe gegen die Infrastrukturen nur der israelischen Armee, aber nicht den Palästinensern zugestehen (Double Standard). In der Auseinandersetzung sind sie somit längst Partei. Allenfalls bleibt da noch ein Siegfrieden, aber kein Verständigungsfrieden als Lösung des Konflikts. Und irgendwie scheinen manche Gesprächspartner auch ganz froh zu sein, dass die Palästinenser so unklug sind, durch Angriffe auf die Zivilbevölkerung ihrem eigenen Anliegen so sehr zu schaden. Aber kann eine solche Art des Denkens zum Frieden führen?

> *„Um die Problematik im Nahen Osten besser zu verstehen, ist ein Gedankenexperiment hilfreich, das im Vertauschen der Rollen von Premier Ariel Sharon und Palästinenser-Präsident Yassir Arafat besteht. Man kann sich leicht vorstellen, wie sehr Arafat es begrüßen würde, wenn er nach Belieben mit Panzern in israelische Städte, zum Beispiel Haifa, einmarschieren und dort Ausgangssperren verhängen, Leibesvisitationen vornehmen, Infrastrukturen zerstören, Gebäude demolieren und nach Belieben Israelis festnehmen und in seine Gefängnisse werfen könnte. Es würde dann auch keine palästinensischen Selbstmordattentate mehr geben. Vielleicht gäbe es dann stattdessen israelische. Wobei man sich die Natur der dann vorgebrachten israelischen Begründungen für solche Anschläge nur zu gut vorstellen, aber auch nachvollziehen kann. Deutlich wird hierbei der Kern des Problems. Beide Länder und ihre politischen*

*Führer sind heute in einer Gewaltspirale gefangen. Es wird eines*
*neuen Ansatzes bedürfen, um sich aus dieser Falle zu befreien. "*

Die Sieger, die Mächtigen, die Status-quo-Orientierten, die in ihrer privilegierten Position ihren „verdienten" Frieden genießen und nicht gestört werden wollen, sollten sich aber keinen Illusionen hingeben. Wenn in der Weise, wie die USA und Israel vor allem seit dem 11. September 2001 Politik verstehen, berechtigten Anliegen auf dem Globus jede Artikulationsmöglichkeit durch sicherheitsorientierte Gegengewaltanwendung genommen wird, kann dies den „Druck im Kessel" so sehr erhöhen, dass zum Schluss der Schaden alles übersteigen wird, was bei einer weniger einseitigen und rigiden Handhabung der Problematik zu erwarten gewesen wäre. Am besten wäre es natürlich, wenn die übrige Welt die Ungerechtigkeitsfragen zumindest beim Namen zu nennen bereit wäre. Aber das fällt schwer, vor allem, wenn „Schwergewichte" unter den Staaten dieser Welt selber einen Teil des Problems darstellen. Zu den „Schwergewichten" gehören in ihrer Gesamtheit auch der arabische Nationalismus und erstarkende Strömungen im Islam, die weder Frieden noch Integration auf Weltebene wollen.

## V. Ein veränderter Denkansatz ist nötig

Kann die in diesem Buch entwickelte Denkrichtung einer weltweiten Ökosozialen Marktwirtschaft und die Betonung der Wichtigkeit von sozialem Ausgleich Hinweise geben, wie ein neuer Ansatz für einen Frieden im Nahen Osten aussehen könnte? Ein ökosozialer Ansatz zielt auf die Etablierung von (durchgängigen) Märkten und auf die Beachtung sozialer, kultureller und ökologischer Anliegen, die in fairen und ausgewogenen Verträgen als Teil der Rahmenbedingungen der Ökonomie verankert werden müssen. Erklärtes Ziel ist ein pro Kopf vergleichbarer Zugriff aller Menschen in der Region auf Ressourcen, im Besonderen Wasser und nutzbare Böden und vergleichbare Lebensbedingungen (das heißt eine hohe Equity), die in überschaubaren Zeiträumen durch co-finanzierte Entwicklungsprozesse erreicht werden sollen. Die vor allem durch Israel mitzuverantwortende Diskrepanz zwischen dem Lebensstandard in Israel und dem Lebensstandard in den Palästinensergebieten ist gewaltig (die Durchschnittseinkommen unterscheiden sich etwa um den Faktor 12).

Sieht man einmal Israel und die besetzten Gebiete als einen einzigen Wirtschaftsraum, was angesichts der De-facto-Machtkontrolle Israels über das gesamte Gebiet sicher instruktiv ist, dann ist diese Ungleichheit extrem und nähert sich in einer geeigneten Interpretation dem Zustand einer globalen Apartheid an, wie sie in Kapitel 16 diskutiert wurde. Natürlich hinkt dieser Vergleich, weil Israel und die besetzten Gebiete keinen Staat bilden und auch deshalb, weil der ärmere Teil (die Palästinenser) die kleinere Gruppe darstellt und nicht, wie das sonst die Regel ist, die größere Gruppe. Deutlich werden angesichts dieser Unterschiede zugleich die Herausforderungen, die vor den Kontrahenten liegen. Denn diese Differenz ist zukünftig durch gemeinsame Anstrengungen und mit Unterstützung aller entwickelten Nationen, vor allem auch der reichen arabischen Staaten, zu überwinden. Gleichzeitig ist eine gleichberechtigte Würdigung aller in der Region beheimateten kulturellen Sichten nötig. Von all dem ist heute im Nahen Osten leider (noch) nicht die Rede.

*„Es ist für die Weltpolitik, den Weltfrieden und für eine nach-
haltige Entwicklung von allerhöchster Bedeutung, dass es gelingt,
im Nahen Osten einen wirklichen Frieden zu erreichen, so wenig
wahrscheinlich dies im Moment auch erscheinen mag."*

Natürlich sind in dem hier vorgeschlagenen Prozess auf Dauer vernünftige rechtsstaatliche Ordnungen und starke Administrationen in allen Staaten der Region zu etablieren, so wie dies generell Teil einer ökosozialen Strategie für die Weltprobleme ist. Co-Finanzierungsmittel gibt es nur gegen Fortschritte bei der Implementierung von Standards dieser Art. Aber das Ziel ist konsequenterweise von vornherein klar und die Co-Finanzierung und Unterstützung bei Einhaltung der abgesprochenen Schritte hin zu höheren Standards garantiert. Das heißt, dass die Palästinenser in diesem Fall nicht länger von Willkürentscheidungen und -maßnahmen und dem Wohlwollen Israels abhängen würden, eine ganz entscheidende Voraussetzung für einen Frieden, weil man nur so dem legitimen Anspruch der Palästinenser auf Beachtung ihrer Würde gerecht werden kann: kein Frieden der Gnade durch den, der aus palästinensischer Sicht das Problem in seiner heutigen Schärfe erzeugt hat. Völlig verfehlt ist in dieser Sicht die dauernde Zerstörung von Institutionen und Infrastrukturen in den palästinensischen Gebieten durch Israel, aber auch die Stützung nicht-demokratischer Regime in der Region, wie sie von den USA seit Jahrzehnten betrieben wird. So entstehen keine leistungsfähigen gesellschaftlichen Strukturen, so werden sogar die Reformer in den arabischen Ländern, inklusive Palästina, dauernd diskreditiert. Die nicht-demokratischen Systeme in vielen arabischen Staaten sind ein Problem für den Frieden in der Region, aber ebenso die rigide Haltung Premier Ariel Sharons – so die Meinung vieler Beobachter, übrigens auch innerhalb Israels.

Denkt man über den Palästina-Konflikt und über Wege zu einer Lösung nach, dann ist vor dem Hintergrund des Gesagten und unter Beachtung der (Gruppen-)psychologischen Aspekte des Konflikts zunächst eine unvoreingenommene Analyse erforderlich, die die Wurzeln der Auseinandersetzungen und ihre Historie ebenso berücksichtigt wie die Befindlichkeit der Betroffenen und Akteure, denn ohne ein Bemühen um das Verstehen der anderen Seite ist Frieden prinzipiell unmöglich. Empathie als Teil sozialer Intelligenz ist eine der wichtigsten kognitiven Fähigkeiten des Menschen, sie ist in diesem Konflikt in besonderer Weise gefordert. Versucht man den anderen zu verstehen, in diesem Fall beide Seiten in dem Konflikt zwischen Israelis und Palästinensern, muss man vorurteilslos deren Positionen betrachten, ohne Schere im Kopf, Tabus, Sprachregelungen, Wunschdenken, Political-Correctness-Vorgaben. Das geschieht im folgenden Unterkapitel.

> *„Ein ehrlicher und dauerhafter Frieden, der auch ein Frieden in den Herzen der betroffenen Menschen sein muss, scheint im Nahen Osten allenfalls dann erreichbar zu sein, wenn alle Aspekte der Historie und die aktuelle Befindlichkeit aller Betroffenen in der Region ausgewogen in Rechnung gestellt werden. Dabei mag man bei großer Anstrengung auch nachvollziehen können, dass sich religiöse Fanatiker in Israel auf mehr als 2000 Jahre alte Rechte auf ein ‚Heiliges Land‘ berufen, versteht aber auch, dass dies in einem heutigen weltpolitischen Begründungskontext eine abwegige Position ist.“*

### VI. Sichten auf die Gründung und Historie des Staates Israel

Die Historie des Staates Israel und die Legitimität der Staatsgründung sind ein schwieriges Thema. Dieses Thema beschäftigt zahlreiche Wissenschaftler und Experten. Der Autor kann an dieser Stelle als Beobachter dieser Diskussionen nicht mehr tun, als seine eigene Sicht offenzulegen. Primär geht es dabei wieder um den Versuch, beide Seiten zu verstehen. Und nicht überraschend haben beide Seiten ihre eigenen Sichtweisen, Bilder und Sprachregelungen und wollen die jeweils eigene Sicht der anderen Seite aufzwingen.

Aus israelischer Sicht ist die Entstehung und Entwicklung des Staates Israel in jüngerer Zeit neben vielen weiteren Aspekten vor allem durch legal nach Palästina eingewanderte Pioniere aus aller Welt im Rahmen der zionistischen Bewegung geprägt. Diese Menschen haben in ihrer neuen Heimat auf legale Weise Land erworben und in bewundernswerter Weise unfruchtbare Täler fruchtbar gemacht. Die damalige osmanische Herrschaft (bis 1918) und später die britische Mandatsverwaltung (bis 1948) waren die rechtmäßigen Autoritäten zur Setzung der Rahmenbedingungen, unter denen Zuzug und Landerwerb erfolgten. Die Proklamation des israelischen Staates im Jahre 1948 war ein legitimer Akt der Staatsgründung. Dieser Staat hat sich gegen arabische Aggression und mehrere militärische Angriffe, die auf ein brutales Auslöschen des Staates Israel abzielten, in siegreichen Kriegen durchgesetzt. Die Übernahme der Autorität im Gazastreifen und im Westjordanland ist Konsequenz des gewonnenen Juni-Krieges von 1967 gegen einen aggressiven gleichzeitigen Angriff mehrerer arabischer Staaten und des noch fehlenden Friedensvertrages. In der Sicht bestimmter israelischer Gruppierungen gibt es im Übrigen längst einen Staat der Palästinenser, nämlich Jordanien. Ihr Beitrag zur Konfliktlösung ist denkbar einfach gestrickt: Wenn die Palästinenser endlich dorthin auswandern würden, wenn Jordanien die Palästinenser endlich in das Land ließe, wäre allen geholfen und ein friedliches Zusammenleben problemlos möglich.

Für die Palästinenser zeigt sich in der Entwicklung des Staates Israel das typische Bild einer Kolonisation, wie man sie zum Beispiel aus Nord- und Südamerika, Australien oder aus Südafrika kennt. Menschen einer anderen, in der Regel wirtschaftlich, technisch und militärisch stärkeren Kultur, oft mit anderer Hautfarbe, Sprache etc., wandern in großer Zahl ein. Sie kommen in den Besitz des Landes, zum Beispiel indem sie mit Mächtigen vor Ort, die sich zu Lasten der einheimischen Bevölkerung bereichern, Verträge abschließen. Druckanwendung unterschiedlichster Art, und sei es nur die Dominanz der eingesetzten Techniken, die von außen mitgebracht werden, oder die subtile Verführungskraft bestimmter Güter, die in Tauschprozessen mit lokalen Potentaten gehandelt werden, führen dazu, dass sie zum Schluss die Macht oder Mehrheit in einem bestimmten Gebiet besitzen und niemand sie daran hindern kann, ihren eigenen Staat auszurufen. Dann ist die ursprüngliche Bevölkerung den neuen Machtträgern auf Gedeih und Verderb ausgeliefert. Über offene und verdeckte Machtausübung wird die Entrechtlichung, Enteignung, Vertreibung durchgezogen, die ursprünglichen Bewohner werden zu Fremden in der eigenen Heimat. Dies ist Kolonialismus, Rassismus, Apartheid, das sind ungleiche Verträge, das sind Verbrechen gegen elementare Menschenrechte, wie immer sie sich auch formal legitimieren mögen. Dass in diesem Kontext dann auch Kriege gewonnen werden, ist bei den ökonomischen und militärischen Ungleichgewichten nicht überraschend, ändert aber nichts an den beschriebenen Wahrheiten. Gewonnene Kriege können ein Unrecht nicht zu Recht machen.

Wer hat nun Recht? Die Meinungen zu diesen Prozessen sind naturgemäß gespalten. Die heute hoch entwickelten Länder waren die eigentlichen Akteure oder sind, wie die USA, nach dem beschriebenen Muster zu Lasten anderer entstanden. Diese Länder begreifen die beschriebenen Entwicklungen als einen historischen Prozess, der seine eigene Legitimität besitzt, und sei es die Legitimität des Faktischen. Viele von diesen Prozessen negativ betroffene Volksgruppen, Kulturkreise oder Staaten, vor allem solche Staaten, die sich wie China oder Indien aus kolonialen Zwängen erfolgreich befreien konnten, vertreten eine deutlich andere Meinung. Darum sind die Vereinten Nationen auch in vielen entscheidenden Fragen gespalten, und zwar oft entlang der beschriebenen Rollenaufteilung.

Der Autor, der Fragen der Gerechtigkeit sehr stark von balancierten Verhältnissen und von Verträgen unter vergleichbaren Bedingungen her sieht, orientiert sich in solchen Beurteilungsfragen an Überlegungen der Gerechtigkeitstheorie, zum Beispiel den Überlegungen von John Rawls. Rawls fordert uns auf, bei solchen Fragen in entsprechenden Positionierungen immer von der hypothetischen Situation auszugehen, dass erst hinterher entschieden wird, wer wir sind: arm oder reich, mächtig oder schwach, Akteur oder passives Opfer, Täter oder Betroffener oder – in der vorliegenden Debatte – Israeli oder Palästinenser. Eine solche Sicht auf das Thema fördert normalerweise Vorsicht und Ausgleich. Insbesondere landet man nur bei so viel Asymmetrie, wie selbst aus der Sicht der (potenziellen) Verlierer im Vorhinein Sinn macht.

Aus der Historie weiß man, dass ein Ansatz wie die Staatsgründung Israels erfolgreich sein kann, aber nicht muss. Wirklich erfolgreich war der Ansatz in der Geschichte immer dann, wenn die Neuankömmlinge irgendwann die alten Gegebenheiten massiv zu ihren Gunsten verändern konnten, wie das etwa in Nordamerika geschehen ist. Spaltungen zwischen oben und unten können dabei weiterleben, wie in Mittel- und Südamerika. Dies äußert sich in einer entsprechend schlechten Equity und behindert in der Folge die weitere ökonomische Entwicklung. In Australien sucht man heute nach Wegen, der Urbevölkerung, den Aborigines, rechtlich abgestützt Wiedergutmachung zu leisten. In Südafrika scheiterte der Versuch, über ein Apartheidsregime den Status quo auf immer festzuschreiben, letztlich daran, dass der schwarze beziehungsweise farbige Bevölkerungsanteil im Verhältnis zur weißen Bevölkerungsgruppe einfach viel zu groß war, um den Status quo auf Dauer durchhalten zu können. In Israel ist die Geschichte hinsichtlich einer uneingeschränkten Akzeptanz des Staates noch offen. Israel hat zwar Kriege gewonnen, aber bisher nicht den Frieden. Die Frage ist, ob und unter welchen Bedingungen ein Frieden möglich ist.

Israel umfasst seit dem Krieg von 1948, den die Israelis Unabhängigkeitskrieg und die Palästinenser „Katastrophe" nennen, achtundsiebzig Prozent des historischen Mandatsgebietes Palästinas diesseits des Jordans. Im Gazastreifen und im Westjordanland übt es nach wie vor eine weitgehende Kontrolle über die restlichen zweiundzwanzig Prozent aus. Seit dem Ende des Juni-Krieges von 1967 ist die auch von den USA und Israel anerkannte UN-Resolution 242 der international gesetzte Rahmen für einen Frieden, diese Ausgangssituation wurde auch durch den Yom-Kippur-Krieg von 1973 nicht verändert. Die arabischen Staaten sowie die Palästinenser sollen der Logik dieser Resolution zufolge endlich die Existenz Israels auf der Basis der Gegebenheiten aus der Zeit vor 1967 ohne Wenn und Aber akzeptieren. Im Gegenzug soll Israel ebenfalls den Status quo vor dem Juni-Krieg akzeptieren, also keine territorialen Gewinne im Gazastreifen und im Westjordanland realisieren. Dies zielt auf einen Verständigungsfrieden, keinen Siegfrieden. Die beiden Sonderfragen Jerusalem und die heiligen Stätten dreier großer Weltreligionen und ein Rückkehrrecht der Palästinenser sind in einem großen Kompromiss intelligent zu regeln.

Die überwiegende Mehrheit der Staaten unterstützt diese Sicht auf den im Nahen Osten nötigen und möglichen Kompromiss. Das zeigt sich auch in der breiten Unterstützung für einen Staat Palästina in den Grenzen der Palästinensergebiete aus der Zeit vor 1967, nicht mehr, nicht weniger. Fast alle Beobachter haben den Eindruck, dass Israel, insbesondere die aktuelle Regierung, zu dieser Lösung nicht (mehr) bereit ist, sondern mehr will. Natürlich kann die israelische Regierung gegen die Meinung der ganzen Welt operieren, aber dann steht das Land in der Beurteilung vieler Fragen relativ isoliert da, so wie das heute oft der Fall ist. Und wie wird das Ergebnis sein?

Deshalb ist die israelische Politik im Gegenzug vorsichtig und sagt zum Beispiel nie deutlich, dass sie mehr will als den Zustand vor dem Sechs-Tage-Krieg. Hinweise auf das von Israel angestrebte Mehr geben aber die israelischen Siedlungen, der wichtigste Stein des Anstoßes. Das macht die Kommunikation in diesem Konflikt so schwierig, weil die Palästinenser erahnen, dass die Ambitionen der anderen Seite andere sind, als offiziell erklärt werden, und schon deshalb massiv dagegen halten, welche anderen Motive palästinensische Extremisten zusätzlich im Kopf haben mögen. Insbesondere die derzeitige Führung unter Ministerpräsident Sharon will mehr und hat dazu den im Oslo-Prozess angelegten Weg hin zum Frieden offenbar bewusst ausgehebelt; dies hat sich mit den Interessen radikaler Palästinenser getroffen. Ziel ist jetzt auf Seiten der israelischen Regierung offenbar ein Frieden, der substanziell weitere Landgewinne über den Zustand von vor 1967 hinaus beinhaltet. Nur dann, wenn die Palästinenser das akzeptieren, bekommen sie (vielleicht) einen eigenen Staat, und dieser wird im Sicherheitsbereich sicher mit unzähligen Auflagen belastet werden.

Die Frage ist, ob die Palästinenser das zu akzeptieren bereit sind. Oder ob Israel vielleicht doch einlenkt, sei es wegen der unbestreitbaren Wirkung der palästinensischen Angriffe, sei es aus einer grundsätzlichen Einsicht heraus, dass Frieden wichtiger ist als Land.

### VII. Kann ein Frieden im Nahen Osten erreicht werden?

An dieser Stelle sei noch einmal die Frage gestellt, ob zwischen Israelis und Palästinensern ein Frieden geschlossen werden kann. Dies ist aus Sicht des Autors heute nicht abschließend zu beantworten. Aber wenn ein Frieden erreicht werden soll, muss zunächst und ohne jeden Vorbehalt, so schwierig das für die Palästinenser sein mag, anerkannt werden, dass sich Israel und seine Bürger mittlerweile in der Region ein Existenzrecht erkämpft haben. Mindestens zwei Generationen von israelischen Bürgern sind dort geboren worden und aufgewachsen. Richtig gesehen sind die Menschen in Israel für die Palästinenser vor allem auch eine große Chance auf eine bessere Zukunft. Die Palästinenser haben, richtig betrachtet, bessere Perspektiven als die meisten Menschen in den anderen arabischen Ländern, wenn ein Frieden gelingt. Wenn aber Millionen arabischer Menschen in der Region nach wie vor nicht bereit sind, das uneingeschränkte Existenzrecht Israels in den Grenzen der Zeit vor 1967 zu akzeptieren, bleibt Israel nichts anderes übrig, als sein Lebens- und Existenzrecht immer wieder neu zu verteidigen und gegebenenfalls mit Gewalt durchzusetzen. Die weitaus meisten Staaten der Welt unterstützen deshalb ausdrücklich das Recht Israels, eben das zu tun.

Wenn aber ein echter und ehrlicher Frieden das Ziel ist, würde Israel klüger handeln, wenn diese immer wieder neue Verteidigung des eigenen Existenzrechtes nicht zugleich dafür genutzt beziehungsweise missbraucht würde, das eigene Territorium in Missachtung der UN-Resolution 242 über den Zustand der Zeit vor 1967 hinaus weiter auszudehnen und sich damit weitere Vorteile zu Lasten der Palästinenser zu sichern. Die übrigen Staaten, auch die meisten Freunde Israels (von den USA vielleicht einmal abgesehen), werden das wahrscheinlich nicht akzeptieren. Manche eventuell spät auftauchende Zweifel, ob denn die von UN-Seite in der Weise, wie sie erfolgt ist, so akzeptierte Staatsgründung Israels – vor allem zu Lasten der dort lebenden arabischen Bevölkerung – überhaupt adäquat war, sind heute irrelevant. Denn das ist Geschichte. Aber gerade vor diesem Hintergrund wird jede weitere Verschärfung der Lage zu Ungunsten der palästinensischen Bevölkerung von der Weltgemeinschaft überwiegend nicht mehr akzeptiert werden. Die Welt schaut kritisch und höchst alarmiert zu, wie sich dieser Konflikt entwickelt und hofft auf eine faire und stabile Lösung.

Dafür gibt es nach wie vor eine Chance, wie vor einigen Jahren in Südafrika. Die Lage ist dabei vielleicht sogar einfacher als in Südafrika, denn erstens sind die Israelis vor Ort zahlenmäßig nicht in der Minderheit, wie das die Menschen heller Hautfarbe in Südafrika waren und sind, sondern in der Überzahl, und zweitens ist eine Lösung in Form von zwei benachbarten Staaten möglich, was in Südafrika nicht umsetzbar war. Allerdings geht der Hass im Nahen Osten tiefer, unter anderem deshalb, weil die Palästinenser zu spüren glauben, dass die heutige israelische Führung sie ganz aus ihrem eigenen Land vertreiben will, was die Situation im Verhältnis zu der damaligen Situation in Südafrika deutlich erschwert. Israel müsste zum Abbau dieses Hasses eine verständigere Haltung einnehmen und das Bleiben der Palästinenser uneingeschränkt akzeptieren, ja begrüßen. Das Gleiche gilt in umgekehrter Weise natürlich für die Palästinenser und die Radikalen in ihren Reihen. Wenn dabei auf Dauer eine gemeinsame Lösung für zwei benachbarte Staaten mit einer Durchlässigkeit wie innerhalb der EU gelänge – was nach wie vor nicht undenkbar ist –, wäre dies der historische Kompromiss, der beiden Seiten (fast) alles geben könnte, was sie sich erhofften, und zwar mit- und nicht gegeneinander.

Für den Beobachter ist offensichtlich, dass die Staatlichkeit Israels bis heute einen hohen Preis kostet. Dies gilt nicht nur für die Palästinenser, die ununterbrochen die täglichen Demütigungen einer De-facto-Kolonialmacht ertragen müssen und die den bei weitem höchsten Blutzoll in diesem Ringen zahlen müssen. Nein, auch Israel muss einen hohen Preis zahlen, zum Beispiel im Ertragen von Selbstmordattentaten, bis der Frieden gewonnen ist. Und ein Reflektieren der Befindlichkeit der Verlierer, ein Verstehen ihrer Sicht und ein Verständnis für diese Sicht wären kein Zeichen der Schwäche Israels, sondern sind nach Meinung des Autors die Voraussetzung für ein langsames Heilen der immer noch offenen Wunden, die mit der Gründung des Staates Israel untrennbar verknüpft sind.

*„Camp David ist nicht daran gescheitert, dass Yassir Arafat den Staat Israel nicht zu akzeptieren bereit war, wie von israelischer Seite immer wieder kolportiert wird, sondern an der schwierigen Frage des Rückkehrrechts der palästinensischen Flüchtlinge und daran, dass die israelische Politik sich geweigert hat und sich auch nach wie vor weigert, den völkerrechtlichen Status quo der UN-Resolution 242 uneingeschränkt zu akzeptieren und ohne Vorbehalte auf dieser Basis einen Frieden zwischen gleichberechtigten Partnern auszuhandeln, nicht einen Okkupationsfrieden einer militärisch dominierenden Macht zu Lasten eines zweitklassigen Gemeinwesens. Respekt, Würde, gleiche Augenhöhe, gegenseitige Hilfe, das sind die entscheidenden Prinzipien für einen Frieden, der diese Bezeichnung verdient, und daran fehlt es bisher."*

Zur Identifikation der Voraussetzungen für Frieden ist es wichtig zu verstehen, dass der Staat Israel heute, mehr als fünfzig Jahre nach der Staatsgründung, verständlicherweise endlich in seiner Existenz akzeptiert sein möchte und zwar vorbehaltlos, wie die überwiegende Zahl der anderen Staaten auch. Das Problem ist aber, dass die Gründung dieses Staates ein Gewaltakt und eine Kraftanstrengung und mit massiver Gewaltanwendung und Kriegshandlungen verbunden war und neben den Gewinnern viele Verlierer erzeugt hat. Diese Verlierer sind immer noch da und ihre Situation perpetuiert sich in Flüchtlingslagern. Dies ist ein Tatbestand, unabhängig von der Frage, warum es diese Flüchtlingslager nach mehr als fünfzig Jahren noch gibt und wer dafür die Verantwortung trägt. Die Demütigungen der Verlierer haben jedenfalls in ihrer eigenen Sicht, und auch in der Sicht der überwiegenden Zahl von Beobachtern bis heute kein Ende gefunden, sondern sie wiederholen sich, wie beschrieben, täglich. Dieser Zustand muss rasch überwunden werden.

> *„In einer ökosozialen statt ökodiktatorischen Perspektive ist der andere nicht primär ein Konkurrent oder ein Problem, sondern insbesondere auch eine Chance – vor allem, wenn er ohnehin da ist und man sich mit ihm arrangieren muss."*

Es hilft an dieser Stelle für die Findung des Friedens überhaupt nicht, wenn Israel darauf verweist, dass es der einzige demokratische Staat in der Region ist, dass das Land wirtschaftlich erfolgreich ist und dass sich alle anderen Länder in der Region daran ein Beispiel nehmen sollen. Das mag zwar so sein, auch wenn im Umgang mit den Palästinensern universelle Menschenrechtsprinzipien immer wieder missachtet werden. Und die ökonomische Leistungsfähigkeit ist in ihrer Wirkung doch eher so, dass sie die psychologischen Belastungen auf Seiten der Verlierer noch erhöht. Dies umso mehr, als diese auch wissen, dass der wirtschaftliche Erfolg Israels sehr viel mit vielfältigen Vergünstigungen dieses Landes zu tun hat und Israel zudem mit Einsatz von Gewaltmitteln die wirtschaftliche Entwicklung der Palästinenser systematisch verhindert und dabei in vielen Bereichen wie eine Kolonialmacht handelt, inklusive einer Ghettoisierung, die an die seinerzeitige Apartheid in Südafrika erinnert.

> *„Israel hat mit dem Startvorteil gut ausgebildeter Humanressourcen begonnen, die von überall auf diesem Globus in dieses Land gekommen sind, verbunden mit enormen, von außen eingebrachten materiellen Ressourcen und der solidarischen Unterstützung der meisten entwickelten Länder in einer Vielschichtigkeit und einem Umfang, von dem die Palästinenser nur träumen können."*

Dass gut ausgebildete Menschen an geeigneten Stellen dieses Globus mit erheblichem Einsatz von Ressourcen von außen einen demokratischen Staat und ein blühendes Gemeinwesen schaffen können, ist zwar nicht garantiert, aber auch nicht wirklich überraschend. Man denkt hier unmittelbar an viele koloniale Regime in akzeptablen klimatischen Gegenden und nicht zuletzt an die Besiedelung Amerikas durch Europäer zu Lasten der dort lebenden einheimischen Bevölkerung. Auch Südafrika ist ein gutes Beispiel dafür, wie erfolgreich Ökonomien etabliert werden können, aber auch dort führte das Separierungsproblem – in diesem Fall gegenüber der afrikanischen Bevölkerung – letztlich zu einem Zustand der Apartheid, zu einem Verhalten, wie man es von Kolonialmächten her kennt. Eine solche Konstellation ist auf Dauer mit friedlichen Mitteln nicht durchzuhalten. Und natürlich folgt aus dem ökonomischen Erfolg keine Begründung eines Existenzrechtes, schon gar nicht dann, wenn an der Stelle, wo eine Staatsgründung beabsichtigt ist oder erfolgte, bereits andere Menschen leben und dort ihre Heimat haben. Ökonomisch erfolgreicher zu sein ist bedeutungslos gegen ein Heimatrecht, wie immer das Regierungssystem der ansässigen Bevölkerung aussehen mag und wie wenig erfolgreich die Menschen ökonomisch auch immer agieren mögen, es sei denn, es gelingt, die andere Seite in historischen Zeiträumen zahlenmäßig völlig zu übertreffen, zu vertreiben oder als eigenständige Kultur weitgehend auszurotten (siehe Amerika). Diese Optionen bestehen aber in der modernen Welt nicht mehr so wie früher. Die Welt wird aufpassen, dass sie auch für Israel im Umgang mit den Palästinensern nicht bestehen, wobei man nur hoffen kann, dass auch der Staat Israel rasch wieder einen Weg zurück findet und wieder an seine humanen und völkerverbindenden Wurzeln anknüpft. Insgesamt führt deshalb an einem Zusammenleben der beiden zerstrittenen Seiten auf Dauer kein Weg vorbei und deshalb stellt sich die Frage des Friedens. Dieser wird in der Zukunft allenfalls mit einem ökosozialen und nicht mit einem ökodiktatorischen Ansatz gewonnen werden können. Eine ehrliche Positionierung der Gesamtthematik und mehr Konzentration auf die Würde der bisherigen Verlierer ist dafür die wichtigste Grundvoraussetzung.

### *Ökodiktatorische und sicherheitsorientierte Verführung*

- Ökodiktatorische Muster zeigen sich zunehmend im Verhalten des Nordens gegenüber dem Süden, von entwickelten gegenüber weniger entwickelten Ländern. Nach dem 11. September 2001 haben sich diese Elemente, wenn auch so nicht sofort erkennbar, verschärft.

- Die aktive Bekämpfung des Internationalen Strafgerichtshofs durch die USA bis hin zu den erfolgten Erpressungen im Kontext der Verlängerung des Bosnien-Mandats des UN-Sicherheitsrates ist inakzeptabel.

- Fanatismus und Nationalismus gefährden die internationale Ordnung.

- Die Nicht-Beachtung von UN-Sicherheitsratsresolutionen durch Israel steht einem Frieden im Nahen Osten entgegen.

- Camp David ist nicht primär oder ausschließlich an den Palästinensern gescheitert, sondern daran, dass Israel mehr will, als die völkerrechtliche Situation der UN-Resolution 242 von 1967 und die Meinung der Weltgemeinschaft als zulässig erachten.

- Die gewaltsamen Aktionen der Palästinenser haben ihren Ursprung auch in letztlich ungelösten Gerechtigkeitsfragen in Palästina.

- Die Politik der aktuellen israelischen Regierung beinhaltet Elemente des Kolonialismus und der heute überwundenen Apartheidsituation in Südafrika.

- In der von der aktuellen israelischen Regierung verfolgten Politik scheinen subtile Elemente einer Gewaltanwendung gegen ein anderes Volk im Sinne der Verkürzung der Lebenserwartung von vielen Menschen auf, zum Beispiel durch Verhinderung medizinischer Hilfe, Zerstörung von Infrastruktur und Degradierung der Lebensbedingungen von vielen Menschen.

- Das soziale Gefälle innerhalb von Israel/Palästina, betrachtet als eine Einheit, ist extrem hoch. Dabei ist klar, dass diese Einheit kein Staat ist und deshalb diese Feststellung entsprechend einzuordnen ist. Deutlich werden aber die Herausforderungen, die für die Zukunft bestehen.

- Ein wirklicher Frieden im Nahen Osten ist allenfalls dann erreichbar, wenn die Historie der Staatsgründung Israels mitbedacht und die mit diesem Vorgang verbundenen Ungerechtigkeiten an den Palästinensern als solche auch von Israel anerkannt werden, auch wenn sie in ihrem Kern heute nicht mehr rückgängig gemacht werden können.

- Ein wirklicher Frieden im Nahen Osten erfordert eine Überwindung des Fanatismus auf Seiten eines Teils der Palästinenser.

- Nur im Kontext eines ökosozialen Ansatzes ist ein dauerhafter Frieden im Nahen Osten erreichbar.

## VIII. Ein neues Denken für einen Frieden

Von beiden Parteien in diesem Konflikt sollte irgendwann in einer gemeinsamen Sicht auf Vergangenheit, Gegenwart und Zukunft akzeptiert werden, dass die 1948 in der Folge des Zweiten Weltkriegs mit Zustimmung der UN erfolgte Gründung des Staates Israel mitten in der arabischen Welt eine Zumutung für die dort lebenden Menschen war und nicht als fair begründet werden kann, aber Israel durch seine Beharrungsfähigkeit ein eigenes Lebensrecht an dieser Stelle erworben hat. Das ist ein entscheidender Punkt. Kein uraltes historisches Existenzrecht des Staates Israel, sondern ein vergleichsweise junges, mit hohem Einsatz, Durchhaltevermögen und militärischer Stärke ertrotztes Existenzrecht, das nunmehr ein entscheidender Eckpfeiler jedes Friedensvertrages sein muss. Das ist von palästinensischer Seite zu akzeptieren, so schwer das verständlicherweise auch sein mag. Von Israel würde ein Frieden umgekehrt mehr Empathie und mehr Verständnis für die andere Seite erfordern.

Unzweifelhaft stehen Reformen bei vielen arabischen Regimen in der Region im Rahmen co-finanzierter Entwicklungsprozesse an. Diese Regime bilden ein Problem für ihre Bevölkerung und die Welt. Allerdings arbeitet der Westen seit eh und je zum eigenen Vorteil mit vielen dieser Länder zusammen, stabilisiert die dortigen Regierungen und ist deshalb unglaubwürdig, wenn anschließend diese Situation als Argument genutzt wird, um dem Weg hin zu einem fairen Frieden in Palästina auszuweichen. Im Falle von Palästinenser-Präsident Yassir Arafat ist offensichtlich, dass die objektiven

Gegebenheiten, insbesondere auch seine Rückbindung an die palästinensische Bevölkerung und die innerpalästinensische Machtbalance angesichts des Dauerdrucks durch Israel, bisher kaum etwas anderes für ihn zugelassen haben, als so vielschichtig, flexibel und oft auch unglaubwürdig und doppelzüngig zu agieren, wie er es getan hat und tut. Für eine neue Positionierung von Präsident Arafat müssten erst die Rahmenbedingungen günstiger werden, vor allem der Zeitpunkt des Friedens und die Gründung eines palästinesichen Staates, abhängig von der Implementierung bestimmter Strukturelemente und Standards, müssten vorab fixiert und der weitere Weg von Willkürentscheidungen Israels abgekoppelt sein. Einen solchen Lösungspfad verhindert die israelische Regierung seit Jahren mit ihren Aktionen, möglicherweise bewusst, systematisch und mit einer bestimmten Zielsetzung auf israelischer Seite, möglicherweise auch nur als Getriebener vielfältigster interner Kräfte und Zielsetzungen. Insofern Israel vor allem Frieden will und nicht territoriale Erweiterung, macht die israelische Politik heute dieselben Fehler, die viele Kolonialmächte in derselben Weise gemacht haben, bevor es endlich zu Friedensschlüssen kam. Dies müsste sich ändern.

Die USA und Israel missachten heute nach Meinung vieler Beobachter internationales Recht, wenn ihnen dies opportun erscheint. Beide erliegen in den letzten Jahren immer wieder der Arroganz der Macht und einer ökodiktatorischen Verführung. Das ist schlecht für die Welt und ihre Völker und letztlich auch schlecht für die USA und Israel. Aus Sicht der Zukunftsanalyse in diesem Buch ist dies eine Sackgasse. Hoffentlich können die Freunde beide Länder dafür gewinnen, es mit internationalem Recht und ökosozialen Lösungsmodellen zu versuchen. In dieser Sicht sollte Israel endlich UN-Sicherheitsrats-Resolutionen als hilfreich und zielführend zur Kenntnis nehmen und akzeptieren, um so mehr, als ein UN-Teilungsplan der Ausgangspunkt für die breite Anerkennung der Staatsgründung war und das wichtigste Element jeder Legitimierung dieses Aktes darstellt. Mit der momentanen Politik ist ein wirklich dauerhafter Frieden, ein Frieden der Herzen, nicht zu gewinnen, allenfalls ökodiktatorisch erzwungene Ruhe – aber eine solche Ruhe ist immer nur temporär.

Ist das ökodiktatorische Modell schon in Israel nicht erfolgreich, wie soll es weltweit funktionieren, vor allem angesichts der extremen Verwundbarkeit der Infrastrukturen hochentwickelter Staaten und solange, wie wir alle miteinander noch versuchen, die zivilen Rechte der Menschen zu erhalten und sie nicht einem Kriegsprogramm zu unterwerfen, das ökodiktatorische Sieglösungen zum Ziel hat? Es droht heute schon massiver weiterer Terror, aber ebenso drohen große Gefährdungen in der Folge weltweiter ökologischer Degradierung. Die Kosten eines ökodiktatorischen Modells werden letztlich unbezahlbar sein. Die Menschheit sollte deshalb große Anstrengungen unternehmen, damit die Weltpolitik nicht letztlich bei diesem Modell enden wird. Die Bewältigung des 11. September 2001 und ein Frieden im Nahen Osten wären Felder einer Bewährung der Politik für eine zukunftsfähige Lösung der großen weltumspannenden Probleme, aber dafür muss sich zuvor einiges im Verhalten der Hauptakteure ändern. Sicher wäre auch ein größeres Engagement der Weltzivilgesellschaft zu dieser Thematik hilfreich und wünschenswert.

Israel könnte heute in einer ökosozialen Logik – und das ist der letzte Hinweis in diesem Kapitel – als die im Nahen Osten dominierende Macht sofort und einseitig einen Schritt tun, der die Tür für einen Frieden weit öffnen würde. Der nachfolgende Vorschlag einer Fünf-Punkte-Erklärung Israels für Frieden soll die Richtung einer Neuorientierung aufzeigen, die aus Sicht dieses Buches Hoffnung machen könnte.

### *Fünf-Punkte-Erklärung für einen Frieden im Nahen Osten*

1. In Anerkennung schmerzhafter Wunden und historischer Vorbelastungen auf Seiten Israels und der Palästinenser ist das heutige Politikziel Israels eine faire Verständigung zwischen beiden Seiten zur Gewinnung des Friedens. Israel unterstützt hierzu die rasche Etablierung eines demokratischen Staates Palästina im Gazastreifen und Westjordanland, in dem die Palästinenser ihre politische Heimat finden.

2. Der Staat Israel fördert und unterstützt diese Staatsgründung uneingeschränkt und wird alles In-seiner-Macht-Stehende tun, diesen Staat in guter Nachbarschaft beim Aufbau demokratischer Strukturen, administrativer Einrichtungen und bei der Verwirklichung eines raschen ökonomischen Aufschwungs zur Seite zu stehen.

3. Auf der Basis von Absprachen über gemeinsam zu beachtende Standards im sozialen, kulturellen und ökologischen Bereich ist Israel bereit, eine signifikante Co-Finanzierung und eine direkte sachliche Unterstützung eines Aufbaus in Palästina zu leisten.

4. Grundlage für einen Friedensschluss ist die uneingeschränkte Anerkennung der UN-Resolution 242. Das beinhaltet ein uneingeschränktes und voll anerkanntes Existenzrecht Israels in den Grenzen vor 1967. Zugleich sind territoriale Zugewinne Israels über diese Grenzen hinaus nicht zulässig. Das schließt nicht aus, dass beide Seiten im Einzelfall, auch auf der Basis eines Gebens und Nehmens, intelligentere Lösungen miteinander vereinbaren. Israel wird auch ein Rückkehrrecht für betroffene Palästinenser diskutieren, allerdings nur im Rahmen des Spielraums, den der Erhalt der staatlichen Integrität Israels erlaubt.

5. Israel bittet die internationale Gemeinschaft um Hilfe bei dem schwierigen Transformationsprozess hin zu einem Frieden der Verständigung und Kooperation zwischen Israel und einem einzurichtendem Staat der Palästinenser.

## 27
## *Eine total verdrehte Debatte:*
## *Notwendigkeit einer Doppelstrategie*

> *„Das derzeitige weltökonomische Design zwingt*
> *Regionen, die wie Europa auf sozialen Ausgleich set-*
> *zen, in doppelt falsche Handlungskonstellationen*
> *und damit Argumentationsnöte nach innen und*
> *nach außen. Doppelstrategieartige Politikansätze*
> *erlauben es, sich aus dieser Falle zu befreien."*

In diesem Kapitel soll erörtert werden, warum die Europäer in der öffentlichen Wahrnehmung oft schlechter abschneiden als die USA, ja, sich oftmals sogar selbst als zweitklassig wahrnehmen, obwohl sie für viele globale Anliegen eine sehr viel höhere Sensibilität besitzen. Warum sind die USA das Beispiel, auf das sich alle beziehen, selbst die Europäer? In diesem Buch wird deutlich, dass die Europäer in ihren Ländern einen hohen sozialen Ausgleich, die Förderung der Vielfalt der Kulturen und des Umweltschutzes in einem sehr elaborierten Gesellschaftsvertrag in beispielhafter Weise verwirklicht haben. Das gilt entsprechend auch für die entwickelten asiatischen Nationen und Kanada. Die USA fallen hier unter allen entwickelten Staaten aus dem Rahmen.

Die Nordeuropäer sind besonders vorbildlich in Fragen der Entwicklungshilfe und -politik. In den Ausdehnungsprozessen der Europäischen Union wird zusätzlich ein Entwicklungsprogramm implementiert, das ein Muster für den Globalisierungsprozess sein kann und das vor allem auf der Bereitschaft des schon weiter entwickelten Teiles der EU zur Finanzierung von Ausgleichsprozessen zum Erreichen vielfältiger Standards beruht. In Europa wird Co-Finanzierung tatsächlich gelebt. Europa ist nicht nur eine Freihandelszone, sondern auch ein sozial, kulturell und ökologisch integrierter Raum, ein „gemeinsamer Markt" im Unterschied etwa zur NAFTA.

> *„Es ist paradox: Gerade dadurch, dass die Europäer sozial aus-*
> *gerichtet sind, kommen sie weltweit argumentativ unter Druck. Und*
> *wenn dann die Wettbewerbsfähigkeit leidet, müssen sich die Poli-*
> *tiker auch gegenüber den eigenen Bürgern rechtfertigen, obwohl*

*andererseits die weit überwiegende Mehrheit der Bürger den Grad*
*an sozialem Ausgleich nicht reduzieren will, schon gar nicht die*
*sozial Schwachen. Das politische Leben gleicht in dieser Situation*
*dem vergeblichen Versuch der Quadratur des Kreises. In der Folge*
*kommt es zu einer Vielzahl zum Teil halbherziger und sich teilweise*
*auch widersprechender Maßnahmen. Die Europäer reagieren in*
*dieser Situation mitunter protektionistisch nach außen und wirken*
*damit gegenüber den Schwellenländern manchmal als egoistische*
*Blockierer, wo doch gerade in Bezug auf sozialen Ausgleich sowie*
*internationale Förderung von Entwicklung Europa den USA weit*
*vorausgeht. Hier gilt es, einen gordischen Knoten zu durchschlagen,*
*einen Knoten vertrackter Argumentations- und Handlungsfallen. –*
*Hier helfen nur doppelstrategieartige Ansätze weiter."*

Aber löst das jetzt Begeisterung aus? Eher nicht, denn die Organisation von Gerechtigkeit und Ausgleich erfordert Bürokratie, hohe Steuern und viel Umverteilung. Besonders die Gewinner der ökonomischen Prozesse mögen das nicht. Und sie haben die besten Chancen, sich öffentlich zu artikulieren. Der Preis der stärkeren sozialen Ausgeglichenheit in Europa ist zudem eine möglicherweise etwas geringere wirtschaftliche Dynamik als in den USA. Das war solange kein Problem, als die Ökonomie im Wesentlichen noch national oder kontinental organisiert war. Aber das ist jetzt vorbei. Als Folge der informationstechnischen Revolution befinden wir uns jetzt in einem einzigen übergreifenden Weltmarkt. Der Norden lässt in diesem Markt den Rest der Welt durch sein unglaubliches technisches Potenzial und die dadurch mögliche Steigerung der Effizienz weit hinter sich. Für alle Staaten rund um den Globus wird der Welthandel, wird die WTO neben der Einbindung in die internationalen Finanz- und Anlagemärkte zu einer Überlebensfrage. Wer hier nicht beteiligt ist, fällt unvermeidbar zurück. Die WTO-Logik bestimmt insbesondere, was sich auf den Weltmärkten rechnet. Aber was ist das für eine Logik? Es geht um Freihandel. Freihandel ist ein Least-Commitment-Vertrag. In einem derartigen Abkommen kümmert man sich nicht um soziale, gesellschaftliche oder kulturelle Anliegen. Diese werden an die Nationalstaaten zurückverwiesen, die dann aber aufgrund spieltheoretischer Zwänge immer weniger für diese Segmente tun können. Und in Finanzkrisen der sich entwickelnden Länder schneidet der Weltwährungsfonds (IMF) als Voraussetzung für seine Hilfe entsprechende Programme ohnehin bevorzugt zurück, vor allem im sozialen Bereich. Der

Nobelpreisträger für Wirtschaftswissenschaften, Joseph Stiglitz, der selbst viele Jahre in verantwortlicher Position für die Weltbank gearbeitet hat, beschreibt die desaströse Natur dieser fehlgeleiteten internationalen ökonomischen Logik in allen Details (vgl. die Hinweise im Literaturverzeichnis).

Die Revolution im Bereich der Informations- und Verkehrstechnik hat eine neue Lage herbeigeführt. Die Entfernung verlor viel an Bedeutung, es wurden weltweite Wertschöpfungsprozesse in immer mehr Bereichen möglich. Die Nutzung dieser Möglichkeiten erweist sich als Wettbewerbsvorteil, der Welthandel transformiert sich zunehmend in eine durchgehende Weltökonomie.

Aus der Sicht des Südens ist die Einbindung in diesen Prozess zumindest mehr als nichts und eröffnet wenigstens Chancen auf Partizipation und Teilhabe. Mit den neuen technischen Möglichkeiten ergibt sich eine Dynamik der Investitionen von entwickelten Ländern im Süden des Globus. Sie haben damit eine Chance aufzuholen, wie es einige „Tigerstaaten" in Südostasien überzeugend vorexerziert haben. Für das „Mehr als nichts" zahlt man aber auch einen Preis: Im Norden, zum Beispiel in Europa, entsteht ein Druck, stärkere soziale Ungleichheit zuzulassen, auch weil im Bereich der Besteuerung nicht mehr so viele Mittel für Umverteilung aufzubringen sind wie früher, wenn die Konkurrenzfähigkeit der eigenen Weltkonzerne auf den Weltmärkten erhalten werden soll. Die Spaltung im Norden nimmt deshalb zu, insbesondere unge-lernte Arbeiter, aber auch der Landwirtschaftssektor sind betroffen. Im Süden gibt es auch dadurch eine zunehmende Spaltung, dass ein Teil der Bevölkerung nun in die globalen ökonomischen Prozesse hineinwächst und deshalb reicher wird, der übrige Teil aber nicht. Ferner ist es so, dass die Umwelt global massiv belastet wird. Diese Art von Globalisierungsprozess erleben wir im Moment. Er erzeugt Wachstum und eröffnet Chancen für bestimmte Länder und Gruppen. Dieser Prozess verringert auch die globale Spaltung, aber um den bereits mehr-fach genannten dreifachen Preis, der mit Nachhaltigkeit nicht verträglich ist, nämlich der Erhöhung der sozialen Spaltung im Norden, der Erhöhung der sozialen Spaltung im Süden und der weltweiten Zerstörung der Umwelt.

Positiv gesehen wird der Prozess vor allem von den Gewinnern – das sind die führenden Gruppen des Nordens, die nun gleich zweimal gewinnen, nämlich durch die erhöhte weltweite Wachstumsdynamik und durch ihre relativ verbesserte Position. Gewinner sind auch jene Menschen im Süden, die im Gegensatz zur übrigen Bevölkerung im Süden in die globale Ökono-mie hineinwachsen und eine wirtschaftliche Besserstellung erreichen.

Die Frage ist, wie man jetzt in Europa auf diese Entwicklung reagieren soll. Ganz offensichtlich ist das keine glückliche Konstellation. Die europäischen Regierungen sind vor allem damit konfrontiert, mit jenen Globalisierungszwängen umzugehen, die die sozialen Systeme gefährden. Man spricht dann von „intelligenter Modernisierung", wenn man solche Anpassungszwänge (beispielsweise aufgrund zurückgehender Steuereinnahmen) umzusetzen versucht, die übrigens fast unabhängig davon ablaufen, welche Parteien gerade die Regierung stellen. Denn die international operierenden Konzerne müssen unter den heutigen weltökonomischen Rahmenbedingungen steuerlich deutlich entlastet werden, wenn sie international konkurrenzfähig bleiben wollen. Die so über Globalisierungsmechanismen erzwungene steuerliche Entlastung der international operierenden Unternehmen hat dann aber bei uns die völlig kontraproduktive, wiewohl kaum vermeidbare Folge, dass der Mittelstand, der ohnehin schon am stärksten belastet ist und trotzdem die meisten Arbeitsplätze schafft, gerade nicht entlastet werden kann, denn irgendwer muss ja die Steuern aufbringen und den sozialen Ausgleich mitfinanzieren. Zum Schluss werden die belastet, die nur lokal operieren können, also nicht glaubwürdig damit drohen können „wegzulaufen": „Die Letzten beißen die Hunde." Das ist natürlich völlig kontraproduktiv, es erzeugt eine Todesspirale, aber was soll die Politik machen? Man kann sich nur zu gut vorstellen, wie die deutschen beziehungsweise europäischen Politiker darunter leiden, über die Globalisierung in solche völlig kontraproduktive Politikmuster gezwungen zu werden, aber wie sollen sie sich denn entziehen?

Die Folgen sind dann Eingriffe in das soziale System, Druck auf Arbeitslose und ähnliches, um mit der sich dauernd verschlechternden Einnahmen- und Ausgabensituation zurecht zu kommen. Die Bevölkerung und auch die Gewerkschaften drängen auf Schutzmaßnahmen, mit denen man versucht, die Situation für die sozial gefährdeten Gruppen zu stabilisieren, selbst wenn das die Arbeitslosigkeit insgesamt erhöht. Viele dieser Maßnahmen werden von außen als Protektionismus wahrgenommen. Man schließt preisgünstige Bauunternehmer aus der Ukraine aus, man versucht, Partnern teure Standards aufzuzwingen, um damit indirekt die eigenen Mitarbeiter zu schützen. Man versucht es mit verdeckten Subventionen, mit teuren technischen und organisatorischen Standards. Diese werden von außen als nicht tarifäre Handelshemmnisse interpretiert. Großunternehmen unterwerfen sich Regelwerken, müssen dann aber aus Kostengründen versuchen, über Subunternehmer weltweit die Potenziale zu nutzen, die daraus resultieren,

Dinge tun zu dürfen, die dem Großunternehmen selbst gemäß der gegebenen Standards verboten sind. Diese Art der Vorgehensweise erscheint dann Außenstehenden oft als „scheinheilig".

In einer Welt mit falscher Ordnung rechnet es sich, das Falsche zu tun. In demselben Umfang, in dem die Bevölkerung die soziale Balance unverändert erhalten will, muss unsauber reguliert werden. Protektionismus gehört dazu. Der Versuch, in einer falsch organisierten Welt dennoch das Richtige zu erhalten, führt zu Maßnahmen, die sowohl aus Sicht unserer Wirtschaft als auch aus der Sicht der sich entwickelnden Länder falsch sind. Argumentativ angegriffen werden dann nicht der soziale Ausgleich, sondern Bürokratie, Inflexibilität, hohe Steuern, fehlende Dynamik, der Zustand einer vermeintlichen „Servicewüste Deutschland" oder der Protektionismus. Unter dem Druck enger Kassen fallen wir dann auch noch bei der Entwicklungshilfe zurück. Für dynamische, artikulationsfähige Exponenten des Südens werden dann Marktöffnung und Freihandel zum wichtigsten Thema und zur einzigen glaubwürdigen Perspektive, so problematisch dieser Ansatz ohne soziale, kulturelle und ökologische Flankierung auch immer sein mag. Die USA haben so gesehen mit ihrer Position Recht, sie setzen die Standards, definieren die Aktionsmöglichkeiten der anderen, und wir laufen alle hinterher. Wir landen so in der Falle eines „genialen" Designs, das sich kurzfristig rechnet, nur leider für die Welt keine Zukunftsperspektive eröffnet.

Betrachtet man das alles, dann ist man als Europäer über die europäische Politik nicht glücklich. Die USA stehen optisch besser da, zumindest argumentieren sie für freie Märkte, für weniger Protektionismus und lassen intelligente und zugleich mobile Menschen im Rahmen von Greencard-Programmen zu sich kommen. Das sieht nach Offenheit, nach der Ermöglichung von Partizipation aus. Das alles verstärkt sich, weil sich in dieser Welt freihandelsorientierte Strategien rechnen. Der Markt zwingt uns dazu, uns anzupassen. In Europa müssen sich die Firmen anpassen. Die USA sind das Beispiel und man argumentiert, „Seht doch, wie die das in Amerika machen, warum machen wir das nicht auch so?", bis hin zur Reduktion des sozialen Ausgleichs. Das ist insgesamt keine glückliche Position für uns. Die Europäer werden gezwungen, in einem gewissen Sinne das Falsche zu tun, um so viel wie möglich von dem eigentlich Richtigen bei sich zu retten. Aber gerade dadurch werden sie dem Anschein nach zu Schuldigen. Zudem laufen sie ökonomisch immer hinter den USA her und sind daher auch in einer schwachen Argumentationsposition – vom militärischen Rückstand erst gar nicht zu reden.

### Doppelstrategie als Argumentationsschema

Was wir in dieser Situation brauchen, ist eine Offensive hinsichtlich der eigenen Positionierung und Argumentation. Wir dürfen nicht zulassen, dass die USA als das Erfolgsmodell gehandelt werden, nur weil sie sehr erfolgreich das eigentlich Falsche tun und damit auf den Märkten reüssieren. Wir müssen vermitteln, dass der ökosoziale Ansatz eigentlich der bessere ist, dass aber dieser Ansatz heute unter falschen Weltordnungsbedingungen nicht konkurrenzfähig ist und es dann in der Folge zu Verhaltensweisen kommt, etwa bei protektionistischen Maßnahmen, die eigentlich der europäischen Logik widersprechen und die zu Recht von betroffenen Dritten als Zumutung empfunden werden.

In dieser Situation muss Europa in seiner Strategie und in der Argumentation doppelstrategieartig verfahren, ähnlich der Situation beim NATO-Doppelbeschluss, daher der Name „Doppelstrategie". Beim NATO-Doppelbeschluss gab es im Machtpoker mit der Sowjetunion eine andere Seite, die zu einem bestimmten Zeitpunkt auf einen Ansatz setzte, den der Westen als grundsätzlich falsch ansah. Die Logik hieß damals Entwicklung und Installation von SS 20-Raketen mit sehr kurzen Vorwarnzeiten. Wir wollten im Westen keine weiteren neuen Raketen. Aber was macht man, wenn die andere Seite mit neuen SS 20 droht und man selbst keine neuen Raketen haben will? Da gibt es sowohl friedliche, sanfte Strategien als auch rückgekoppelte Ansätze der folgenden Art: „Ich baue nie eine Rakete, außer du baust eine, dann baue ich zwei." – Man muss manchmal glaubhaft das Gegenteil von dem, was man eigentlich will, androhen können und dann zur Not auch tun, damit man mit einem anderen letztendlich dahin kommt, wo man vernünftigerweise von vornherein gemeinsam hätte hingelangen sollen – wobei es keine hundertprozentige Erfolgsgarantie gibt.

*„Doppelstrategieartige Ansätze sind eine Methode, mit spieltheoretischen Zwängen umzugehen. Manchmal ist es wichtig, mindestens so überzeugend wie ein Konkurrent auch das Falsche tun zu können, um ihn vielleicht dafür zu gewinnen, gemeinsam das Richtige zu tun . Das beste Beispiel für einen solchen Ansatz war der NATO-Doppelbeschluss. Auf die Drohung der Sowjetunion, große SS 20-Raketen zu bauen und zu installieren, hat der Westen überzeugend zu verstehen gegeben, dass er zwar von sich aus keine einzige neue Rakete bauen würde, aber sollte der Osten das tun, für jede Rakete*

*zwei eigene bauen werde. Diese Position hat Wirkung gezeigt. –*
*Vielleicht gibt es deshalb heute auch keine Mauer mehr in Berlin."*

Für Mathematiker ist dieses Thema nichts Neues. In der mathematischen Spieltheorie werden derartige Konstellationen unter dem Begriff des Gefangenendilemmas (Prisoner's Dilemma) diskutiert. Das Leben ist voll von derartig schwierigen „sozialen Konstellationen", sie dominieren unser Leben und sind wahrscheinlich einer der wichtigsten Gründe für die massive Weiterentwicklung des menschlichen Großhirns in den letzten hunderttausend Jahren hin zu einer so genannten sozialen Intelligenz.

Wir sind alle so smart, dass einfache Strategien meist nicht mehr ausreichen. Diese Welt ist wegen der vielfältigen Reaktionsmöglichkeiten von Menschen sehr kompliziert. Es ist schon fast eine Frage des Respekts vor dem Anderen, dass man nicht erwartet, mit einfachen Ansätzen durch das Leben zu kommen. Das Überleben erfordert mehr. Im Leben muss man in harten Auseinandersetzungen manchmal bereit sein, genau das Gegenteil von dem zu tun, was man eigentlich tun will, wenn man eine Chance haben will, mit anderen zusammen schließlich bei dem adäquaten Kompromiss anzukommen, den alle vernünftigerweise gleich von vornherein hätten anstreben sollen. Ein kluger Philosoph hat einmal gesagt, dass man staatliche Ordnungen erfinden musste, um mit Prisoner's-Dilemma-Games fertig zu werden. Man sollte dabei aber die Kategorien nicht verwechseln. Das Falsche sollte auch so benannt werden (und nicht als intelligente Modernisierung mit einem positiven Touch versehen werden) und die Frage geeigneter neuer Spielregeln (wie Weltgesellschaftsverträge), unter denen dann wieder Vernunft entsteht, sollte thematisiert werden.

Als Vergleich sei hier auf einen Rennfahrer beim Formel-1-Rennen verwiesen. Wenn der Rennfahrer der Meinung ist, ein Kurs sei kriminell gefährlich und müsse entschärft werden, dann sollte er trotzdem alles tun, um das Rennen zu gewinnen, insbesondere dann, wenn er dazu beitragen will, dass der Kurs entschärft wird. Historisch betrachtet sind nämlich Regelwerke durchaus des Öfteren verändert worden, aber praktisch nur von Gewinnern. Wenn ein Gewinner sagt „Diese Regel ist inakzeptabel", dann schließen die Beobachter, dass da etwas dran sein muss. Wenn aber ein Verlierer die Regel ändern will, vermutet jeder: „Oh Gott, der will auch einmal gewinnen." Ein Verlierer ist daher inhärent ein sehr unglaubwürdiger Advokat seiner eigenen Anliegen.

Wenn wir heute ein geistiges Ringen um die Frage beobachten, ob wir eine bessere Weltordnung für die Weltökonomie brauchen, eine Weltordnung, die die universellen ethischen Anliegen der Menschheit angemessen im Sinne einer klassischen europäischen Sozialen Marktwirtschaft in die Weltmarktordnung inkorporiert, dann ist das eine spannende Entwicklung. In dieser Auseinandersetzung werden wir aber in Europa nicht dadurch unsere Position behaupten, dass wir bei uns im Moment noch mehr Sozialstaat oder noch mehr Umweltschutz etablieren, weil das zusätzliche Arbeitsplätze vernichten würde und unter den bestehenden Bedingungen international nicht konkurrenzfähig wäre. Dieses Ringen wird vielmehr allenfalls dann zu einem positiven Abschluss gebracht werden können, wenn wir zur Not die USA auch noch in ihrer eigenen Logik überholen.

Man betrachte dazu noch einmal das Beispiel Greencard (vgl. Kapitel 7): Wir müssen nun auch bei uns die Greencard einsetzen, weil die US-Amerikaner das ebenso machen. Wir müssen allein schon deshalb die Greencard einführen, damit die USA nicht zum Nulltarif allein an all die Top-Humanressourcen heran können wie bisher. Wir können das aber koppeln mit einer Logik der Doppelstrategie, die darin besteht, dass wir uns als Europäer bereits vorab zu einem Weltgesellschaftsvertrag bereit erklären, in dessen Rahmen sich die reichen Länder dazu verpflichten, Ausbildungsinvestitionen und die Kosten der Suchprozesse für Spitzenqualität an die Heimatländer zurückzubezahlen, wenn sie gut ausgebildete Menschen aus Schwellenländern bei sich aufnehmen, vorausgesetzt natürlich, dass die USA dazu ebenfalls bereit sind.

> *„Doppelstrategien sind Ansätze, um auf Situationen reagieren*
> *zu können, in denen man das Falsche tun muss, um zu überleben.*
> *Im Rahmen von Globalisierungsprozessen treten solche Situationen*
> *beispielsweise deshalb auf, weil sich über technische Innovation und*
> *damit Distanzeliminierung angesichts der Freihandelslogik der*
> *WTO de facto Deregulierungsschritte durchsetzen, obwohl die*
> *Mehrheit der Bevölkerung bei uns die daraus resultierenden Folgen,*
> *zum Beispiel einen geringeren sozialen Ausgleich, so nicht will."*

Eine doppelstrategieartige Argumentation führt zu einer total veränderten Debatte gegenüber der heutigen Situation. Die Frage an die USA ist dann, ob sie bereit sind, Ausbildungsinvestitionen schwächerer Länder zurückzuzahlen, und zwar in einer Situation, in der die Europäer ihre Bereitschaft dazu bereits erklärt haben. In dieser Situation stellt sich dann das Thema Greencard ganz anders und stärker balanciert dar, als das heute der Fall ist. Es wird dann nicht mehr so einfach gelingen, dass reiche Länder die Sozialstrukturen ärmerer Länder „plündern" und das auch noch als einen Beitrag zur Belohnung individuellen Leistungswillens und zur Zusammenarbeit der Völker „verkaufen" können.

### Doppelstrategieartige Argumentationsmuster

• Doppelstrategieartige Ansätze für Europa beinhalten die folgende Logik: Wenn aufgrund von Weltmarktdruck, ausgelöst über die co-finanzierungsfreie Freihandelslogik der WTO und das Verhalten von Konkurrenten, die ihre eigenen Interessen zu Lasten sozialer, kultureller und ökologischer Entwicklung verfolgen, für uns ökonomische Probleme auftreten, dann müssen wir gegebenenfalls in der Lage sein, dasselbe zu tun, um „Waffengleichheit" herzustellen und unsere Konkurrenzfähigkeit zu erhalten.

• Wir sollten das allerdings nicht als intelligente Modernisierung bezeichnen, sondern beim Namen nennen. Wir sollten sagen, dass wir jetzt das Falsche tun, weil wir über den Weltmarkt dazu gezwungen werden. Wir müssten klar machen, wo die Ursachen für derartige Handlungsweisen liegen. Wir müssten auch kommunizieren, wie ein Weltgesellschaftsvertrag aussehen würde, bei dem niemand gezwungen wäre, eine falsche Politik zu verfolgen, um wirtschaftlich zu überleben. Und wir sollten ankündigen, dass wir einen solchen Weltgesellschaftsvertrag unterschreiben würden, vorausgesetzt, die anderen tun das auch.

• Nach dieser Logik kann man heute bei uns eine Greencard einführen, um Nachwuchsdefizite zu kompensieren und Ausbildungskosten zu reduzieren, und zugleich für einen Weltgesellschaftsvertrag argumentieren, bei dem alle reichen Länder den Schwellenländern zumindest die Ausbildungskosten zurückerstatten, wenn sie Menschen aus diesen Ländern zu sich holen.

- Nach derselben Logik kann man zur Not durch die Konkurrenz erzwungene Innovationen im Bereich der Gentechnik forcieren. Aber man würde auch hier einen Vertrag anbieten, der weltweit Moratorien und Verlangsamung ermöglicht. Das erspart es einer Nation, aufgrund ökonomischer Zwänge innerhalb von zwei Jahren wesentliche ethische Positionen in ihrer Substanz verändern zu müssen.

- Demgemäß kann man gegebenenfalls auch sein Militär verstärken, obwohl weltweit die bessere Lösung darin bestünde, Militär abzubauen. Entsprechend kann man vielleicht klar machen, warum man bei sich keine weiter gehenden Ökosteuern oder $CO_2$-Reduktionsmaßnahmen einführen kann, das aber sofort tun würde, wenn in einem Vertrag andere Partner zu denselben Reduktionen bereit wären.

- Doppelstrategien erlauben es auch, die Steuern in Zeiten öffentlicher Armut und privaten Reichtums zu senken, um gegenüber konkurrierenden Ländern attraktiv zu bleiben, obwohl eigentlich angesichts der heutigen Gegebenheiten eine (weltweite) Steuererhöhung angesagt wäre.

- Doppelstrategien erlauben es auch zu erklären, warum die EU trotz des hohen sozialen Ausgleichs innerhalb der einzelnen Mitgliedstaaten zurzeit nicht noch mehr tut, um das Gefälle zwischen den Staaten der EU schneller zu reduzieren und dadurch den EU-Equity-Faktor rasch zu erhöhen.

- Doppelstrategien sind auch die richtige Position im Kampf für eine weltweite Ökosoziale Marktwirtschaft. Es geht darum, die eigene Bereitschaft für einen Weltgesellschaftsvertrag inklusive der Bereitschaft zu Co-Finanzierungsmaßnahmen zu signalisieren, aber so lange es diesen Vertrag nicht gibt, auch dazu in der Lage zu sein, alles zu tun, was erforderlich ist, um unter den heutigen WTO-Bedingungen ökonomisch wettbewerbsfähig zu bleiben.

Noch einmal: Doppelstrategieartig heißt, dass man zur Not das Falsche tut, aber dann zumindest ausdrücklich sagt, was das Richtige wäre und eine Strategie aufzeigt, wie man über bessere Weltordnungsbedingungen dorthin kommen kann. Solange ein solcher Vertrag nicht geschlossen ist, muss leider auch Europa manchmal das Falsche tun. Das kann in dem einen oder anderen Fall auch protektionistische Maßnahmen zum Schutz der eigenen Bevölkerung beinhalten. Auch hier sollten wir mit Bedauern den Tatbestand als solchen thematisieren, und zwar mit dem Hinweis darauf, dass man für eine bessere Weltordnung inklusive massiver Co-Finanzierung eintritt. Eine solche Ordnung, die weltweite Umverteilungsmechanismen unter wesentlicher Einbeziehung der USA beinhaltet, würde all diese wenig zielführenden Maßnahmen nicht mehr erfordern.

Doppelstrategieartige Argumentationen könnten vieles erleichtern, auch im Bereich der Landwirtschaftspolitik, selbst in Zusammenhang mit einem eventuellen weltweiten Ausstiegsszenario für die Kernenergie über hundert Jahre mit kurzfristig stärkerer Nutzung dieser Technik angesichts der sich verschärfenden Klimaproblematik, falls die Klimaproblematik anders nicht bewältigt werden kann (– hoffentlich ist dieser Schritt nicht erforderlich). Der Autor argumentiert deshalb auch für doppelstrategieartige Ansätze zur Gestaltung der Politik in der Bundesrepublik Deutschland mit Blick auf die großen Herausforderungen im Bereich der Zukunft der Arbeit, der Renten- und Pensionssysteme und der Gesundheitssysteme (vgl. Hinweise im Literaturverzeichnis). So scheint für die Zukunft der Arbeit der Schlüssel in einem Rückbau des öffentlichen Sektors zu liegen (was durchaus mit vielen Nachteilen verbunden sein wird, aber unter den heutigen weltweiten Bedingungen zunächst unvermeidbar ist). Die frei werdenden Mittel sollten dann in die Förderung anderer Formen von Arbeit auf einem reduzierten, aber immer noch vergleichsweise hohem Niveau der Equity genutzt werden, und zwar in Kombination mit anderenfalls ohnehin zu zahlenden Mitteln der Sozialversicherung oder auch der Arbeitslosenversicherung. Hier geht es um Ansätze, wie sie heute unter Stichworten wie „Kombilohn" oder „negative Einkommenssteuer" diskutiert werden. Der Autor sieht vor allem große Chancen für ein in dieser Weise massiv co-finanziertes Segment von Arbeit im Bereich der gemeinnützigen Stiftungen. In diesem Bereich bleiben heute viele wichtige Aufgaben unerledigt, da sie allenfalls anteilig, aber bis heute nicht voll finanziert werden können.

Auch für den Bereich des Gesundheitswesens lässt sich mit einem doppelstrategieartigen Ansatz vielleicht die bestehende spieltheoretische

Blockade zwischen jenen, die vernünftigerweise dafür votieren, dass Menschen mit genug Geld erhebliche zusätzliche Mittel in ihre Gesundheit investieren dürfen (und zwar zu ihrem und zu aller Vorteil), und denen, die bei einer solchen Öffnung für Zuzahlungen Angst um den sozialen Schutz der schwächeren Teile der Gesellschaft haben, überwinden. Es lässt sich nämlich ein überzeugendes Win-Win-Szenario formulieren, bei dem allen berechtigten Anliegen Rechnung getragen wird. Auf diese Weise kann eine intelligente Anpassung an Weltmarktzwänge vorgenommen werden. Da in diesem Fall, um beim Beispiel Deutschland zu bleiben, allerdings Veränderungen bis in den Verfassungsbereich hinein erforderlich erscheinen, ist aus Sicht des Autors temporär eine große Koalition, vielleicht besser noch eine All-Parteien-Regierung, erforderlich, die schon vor einem Wahltermin zu diesem Zweck vereinbart und den Wählern breit kommuniziert wird. Im Rahmen einer intelligenten Doppelstrategie geht es dabei um die möglichst kluge Anpassung an unausweichliche Zwänge, die aus dem Weltmarktdruck resultieren. Lösungen sind dabei so klug und weitsichtig wie möglich vorzunehmen. Ziel ist der intelligente Umgang mit den Zwängen, die aus einer nicht vernünftig gestalteten Globalisierung resultieren. Ziel ist ferner die bestmögliche Abwehr beziehungsweise Bewältigung von Bedrohungsszenarien und damit einhergehend die Gestaltung der Zukunft Deutschlands und der Welt. Das ist die größte Herausforderung, die vor uns liegt. Das leidige Problem, welche der beiden großen Parteien dabei den Kanzler stellt, kann vielleicht durch eine vorab abgesprochene Rotation während der Legislaturperiode überwunden werden.

Sozialer Ausgleich ist notwendig für den Zusammenhalt der Gesellschaft. Privatisierung von Aufgaben reicht in entscheidenden Bereichen als Lösungsansatz nicht aus. Eine vernünftige Lösung der Verteilungsfragen, inklusive der Dimension des öffentlichen Sektors wie der großen Systeme im Sozialbereich, bleibt damit auch die zentrale Thematik für die Zukunft der Arbeit. Tatsächlich steht jede moderne Gesellschaft vor dem Problem, wie sie die enormen Wertschöpfungssteigerungen im Bereich technischer Innovationen, die tendenziell vor allem eine Ersetzung des Menschen durch die Maschine beinhalten, in diejenigen Teile der Gesellschaft transformiert, in denen mit Hilfe von Technik wenig an Steigerung der Wertschöpfungsfähigkeit erreichbar ist, also Menschen kaum durch Maschinen ersetzt beziehungsweise substanziell entlastet werden können. Das betrifft unter anderem. Das Großziehen von Kindern, die mitmenschliche Sorge füreinander, die Betreuung Kranker und Sterbender. Die Hoffnung auf private

Aufwendungen in diesem Bereich, den so genannten „Sickereffekt" von Reichen zu Armen, hat sich immer wieder als großer Fehlschluss erwiesen. Die ungleiche Ausgangsverteilung in der Verfügung über Geld übersetzt sich sofort in vielfältig differenzierte Versorgungsniveaus und tendenziell schlecht ausgestattete, teils frühkapitalistische beziehungsweise ihrer Natur nach feudale Arbeitsverhältnisse im privaten Umfeld mit ungünstigen sozialen Rahmenbedingungen für die dort tätigen Arbeitnehmer. An der öffentlichen Organisation entsprechender Transformationsprozesse zwischen den verschiedenen (legitimen) Aufgabenbereichen einer modernen Ökonomie führt daher kein Weg vorbei. Ein Minimum sind öffentlich vereinbarte (Mindest-)Standards unter Einbeziehung der Gewerkschaften und von Vertretern der Betroffenen. Dass dies unter Bedingungen der Globalisierung und der damit zusammenhängenden neuen Spaltung schwer durchsetzbar ist, ist ein anderes Thema und läuft von der Logik des Umgangs mit diesen Gegebenheiten fast unvermeidbar auf doppelstrategieartige gesellschaftliche Reaktionsmuster zu, wie sie in diesem Kapitel beschrieben werden.

Bisher war nur von doppelstrategieartigen Politikansätzen in einem einzigen Land die Rede. Der Ansatz geht aber viel weiter. Mit doppelstrategieartigen Argumentationsschemata könnte sich Europa endlich als ein Akteur für die richtige Lösung platzieren, für kluge und ausgewogene Ansätze, und klarmachen, welchen Zwängen das sozial ausgeglichenere europäische Modell unter den aktuellen, nicht zukunftsfähigen Weltordnungsbedingungen ausgesetzt ist. Veränderungen als Folge der Anpassung an Weltmarktzwänge sollten dabei primär in Richtung Effizienzsteigerung gehen. Doppelstrategieartige Ansätze sind die Lösung zur Bewältigung der schwierigen Übergangszeiten bis zu einem vernünftigen Weltgesellschaftsvertrag und die einzige Chance, die argumentative Initiative unter Ordnungsbedingungen zurückzugewinnen, die uns immer wieder zwingen, in doppelt verschachtelter Weise das Falsche zu tun, weil wir eigentlich das Richtige verteidigen wollen.

## 28

## Schritte hin zu einem besseren weltökonomischen Design: Wie könnte man vorgehen?

> *„Es erscheint möglich und realistisch, mit Zwi-*
> *schenschritten in den Jahren 2007, 2012 und 2025*
> *zu einem konsistenten Weltgesellschaftsvertrag auf*
> *Basis einer weltweiten Ökosozialen Marktwirt-*
> *schaft zu kommen, der in stabile nachhaltige*
> *Verhältnisse führt. Bis zu einem Rio+20-Weltgipfel*
> *im Jahr 2012 könnten die ersten entscheidenden*
> *Schritte schon erfolgt sein."*

Die Implementierung eines Weltgesellschaftsvertrags ist eine höchst komplexe politische Herausforderung. Das Geschäft der Politik ist schon im Allgemeinen nicht einfach. Die Herausforderungen an die Politiker hinsichtlich der Kommunikation mit nicht ausreichend informierten Bürgern sind gewaltig und viele erzielte (Teil-)Ergebnisse höchst anerkennenswert. Das gilt insbesondere angesichts großer weltweiter Nöte, Zwänge, die aus einer immer stärkeren Präsenz der Medien und ständigen Wahlterminen resultieren. Die Tagespolitik ist nicht einfach, erst recht nicht, wenn globale Gemeinschaftsgüter betroffen sind und Trittbrettfahren sich kurzfristig und vordergründig rechnet. Dennoch ist die Politik auch in diesem Bereich schon weiter, als die meisten Bürger das erwarten würden. Zudem kann sie auf vielen bereits erfolgten Abkommen in Teilbereichen aufbauen. Vor allem die Erweiterungsprozesse der EU, das Montrealer-Protokoll und der so genannte Clean-Development-Mechanismus (CDM) des Kyoto-Protokolls (vgl. Kapitel 10) weisen in die richtige Richtung. Deshalb kann diese Aufgabe bewältigt werden.

In diesem Kontext soll zur Konkretisierung der öffentlichen Diskussion und zum Präzisieren einiger in diesem Buch geäußerten Vorstellungen versucht werden, einige exemplarische Hinweise zu der Frage zu geben, wie ein solcher Weltgesellschaftsvertrag aussehen und wie der Weg hin zu einem besseren weltökonomischen Design in Form einer Abfolge von Zwischenschritten gestaltet werden könnte. Es sind das erste Überlegungen, denn da es hier um ein sehr komplexes Thema geht, ist mehr interdisziplinäre Forschung dringend erforderlich. Wir brauchen verstärkt Designüberlegungen dieses Typs, damit wir uns angesichts der Herausforderungen der kommenden Jahre nicht plötzlich in einer Lage befinden wie die Bundesrepublik Deutschland beim Fall der Mauer. Da passierte in Deutschland endlich das, von dem alle politischen Kräfte der alten Bundesrepublik behauptet hatten zu hoffen, dass es irgendwann geschehen würde. Als es dann geschah, gab es keine Blaupause und keinen Plan, was zu tun sei.

Die hier im Weiteren vorgestellten Überlegungen reflektieren Debatten des Forums Informationsgesellschaft der deutschen Bundesregierung, des Information Society Forums (ISF) der EU, des Ökosozialen Forums Europa und des Global Society Forums des ISF. Hinzu kommen umfangreiche eigene wissenschaftliche Forschungsarbeiten des Autors und seiner Mitarbeiter, zum Teil im Rahmen von EU-Projekten. Ferner bewegen sich die Überlegungen im Kontext der Arbeiten einer neuen Stiftung, der „Global Contract Foundation".

## Übergeordnetes Design

Das Gesamtdesign eines Weltgesellschaftsvertrags kann vernünftigerweise nur eine integrative Lösung sein, die schon existierende internationale Abkommen in wesentlichen Themenbereichen einer nachhaltigen Entwicklung miteinander verknüpft, analog der EU-Position für die Auftaktverhandlungen zu einer Millenniums-Runde der WTO in Seattle 1999 (one basket approach). Zur Klarstellung sei vorab vermerkt, dass der in diesem Buch thematisierte Weltgesellschaftsvertrag natürlich nicht aus einem einzigen Dokument, sondern aus einer Vielzahl aufeinander bezogener Einzeldokumente und (Teil-) Verträge besteht, die geeignet integriert werden müssen. Während man üblicherweise in internationalen Abkommen versucht, Themenbereiche zu isolieren und in überschaubaren Einzelfragen zu akzeptablen Lösungen zu kommen (Reduktion der Komplexität), geht es bei einem Weltgesellschaftsvertrag genau um den gegenteiligen Ansatz. Man sollte dabei beachten, dass man bei Verhandlungen über Einzelthemen erfahrungsgemäß sehr oft in suboptimalen Teillösungen stecken bleibt, weil potenzielle Verlierer weiter gehende Lösungen blockieren. Ein Gesamtpaket kann es bei klugem Design ermöglichen, eine Win-Win-Situation für alle Beteiligten zu generieren. Ein solcher Ansatz erhöht zwar die Komplexität des Verhandlungsgegenstandes, erlaubt aber neue Lösungen durch „Trade-Offs" und neuartige Kompromissmöglichkeiten. Wer in einem Bereich eines solchen Gesamtansatzes als Verlierer aussteigen würde, ist vielleicht in einem anderen der Gewinner, so dass insgesamt Kompromisse möglich werden, die bei Beschränkung auf Einzelfragen undenkbar sind (siehe auch Literaturverzeichnis im Anhang; Jürgen Strohm: „Internationale Maßnahmen zur nachhaltigen Entwicklung: Auswirkungen und Akzeptanz eines ökonomisch, ökologisch und sozial ausgewogenen, weltweiten Ordnungsrahmens"). Es geht also auch um eine Abwägung zwischen der Komplexität der Aufgabenstellung und neuen Kompromissmöglichkeiten.

### Der Rechtsrahmen

Die Vorgehensweise für einen Weltgesellschaftsvertrag kann sich stark an den Implementierungsprozessen von Vereinbarungen innerhalb der Europäischen Union orientieren, und zwar einschließlich der adäquaten Einbindung des Subsidiaritätsprinzips. Wichtig ist zunächst ein verlässlicher, alles integrierender Rechtsrahmen des Prozesses sowie die Verbindlichkeit und zeitliche Struktur des Vorhabens. Die Vorstellung hinsichtlich der rechtlichen Umsetzung analog zum europäischen Vorgehen lautet wie folgt: Wenn in Form des hier diskutierten Weltgesellschaftsvertrags der internationale Rahmen beschlossen ist, dann muss dieser nachfolgend innerhalb einer bestimmten Frist im Sinne des Subsidiaritätsprinzips beispielsweise auch in EU- oder NAFTA-Recht übersetzt und dann von dort aus in Richtung der jeweiligen nationalen Ebene in nationales Recht beziehungsweise auch Länderrecht überführt werden. So wird die Konsistenz der Umsetzung des Weltgesellschaftsvertrags über alle betroffenen rechtlichen Ebenen sichergestellt.

Die vorhandenen Regelungsbereiche und Institutionen des internationalen Rechts müssen parallel dazu inhaltlich und institutionell so konzipiert und ausgebaut werden, dass sie nach der Erstimplementierung eines Weltgesellschaftsvertrags eventuelle Differenzen bezüglich der Überführungsfragen in supranationales (kontinentales) und nationales Recht verbindlich und letztinstanzlich zu regeln erlauben. Dieser Bereich, inklusive der Sanktionsmöglichkeiten, ist analog zum Europäischen Gerichtshof auszugestalten und ein besonders wichtiges Element der hier vorgeschlagenen Lösung. Dabei kann man sich in manchen Aspekten auch an dem mittlerweile etablierten Internationalen Strafgerichtshof und der dort gewählten Vorgehensweise orientieren. Natürlich müssen alle beteiligten Staaten diesen Regelungselementen letztlich durch Unterzeichnung und Einhaltung des endgültigen Vertrages zustimmen.

## Integration sektoraler Lösungen

Der Kern der hier vorgeschlagenen Lösung folgt der bereits mehrfach angedeuteten Leitlinie, die darin besteht, vorhandene sektorale Regime zu integrieren. Diese haben für die einzelnen tangierten Themenfelder, zum Beispiel die ILO für die sozialen Rechte, sehr weitgehende, gut durchdachte und weltweit konsensfähige Lösungen erarbeitet, nur lassen sich diese bisher nicht in ausreichendem Maße durchsetzen. Zu den bisherigen Institutionen sollte dann noch eine internationale Steuerorganisation (International Tax Organization; ITO) hinzukommen, wie sie auf UN-Ebene bereits diskutiert wird. Hier geht es zum einen um ein Monitoring nationaler Lösungen, zum anderen aber auch langfristig um Abkommen gegen asymmetrische zwischenstaatliche Regelungen, die heute noch ökonomisch schwächere Länder benachteiligen, und um höchst problematische Abwärtsspiralen im Bereich der Besteuerung.

## Rolle der United Nations/Demokratieprinzip

Der angedachte Integrationsprozess sollte über die United Nations koordiniert werden. In dieser Koordinierungsfunktion der UN kommt ein Gleichheitsprinzip für die Staaten dieser Erde sowie indirekt auch das demokratische Entscheidungsprinzip „One person, one vote" zum Tragen. Das ist ein für die UN typischer Konsensansatz, ausgehend von der Gleichheit aller Menschen, der als Basis unerlässlich ist und gleichzeitig auf ein Ziel hindeutet. Natürlich kann die Umsetzung dieses Ansatzes im Moment nicht beliebig weit gehen, weil die ökonomischen Ungleichheiten dafür angesichts der gravierenden weltweiten Inequity viel zu hoch sind. Das ist ähnlich zu der Ausgangssituation bei der Vereinbarung der Transformationsprozesse zur Überwindung der Apartheid in Südafrika, ein Beispiel, von dem für einen Weltgesellschaftsvertrag viel gelernt werden kann, auch über die notwendigen Übergangszeiträume. Es ist eben so, dass man bei hoher sozialer Ungleichheit nicht in klassisch demokratischer Weise vorgehen kann, vor allem, was den ökonomischen Bereich anbelangt. Das liegt letztlich darin begründet, dass bei zu hoher ökonomischer Ungleichheit die Gefahr von massiven, in politisch naiver Weise induzierten Umverteilungsschritten (zum Beispiel über Affirmative-Action-Programme oder Landverteilungsgesetze ohne angemessene finanzielle Entschädigung der früheren Besitzer) besteht, als deren Folge die Ökonomie relativ rasch kollabiert und damit alle alles verlieren, insbesondere auch das Zukunftspotenzial. Für ein solches rasches Verspielen von wirtschaftlichen

Perspektiven durch verfrühte Umverteilungsschritte unterschiedlichster Art geben viele in die Unabhängigkeit entlassene Staaten ein warnendes Beispiel ab und machen damit deutlich, was nicht funktioniert.

Erst am Ende des hier vorgeschlagenen Prozesses steht daher eine Weltdemokratie, nicht am Anfang. Der UN-Prozess ist insofern zunächst nur ein Koordinierungsprozess für die Integration von Einzelregelungsbereichen, die weiterhin nach bisheriger Logik organisiert sind. Insbesondere im Bereich der WTO und noch stärker im Bereich des Weltwährungsfonds (IMF) und ebenso bei einer ebenfalls erforderlichen Einbindung des UN-Sicherheitsrats werden dann ökonomische und militärische Macht entsprechend den heutigen asymmetrischen Verhältnissen reflektiert. Das ist in dieser Phase ein unbedingt erforderliches strukturelles Element, natürlich nur als Teil einer Schrittfolge hin zu einem angestrebten Zustand am Ende des vorgesehenen Implementierungsweges, der weltdemokratische Lösungen erlaubt, weil in einer überschaubaren Zeit eine ausreichende Equity erreicht wird.

> ### Zu integrierende Teilbereiche – die zentrale Rolle der WTO
>
> Zu integrieren sind über einen Weltgesellschaftsvertrag unter anderem die folgenden heutigen Regelungsbereiche und Institutionen:
>
> - wirtschaftlicher Bereich: WTO, Internationaler Währungsfonds (IMF), Weltbank (WB) und Regelungen über intellektuelle Eigentumsrechte (WIPO);
>
> - sozialer Bereich: ILO;
>
> - kultureller Bereich: UNESCO;
>
> - Umweltbereich: UNEP, im Besonderen der Kyoto-Vertrag als Ausgangspunkt eines Weltklimaregimes.
>
> - Besteuerung: eine „International Tax Organization" als neu zu etablierendes Element.

Noch einmal: Die UN-Ebene koordiniert und muss, vernünftigerweise unter Einschaltung des Weltsicherheitsrats, dem endgültigen Vertrag zustimmen, das ist der erste Anker. Aber zugestimmt werden muss dann ebenso in den einzelnen integrierten Regelungsbereichen gemäß ihrer jeweils spezifischen Logik. Bei WTO, IMF und Weltbank wird dabei vor allem auch die heute bestehende ökonomische Stärke reflektiert, das ist der zweite Anker des hier entwickelten Vorschlags. Dabei könnte die WTO zum institutionellen Kern des angedachten Prozesses werden, wenn die WTO-Institutionen entsprechend verstärkt, ausgebaut und mit weiteren tangierten Institutionen geeignet verknüpft werden. Das macht deshalb Sinn, weil die WTO schon heute wesentliche Aspekte der Ökonomie und damit des materiell dominierenden Wirkungsbereichs regelt. Zudem gibt es bei der WTO bereits eine eigene Gerichtsbarkeit und wirksame Sanktionsmöglichkeiten. Aus diesem Grund ist die WTO heute die wirkungsvollste Organisation auf Weltebene. Das sollte für das Erarbeiten eines Weltgesellschaftsvertrags genutzt werden. Die WTO muss dazu die Regelungen der übrigen Regime, möglicherweise vorab noch einmal verändert, in ihre eigenen Vertragswerke integrieren. Damit können diese über die WTO-Mechanismen wirkungsvoll implementiert werden, was bisher ohne eine solche Einbindung nicht gelungen ist. Die WTO-Institutionen müssen dazu ausgebaut werden, insbesondere ist die Kompetenz in den neu hinzukommenden Themenbereichen durch institutionelle Einbindung und Wechselwirkung mit Experten der anderen Bereiche zu erweitern. Ein Weltgerichtshof sollte als Letztinstanz bezüglich der Gesetzeswerke und zur Integration der Regime vorgesehen werden. Hier kann, wie oben schon angedeutet, konzeptionell an die erfolgte Etablierung eines Internationalen Strafgerichtshofs angeknüpft werden. Die rechtlichen Letztzuständigkeiten beziehungsweise Konfliktlösungsmechanismen sind als Teil des Weltgesellschaftsvertrags zu klären.

### *Der Grundansatz für einen „Global Deal"*

Der denkbare „Deal" für eine bessere Weltordnung, das Win-Win-Szenario, auf das in diesem Text schon mehrfach hingewiesen wurde, besteht im Kern darin, bereits erarbeitete, konsensfähige, unter Umständen vom Entwicklungsstand eines Landes abhängige Standards aus den nicht ökonomischen Sektoren, also Regelungen im sozialen, kulturellen und ökologischen Bereich, in das WTO-Regime zu integrieren, so dass die (vollen) Vorteile des Welthandels und damit die volle Einbindung in die Weltökonomie nur noch denen zugute kommen, die die entsprechenden Standards innerhalb vereinbarter Zeiträume und abhängig von erreichten

Niveaus der eigenen Entwicklung national implementieren. Die konkreten Regelwerke und Rechtsinstitutionen für diesen Prozess sind dabei wirksam zu vereinbaren.

Das alles setzt bei dem hier gewählten Vorgehen unter anderem den Konsens für diesen Weg bei der WTO voraus. Insbesondere müssen gemäß den WTO-Entscheidungsprozessen diesem Programm auch die ökonomisch schwächeren Länder zustimmen. An dieser Stelle scheiterte bisher regelmäßig jede Implementierung von höheren Standards, zum Beispiel Standards zur Verhinderung von Kinderarbeit und zugunsten der Arbeitnehmer. Das ist nicht deshalb so, weil ärmere Länder etwas gegen den Schutz der Kinder haben, sondern weil es um ihre Wettbewerbsfähigkeit geht. Der entscheidende Schlüssel, um hier weiterzukommen, ist die massive Co-Finanzierung von Entwicklungsprozessen dieser Länder durch die entwickelten Nationen im Rahmen eines „Deals", ein bisheriges Tabuthema und doch der Dreh- und Angelpunkt eines neuen Weltordnungsdesigns.

Folgen kann man dabei Programmen, wie sie beispielsweise die Kirchen, Dritte-Welt-Gruppen oder auch die Terra-Initiative, Stuttgart (www.terra-network.de), seit Jahren im Bereich des so genannten „Fairen Handels" verfolgen. Immer geht es um eine geringfügige Erhöhung der Kosten gehandelter Produkte wie Kaffee oder Tee, um mit den zusätzlichen Einnahmen die Situation der Arbeitnehmer in den Ursprungsländern zu verbessern und Kinderarbeit auszuschließen, zugleich aber für Ernährung, Wohnraum und Ausbildung der betroffenen Kinder zu sorgen. Der reichere Teil der Welt sollte endlich diese im Prinzip richtigen, aber nur punktuell wirkenden Ausnahmen ausweiten und sich aus einsichtsvollem Egoismus (Insightful Selfishness) oder aus ethischen Gründen endlich dazu durchringen, über Co-Finanzierung eine gemeinsame Lösung zu ermöglichen, die es dem schwächeren Teil der Welt erlaubt, bei Nutzung der WTO-Durchsetzungsmöglichkeiten einem neuen Weltordnungsdesign zuzustimmen, das im Besonderen verschärfte entwicklungsstandabhängige Standards beinhaltet.

Eines der besten Beispiele dafür, dass dieser Lösungsansatz erfolgreich sein kann, ist das Montrealer-Protokoll zur Verhinderung weiterer FCKW-Emissionen. Es wurde vergleichsweise kurzfristig vereinbart, als deutlich wurde, dass sich das Ozonloch rasch und bedrohlich erweitert. Hier wurde relativ schnell eine Lösung gefunden, als der Norden die Gefahr für sich erkannt hatte und sich entschied, im eigenen Rechtsbereich FCKW-Emissionen zu verbieten. Der Süden wurde über eine so genannte Global

Facility eingebunden, ein Co-Finanzierungsinstrument für entsprechende Transformationsprozesse im Süden. Der Süden hatte verständlicherweise argumentiert, dass ihm der rasche Übergang zu einem neuen Standard (Verbot von FCKW-Emissionen) in dieser Form aus zwei Gründen nicht zuzumuten wäre: Erstens hätte der Norden die ökonomischen Vorteile des Einsatzes von kostengünstigen FCKW-basierten Kühlschränken über viele Jahre für sich genutzt und dabei im Wesentlichen das Ozonloch-Problem zu Lasten der ganzen Welt erzeugt. Wegen seiner „Maßlosigkeit" nähme er jetzt dem Süden die Möglichkeit, dasselbe zu tun, und das in einem sensiblen Bereich, der unter anderem die Versorgung der Menschen mit Lebensmitteln betrifft. Zweitens besitze der Norden heute die Technologie für neue Lösungen. Zu Marktpreisen wäre der Übergang in den neuen Standard für den Süden aber nicht bezahlbar. Der Süden müsste den Norden auf diese Weise auch noch für den Transformationsprozess bezahlen, den erstens der Norden erforderlich gemacht hätte und von dem zweitens gerade der Norden wolle, dass der Süden ihn vollziehe. Das sei insgesamt eine doppelt ungerechte Konstellation. Der Süden könne diesen Schritt fairerweise nur unter der Prämisse leisten, dass der Norden dieses Vorgehen co-finanziere, also alle durch diesen Übergang zusätzlich entstehenden Kosten trage. Das hat der Norden unter dem Druck der Gegebenheiten akzeptiert, darum ist dieses Protokoll so erfolgreich.

Dass wir heute in Bezug auf die $CO_2$-Problematik nicht wirklich weiterkommen, liegt daran, dass keine entsprechend dotierte Global Facility, die in diesem Fall sehr viel umfangreicher sein müsste, existiert. Einzig der sehr innovative und konzeptionell überzeugende Clean Development Mechanism (CDM) des Kyoto-Protokolls ist ein erster Schritt in die richtige Richtung und sollte viel stärker genutzt werden. Es ist tragisch und stimmt traurig, dass die europäische Politik die Chancen dieses Instruments nicht viel besser nutzt. Der Norden glaubt sich sein vergleichsweise gemächliches Vorgehen hinsichtlich der Klimaproblematik (noch) erlauben zu können, weil das Problem (vielleicht fälschlicherweise) als nicht ganz so dringend angesehen wird und zudem der eigene Lebensstil durch die erforderlichen Veränderungen massiv betroffen wäre. Dies deshalb, weil es im Energiebereich im Unterschied zum Verzicht auf einen FCKW-Einsatz noch keine ausreichend entwickelten und politisch durchsetzbaren, unter Umständen stärker dezentralen Alternativen gibt, die den bisherigen Lebensstil des Nordens zu realisieren erlauben, aber die $CO_2$-Emissionen weitgehend vermeiden (sieht man von der aus anderen Gründen problematischen und gesellschaftlich umstrittenen Nutzung der Kernenergie einmal ab, die aus Sicht des Autors deshalb unter Umständen noch für einen Übergangszeitraum benötigt werden wird, aber nur in einer Weise, die bereits einen weltweiten Ausstiegspfad über einen begrenzten Zeitraum – zum Beispiel hundert Jahre – beinhaltet. Gerade deshalb erscheint bezüglich der $CO_2$-Problematik auch der Vorschlag des Handels mit Verschmutzungsrechten als enorm wichtig (vgl. Kapitel 10), schon deshalb, weil die Risiken des Klimawandels vielleicht immer noch unterschätzt werden, etwa die Gefahr eines Umkippens des Golfstroms mit dramatischen Folgen für die weltweite Landwirtschaft.

### Ein Welt-Marshall-Plan

Das hier vorgeschlagene Konzept für eine Lösung der aktuellen weltweiten Probleme läuft auf eine Art Welt-Marshall-Plan hinaus und wird nicht einfach zu erreichen sein. Unklar ist, ob die USA für diesen Weg gewonnen werden können. Falls das auf Dauer nicht gelingt, scheitert dieser Ansatz. Es wird wahrscheinlich eines sehr konzentrierten und intelligent abgestimmten Vorgehens zwischen Europa und Asien bedürfen, vielleicht bis hin zu Kooperationen im Währungsbereich, wenn man je dahin kommen will.

Wie bereits dargestellt, könnten die Perspektive und der Maßstab für den Umfang an Co-Finanzierung das Ziel verfolgen, in etwa fünfzig Jahren eine der europäischen Armutsdefinition entsprechende Welt-Equity von fünfzig Prozent zu erreichen. Dazu könnte man gemäß der in Kapitel 18 entwickelten Zukunftsformel $10 \rightarrow 4:34$ verfahren. Der genaue Umfang der Co-Finanzierung, die Bedingungen und Konditionen für die Nutzung der Co-Finanzierungsmittel und die Mechanismen für eine Fortschreibung der Vereinbarungen sind in dem angedachten „Global Deal" festzuschreiben. Hier geht es um nachprüfbare Fortschritte im institutionellen Bereich, hinsichtlich der Infrastruktur, sozialer und kultureller Fragen (wie Ausbildung, Gesundheitssysteme, Rentensysteme) oder Rechte der Frauen sowie schließlich um Themen des Umweltschutzes. In all diesen Fragen wird der Weltgesellschaftsvertrag konkret und auf dieser Ebene ist – gemäß des unterbreiteten Vorschlags – ein Konsens der Basismechanismus für die Verhandlungen. Das hat Aussicht auf Erfolg, weil im Prinzip eine Win-Win-Situation vorliegt, wie in der Dissertation von Jürgen Strohm (vgl. die Hinweise im Literaturverzeichnis) detailliert herausgearbeitet wird.

## Zeitliche Abfolge

In der zeitlich-inhaltlichen Abfolge könnte der Prozess zu einem Weltgesellschaftsvertrag folgende Schritte umfassen:

- 2005: Weltgipfel zur Erarbeitung des Designrahmens für einen Weltgesellschaftsvertrag

- 2007: Rio+15-Weltgipfel: Beschlussfassung über den Designrahmen; Start der Erarbeitung sowie Start einer Vorimplementierungsphase eines Weltgesellschaftsvertrags bis 2012

- 2012: Rio+20: Verabschiedung des Weltgesellschaftsvertrages; Start des Implementierungsprozesses bis 2025

- 2025: Einsetzen eines Weltkonvents zur Erarbeitung einer Weltverfassung

- 2027: Rio+35: Beschlussfassung über die Vorschläge des Weltkonvents; Annahme der Verfassung; Initiieren der Schritte hin zu einer Weltdemokratie; Weltbürgerrechte als erklärtes Ziel der Staatengemeinschaft

- 2032: Rio+40: Wahl des ersten Weltparlaments

- 2050: Ein Welt-Equity-Level von fünfzig Prozent ist erreicht

- 2052: Rio+50: Volle Implementierung einer Weltdemokratie ist erfolgt

Im Einzelnen umfassen die genannten Schritte folgende Elemente:

### 2005: Weltgipfel zur Erarbeitung des Designrahmens für einen Weltgesellschaftsvertrag

Im Jahr 2005 könnte, koordiniert über die Vereinten Nationen, damit begonnen werden, den Gesamtprozess zur Festlegung eines Weltgesellschaftsvertrages zu eröffnen und hinsichtlich Abfolge und Zielvorstellungen zu strukturieren. Diese zweijährige Vorphase könnte über einen Spezialfonds der reicheren Länder finanziert werden. Das Ziel wäre eine Entscheidung über die

Metaebene des angestrebten Gesamtdesigns und die vorgesehene Schrittfolge für eine Umsetzung. Beteiligt wären neben den Vereinigten Nationen die Vertreter der einzubindenden Spezialregime (wie WTO, IMF, WB, ILO, UNEP), Vertreter regionaler Organisationen wie der EU sowie Vertreter der Nationalstaaten, international operierender Konzerne und internationaler Rechtsinstitutionen, Wissenschafter, Vertreter der Weltreligionen und vor allem auch Vertreter wesentlicher Nichtregierungsorganisationen und allgemein noch die Weltzivilgesellschaft. Bis zum Jahr 2007 sollten die Ergebnisse vorliegen. Diese könnten anlässlich der Weltkonferenz Rio+15 verabschiedet werden. Es wäre sehr hilfreich, wenn zu diesem Zeitpunkt bereits ein erstes Element einer Weltbesteuerung vereinbart würde. Das würde eine Richtung aufzeigen, die Finanzierung der zweiten Phase der Vertragserarbeitung erlauben und es ermöglichen, erste Maßnahmen zu ergreifen, sowie ein deutliches Zeichen für den Willen zu einer Lösung und ein Anhaltspunkt für die Natur dieser Lösung sein. Das könnte zum Beispiel ein Beschluss über eine erste Tranche einer Weltmineralölsteuer, zum Beispiel in den Bereichen Flugverkehr und Schifffahrt, sein. Eine solche Steuer für weltweite Entwicklungsvorhaben, nicht zur Auffüllung nationaler Haushalte, ist seit langem überfällig. Diese Besteuerung könnte in jährlichen Erhöhungsschritten über die fünf Jahre von 2007 bis 2012 im Umfang anwachsen und so ausgelegt sein, dass sie im Jahre 2012 das volle vorgesehene Niveau erreicht und dann als erste Weltsteuer unter dem neuen Weltgesellschaftsvertrag implementiert wäre und zur Verfügung stünde. Von diesem Aufkommen könnten alle zwischen 2007 und 2012 anfallenden Kosten des Prozesses zur Etablierung eines Weltgesellschaftsvertrages sowie weitere Maßnahmen finanziert werden. Das wäre in jedem Fall ein Schritt in die richtige Richtung und würde verschiedene Dimensionen einer nachhaltigen Entwicklung miteinander verknüpfen.

### *2007: Rio + 15-Weltgipfel – Beschlussfassung über den Designrahmen; Start der Erarbeitung sowie Start einer Vorimplementierungsrunde eines Weltgesellschaftsvertrages bis 2012*

Im Jahr 2007 könnte anlässlich eines Rio + 15-Gipfels der Beschluss über die Annahme des Rahmendesigns fallen. Das wäre ein Beschluss von extremer Tragweite, der darauf abzielen würde, alle wesentlichen globalen Spezialregime geeignet miteinander zu verknüpfen. Im Metadesign wäre dann festgelegt, welche Spielräume hierzu genutzt werden sollten, wie also der Raum der Lösungen aussähe, aus dem ausgewählt werden sollte, sofern ein Konsens erreicht werden könnte. Auf dieser Basis könnten im Folgenden die Spezialregime gemäß ihrer internen Prozeduren bei Zustimmung der Beteiligten an die Zielsetzung des Metadesigns angepasst werden, und zwar rechtzeitig für die Zeitplanung für den Gesamtprozess. Vom Timing her sollte der Kernvertrag bis 2009 ausgehandelt sein, bis 2011 könnten die Spezialregime die notwendigen Anpassungen (unter Vorbehalt eines Generalkonsens) beschlossen haben, parallel könnten die rechtlichen Strukturen aufgebaut sein und die Sanktionsmechanismen festgelegt werden. Im Jahr 2011 würden das Gesamtdesign abschließend geprüft und die endgültige Entscheidung für 2012 vorbereitet werden.

## Nutzung der finanziellen Mittel

Für den beschriebenen umfangreichen Konsensbildungsprozess im Zeitraum 2007 bis 2012 stünden als erster finanzieller Input exemplarisch die Mittel aus der Weltmineralölsteuer im Bereich des Flugverkehrs und der Schiffahrt zur Verfügung. Diese erhöhten sich über die ersten Jahre in vereinbarten Schritten. Die Mittel würden neben der Finanzierung des Prozesses der Vertragserarbeitung parallel dazu genutzt, um die drängendsten weltweiten sozialen Nöte, zum Beispiel im Ernährungs- und Gesundheitsbereich, zu beseitigen, unter anderem durch Bereitstellung von sauberem Trinkwasser. Die Stiftung Weltbevölkerung erwartet in diesem Kontext, dass bis zum Jahr 2025 bis zu drei Milliarden Menschen unter chronischem Wassermangel oder unter immer wiederkehrender Wasserknappheit leiden werden, wenn nicht bald entschieden gehandelt wird. Ferner gilt es, massiv in ein „Capacity Building" in Richtung politisch-administrativer Erfordernisse zu investieren. Selbst in den am wenigsten entwickelten Ländern müssten rasch die verwaltungsmäßigen Voraussetzung einer Einbindung in internationale Vertragswerke in Form wirksamer administrativer Strukturen, Rechtssicherheit, Erhebung von Daten, Beteiligung an Entscheidungsprozessen und Einbindung der Bevölkerung geschaffen werden, um einen Weltgesellschaftsvertrag, seine Umsetzung und erste Implementierungsschritte angehen zu können. Der rasche Aufbau leistungsfähiger informationstechnischer Infrastrukturen müsste hinzukommen.

Von den EU-Integrationsprozessen her abgeleitet ist klar, was dabei im rechtlichen Bereich an Mindestanpassungsschritten zu geschehen hätte.

Zwischen allen Partnern des Weltgesellschaftsvertrages würde Krieg als Mittel zur Lösung von Konflikten ausgeschlossen, Schiedssprüche würden für alle vorgeschrieben werden, die künftig von den erheblichen Co-Finanzierungsmitteln profitieren wollen. Vor allem wären auch die Humanressourcen zur Gestaltung dieser Prozesse zu gewinnen. Da Geld vorhanden wäre, wäre ein umgekehrter Braindrain (vgl. Kapitel 7 und 19) ein nunmehr gezielt nutzbarer Ansatz. In diesem Kontext wäre dann schließlich auch an der Befriedigung der Grundbedürfnisse zu arbeiten. Das hätte auch gravierende Auswirkungen auf den landwirtschaftlichen Sektor. In naheliegender Weise würde jede langfristig stabile Lösung die verfügbaren Mittel aus Weltsteuern teils in Co-Finanzierung investieren, teils zur Erfüllung der bereits diskutierten „Basic Needs" einsetzen. Insbesondere müssten alle Menschen weltweit finanziell so ausgestattet werden, dass ihre Ernährung gesichert wäre und ein Minimum an medizinischer Versorgung, Ausbildung und Altersvorsorge für alle verfügbar würde. All das würde eine Vielzahl neuer Arbeitsplätze in den sich entwickelnden Ländern schaffen. Besonders der Umfang an benötigter, aber auch finanzierbarer Nahrung würde zunehmen, und zwar sowohl in der Breite der Nachfrage als auch hinsichtlich der Qualität. In diesem Prozess würden sich dann auch manche der Konflikte auflösen, die heute zwischen Nord und Süd in Bezug auf Protektion im Bereich der Landwirtschaft im Norden, nicht zuletzt auch in der EU, bestehen. Der Norden würde dem Süden helfen, seine eigenen Kapazitäten vor allem auch für den eigenen Bedarf zu erweitern. Der Norden würde seinerseits mithelfen, den weltweiten Bedarf zu decken. Protektionistische Maßnahmen würden sich zunehmend von selbst erledigen, wobei die Landwirtschaft in Nord und Süd im Verhältnis zu heute besser dastehen würde.

### Erweiterung der Designüberlegungen

Jürgen Strohm hat die Gesamtthematik eines integrierten Ansatzes für einen Weltgesellschaftsvertrag im Rahmen seiner Dissertation an der Fakultät für Mathematik und Wirtschaftswissenschaften der Universität Ulm in vielen Verästelungen untersucht, und zwar bis hin zu der Frage, wie man mit den begrenzten Ressourcen der Weltmeere (Beispiel Fischfang) umgehen könnte. Der Gedanke ist auch hier exemplarisch, dass die Gesamtmenge des zulässigen Fischfangs pro Jahr weltweit limitiert werden sollte und die Rechte auf diese Fangmenge wieder allen Menschen – ersatzweise äquivalent nach Zahl der Menschen, (in aggregierter Form) den Staaten oder Staatengruppen wie der EU – in Form von Anteilsrechten zustünden. Der Besitz entsprechender Anteilsrechte wäre Voraussetzung dafür, die Fänge tätigen zu dürfen. Die Rechte könnten ersteigert werden. Damit würde auch der Fischfang auf den Weltmeeren zu einer Ressource der ganzen Menschheit, was der Idee der Meere als Welterbe entspräche. Durch den eventuellen Verkauf dieser Rechte gäbe es weitere Zuflüsse an Finanzierungsmitteln für die Entwicklung der ärmeren Länder.

### Ein „Deal" zwischen Jung und Alt – weltweit

In der Arbeit von Jürgen Strohm wird der Bogen noch weiter gespannt. Es werden wesentliche soziale Komponenten in den Deal miteinbezogen, zum einen die Finanzierung der jungen Generation inklusive einer vernünftigen Ausbildung und zum anderen die Versorgung älterer Menschen.

Im Rahmen eines Weltgesellschaftsvertrags wäre es durchaus denkbar, dass der Norden massiv in die Ausbildung der Menschen im Süden investieren würde und diese Menschen später umgekehrt einen Beitrag zum Aufbringen der Renten und Pensionen im Norden leisten würden. Eigentlich ist es ein großes Glück, dass die Alterspyramide auf diesem Globus stimmt, dass es also genügend junge Menschen und Kinder gibt. Nur sollten wir diese Kinder dringend als unseren gemeinsamen Schatz begreifen und in abgestimmten Verträgen massiv in die Zukunft dieser Kinder investieren, statt dieses Ausmaß an Perspektiven- und Hoffnungslosigkeit zuzulassen. Ein solches Vorgehen wäre ein Beitrag zur Bewältigung der offensichtlichen demografischen Probleme im Norden, das sicher im Zeitablauf viel effizienter wäre als der Versuch, im Norden rasch wieder mehr Babys in die Welt zu setzen. In einer genaueren Betrachtung der Braindrain-Thematik (vgl. Kapitel 7) ist das vielleicht auch geeigneter, als im großen Stil weiterhin junge und besonders fähige Menschen aus dem Süden dieser Welt in den Norden zu holen. Die Möglichkeit eines Auswanderns von Menschen würde im Rahmen eines Weltgesellschaftsvertrages erhalten bleiben, aber sicher nicht mehr jenes große Gewicht haben, das diesem Thema heute zukommt.

Mit dem genannten Vorschlag wird auch an Überlegungen in Europa angeknüpft, die darauf abzielen, „virtuelle" Arbeitnehmer in Dritte-Welt-Ländern, die in die Wertschöpfungsprozesse von reichen Ländern integriert sind, auch in deren Sozialsysteme zu integrieren. Diese (virtuellen) ausländischen Arbeitskräfte würden über eine Umlage bei der Finanzierung von

Renten und Pensionen in dem (reichen) Land, das die Arbeitsplätze schafft, mitwirken, dadurch aber auch einen Anspruch auf Auszahlungen im Alter erwerben. Solche Ansätze sind sehr kompliziert. Der hier vorgeschlagene Weltgesellschaftsvertrag würde es erlauben, ähnliche Wirkungen in einer umfassenden Lösung in einfacherer Weise zu erzielen.

### Weitere Implementierungselemente

Falls 2009 die erhoffte Grundsatzentscheidung über das Metadesign gelänge, könnten zwischen 2009 und 2011 die verschiedenen Spezialregime wie Vereinbarungen der WTO, ILO oder UNESCO an die entwickelte Struktur eines Gesamtdesigns angepasst werden. In den Einzelsegmenten erfolgte dabei insbesondere die wechselseitige Verknüpfung mit dem WTO-Vertragswerk und den damit in Verbindung stehenden internationalen Finanzarchitekturen (IMF und Weltbank). Entscheidend für einen Konsens wären vor allem die Volumina der Co-Finanzierungsmittel als Gegenleistung für die Implementierung von vereinbarten, unter Umständen entwicklungsstandabhängigen Standards. Je mehr Co-Finanzierung, desto schneller könnte das Angleichen der Standards vonstatten gehen, ganz wie in Europa. Die Vorteile der Partizipation an der Weltwirtschaft sowie der eventuelle Zufluss von Co-Finanzierungsmitteln würden sich nach 2012 dann nur noch den Staaten (voll) erschließen, die sich in diese Gesamtregelung geeignet einbrächten.

Die Co-Finanzierungsbereiche wären hierzu für den Zeitraum nach 2012 über die schon vereinbarte Weltmineralölsteuer (Flugverkehr, Schifffahrt) hinaus weiter zu fixieren, etwa betreffend einen Handel mit $CO_2$-Verschmutzungsrechten (vgl. Kapitel 10) und über eine Tobin Tax auf internationale Finanztransaktionen. Diese zusätzlichen Finanzierungselemente könnten in jährlichen Schritten von 2012 bis 2025 bis hin zu ihrem geplanten vollen Umfang anwachsen, um Zeit für Anpassungen zu lassen. Regelungen im Bereich des Braindrains und allgemein der Migration von Personen sowie Regelungen hinsichtlich der Nutzung knapper Ressourcen wie Öl und Gas, (Regen-)Wälder, Biodiversität, Wasser oder Flächen, um nur einige zu nennen, würden hinzukommen. Die Einzellösungen müssten angepasst und aufeinander abgestimmt werden, parallel wären themenspezifisch die rechtlichen Zuständigkeiten zu fixieren und Sanktionen (Compliance Systems) unter internationaler Kontrolle und Beteiligung von Wissenschaft und NGOs, insbesondere der Weltzivilgesellschaft, zu definieren. 2011 würden das

Gesamtdesign geprüft und die Entscheidung für 2012 vorbereitet werden. Dabei müsste ein Konsens aller, gemäß der Entscheidungssituation der betroffenen Einzelregime, erreicht werden. Wesentliche Ziele der Menschheit wären dabei glaubwürdig zu adressieren.

## Beispiel Regenwälder

Wie würde sich das nun exemplarisch für den Erhalt der Regenwälder darstellen, zum Beispiel aus Sicht eines Landes wie Brasilien? Zunächst haben Regenwälder eine Stabilisierungs- und – zumindest temporäre – Senkenfunktion für $CO_2$-Emissionen. Diese Funktion würde im Rahmen einer Zuordnung von Verschmutzungsrechten anerkannt oder gegengerechnet. Das Abholzen der Wälder würde von diesem Zeitpunkt an zu einer Verringerung der einem Land und seinen Bürgern zustehenden $CO_2$-Emissionsrechte führen. Dadurch bedingt gäbe es ein Interesse für Länder wie Brasilien, ihre Regenwälder zu erhalten. Ein zweiter Finanzbeitrag zum Erhalt der Regenwälder könnte aus einem Weltbiodiversitätsvertrag resultieren. Hier würden gegebenenfalls alle Länder gezwungen sein, einen entsprechenden Teil ihrer hochwertigen charakteristischen Biotope als Naturschutzgebiete auszuweisen, beziehungsweise den weltweiten Schutz solcher Biotope angemessen mitzufinanzieren.

Damit würden Teile des Regenwalds direkt geschützt. Zusätzlich würde hier teilweise auch wieder eine Möglichkeit der Gegenrechnung, also des Versteigerns, vorgesehen werden (können). Länder, die entsprechende Biotope nicht schützen könnten, müssten den Preis dafür aufbringen, dass andere Länder entsprechend mehr derartige Biotope schützen. Das könnte ökonomisch ein sehr interessantes Instrument werden, um Regenwälder zu erhalten. In einem weiteren Ansatz könnte der Erhalt von Regenwäldern schließlich direkt gefördert werden, das heißt, die Weltgemeinschaft würde als Element der Maßnahmen zur Erreichung einer nachhaltigen Entwicklung Teile der vorhandenen Mittel aus Weltsteuern direkt dafür einsetzen, (Regen-)Wälder durch Kompensationszahlungen unmittelbar vor Zugriffen zu schützen. Wir alle würden endlich dafür bezahlen, dass die Wälder in großen Teilen stehen bleiben, und nicht dafür, dass sie abgeholzt werden. Das wäre kein Widerspruch zu einer sinnvollen ökonomischen Nutzung der Wälder in bestimmten Teilbereichen, sondern mit einer solch intelligenten Nutzung in nachhaltiger Weise zu verbinden.

In der Natur des Vorschlages liegt es, dass große Wiederaufforstungs-maßnahmen im Süden finanzierbar würden, auch im Kontext mit dem Kyoto-Protokoll. Das könnte vielfältige positive Wirkungen haben, von besseren Biotop- und Umweltbedingungen vor Ort bis hin zur Finanzierung von Arbeitsprogrammen durch eben diese Art der Wiederaufforstung. Zugleich würden in diesem Rahmen große Mengen $CO_2$ gebunden werden. Das würde zwar auf Dauer nicht helfen, aber zumindest temporär eine erhebliche Entlastung bringen und den vorhandenen Druck im Klimabereich etwas mildern. Dadurch würde Zeit für die Gestaltung von Veränderungsprozessen gewonnen werden.

### *2012: Rio + 20 – Verabschiedung des Weltgesellschaftsvertrags; Start des Implementierungsprozesses bis 2025*

Anlässlich der Rio + 20-Konferenz 2012 könnte der neue Welt-gesellschaftsvertrag, der „Balanced Way", verabschiedet werden. Alle Einzelregime und die WTO, die United Nations und wahrscheinlich auch der Weltsicherheitsrat würden und müssten hier gleichzeitig und in Bezug auf-einander das neue Vertragswerk verabschieden. Die internationalen Spezialregime hätten ihre Anpassungsprozesse bereits geregelt. Damit wäre ab 2012 mit dem Rio+20-Vertrag ein Weltgesellschaftsvertrag etabliert. Die Hoffnungen des Rio-Weltgipfels von 1992 hätten sich erfüllt.

Im Rahmen des Weltgesellschaftsvertrags würden viele Standards – hin-sichtlich der Rolle und Rechte der Frauen und der Arbeitnehmer, für den Ausbildungsbereich, für Gesundheits- und Rentensysteme, zur Förderung der kulturellen Vielfalt, zum Schutz von Minderheiten, bezüglich politischer (Mindest-)Rechte, Mindestbesteuerungsniveaus, individueller Freiheit der Ortswahl (mit Übergangsfristen und unter Umständen Quotenregelungen) sowie Schutz der Umwelt in vielen Bereichen – vereinbart und nachprüfbar ausgestaltet werden. Die Implementierungsfortschritte würden jährlich geprüft und hinsichtlich der Umsetzung Jahr für Jahr verschärft, bis das Zielniveau erreicht wäre. In Einzelfragen wäre es durchaus denkbar, ein abge-stuftes WTO-Design zu wählen. Das könnte beinhalten, dass Staaten bezüglich der Zollabgaben bereits in den Genuss der Meistbegünstigungsklausel kom-men könnten, ohne bestimmte ILO-Regeln implementieren zu müssen. Unter Umständen müssten bestimmte Regelwerke, abhängig vom eigenen Entwick-lungsstand, auch nur teilweise erfüllt sein. Würden bestimmte ILO-Standards über derartige entwicklungsstandabhängige Mindestniveaus hinaus zusätzlich implementiert, führte das beispielsweise zu stärkeren Tarifreduktionen beziehungsweise verfügbar gemachten finanziellen Transfervolumina.

## *Was wäre, wenn Staaten sich weigern, im Bereich des Klimaregimes mitzumachen?*

Der Klimabereich wäre zunächst eine Welt für sich. Wer mitmachte, könnte $CO_2$-Emissionsrechte gegen Geld handeln. Wenn sich jemand nicht in das Klimaregime integrieren wollte, könnte er dadurch trotz Gültigkeit der Meistbegünstigungsklausel mit Nachteilen konfrontiert sein. Die Regelung könnte wie folgt aussehen: Wenn Länder hinsichtlich des eigenen Umfangs an $CO_2$-Emissionen noch unterdurchschnittlich wären, also gegenüber dem zulässigen Emissionsumfang zurücklägen, kämen sie nicht in den Vorteil zufließender Mittel, außer sie integrierten sich in das Gesamtvertragswerk; wenn sie dagegen schon zuviel Emissionen tätigten, würden sie mit Strafkosten im Welthandel zumindest in der Höhe belegt werden, die den nicht erworbenen Verschmutzungsrechten entsprächen. Auf diese Weise würde ein wirtschaftlicher Druck hin zur Integration in das Klimaregime stattfinden, Kannibalisierung würde sich nicht mehr lohnen und Trittbrettfahren würde bestraft.

Bezüglich der Weltklimafrage und des Kyoto-Vertrages würde Folgendes gelten: Aufgrund der aktuellen Vertragslage würde für die mitwirkenden Staaten über den Kyoto-Vertrag für das Jahr 2012 ein bestimmtes $CO_2$-Niveau als Ausgangsposition (Basislinie) festgelegt, das bis zu diesem Zeitpunkt erreicht werden sollte. Ab 2012 sollte dieses Niveau (vgl. Kapitel 10) sukzessive in einen Zustand überführt werden, in dem pro Kopf gleiche Verschmutzungsrechte, die in aggregierter Weise auf der Ebene der Staaten gehandelt würden, gelten müssten.

Das Jahr 2012 wäre daher für die Klimaseite des Weltgesellschaftsvertrages ein wichtiger Termin. Ein bestimmtes Emissionsniveau der beteiligten Staaten wäre als Basislinie etabliert. Darauf würde dann die neue Lösung aufsetzen. Die hier vorgeschlagenen Verhandlungen über einen Weltgesellschaftsvertrag würden vernünftigerweise eine Anschlusslösung bezüglich des Kyoto-Vertrags ab 2012 beinhalten. Hierzu könnte man, von einem Großvaterprinzip auf Basis der Emissionen von 2012 in Form der vereinbarten „Landeplattform" des Kyoto-Vertrags ausgehend, in dreizehn

Jahren, bis 2025, den Zustand einer weltweiten Pro-Kopf-Gleichheit der zugeordneten Verschmutzungsrechte erreichen. Für die USA sollte man von den ursprünglichen Vorgaben des Kyoto-Vertrags für 2012 ausgehen.

Bis 2012 sollten zur Umsetzung dieses Ziels alle Länder, also auch jene, die bis dahin noch nicht aktiv im Rahmen des Kyoto-Vertrags beteiligt wären, in Vorbereitung dieses Schrittes die im Kyoto-Vertrag heute schon geforderten Datenbestände verfügbar machen und die notwendigen Regelungssysteme etablieren. Zusätzlich wäre das Kontrollregime voll zu installieren, und es müsste eine Gerichtsbarkeit etabliert werden, die in Streitfällen letztinstanzlich die Überprüfung der strittigen Sachverhalte vornähme. Das ist ein entscheidender Punkt, weil Zahlungen für Verschmutzungsrechte unter anderem auch daran hängen würden, dass das betreffende Land diese Rechte auch wirklich nicht bei sich selbst verbrauchen würde. Das wäre insgesamt ein komplexer Regelungsbereich, aber hier gäbe und gibt es durch den bis dahin ohnehin erfolgten Prozess der Vertragserarbeitung im Klimabereich ein breites Knowhow und auch ein Netzwerk auf Seiten der administrativ Zuständigen, der interessierten Unternehmen, der Wissenschaft und der NGOs.

Bei der vorgeschlagenen Vorgehensweise würden Co-Finanzierungsmittel aller Art, insbesondere auch die aus dem Kyoto-Vertrag resultierenden Gelder, nur dann fließen, wenn entsprechende Standards im Kernbereich umgesetzt würden. Standardumsetzung beträfe dann etwa die Anzahl der Jugendlichen mit einer Schulbildung, wobei das Niveau der Schulbildung definiert und bestimmte Abgängerzahlen zu erreichen wären, bei gleichzeitig internationaler Prüfung der jeweiligen erreichten Qualitäten. In derselben Weise würde das für Standards im Gesundheitsbereich, hinsichtlich der Versorgung der älteren Bevölkerung, für die Rechte der Frauen, die besondere Sorge um Kleinkinder, die Umsetzung der reproduktiven Gesundheitsrechte oder die Rechte für Arbeitnehmer gelten.

Die volle Implementierung der neuen Ordnung würde für das Jahr 2025 angestrebt. Die Co-Finanzierung wäre dabei ein wichtiger Schlüssel. Neben der Weltmineralölsteuer in den Bereichen Flugverkehr und Schiffahrt und dem Handel von $CO_2$-Emissionsrechten sollte, wie früher schon erwähnt, eine Tobin Tax (Kapitaltransfersteuer) ab 2012 hinzu kommen und im Umfang jährlich steigen, um 2025 das angestrebte volle Niveau dieser Weltsteuer zu erreichen. Ähnlich wäre bei der Festlegung von Mindestbesteuerungsniveaus (in jährlichen Schritten bis 2025), um Abwärtsspiralen der Besteuerung zu vermeiden, und hinsichtlich des Ausschlusses von

Offshore-Bankplätzen von einer Beteiligung an den Weltfinanzmärkten, falls vorgegebene Berichts- und Transparenzanforderungen nicht erfüllt würden, zu verfahren.

### 2025: Einsetzung eines Weltkonvents zum Erarbeiten einer Weltverfassung

Im Jahr 2025 könnte ein Weltkonvent eingesetzt werden, ganz ähnlich dem soeben etablierten EU-Konvent, der die ersten Schritte in Richtung einer Weltverfassung und einer Weltdemokratie angehen würde.

### 2027: Rio + 35-Weltgipfel: Beschlussfassung über die Vorlage des Weltkonvents; Annahme der Verfassung; Initiierung erforderlicher Schritte hin zu einer Weltdemokratie; Weltbürgerrechte als Ziel

Ein Beschluss über die Vorlage eines Weltkonvents in 2027 wäre ein weiterer Meilenstein auf dem Weg zu einem umfassenden Weltgesellschaftsvertrag. In der Folge würde eine verfassunggebende Weltversammlung einzuberufen sein. 2029 könnte die Verfassung über diverse kontinentale und nationale Abstimmungen weltweit angenommen und auf dieser Basis die Grundlage für die Wahl des ersten demokratischen Weltparlaments geschaffen werden.

### 2032: Rio+40-Gipfel: Wahl des ersten Weltparlaments

Im Jahr 2032 würde das erste Weltparlament auf der Basis „one person, one vote" gewählt. Das setzt voraus, dass vorher ein ausreichendes Maß an Equity erreicht worden wäre. Die Rechte dieses Parlaments wären zunächst noch eng begrenzt.

Analog zu den europäischen Erfahrungen würde dieses Parlament aber in Rückkopplung mit den Staaten beziehungsweise den Bürgern seinen eigenen Handlungsbereich im Rahmen eines vorgegebenen „Fahrplans" schrittweise erweitern können. Als wesentliches Recht sollte dem Weltparlament rasch eine Art Letztverantwortung oder zumindest ein Zustimmungserfordernis über den Einsatz der weltweiten Co-Finanzierungsmechanismen, deren Zielsetzung und Fortschreibung zugestanden werden.

### *2050: Ein Welt-Equity-Level von fünfzig Prozent ist erreicht*

Die Erreichung dieses Zieles im Jahr 2050 ist ein sehr ambitiöses Unterfangen. Wenn aber die Umsetzung des in diesem Buch vorgeschlagenen 10 → 4:34-Programmes gelingt (vgl. Kapitel 18), könnte dieses Ziel erreicht werden. Als Folge der damit verbesserten sozialen Situation würde in dem Fünf-Jahres-Zeitraum ab 2045 auch eine Stabilisierung der Weltbevölkerung stattgefunden haben, bis 2055 wäre die erste (kleine) Reduktion der Weltbevölkerung zu erwarten. Eine Weltdemokratie könnte in dieser Situation funktionsfähig und in vollem Umfang implementiert werden. Wesentliche Fragen könnten auf diesem Globus von da an demokratisch und verbindlich entschieden werden, zum Beispiel in welchen Bereichen man Forschung und Entwicklung fördern und in welchen Bereichen man aus Vorsichtsgründen Forschung und Entwicklung eher einschränken, verlangsamen beziehungsweise ausschließen möchte. Anlass für Limitierungen können zum Beispiel ethische Überlegungen sein oder auch Konsequenzen auf den Arbeitsmärkten, wenn sich aufgrund neuer Technologien erforderliche Know-how-Profile der Arbeitnehmer inakzeptabel rasch ändern würden. Die zu erwartende stärkere Rolle von Bürokratie und Gewerkschaften im Rahmen weltdemokratischer Entscheidungsprozesse würde wohl in Summe zu einer deutlichen Verringerung des Innovationstempos führen, soweit dieses mit ethischen, sozialen, kulturellen und ökologischen Konsequenzen verbunden ist. Das wäre auf dem hohen Niveau des Lebensstandards im Rahmen eines doppelten Faktor-10-Programms und angesichts der weltweiten Equity von fünfzig Prozent so gewollt, kein Problem, vorteilhaft und allgemeiner Konsens. Die Menschheit stünde erstmals nicht mehr unter dem permanenten Druck zu handeln. Die Situation wäre robuster, stabiler und langsamer. Es würden auch weniger Eliten gebraucht. Die Menschheit hätte dann eine Chance auf Nachhaltigkeit, auch für die nächsten zehntausend Jahre.

### *2052: Rio + 60-Gipfel: Volle Implementierung einer Weltdemokratie ist erfolgt*

Sechzig Jahre nach dem Rio-Gipfel würde die Weltgesellschaft feststellen, dass das zu Beginn des 21. Jahrhunderts als visionär formulierte Programm erfolgreich implementiert wurde.

## Ist die zeitliche Perspektive nicht zu ambitiös?

Man könnte an dieser Stelle fragen, ob der Zeitdruck in dem hier vorgeschlagenen Ablauf nicht zu groß ist. Aber: Simulationsstudien zeigen, dass selbst innerhalb eines Faktor-10-Konzeptes der Zeitrahmen vergleichsweise kurz ist, in dem noch eine Lösung gefunden werden kann, die auch für den Norden substanzielle Wachstumsspielräume beinhaltet. Das ist wahrscheinlich wiederum Voraussetzung dafür, um einen politischen Konsens für diesen Ansatz – wenn überhaupt – zu erreichen. Daher gibt es wahrscheinlich nur ein zeitlich begrenztes Lösungsfenster. Das gilt auch im Hinblick auf weitere Terrorschläge, Sicherheitsregime und ökodiktatorische „Versuchungen" als Alternative zu einem Weltgesellschaftsvertrag der hier vorgeschlagenen Art.

In einem gewissen Sinne muss ein enger Zeitrahmen aber auch gar kein Nachteil sein. Wesentliche Dinge lassen sich nämlich üblicherweise nur in relativ kurzer Zeit bewerkstelligen. Wenn man überlegt, in welchem Zeitraum sich die Verhältnisse in der früheren Sowjetunion und in Osteuropa geändert haben und wie rasch die entsprechenden Vertragswerke auch im Rahmen der deutschen Wiedervereinigung entwickelt und implementiert wurden, dann sieht man, dass dann, wenn der richtige Druck da ist, in relativ kurzer Zeit sehr viel erreicht werden kann, wenn auch manchmal um den Preis bestimmter, kaum vermeidbarer Verluste in Einzelbereichen. Würde man die Zeiträume vergrößern, gingen Konzentration und Aufmerksamkeit verloren, ebenso das Gefühl der Kontrolle über die Abläufe. Deshalb sind die Zeitfenster hier in Reflexion der wirklich schwierigen politischen Aufgaben, die zu leisten sind, zwar ambitiös, aber nicht so, dass der Ansatz hoffnungslos wäre.

## Die Rolle international operierender Konzerne

Die notwendigen Schritte wurden in diesem Text primär aus Sicht der zu schließenden weltpolitischen Verträge behandelt. Es ist aber klar, dass vor allem dort, wo das Weltfinanzsystem und der Welthandel eine Rolle spielen, die Unternehmen, im Besonderen die international operierenden Unternehmen, massiv involviert sind und sein werden. Aus den Erfahrungen des Autors spricht viel dafür, dass sich die entsprechenden Unternehmen aktiv in die Erarbeitung eines solchen Weltgesellschaftsvertrags einbringen würden. Das gilt heute schon ganz besonders für die Versicherungs- und

Rückversicherungsbranche, da dort die Schäden der nicht nachhaltigen Wirtschaftsweise auflaufen und zunehmend unbezahlbar werden. Es zeigt sich aber auch, wie schon erwähnt, dass Firmen, die sich für eine Bewältigung der weltweiten Probleme engagieren über ein gutes Nachhaltigkeitsranking verfügen, offenbar auf Dauer auch an den Aktienmärkten die Gewinner sind. Offensichtlich ist, dass es gerade für langfristig ausgerichtete, leistungsstarke Unternehmen nichts Besseres gibt als eine vernünftige weltweite ökosoziale Ordnung. In einem solchen Umfeld lässt sich am besten, dauerhaft und sinnvoll, Wertschöpfung betreiben, legitimerweise verdienen und die gesellschaftliche Funktion von Unternehmen, nämlich die Mehrung von Wertschöpfung unter gesetzten Rahmenbedingungen, adäquat umsetzen. Vor allem die Unternehmen und Unternehmer, die in einer sozialen Tradition wie Europa oder Asien stehen, werden den hier beschriebenen Schritt begrüßen. Die von UN-Generalsekretär Kofi Annan 1999 initiierte so genannte Global Compact und Global Reporting Initiative, in deren Rahmen Unternehmen weltweit ihre Beiträge zur ökonomischen, sozial-kulturellen und ökologischen Entwicklung bilanzieren, systematisieren und regelmäßig in Form einer freiwilligen Selbstverpflichtung darüber berichten, ist in diesem Kontext ein wichtiges Instrument auf dem Weg zu einem besseren weltweiten Ordnungsrahmen, auch wenn freiwillige Vereinbarungen in der Regel einer ordnungspolitischen Komplementierung bedürfen.

> *„Richtig betrachtet ist ein Weltgesellschaftsvertrag ein extrem attraktives ökonomisches Programm. Es geht um Aufbau, noch mehr als bei der Umsetzung des Marshall-Plans in Europa nach dem Zweiten Weltkrieg. Menschen müssen ausgebildet, Infrastrukturen etabliert, Industrien auf neuestem technischen Niveau hochgezogen werden. Dies ist insbesondere auch für den Norden und für aktive Menschen ein sehr attraktives Programm.“*

### Die Rolle der Weltzivilgesellschaft

Natürlich wird mit diesem Schritt auch ein erhebliches neues Wachstumsfeld eröffnet. Für die Entwicklung der Welt und für nachhaltige Verhältnisse inklusive der dafür erforderlichen Innovation zu sorgen, sind die denkbar beste Zukunftsinvestition und das beste Wirtschaftsförderungsprogramm. Über Co-Finanzierungsmittel wird es möglich werden, weltweit effiziente

Infrastrukturen im klassischen wie im Informationstechnologie-Bereich auszubauen und vor allem auch die Ausbildung von Menschen weltweit wesentlich voranzubringen.

In diesem Umfeld ist von der Weltzivilgesellschaft in ihren vielfältigen Ausprägungen der größte Schub an notwendiger Transparentmachung und Informationsvermittlung zum Erlangen politischer Zustimmung, gerade auch in Richtung auf die Bürger, besonders jener im Norden, zu erhoffen. Nur sie kann dem Prozess die nötige Legitimation und Überzeugungskraft geben, und nur sie kann letztlich den Boden dafür bereiten, dass ein solcher Weltgesellschaftsvertrag konsensfähig wird, speziell in den reichen Ländern, obwohl er im besten Interesse aller Länder ist, und zwar in einem mehrfachen Sinne:

1. Zum einen ist ein solcher Weltgesellschaftsvertrag Voraussetzung dafür, dass die globale Umwelt intakt bleibt und damit die Welt langfristig von der Ökologie her stabil bleibt; das ist gleichsam eine Überlebensfrage, eine Frage der physikalischen Gesetze.

2. Zum anderen ist ein solcher Weltgesellschaftsvertrag die Voraussetzung dafür, dass die soziale Spaltung im Norden nicht noch weiter zunimmt. Gerade die ökonomisch schwächeren Teile der Bevölkerung im Norden profitieren unmittelbar von einem solchen Vertrag, mit dem das bisherige Niveau der Equity im Norden erhalten werden kann.

3. Als große Zukunftsperspektive für alle kommt hinzu, dass es bald zu einem Sinken der Weltbevölkerungszahl kommen würde, da viele der bisherigen Treiber des Bevölkerungswachstums verschwinden werden. Die vielfältigen, mit dem kaum noch beherrschbaren Wachstum der Weltbevölkerung zusammenhängenden Probleme, von Armut bis hin zu unkontrollierter Migration und Terror, werden somit aufgefangen.

4. Es entfallen alle jene Konflikte, die die Bürger des Nordens direkt betreffen können, wenn verstärkt Sicherheitsregime, zum Beispiel gegen Terror, etabliert werden, und ebenso die Konflikte, die aus ökodiktatorischen Instrumenten rund um den Globus resultieren würden. Diese würden im Besonderen auch wieder die ärmere Bevölkerung des Nordens direkt tangieren, von drohenden weltweiten Revolutionen ganz abgesehen.

### *Grunddesignelemente eines*
### *Weltgesellschaftsvertrages*

- Der Weltgesellschaftsvertrag wird als Rahmen vereinbart, der anschließend in kontinentale oder nationale Gesetzeswerke zu übersetzen ist.

- Ausgehend von einer bestimmten Vorstellung der Verzahnung einzelner schon existierender Regelungsbereiche (wie WTO-, IMF-, WB-, ILO-, UNESCO-, UNEP-Verträge) sind diese in Übergangszeiträumen an ein integratives Design anzupassen.

- Anker einer neuen Lösung könnte ein erweitertes WTO-Regime mit angepassten Finanzmarktregelungen sein. So könnten deren Sanktionsmöglichkeiten sowie die WTO-Gerichtsbarkeit genutzt und auf weitere Tatbestände erweitert werden.

- Welthandel und damit Partizipation an der Weltökonomie würden nach Abschluss des Vertrages voraussetzen, dass die Partner zusätzlich bestimmte Regelungsbereiche der International Labour Organization (ILO), des United Nations Environment Programme (UNEP) und weiterer internationaler Vertragswerke beachten. Dies wird international überprüft. Geldflüsse sind an die Implementierung von Standards geknüpft.

- Der Konsens für entsprechende Lösungen ist über entsprechende Co-Finanzierungsmaßnahmen zu erzielen. Gute Vorbilder sind das Montrealer-Protokoll, der CDM des Kyoto-Protokolls und die Durchführung der Erweiterungsprozesse der Europäischen Union.

- Die Einführung von Weltsteuern als Co-Finanzierungsmechanismus von Entwicklung könnte im Wesentlichen im Zeitraum 2012 bis 2025 in definierten jährlichen Schritten erfolgen. Das gibt genügend Vorlauf und eine ausreichende Umsetzungszeit.

> • Die erfolgte Einrichtung eines Internationalen Strafge-
> richtshofs beinhaltet viele Anknüpfungspunkte und
> Erfahrungsmöglichkeiten für die Erarbeitung eines
> Weltgesellschaftsvertrags.

## *Umgang mit neu auftretenden Bedrohungen einer nachhaltigen Entwicklung*

Im Verlauf des Zeitraums bis 2050 werden wir mit vielen neuen Problemen konfrontiert werden, die einer nachhaltigen Entwicklung entgegenstehen. Das resultiert nicht zuletzt aus dem jetzt schon viel zu hohen Innovationstempo, auf das aber angesichts der Nöte und Herausforderungen der Welt im Hinblick auf die Ermöglichung eines erforderlichen doppelten Faktor-10-Konzeptes für Wachstum und erhöhte Ökoeffizienz noch lange nicht verzichtet werden kann. Alle Schritte hin zu einem Weltgesellschaftsvertrag müssen in diesem Kontext aber konsequenterweise so ausgelegt sein, dass unklare beziehungsweise gefährliche, neue, nicht nachhaltige Entwicklungen zu Lasten sozialer, kulturel-ler und ökologischer Bestände jederzeit neu mit in das Verhandlungsspektrum eines Weltgesellschaftsvertrags aufgenommen werden können. Mihajlo Mesarovic vom Club of Rome spricht in diesem Zusammenhang von der Notwendigkeit einer antizipatorischen Demokratie und Zivilisation, die vor allem auch das Veränderungspotenzial durch technischen Fortschritt mit beachtet, Fragen der Beschleunigung und eines menschengemäßen Rhythmus mit bedenkt und immer wachsam gegenüber neuen Gefahren ist. Eine solche antizipatorische Demokratie und Zivilisation muss sich insbesondere in geeig-neten Institutionen ausdrücken.

Die fortwährende Bereitschaft, immer neue Bedrohungen einer nachhalti-gen Entwicklung in dem angedachten Rahmen anzugehen, ist angesichts der zu erwartenden Innovationsgeschwindigkeit eine Überlebensfrage, bis dann end-lich ein mit Nachhaltigkeit voll verträgliches Innovationsgeschehen, inklusive einer erhöhten Langsamkeit in kritischen Bereichen, erreicht werden wird. Ab 2032 könnte in Ergänzung zu anderen institutionellen Lösungen vor allem unter Einbeziehung der Wissenschaften das Weltparlament in diese Aufgaben einge-bunden werden und neue Themen, zum Beispiel mit Zweidrittelmehrheit, in den Rahmen des Weltgesellschaftsvertrags integrieren dürfen.

# 29
## Die EU als Vorbild: Let's do it!

*„Die EU stellt in ihren Erweiterungs-*
*prozessen ein nachahmenswertes*
*Beispiel für das dar, was weltweit*
*methodisch und strategisch ansteht. "*

Weltweite Entwicklung, Überwindung der Armut und internationale Zusammenarbeit könnten viel besser erreicht werden, als das heute gelingt, nämlich über ein besseres weltökonomisches Design, einen „Balanced Way", eine Ökosoziale Marktwirtschaft, über das, was manchmal mit einem „Dritten Weg" intendiert wird. Dabei sei gegenüber bestimmten Abwehrpositionen von vornherein festgehalten, dass der Balanced Way keine Übertragung eines europäischen Modells auf die Welt ist, schon gar nicht eine Form eines Neokolonialismus. Übertragen wird nur der naheliegende Aspekt der Co-Finanzierung von Entwicklung in Verbindung mit der Akzeptanz höherer Standards durch sich entwickelnde Länder. Dieses eigentlich selbstverständliche Prinzip wird von den aufholenden Staaten rund um die Welt seit Jahrzehnten immer wieder formuliert und gefordert. Das Problem ist also nicht der vermeintliche neokolonialistische Charakter eines solchen Vorschlags, sondern die bisherige Weigerung der reichen Länder, sich substanziell an einer solchen Co-Finanzierung zu beteiligen, wobei der Hinweis auf den von den Empfängern der Mittel möglicherweise so wahrgenommenen Neokolonialismus ein besonders subtiler Ansatz ist, sich einer Co-Finanzierung zu entziehen.

Das ökosoziale Modell, der Balanced Way, ist das Wunschszenario C in der in Kapitel 25 diskutierten Typologie möglicher Zukünfte der Welt. Neben den entwickelten asiatischen Volkswirtschaften und Kanada bildet Europa das beste Beispiel für das Potenzial dieses Ansatzes, so schwierig es dieses Modell unter heutigen WTO-Bedingungen im Kontext der Globalisierung auch hat. Dass Europa in Fragen des Ausgleichs mittlerweile so weit ist, ist nicht selbstverständlich und hat wohl auch etwas mit den Erfahrungen aus früheren Grausamkeiten und Desastern und mit dem Verlust an Bedeutung nach dem Zweiten Weltkrieg zu tun. Schließlich haben die Europäer aber aus der Geschichte gelernt und dabei gezeigt, dass Hass und Feindschaft überwunden werden können. Das könnte auch ein Muster für die Überwindung des Nahostkonfliktes sein. Erst nach einer langen blutigen Geschichte also sind die Europäer bei einem vernünftigen, vertragsbasierten und ausgeglichenen Zustand angekommen, so wie wir ihn heute vorfinden. Das Geschenk der Wiedervereinigung, die weltbewegende Rolle des damaligen Staatschefs der Sowjetunion Michael Gorbatschow und der unglaubliche politische Instinkt des damaligen deutschen Bundeskanzlers Helmut Kohl für die Kopplung von Wiedervereinigung und Erweiterung und Verdichtung der EU kann man an dieser Stelle kaum genügend würdigen, ebenso wie das beständige Eintreten vieler unserer führenden Politiker für ökosoziale Gestaltungselemente der nationalen wie internationalen Politik.

Das ökosoziale Modell ist heute die größte Hoffnung für Frieden und eine nachhaltige Entwicklung auf diesem Globus. Benötigt werden heute dazu Prozesse, die inspiriert sind von den Erweiterungsprozessen der EU, wobei man auf Seiten der EU weiter gehen sollte als bisher, etwa was die eingesetzten Mittel anbelangt. Europa muss gestärkt werden. Wir brauchen mehr Steuermittel auf EU-Ebene, damit die EU ihre positive und integrative Wirkung weiter entfalten kann, gerade auch mit Blick auf die jetzt anstehenden Erweiterungsprozesse nach Mittel- und Osteuropa.

Bein den im EU-Umfeld stattfindenden Ausgleichsprozessen werden die Übel gezielt und entschlossen an der Wurzel angegriffen. Das würde in einer Übertragung auf den ganzen Globus die Umverteilung von etwa zwei bis drei Prozent des Weltbruttosozialprodukts für gezielte Entwicklungsprozesse, Ernährung, Ausbildung, Stärkung der Rolle der Frau, Gesundheitssysteme und Renten- und Pensionssysteme beinhalten, entsprechend der Logik einer Sozialen Marktwirtschaft. Eine breite Ausbildung und der Zugang zu Infrastrukturen, vor allem auch den modernen digitalen Medien und dem Internet, haben dabei eine Schlüsselrolle. Es geht also nicht um konsumorientierte Umverteilung; primär kein Geld für Potentaten, lokale Eliten oder korrupte Administrationen, stattdessen Hilfe zur Selbsthilfe, Mitteleinsatz nur im Austausch mit der Implementierung abgestimmter Standards wie in EU-Erweiterungsprogrammen, daher auch nicht einfach nur Finanzausgleich, sondern Co-Finanzierung von Entwicklung. Das wird international beispielsweise auch eine gewisse anteilige Kompensation für den Einbezug lokaler Eliten und deren Transformation in leistungsfähige Administrationen beinhalten müssen, aber nur anteilig, nicht als dominierende Größe. Als Folge eines solchen Vorgehens, wie es in Kapitel 28 dargestellt ist, könnte man weltweit wie in Europa ein gleichmäßiges Empowerment und eine Erhöhung der Wertschöpfungsfähigkeit und als Folge davon ein schnell zurückgehendes Bevölkerungswachstum erreichen. Das alles kann in strikten Grenzen der Ressourcennutzung und der Umweltverschmutzung, ohne Verschärfung der sozialen Ungleichheit in Nord und Süd und auch bei einem weiteren wirtschaftlichen Wachstum erfolgen.

Dieser Ansatz führt letztlich zu einer Überwindung der Grenzen, zu einem Weltbürgertum, ganz anders als etwa die Situation in der NAFTA, die nur auf Freihandel abzielt.

> *„Eine Freihandelsordnung schafft gleiche Bedingungen für alle. Dahinter steht die Idee, Gleiches auch gleich zu behandeln. Wenn allerdings die Ausgangsbedingungen bei den Partnern sehr ungleich sind, wirkt dieses Prinzip oft kontraproduktiv. Oft führt dieses Prinzip dann gemäß der Regel ‚The winner takes it all‘ zur systematischen Bevorteilung derer, die von Anfang an Vorteile gegenüber den anderen hatten. Das formale Gleichheitsprinzip wird dann de facto zum Hebel, die zu Beginn gegebene Ungleichheit auch in die Zukunft hinein zu erhalten, zu Lasten der schwächeren Ländern. Das heißt also, dass formale Gleichbehandlung von Ungleichheit oftmals Ungleichheit fördert, statt sie abzubauen. So wichtig, wie die Gleichbehandlung des Gleichen ist, ist daher oft auch eine sachgerechte Ungleichbehandlung des Ungleichen zum Vorteil aller. In der Sprache des deutschen Bundesverfassungsgerichts beinhaltet deshalb das Gleichheitsprinzip dezidiert die Ungleichbehandlung des Ungleichen. Im Sinne der Überlegungen in diesem Buch geht es dabei im ökonomischen Bereich oft um die Co-Finanzierung schwächerer Partner im Rahmen abgestimmter Entwicklungsprozesse, damit diese hohen gemeinsamen Standards zum Vorteil aller akzeptiert werden können und dennoch alle Partner eine realistische Entwicklungsperspektive haben. Dies entspricht präzise der Logik von EU-Erweiterungsprozessen."*

Auf Europa lastet deshalb heute die größte weltweite Verantwortung. Die Europäer müssen irgendwann die USA dafür gewinnen, sich wieder stärker in Weltordnungsverträge einzubringen, zum Beispiel hinsichtlich der Fortentwicklung der WTO, beim Kyoto-Vertrag, beim Internationalen Strafgerichtshof sowie bei der künftig zuverlässigen Zahlung ihrer UN-Beiträge (nicht nur so „nebenbei" nach Ereignissen wie am 11. September 2001). Denn ohne die USA gibt es keine dauerhafte Lösung für diesen Globus. Ferner wird Europa in absehbarer Zeit auch durch die Aufnahme der Türkei und der Nachfolgestaaten des früheren Jugoslawien in die EU erstmalig einen fairen kulturellen Vertrag zwischen der christlichen und der islamischen Welt schließen müssen. Dieser könnte vielleicht irgendwann den Weg zur Integration aller Mittelmeeranrainer in eine europäisch inspirierte Zone der Vernunft eröffnen. Global betrachtet könnte mit fairen interkulturellen Verträgen vielleicht manches Unrecht des Kolonialismus und – sehr gewagt – vielleicht sogar der fast unlösbare, durch eine schwierige Historie und strukturelle Ungerechtigkeiten gekennzeichnete Israel-Palästina-Konflikt irgendwann einer gerechten, auf Dauer angelegten Lösung zugeführt werden. Grundlage dafür könnten die in Kapitel 26 gegebenen Hinweise sein, die auf eine faire Lösung abzielen. Diese muss Israelis wie Palästinensern eine glaubwürdige Perspektive auf eine solide, zugleich vergleichbare Position in einer sich herauskristallisierenden neu geordneten Welt eröffnen. In einer an die EU-Erweiterungsprozesse angelehnten Lösung des Konfliktes würde sich unter Umständen sogar die Frage des Heimatrechts von alleine erledigen, und zwar nicht anders, als das bald zwischen Deutschland und zum Beispiel Polen der Fall sein wird.

*„Die NAFTA ist ein reines Handels- und Wirtschaftsabkommen ohne Beachtung sozialer, kultureller und ökologischer Aspekte. Deshalb müssen auch die Landesgrenzen zwischen den USA und Mexiko weiter scharf bewacht werden. Ganz anders ist die Situation un Europa."*

Europa ist ein Ort großer Hoffnungen und seine Stärkung im besten Interesse der Europäer. Der Euro ist hierfür ein wichtiger Schritt und ein großer Erfolg. Der Autor hofft an dieser Stelle, dass schon bald das britische Pfund und der schweizer Franken sowie weitere europäische Währungen der Euro-Zone beitreten werden, um so die europäische Währung weiter zu stärken. Die weitere Stärkung der europäischen Institutionen steht ebenfalls an. Hierfür ist der nunmehr beschlossene europäische Konvent ein zentraler Schritt. Das sollte hin bis zu einem Verfassungsentwurf für Europa reichen. Die Aufnahme der neuen Mitglieder in Mittel- und Osteuropa verlangt große Anstrengungen. Wir brauchen nicht weniger, wir brauchen mehr Europa, und zwar für den Erhalt unseres hohen Niveaus an sozialem Ausgleich, auch unter Globalisierungsbedingungen, sowie auch für den Erhalt einer Chance auf weltweite Nachhaltigkeit. Wer, wenn nicht Europa, sollte hier die entscheidenden Beiträge erbringen? Und das segensreiche Wirken der Europäischen Union ist sicher auch eine stärkere finanzielle Ausstattung der EU wert.

> *„Wir sollten endlich aufhören, dauernd über die EU zu schimpfen. Wir haben mittlerweile eine Situation, in der unsere Politiker nach Brüssel fahren, gemeinsam beschließen, was unvermeidbar ist, aber Angst haben, das zu Hause ihren Wählern zu sagen, und deshalb zu Hause auf die in Brüssel schimpfen, die das alles entschieden haben. Das ist eine bequeme Methode, notwendige Entscheidungen zu verkaufen, aber der Preis ist hoch. Auf Dauer werden alle glauben, der böse Feind sitze in Brüssel. Dort sitzt aber kein böser Feind, dort findet sich unser Bollwerk gegen eine falsche Weltordnung und ein Modell für eine zukunftsfähige weltweite Entwicklung."*

In diesem Kontext kommen große weitere Anstrengungen auf Europa zu. Die Europäer müssen die Mittel, die sie über Brüssel einsetzen, noch einmal substanziell erhöhen, um die kohärente Integration von Mittel- und Osteuropa durch Co-Finanzierung zu bewerkstelligen. Hier müssen dann auch eine viel engere Zusammenarbeit mit Russland und eine enge Anbindung Russlands an die EU erreicht werden. Europa sollte sich angesichts der weltweiten Entwicklungen intensiv bemühen, die Verbindungen zu Russland zu stärken und die gesellschaftliche wie wirtschaftliche Entwicklung in Russland zu fördern. Russland und seine Menschen bilden, selbst in Sibirien, in vielen Aspekten ein zutiefst europäisches Land. Ein Zusammengehen beider Seiten ist angesichts einer schwierigen Zukunft der Welt sicher eine sehr vielversprechende Option. Eine enge Zusammenarbeit zwischen Europa und Russland würde unserem Kontinent eine gute Zukunftsperspektive unter fast allen absehbaren Szenarien eröffnen und auch in einer weltweiten Sicht in ihren Wirkungen positiv sein.

Ferner ist in diesem Prozess der Ausgleich der noch bestehenden Differenzen in der EU weiter voranzutreiben, zumindest hin zu einem gesamteuropäischen Equity-Faktor oberhalb von fünfzig Prozent. Die soziale Ungleichheit in der EU als Ganzes ist immer noch zu hoch. Die Herausforderungen für mehr Ausgleich werden mit den jetzt neu hinzukommenden Staaten noch größer werden. Hier gilt es dringend zu handeln. Das bedeutet auch, dass man in den Übergangsprozessen nicht nur die neuen Partner ausreichend unterstützen muss, sondern ganz besonders auch die ökonomisch von der neuen Partnerschaft am stärksten bedrohten wirtschaftlich schwachen Grenzgebiete der bisherigen EU.

*„Ein besonderes Missverständnis ist die immer wieder behauptete Überbürokratisierung in Brüssel. Tatsächlich hat die EU-Bürokratie in Brüssel, nach Medienberichten, nur den halben Umfang der Stadtverwaltung von Paris. Es ist beeindruckend, wie viel die EU in Brüssel mit so wenig Personal bisher geleistet hat. Für die Vielzahl der künftig von Brüssel erwarteten zusätzlichen Leistungen brauchen wir nun aber mehr, nicht weniger Personal. Es wird Zeit, dass die EU in dieser Hinsicht endlich gestärkt wird."*

Die Finanzierung der Kohäsion ist aber nicht alles. Im Ringen um eine bessere Weltordnung ist es entscheidend, dass die Europäer endlich „auf gleicher Augenhöhe" mit den USA operieren können. Dazu sind neben der Steigerung der eigenen wirtschaftlichen Attraktivität dringend die innere Kohärenz, die demokratische Legitimation und die europäische Exekutive zu stärken. Ein besonderes Problem Europas ist dabei die nach wie vor schwankende Haltung Großbritanniens zwischen einer besonderen Beziehung zu den USA und einer klaren, unzweideutigen Haltung dieses wichtigen Landes zu Europa. Von zentraler Bedeutung ist dann auch die Stärkung des militärischen Sektors in Europa. Hier fallen wir zurzeit immer stärker zurück, gerade auch in elektronik- und roboterbasierter Kriegführung, die militärisch immer wichtiger wird und zugleich wegen der schon angesprochenen „Double use"-Dimension entsprechender Forschungsprogramme auch industriepolitisch bedeutsam ist. Es muss deshalb dringend auch die militärische Schlagkraft Europas massiv gestärkt werden, auch wenn das im weitesten Sinne gegen die soziale Logik Europas ist. Aber daran führt nach aller historischen Erfahrung kein Weg vorbei. Noch deutlicher: Ein prinzipielles Zurückfallen in Militärtechnik, inklusive Weltraumtechnik, ist nicht kompensierbar. Anstrengungen sind vor allem auch zur Stärkung und weiteren Integration der europäischen Rüstungsindustrie notwendig. Der Verkauf dieser Industrie an amerikanische Unternehmen ist zu verhindern. In diesem Kontext ist auch die Finanzierung von Forschung und Innovation im „Double use"-Bereich elektronischer und roboterbasierter

Kriegführung notwendig. Hier hat Europa ein hohes technisches Potenzial. Wichtig ist in diesem Kontext die Entscheidung des Europäischen Rates aus jüngster Zeit, das europäische Satellitensystem Galileo einzuführen, sowohl aus Sicht ziviler Dienste als auch begründet mit Sicherheitsargumenten und der dringend erforderlichen Erhöhung der Unabhängigkeit Europas von den USA. Enge Zusammenarbeit mit den USA, ja, aber nur auf gleicher Augenhöhe. Nicht überraschend ist es in diesem Kontext, dass die USA seit langem versuchen, die Einrichtung von Galileo zu verhindern, in der Regel mit Sicherheitsargumenten. Im Moment wird versucht, hierzu die NATO als Hebel zu benutzen. Hier müssen die Europäer dagegenhalten.

Es muss der europäischen Politik vor allem gelingen, den Bürgern zu vermitteln, dass in Europa – in einer doppelstrategieartigen Logik (siehe Kapitel 27) – in dem Ringen um weltweite Nachhaltigkeit und Zukunftssicherung temporär substanziell mehr Mittel als bisher investiv und nicht konsumorientiert eingesetzt werden müssen, auch im militärischen Bereich. Hier ist insbesondere auch das atomare Potenzial von Großbritannien und Frankreich einzubinden und auszubauen, um in grundsätzlichen Sicherheitsfragen auch ohne Unterstützung der USA verteidigungsfähig zu sein. Eine weniger konsumorientierte Haltung ist für einige Zeit also aus zwei Gründen erforderlich: zum einen, um in weiterer innereuropäischen und weltweiten sozialen Ausgleich investieren zu können, zum anderen, um über die notwendige militärische Schlagkraft zu verfügen, in diesem Prozess ein durchsetzungsfähiger Partner zu sein. Dabei stehen zwei Themen im Vordergrund. Europa muss stärker als bisher in der Lage sein, seine eigene Sicherheit in einer hochexplosiven Welt selbst zu garantieren und einen Beitrag zur Herstellung weltweiter Sicherheit zu leisten. In diesem Kontext kommt heute der Entwicklung einer europäisch inspirierten Sicherheitsstruktur, inklusive ihre softwaresystemseitigen Basis, eine zentrale Bedeutung zu. Sie muss ökonomische Effizienz und hohe Funktionalität mit einem hohen Schutzniveau und hoher Robustheit verbinden und dennoch die zivilen Rechte voll zu erhalten erlauben, also die Verführungen und Dilemmata vermeiden, wie sie in dem riskanten Zukunftsszenario D (Sicherheitsregime/Ökodiktatur) in Kapitel 25 angelegt sind. Das könnte für die Chancen einer weltweiten Ökosozialen Marktwirtschaft ein Schlüsselthema werden und hat extreme Rückwirkung auf die Art der in allen Lebensbereichen benötigten Softwaresysteme im weiteren Ausbau der weltweiten Informations- und Wissensgesellschaft. Hier sind weitere Konflikte mit den USA um dieses Design, auch in internationalen Standardisierungsfragen, absehbar.

*„Arbeiten an einer europäisch inspirierten Sicherheitsarchitek-*
*tur, inklusive der dazu benötigten Softwaresysteme, sind für die*
*Zukunft eines ökosozialen Ansatzes angesichts der aktuellen Be-*
*drohungen ein Schlüsselthema. In solche Arbeiten bin ich auch*
*persönlich involviert. "*

Zum anderen muss Europa im Ringen mit den USA und anderen um das
richtige Weltordnungsdesign auf gleicher Augenhöhe operieren können und
dazu notfalls auch in der Lage sein, sich politisch-militärischen Pressionen im
Rahmen derartiger Auseinandersetzungen überzeugend widersetzen zu können. Auf keinen Fall darf man in einer solchen Situation militärisch vom Schutz
jenes Landes abhängen, das aufgrund problematischer Grundsatzentscheidun-
gen seiner jetzigen Administration wesentliche Verantwortung für die Perpetuierung, ja Verschärfung, eines nicht mehr zeitgemäßen weltökonomischen
Designs und die dadurch (mit-)verursachten Bedrohungspotenziale trägt und
bisher alle Veränderungen in eine zukunftsfähigere Richtung abgeblockt hat.

*„Ein Glück, dass wir jetzt den Euro haben. Er stärkt Europa und*
*hat das Potenzial, einmal die stärkste Weltreservewährung zu wer-*
*den, unter Umständen in Wechselwirkung mit starken asiatischen*
*Währungen. Wir müssen Europa nun weiter ausbauen und weiter*
*stärken, auch hinsichtlich der demokratischen Grundlagen. Wichtig*
*sind stärkere Institutionen, ökonomische Erfolge, eine eigenständige,*
*europäische Militärkapazität und mehr Geld für Brüssel, um die*
*Kohärenz in Europa zu stärken und den Erweiterungsprozess nach*
*Mittel- und Osteuropa besser abzufedern. "*

Parallel zu und in Verbindung mit der weiteren Stärkung Europas stehen
jetzt die Bemühungen hinsichtlich der Weltordnungsfrage an, das heißt die
Notwendigkeit der Etablierung eines Global-Governance-Systems zur
Beherrschung der sozialen, kulturellen und ökologischen Aspekte der ökonomischen Globalisierung. Die in diesem Text angestellten Überlegungen zeigen
eine Richtung auf. Simulationsstudien zeigen, dass eine solche Strategie eine
vielversprechende Perspektive für eine bessere Welt eröffnen würde. Bei
einem klugen, ökosozial orientierten weltökonomischen Design ist ein zufrie-
denstellendes weltweites Wachstum möglich, das eine deutlich schnellere
Konvergenz der Wohlfahrtsbedingungen weltweit als unter heutigen WTO-

Bedingungen ermöglicht, und das bei Vermeidung der bereits genannten drei Rebound-Bereiche der weltweiten Umweltzerstörung und der Verschärfung der Ungleichheiten in Nord und Süd als Teil weltweiter Angleichungsprozesse. Ein doppelter Faktor 10, durchgesetzt über Regelwerke, konsensfähig gemacht und kombiniert mit einem 4:34-Konzept eines weltweiten, mit Nachhaltigkeit kompatiblen, das heißt echtem umwelt-, sozial- und kulturverträglichen Wachstum, das könnte eine Zukunftsformel für eine weltweite nachhaltige Entwicklung im Laufe des 21. Jahrhunderts sein.

### 10 → 4:34: Eine präzisierte Sicht auf Nachhaltigkeit

- Es geht um die Sicherung von Beständen im sozialen, kulturellen und ökologischen Bereich, gegen Ausdehnungs- und „Plünderungsprozesse" im ökonomisch-gesellschaftlichen Bereich und unter Beachtung der bestehenden legitimen Aufhol- und Wachstumsanliegen.

- Die Schutzanliegen werden im Rahmen eines Weltgesellschaftsvertrages hart in das weltökonomische System (insbesondere den WTO-Rahmen) integriert. Das führt zu einer weltweiten Ökosozialen Marktwirtschaft.

- Im Zentrum des Weltgesellschaftsvertrages steht das Win-Win-Prinzip: überprüfbare Standardangleichung gegen Co-Finanzierung von Entwicklung.

- Die Überwindung von Armut und darüber hinaus ein weltweiter sozialer Ausgleich, wie er in der EU angestrebt wird ($\varepsilon \geq 50$ Prozent), sind Teil eines Nachhaltigkeitsprogramms. Das bedeutet den Übergang in eine Weltinnenpolitik, verbunden mit einem Subsidiaritätsprinzip nach dem Muster der EU.

- Das ökonomische System (Wettbewerb unter geeigneten Rahmenbedingungen) sorgt für den Rest: Das 10 → 4:34-Prinzip ist dabei eine Orientierungslinie für die nächsten fünfzig bis hundert Jahre.

# 30
## *Zusammenfassung und ein programmatischer Vorschlag sowie seine Einordnung in aktuelle Initiativen*

Die Zielvorstellung einer nachhaltigen Entwicklung stellt uns vor gewaltige Herausforderungen. Aber ein doppeltes Faktor-10-Konzept aus Wachstumszielen und Effizienzanforderungen verbunden mit equitymotivierten asymmetrischen Wachstumsprozessen in Nord und Süd (4:34-Konzept) im Rahmen eines besseren weltweiten ökonomischen Designs eröffnet Chancen für einen robusten Pfad in eine nachhaltige Zukunft. Hierzu ist rasch ein entsprechender Weltgesellschaftsvertrag zu schließen, auch um ein Abgleiten in ein reines Sicherheitsdenken und in ökodiktatorische Ansätze zu vermeiden. Fünf wichtige Prinzipien sind dabei zu beachten und auch umzusetzen:

1. ***Nachhaltigkeit erfordert eine weltweite Ökosoziale Marktwirtschaft.***

   Nachhaltigkeit erfordert einen Weltgesellschaftsvertrag im Zusammenhang mit erforderlichen Begrenzungen menschlicher und vor allem kollektiver ökonomischer Aktivitäten zur Sicherung vereinbarter Bestände im sozialen, kulturellen und ökologischen Bereich auf Basis einer Ökosozialen Marktwirtschaft.

2. ***Die kohärente Verknüpfung internationaler Regime ist erforderlich.***

   Weltverträge der erforderlichen Art betreffen die Weiterentwicklung und Verknüpfung von Regelwerken, etwa in den Bereichen WTO, IMF, WB, ILO, UNEP, WIPO und UNESCO, zu einem kohärenten Global-Governance-System in einem über fünfzig Jahre angelegten Umsetzungsprozess.

3. ***Co-Finanzierung von Entwicklungsanliegen und Equity sind Schlüsselfragen.***

   Ein zukunftsfähiges Weltordnungsdesign wird allen Menschen auf diesem Globus eine Perspektive eröffnen müssen. Überwindung der Armut, welt-

weiter sozialer Ausgleich und Co-Finanzierung von Entwicklung sind in diesem Kontext Schlüsselfragen.

### 4. Ein attraktives weltweites Wachstum bleibt möglich und ist erforderlich.

Innerhalb vereinbarter Bestände und co-finanzierter Entwicklungs-
perspektiven ist ein attraktives weltweites Wirtschaftswachstum über die
nächsten fünf Jahrzehnte möglich und auch erforderlich, um
Zukunftsfähigkeit zu erreichen.

### 5. Nachhaltigkeit ist ein extrem wertschöpfendes Zukunftsprogramm.

Märkte mit geeigneten Rahmenbedingungen sind die optimalen
Instrumente zur Organisation der Zukunftsentwicklung. Technischer
Fortschritt und adäquate Organisation von Wertschöpfungsprozessen sind
der Schlüssel für eine nachhaltige Entwicklung. Nachhaltige Entwicklung ist
in diesem Sinne ein Weltprogramm für mehr Wirtschaft und Wachstum und
ein extrem wertschöpfendes Zukunftsprogramm.

### Das Potenzial einer weltweiten Ökosozialen Marktwirtschaft

Die Umsetzung der Zukunftsformel 10 → 4 : 34 verspricht
folgende Effekte:

- Wertschöpfung und Wachstum werden ehrlich, das heißt
  mit Nachhaltigkeit verträglich. Sie enthalten keine
  Scheineffekte mehr durch „Kannibalisierung" der Bestände.

- Der Norden erreicht dabei eine (ehrliche) durchschnittliche
  Wachstumsrate von 2,81 Prozent (fünfzig Jahre) beziehungsweise 1,39 Prozent (hundert Jahre), der Süden von 7,31 Prozent (fünfzig Jahre) beziehungsweise 3,59 Prozent (hundert
  Jahre). Das ist eine Menge.

- Die weltweite Equity liegt am Ende bei fünfzig Prozent, das
  heißt, die Welt kommt in einen dauerhaften friedens- und
  zukunftsfähigen Zustand.

- Das Bevölkerungswachstum ist dank weltweiter Entwicklung und Beseitigung vieler heutiger Wachstumstreiber gestoppt.

- Aufgrund des hohen sozialen Ausgleichs werden weltweite demokratische Strukturen möglich.

- Mehr Langsamkeit in wichtigen gesellschaftlichen Lebensbereichen wird ebenfalls aus dem zum Schluss erreichten hohen Grad an Equity resultieren.

- Die Chancen für Frieden und weniger Gewaltanwendung verbessern sich substanziell.

- Nachhaltige Entwicklung hat eine extrem attraktive ökonomische Perspektive.

Das Buch wurde unmittelbar vor der für die Zukunft der Welt so wichtigen Konferenz Rio+10 in Südafrika fertiggestellt und publiziert. Es beinhaltet Überlegungen, in welche Richtung sich die Weltgemeinschaft zur Erreichung einer nachhaltigen Entwicklung und von Zukunftsfähigkeit bewegen sollte und wohin nicht. Die Konferenz Rio+10 wäre eine Hoffnung und eine Chance. Der Autor hat im Vorfeld vielfältige Überlegungen zu der Frage eingebracht, was in Johannesburg vernünftigerweise zu tun wäre. Einige dieser Vorschläge sind nachfolgend aufgelistet. Sie beschreiben vernünftige, jetzt mögliche und dringend anstehende Schritte. Diese würden als Einstieg optimal zu dem Programm für eine bessere Zukunft passen, das in Kapitel 28 beschrieben ist. Der Autor geht als Ergebnis der in diesem Text dargestellten Überlegungen allerdings davon aus, dass wieder einmal kaum ein wirklicher Fortschritt hinsichtlich der zentralen Frage gelingen wird, nämlich der Notwendigkeit einer substanziellen Co-Finanzierung abgestimmter Entwicklungsprozesse. Das Haupthindernis auf diesem Wege werden erneut die USA sein. Hehren Worten werden die benötigten Taten einmal mehr nicht folgen. Aber das ist kein Grund zu verzweifeln, es ist ganz im Gegenteil Anlass für die Weltzivilgesellschaft, sich noch entschiedener zu bemühen, sich zu vernetzten und deutlich auszusprechen, was jetzt erforderlich ist. Dazu gehört auch, klar zu artikulieren, dass die heutige Führung der USA ein Haupthindernis auf dem Weg zu einer nachhaltigen Entwicklung darstellt. Das Buch versteht sich als ein Beitrag zu den nun notwendigen

Folgeschritten der Rio + 10-Weltkonferenz. Die Überlegungen zum Gewinnen der Zukunft gehen von einem erneuten Scheitern der Weltgemeinschaft in Johannesburg aus. Aber das ist kein Grund zur Resignation, sondern, im Gegenteil, Motivation für noch mehr Anstrengungen.

Aus dieser Sicht der Dinge resultierte auch der Vorschlag des Autors in Form des nachfolgenden Fünf-Punkte-Programms im Rahmen des „Earth Dialogue" als ein Input in eine Position der Weltzivilgesellschaft für die genannte Rio + 10-Konferenz, den „World Summit on Sustainable Development" (WSSD). In Ergänzung zu institutionellen Verstärkungen auf UN-Ebene, etwa von UNDP oder der Commission on Sustainable Development (CSD), wie vielerorts für den WSSD-Gipfel gefordert, steht bei diesen fünf Vorschlägen die Co-Finanzierungsfrage von Entwicklung im Zentrum.

### Fünf Vorschläge für Johannesburg

1.  In Johannesburg sollte die Arbeit an einem globalen Deal für nachhaltige Entwicklung beginnen.

2.  Der Deal muss darin bestehen, die Angleichung von Standards mit der Co-Finanzierung von Entwicklung durch die reicheren Länder zu verknüpfen. Dieser Prozess muss rechtlich sauber vereinbart werden. Beispiele zur Orientierung sind die Erweiterungsprozesse der EU und das Montrealer-Protokoll.

3.  Zur Finanzierung sollte in Johannesburg um graduell zu entwickelnde globale Co-Finanzierungsmechanismen beziehungsweise Steuern gerungen werden, wie zum Beispiel eine weltweite Mineralölsteuer (Flugverkehr/Schiffsverkehr), eine Tobin Tax auf Finanztransaktionen, ein Informationstransferbeitrag und ein fairer Handel von Verschmutzungsrechten, zum Beispiel im Kontext des Kyoto-Vertrags.

4.  Das Ziel der Co-Finanzierung ist es, Entwicklung zu fördern, um über fünfzig bis hundert Jahre weltweit das europäische Ausgleichsniveau zu erreichen, also ein Fünfzig-Prozent-Equity-Niveau. Ein ambitioniertes Ziel wäre es, das bis zum Jahr 2052 zur Rio+60-Konferenz zu ermöglichen.

5.  Dieses Ziel ist gedanklich umzusetzen über die Durchsetzung eines doppelten Faktor-10-Konzepts mit einer Wachstumsaufteilung zwischen Nord und Süd im Verhältnis 4:34.

Gibt es Chancen für derartige Entwicklungen? Gibt es politische Positionen und Initiativen, die in eine solche Richtung weisen? Ja, es gibt sie, auch wenn sie oft verborgen und in der Umsetzung extrem mühselig sind. Drei solche Initiativen beziehungsweise Stimmen seien im Folgenden exemplarisch genannt, weil sie Mut machen und zeigen, wo man anknüpfen kann.

Erstens: In einem sehr einsichtsvollen Bericht aus 2001 (Zedillo-Report) eines von Kofi Annan als UN-Generalsekretär eingesetzten hochrangigen Panels zur Vorbereitung der „International Conference on Financing for Development" (vgl. die Hinweise im Literaturverzeichnis), die im März 2002 in Monterrey (Mexiko) stattgefunden hat, wird die Notwendigkeit einer Co-Finanzierung von Entwicklung sehr überzeugend herausgearbeitet. Er enthält auch zahlreiche Hinweise, wie die Mittel zielorientiert eingesetzt werden können. Das ergänzt die diesbezüglichen Ausführungen in Kapitel 28.

Zweitens: Ähnlich, noch deutlicher, argumentiert Susan George, Vizepräsidentin von Attac Frankreich, in ihrem Text „Clusters of Crisis and a Planetary Contract" (vgl. die Hinweise im Literaturverzeichnis). Sie plädiert darin als Antwort auf die weltweiten Nöte und Gefahren für einen „Planetary Contract", der viele Parallelen zu dem in diesem Buch beschriebenen Programm besitzt und, nicht überraschend, für eine massive Einbindung der Weltzivilgesellschaft in alle diese Prozesse. Die Einbindung der Weltzivilgesellschaft wird dabei als die Schlüsselfrage und als wichtigster Ansatz für eine bessere Ordnung der Dinge gesehen.

Drittens: In dieselbe Richtung weist schließlich auch der Text „Tackling Poverty: A Global New Deal/A modern Marshall Plan for the developing world" des britischen Schatzkanzlers Gordon Brown vom Dezember 2001 (siehe die Hinweise im Literaturverzeichnis). Gordon Brown nimmt in einer globalen Perspektive den Marshall-Plan der USA nach dem Zweiten Weltkrieg als Vorbild, in dessem Rahmen die USA vier Jahre lang ein Prozent des USA-Bruttosozialprodukts für Entwicklung und die Überwindung der Kriegsfolgen in Europa eingesetzt haben. Der Marshall-Plan, der extrem erfolgreich war, wird zum Denkrahmen für eine neue Weltinitiative, auch als Reaktion auf die Ereignisse vom 11. September 2001, sicher auch in Fortführung der visionären Überlegungen des früheren US-Vizepräsidenten Al Gore, die in eine ähnliche Richtung weisen (vgl. die Hinweise im Literaturverzeichnis).

Ziel ist dabei das Erreichen der so genannten Millennium Development Goals, auf die sich die UN, IMF, WB, OECD und die wichtigsten entwickelten und sich entwickelnden Länder verständigt haben. Bei diesen so genannten

Millennium-Zielen geht es insbesondere darum, bis zum Jahr 2015 weltweit die Anzahl der Personen zu halbieren, deren Einkommen weniger als einen Dollar pro Tag beträgt, die Kindersterblichkeit auf ein Drittel der heutigen Werte zu senken sowie allen Kindern den Besuch eines vollen Grundschulprogramms zu ermöglichen. Die EU-Zugeständnisse in der jüngsten Welthandelskonferenz in Doha (Katar) im Landwirtschaftsbereich, denen zunehmend restriktive Maßnahmen der USA (vgl. die aktuelle Farm Bill) gegenüber stehen, und den HIPC-Prozess zur Entschuldung der hochverschuldeten ärmsten Länder (Heavily Indebted Poor Countries) streicht Gordon Brown zu Recht als wichtige Beiträge zur Erreichung dieser Ziele heraus. Mit Bezug auf den zuvor erwähnten Zedillo-Report sieht er aber dennoch die Notwendigkeit, zusätzlich jährlich fünfzig Milliarden Dollar an Entwicklungshilfe bereitzustellen. Hieran scheiterten bisher leider alle guten Pläne, wobei erneut die USA ein wesentliches Hindernis darstellen.

Nicht überraschend hat auch der Monterrey-Gipfel, auf den nach den Ereignissen vom September 2001 und mit Blick auf den WSSD-Gipfel große Erwartungen gerichtet waren, diese Hoffnungen nicht erfüllt. Umso dringlicher ist es nun, dass bei den kommenden Gipfeln zur Zukunft dieser Welt substanzielle Schritte gesetzt werden. Hierzu will das vorliegende Buch von der inhaltlichen Orientierung her einen Beitrag leisten. Dies ist kein einfaches Thema in einer schwierigen Zeit, denn der Globus ist heute mit schwerwiegenden Problemen konfrontiert: Bevölkerungsexplosion, Hunger und Elend, Ressourcenübernutzung und Umweltzerstörung, korrupte Eliten in vielen Ländern, entfesselte, teils auf Betrug hin angelegte deregulierte Marktstrukturen ohne Sozialpflichtigkeit von Eigentum.

Angesichts des 11. Septembers 2001 und der Rio+10-Weltkonferenz ist es fast schon tragisch, dass die aktuelle US-Administration, damit das stärkste Land der Welt, zur Bewältigung der tiefer liegenden Ursachen all dieser Probleme nicht entscheidend beizutragen in der Lage zu sein scheint. Umso mehr Verantwortung lastet jetzt auf Europa, einem Kontinent mit vielen historischen Vorbelastungen, aber auch Erfahrungen, dessen Selbstfindung noch nicht abgeschlossen ist und für den diese Last im Moment vielleicht noch zu groß ist. Man kann nur hoffen, dass Europa in diesem Augenblick höchster geschichtlicher Signifikanz seiner weltgeschichtlichen Rolle hinsichtlich der Organisation einer zukunftsfähigen Verbindung von Ökonomie, sozialer Orientierung, Sicherung der kulturellen Vielfalt und Schutz der Umwelt gerecht werden kann.

# Anhang

# Nachbemerkungen

(1) Die in Kapitel 28 „Schritte hin zu einem besseren weltökonomischen Design: Wie könnte man vorgehen?" vorgestellten Überlegungen reflektieren im Besonderen Debatten
des Forums Informationsgesellschaft der deutschen
Bundesregierung, des Information Society Forums (ISF)
der EU, des Ökosozialen Forums Europa und des Global
Society Dialogues des ISF. Hinzu kommen umfangreiche
wissenschaftliche Forschungsarbeiten des Autors und seiner Mitarbeiter, zum Teil im Rahmen von EU-Projekten, wie
ASIS (Alliance for a Sustainable Information Society;
www.faw.uni-ulm.de/asis) und TERRA-2000 (Environmental, Social, Economic and Cultural Impacts of the
Networked Society; www.terra-2000.org), und die zu diesem Thema entstandene Dissertation von Jürgen Strohm,
in der tiefgreifende Überlegungen zu einem Win-Win-
Design für einen Weltgesellschaftsvertrag angestellt wurden.

(2) Die Überlegungen in diesem Text bewegen sich im Kontext
der Arbeiten einer neuen Stiftung „Global Contract
Foundation" (http://www.weltvertrag.de), deren Kurato-
riumsvorsitzender der Autor ist.

(3) Das Forschungsinstitut für anwendungsorientierte
Wissensverarbeitung (FAW) ist eine Stiftung des öffent-
lichen Rechts mit den folgenden Stiftern: Land Baden-
Württemberg, Compaq Computer GmbH, DaimlerChrysler
AG, Deutscher Sparkassen Verlag GmbH, Jenoptik AG,
Land Kärnten, Robert Bosch GmbH, Stadtsparkasse Köln,
Tecomac AG and ZF Friedrichshafen AG. Das Institut erar-
beitet integrierte Systemlösungen in informationstechnisch

anspruchsvollen interdisziplinären Themenbereichen, und zwar insbesondere in den folgenden Feldern: Wissensmanagement, Integrierte Informations- und Kommunikationslösungen, Multimedia, Mensch-Maschine-Systeme/ Autonome Systeme, Umweltinformatik, Verkehrsinformatik, Nachhaltige Entwicklung ; hierbei wird insbesondere auch der Aufbau des Umweltinformationssystems Baden-Württemberg wissenschaftlich begleitet.

Kontakt: FAW – Forschungsinstitut für anwendungsorientierte Wissensverarbeitung, Helmholtzstraße 16, D-89081 Ulm, Telefon: (+49)731/501-100, Telefax (+49)731/501-111

(4) Weitere Materialien zum Thema, vor allem auch des Autors und verschiedener Co-Autoren, finden sich im Literaturverzeichnis sowie auch unter www.faw.uni-ulm.de.

(5) Hingewiesen sei insbesondere auf ein Theaterstück (Last Exit 2050/zusammen mit Ralf Milde), ein für die EXPO 2000 entstandenes Musikvideo zum Thema (You can believe) und ein in Vorbeitung befindliches, direkt mit dem vorliegenden Buch korrespondierendes Musical (Globalisation Saga – Balance or Destruction) in Zusammenarbeit mit Solvig Wehsener (Berlin) und ihrem Team. Materialien, Videos und CDs können über das FAW in Ulm bestellt werden, Internet: www.faw.uni-ulm.de, Telefon: +49/731-501-0 oder Fax: +49/731-501 999 (Ansprechpartner ist Harald Pandl, FAW).

# Schlüsselwörter

Apartheid

Armutsüberwindung

Co-Finanzierung

Doppelstrategie

11. September 2001

Europäische Union

EU-Erweiterungsprozesse

Equity

Faktor 10

Freihandel

Generationengerechtigkeit

Globalisierung

Global Governance

Greencard

Handel mit Verschmutzungsrechten

Internationaler Strafgerichtshof

Kapitalmärkte

Kyoto-Protokoll

Marktbegriff

Mittelstand

Nahostkonflikt

Nichtregierungsorganisationen

Ökodiktatur

Ökosoziale Landwirtschaft

Ökosoziale Marktwirtschaft

Rahmenbedingungen der Wirtschaft

Rebound-Effekte

Ressourcenproduktivität

Rio+10-Weltkonferenz

Rolle der Religionen

Sicherheitsproblematik

Sicherheitsregime

Soziale Marktwirtschaft

Sozialer Ausgleich

Subsidiaritätsprinzip

Technischer Fortschritt

Terroranschläge

Tobin Tax

Wachstumsbegriff

Wachstumsprozesse

Weltbevölkerungsentwicklung

Weltfinanzsystem

Welthandelsorganisation (WTO)

Weltinnenpolitik

Weltweite Entwicklung

Weltzivilgesellschaft

Zinsverbot

Zukunftsszenarien

# Danksagung

Der vorliegende Text beschäftigt sich mit den Perspektiven einer Ökosozialen Marktwirtschaft. Er baut auf mehr als zehnjährigen Vorarbeiten in wissenschaftlichen Projekten (z. B. in den EU-Projekten ASIS und TERRA 2000), im Kontakt mit verschiedenen Nichtregierungsorganisationen – unter anderem Rotarian Initiative on Population and Development, Stiftung für die Rechte zukünftiger Generationen (SRzG), die europäische Jugendorganisation YOIS (Youth for International Justice and Sustainability), Deutsche Stiftung Weltbevölkerung, Stiftung Weltethos und Stiftung Weltvertrag) –, im Information Society Forum der EU, im Forum Informationsgesellschaft der Deutschen Bundesregierung, im Global Society Dialogue des Information Society Forums der EU und im Ökosozialen Forum Europa auf.

Wichtig für die Entstehung dieses Textes waren auch konzeptionelle Arbeiten für die EXPO 2000, für das durch die Stadtsparkasse Köln initiierte, in Vorbereitung befindliche Cologne Science Center, eine Zusammenarbeit mit dem Ulmer Theater, Wechselwirkungen mit den Arbeiten der Earth Charta und die Verbindung mit dem Club of Rome. Für die Möglichkeit der Zusammenarbeit mit vielen Forschergruppen und Einzelpersönlichkeiten in diesen Kontexten möchte ich ebenfalls meinen Dank aussprechen. Dies gilt in gleicher Weise für meine Familie, Freunde, Bekannten und Studenten, die mich in einem jahrelangen Ringen und in endlosen Diskussionen um die Sicht auf die Welt, um „richtig" oder „falsch", begleitet haben, manchmal auch bis tief in die Nacht hinein. Und dies gilt genauso für meine Lehrer an Schule, Gymnasium und im akademischen Bereich, die immer wieder neue „Fenster" in die Welt hinein für mich eröffnet haben, so wie die Autoren all der Texte und Bücher im Literaturverzeichnis und vieler weiterer Texte und Bücher; jedes davon ein Schatz und eine neue Sicht auf die Fragen, die sich immer stellen und nie abschließend beantwortbar sind.

Für den vorliegenden Text prägend sind dann weiterhin die spezifischen Forschungs- und Arbeitsmöglichkeiten am Forschungsinstitut für anwendungsorientierte Wissensverarbeitung (FAW) in Ulm. Deshalb gilt mein Dank den Stiftern, Geldgebern und Partnern des Instituts und seinen Mitarbeitern und

Freunden. Wesentlich ist dann die seit vielen Jahren bestehende Zusammenarbeit mit inspirierenden Persönlichkeiten, die hier nicht alle genannt werden können. Exemplarisch hervorgehoben seien Heike von Benda (VBT Dr. v. Benda Technologie GmbH, Nürtingen), Frithjof Finkbeiner (Stiftung Weltvertrag, Hamburg), Theodor M. Fliedner (Universität Ulm), Armin Frey (FAW, Ulm), Ansgaar Haag (Intendant des Theaters Ulm), Torge Hamkens (Stiftung Weltvertrag, Hamburg), Winfried Helmes (Stadtsparkasse Köln), Manfred Höhl (Fraunhofer Services, Berlin), Wolfram Huncke (BIW, München), Peter Johnston (EU-Kommission, Brüssel), Thomas Kämpke (FAW, Ulm), Dieter Klumpp (Alcatel SEL Stiftung, Stuttgart), David Levin (FORSIS, Novosibirsk), Georg Philipp Melloni (CD Sicherheits-Management, Rodenbach), Mihajlo D. Mesarovic (Case Western Reserve University, Cleveland), Eike Messow (Stiftung Weltvertrag, Hamburg), Kai Mettler (FAW, Ulm), Rolf H. Möhring (TU, Berlin), Uwe Möller (Generalsekretär des Club of Rome, Hamburg), Nikolaus Obletter (Radiologische Praxis, Ingolstadt), Josef Riegler (Präsident des Ökosozialen Forums Europa, Wien), Thomas Schauer (FAW, Ulm), Dirk Solte (FAW, Ulm), Peter Spiertz (FAW, Ulm), Paul Stähly (Hochschule St. Gallen), Nancy Wimmer (European Microcredit Support, München), Heinrich Wohlmeyer (Österreichische Vereinigung für Agrarwissenschaftliche Forschung, Wien), Gerfried Zeichen (TU Wien) und Robert Zinser (Rotary International, Ludwigshafen). Hinzu kommt die ganz besonders enge thematische Wechselwirkung mit Robert Pestel (EU-Kommission, Brüssel). Ohne seine enorme Inspirations-, Motivations- und Beharrungskraft gäbe es dieses Buch in der vorliegenden Form nicht.

Für die wie immer kompetente Zusammenstellung des Textes und die souveräne Bewältigung eines sehr komplexen Organisationsprozesses gilt mein Dank meiner langjährigen Sekretärin Sabine Grau und weiteren Mitarbeiterinnen. Dem Ökosozialen Forum Europa, vor allem Geschäftsführer Ernst Scheiber und seinen Mitarbeiterinnen, insbesondere Theres Friewald-Hofbauer und Bettina Schierhuber, danke ich für die sorgfältige Edition und die Publikation des Textes.

*Franz Josef Radermacher*
*August 2002*

# Biographie

## *Prof. Dr. Dr. Franz Josef Radermacher*

Franz Josef Radermacher, Jahrgang 1950, verheiratet, ein Sohn, ist promovierter Mathematiker und Wirtschaftswissenschaftler (RWTH Aachen 1974, Universität Karlsruhe 1976); Habilitation in Mathematik an der RWTH Aachen 1982.

Von 1983 bis 1987 Professor für Angewandte Informatik an der Universität Passau. Seit 1987 Leiter des Forschungsinstituts für anwendungsorientierte Wissensverarbeitung (FAW) in Ulm. Gleichzeitig Berufung auf eine Professur für Datenbanken und Künstliche Intelligenz an der Universität Ulm. Von 1988 bis 1992 Präsident der Gesellschaft für Mathematik, Ökonomie und Operations Research (GMÖOR). Von 1990 bis 1993 Mitglied im Landesforschungsbeirat, von 1992 bis 1993 Mitglied in der „Zukunftskommission Wirtschaft 2000", von 1994 bis 1996 Mitglied im „Innovationsbeirat" und von 1995 bis 1996 Mitglied der Enquête-Kommission „Entwicklungschancen und Auswirkungen neuer Informations- und Kommunikationstechnologien Baden-Württemberg (Multimedia-Enquête)". Seit 1995 Mitglied im „Information Society Forum" der Europäischen Kommission (seit Anfang 1997 zugleich Leiter der Arbeitsgruppe 4 „Sustainability in an Information Society" sowie Mitglied des Steering Committee). Seit 1997 Sprecher der Arbeitsgruppe „Informationsgesellschaft und Nachhaltige Entwicklung" im Forum Info 2000/Forum Informationsgesellschaft der Bundesregierung. 1997 Preisträger des Wissenschaftlichen Preises der Gesellschaft für Mathematik, Ökonomie und Operations Research (GMÖOR). 1997 Berufung in den wissenschaftlichen Beirat der EXPO 2000 GmbH für die Themenbereiche „Planet of visions" und „Das 21. Jahrhundert". Seit 2000 Mitglied des Wissenschaftlichen Beirats beim

Bundesministerium für Verkehr, Bau- und Wohnungswesen (BMVBW). Seit 2000 Sprecher des „Global Society Dialogue" des Information Society Forums der EU. Seit 2001 stellvertretender Vorsitzender des Ökosozialen Forums Europa. Seit 2002 Mitglied im Beirat der Landesregierung Baden-Württemberg für nachhaltige Entwicklung. Mitglied in der Jury für die Auswahl des Deutschen Umweltpreises. Aufnahme in die Deutsche Gesellschaft des Club of Rome. Berufung in das „Development Board" für den Bereich Gesellschaftspolitik der Österreichischen Industriellenvereinigung.

Franz Josef Radermacher ist Autor von mehr als 200 wissenschaftlichen Arbeiten aus den Bereichen Angewandte Mathematik, Operations Research, Angewandte Informatik, Systemtheorie sowie tangierten Fragen der Technikfolgenforschung und der Ethik/Philosophie. Letzteres auch mit Bezug auf globale Problemstellungen. Gesellschaftspolitische Interessenschwerpunkte betreffen den Übergang in die Informationsgesellschaft, lernende Organisationen, Umgang mit Risiken, Fragen der Verantwortung von Personen und Systemen, umweltverträgliche Mobilität, nachhaltige Entwicklung, Überbevölkerungsproblematik.

# Literaturhinweise

1. Alliance for a Sustainable Information Society (http://www.faw.uni-ulm.de/asis)
2. Ayres, R. U., and P. M. Weaver (eds.): Eco-restructuring: Implications for Sustainable Development. United Nations University Press, Tokyo New York Paris, 1998
3. Bahn, P., J. Flenley: Easter Island, Earth Island. Thames and Hudson, London, 1992
4. Barney, G. O.: Threshold 2000. Critical Issues and Spiritual Values for a Global Age. Millenium Institute, Millennium Institute, Arlington, USA and CoNexus Press, Ada, USA, 1999
5. Bartosch, U., J. Wagner (eds.): Weltinnenpolitik. Zur Theorie des Friedens von Carl Friedrich von Weizsäcker. LIT Verlag, Münster, 1998
6. Bergedorfer Gesprächskreis (ed.): China – Partner in der Weltwirtschaft. 119. Protokoll. edition Körber-Stiftung, Hamburg, 2001
7. Brown, G.: Tackling Poverty: A Global New Deal. A Modern Marshall Plan for The Developing World. Pamphlet based on the speeches to the New York Federal Reserve, 16 November 2001, and the Press Club, Washington D. C., 17 December 2001. HM Treasury, February 2002
8. Breuel, B. (ed.): Agenda 21. Vision: Nachhaltige Entwicklung. Campus Verlag, Frankfurt / New York, 1999
9. Chossudovsky, M.: Global brutal. Der entfesselte Welthandel, die Armut, der Krieg. Zweitausendeins Verlag, Frankfurt, 2002
10. Chowdary, T. H.: P-Telcos in India – Why Did India Get Them So Wrong? A CTMS Publication, Karkhana (India), 2000
11. Dahrendorf, R..: Ein neuer dritter Weg. Mohr Siebeck, 1999
12. Daly, H. E.: Die Gefahren des freien Handels. Spektrum der Wissenschaft, S. 40–46, 1994
13. Davis, G.: Passport to Freedom – A Guide for World Citizens. Seven Locks Press, Gabin John, 1992
14. Deutsche Stiftung Weltbevölkerung (ed.): Weil es uns angeht. Das Wachstum der Weltbevölkerung und die Deutschen. Balance Verlag, Hannover, 1995
15. Dror, Y.: Ist die Erde noch regierbar? C. Bertelsmann, München, 1995
16. Earth Dialogues Forum (ed.): Synthesis Report "Globalisation and Sustainable Development: Is Ethics the Missing Link?". Earth Dialogues, Lyon/France, 21–23 February 2002; see www.earthdialogues.org
17. Eörsi, I.: Das Erbe des Überlebens. DIE ZEIT Nr. 29, S. 37, 11. 07. 2002
18. Eppler, E.: vom Gewaltmonopol zum Gewaltmarkt? edition suhrkamp 2288, Suhrkamp Verlag Frankfurt am Main, 2002
19. European Commission (ed.): Visions and Roadmaps for Sustainable Development in a Networked Knowledge Society. see http://europa.eu.int/information_society/themes/index_en.htm or http://www.digitale-chancen.de
20. Factor-10-Club (ed.): The Carnoules Declaration. Carnoules/France, 1994
21. Finkbeiner, F.: Weltvertrag oder Global Contract. in: Club Forum 2. Quartal 2002 der Deutschen Gesellschaft des Club of Rome, 2002
22. Forschungsinstitut für anwendungsorientierte Wissensverarbeitung (ed.): Management von nicht-explizitem Wissen: Noch mehr von der Natur lernen. Abschlußbericht für das Bundesministerium für Bildung und Forschung (bmb+f), Ulm, 2001, http://www.faw.uni-ulm.de
23. Forum Informationsgesellschaft (ed.): Informationsgesellschaft, Globalisierung und nachhaltige Entwicklung – Perspektiven für einen europäisch-inspirierten Weg. Bielefeld, 2000
24. Fricke, W. (ed.): Jahrbuch Arbeit + Technik 1997. Verlag J. H. W. Dietz Nachfolger GmbH, Bonn, 1997
25. Friewald-Hofbauer, T., E. Scheiber: The Eco-Social Market Economy. Strategies for the Survival of Humankind. Ökosoziales Forum Österreich, Wien, 2001

26. George, S.: Clusters of Crisis and a Planetary Contract. Abstract, Central European University, Budapest, 2001
27. Global Contract Foundation and YOIS Deutschland e.V. (eds.): proday 2002. rio+10 in johannesburg. youth take action. www.proday.org, Hamburg, 2002.
28. Glotz, P.: Die beschleunigte Gesellschaft – Kulturkämpfe im digitalen Kapitalismus. Kindler, 1999
29. Gore, A.: Wege zum Gleichgewicht – Ein Marshallplan für die Erde. S. Fischer Verlag GmbH, Frannkfurt, 1992
30. Gray, J.: False Dawn. The New Press, New York, 1998
31. Greiner, C., F. J. Radermacher: Reliable Data Concerning Factors of Critical Significance to the Living Conditions of Human Beings – An "Optimistic" Modeling Approach. Proc. Twelfth European Meeting on Cybernetics and Systems Research, Wien, 1994
32. Hamm, B., J. Hippler, D. Messner, C. Weller: World Politcs at the Crossroads. The 11th of September 2001 and the Aftermath. Stiftung Entwicklung und Frieden, Policy Paper 19, March 2002
33. Hardt, M., A. Negri: Empire – Die neue Weltordnung. Campus Verlag, Frankfurt/New York, 2002
34. Heather, D.: World Citizenship and Government. Cosmopolitan Ideas in the History of Western Political Thought. Macmillan Press Ltd, Houndmills, Basingstoke, London, 1996
35. Heilig, G. K.: China Food: Can China Feed Itself? IIASA LUC Project, CD-ROM, ISBN 3-7045-0134-4, 1999
36. Heinrich Böll Foundation: The Road to Johannesburg after September 11, 2001. World Summit Papers of the Heinrich Böll Foundation No. 9, Klotze, K. (ed.), Berlin, March 2002
37. Heinrich Böll Foundation: The Jo´burg-Memo. Fairness in a Fragile World. World Summit Papers of the Heinrich Böll Foundation, Special Edition, Sachs, W. (ed.), Berlin, April 2002
38. Heinrichsohn, E.: Weltstaat und Weltbürgertum können die Menschen unserer Erde vor ihrem selbstverschuldeten Untergang retten. Verlag Ernst Heinrichsohn, Oldenburg,
39. Hennicke, P. (ed.): Nachhaltigkeit als Geschäftsfeld – Natur macht Märkte. Hirzel-Verlag, Stuttgart, 2002
40. Information Society Forum (ed.): The European Way for the Information Society. European Commission, Brussels, 2000
41. International Labour Organization (ILO) (ed.): Report of the Director-General: Appendix. Report on the situation of worker of the occupied Arab territories. International Labour Conference, 90th Session, June 2002, International Labour Office, Geneva. ISBN 92-2-112426-6
42. Kämpke, T., F. J. Radermacher, R. Pestel: A computational concept for normative equity. Submitted, 2002
43. Kessler, W.: Wirtschaften im dritten Jahrtausend – Leitfaden für ein zukunftsfähiges Deutschland. Publik-Forum Verlagsgesellschaft mbH, Oberursel, 1996
44. Kessler, W. (ed.): Geld und Gewissen – Kompass für ethisch motivierte Sparer. Publik-Forum Verlagsgesellschaft mbH, Oberursel, 2000
45. Keynes, J. M.: On national self-sufficiency. The New Statesman and Nation. S. 36–67, July 8, 1933
46. Kindermann, G.-K.: Der Aufstieg Ostasiens in der Weltpolitik 1840 bis 2000. Deutsche Verlags-Anstalt, Stuttgart/München, 2001
47. Klüting, R.: Der Faktor-10-Club. in: bild der wissenschaft 3/1995, S. 68–70
48. Kohr, L.: The Breakdown of Nations. E. P. Dutton, New York, 1978
49. Kreibich, R. (ed.): Nachhaltige Entwicklung. Beltz Verlag, Weinheim, 1996
50. Küng, H.: Projekt Weltethos, 2. Aufl., Piper, 1993
51. Küng, H. (ed.): Globale Unternehmen – globales Ethos. Frankfurter Allgemeine Buch, Frankfurt, 2001
52. Landes, D. S.: Wohlstand und Armut der Nationen. Siedler Verlag, Berlin, 1999

53. Link, W.: Die Neuordnung der Weltpolitik. C. H. Beck'sche Verlagsbuchhandlung (Oscar Beck), München, 1998
54. Lovins, A. B., und Hennicke, P.: Voller Energie. Vision: Die globale Faktor Vier-Strategie für Klimaschutz und Atomausstieg. Campus Verlag, Frankfurt/New York, 1999
55. Mann Borgese, E.: The oceanic circle: governing the seas as a global resource. United Nations University Press, Tokyo, 1998
56. Mann Borgese, E.: Mit den Meeren leben. Über den Umgang mit den Ozeanen als globaler Ressource. dreiviertel verlag GmbH & Co. KG, Hamburg, 1999
57. Maxeiner, D. und Miersch, M.: Das Mephisto-Prinzip. Eichborn AG, Frankfurt, 2001
58. Meadows, D. L., et al.: The limits to growth. Universe Books, New York, 1972
59. Menke-Glückert, P.: Europa als Lebensraum. Vortrag, 1983
60. Mesarovic, M., und E. Pestel: Mankind at the turning point. Dutton, New York, 1974
61. Mielke, F.: Die Vereinigten Staaten als Hegemonialmacht im 21. Jahrhundert. Rissener Einblicke 6-7/2002, S. 5–24, 2002
62. Milde, R., Radermacher, F. J.: Last Exit 2050. Kathy, George und die Sehmaschine oder Der Klang der Welt am Ende des Jahrtausends. J. Ebner Graphische Betriebe GmbH & Co KG, Ulm, 1999. Broschüre direkt beim Verlag zu bestellen unter Telefax ++49 (0)731-2056-297 (Einzelpreis: 19,50 DM).
63. Möller, U.: Terrorism and Poverty. Club-Forum der Deutschen Gesellschaft des Club of Rome, 3./4. Quartal 2001
64. Morath, K. (ed.): Welt im Wandel – Wege zu dauerhaft-umweltgerechtem Wirtschaften. Frankfurter Institut – Stiftung Marktwirtschaft und Politik, 1996
65. Morath, K., R. Pestel, F. J. Radermacher: Die Überbevölkerungssituation als Herausforderung: Robuste Pfade zur globalen Stabilität. In: Welt im Wandel – Wege zu dauerhaft-umweltgerechtem Wirtschaften (K. Morath, ed.), Frankfurter Institut – Stiftung Marktwirtschaft und Politik, 89-111, 1996
66. Moser, A., und J. Riegler: Konfrontation oder Versöhnung? Ökosoziale Politik mit der Weisheit der Natur! Leopold Stocker Verlag, Graz, Stuttgart, 2001
67. Moser, A., und J. Riegler: Ökosoziale Marktwirtschaft. Denken und Handeln in Kreisläufen. Leopold Stocker Verlag, Graz, Stuttgart, 1996
68. Nadolny, S.: Die Entdeckung der Langsamkeit. Serie Piper, München, Zürich, 1987
69. Neirynck, J.: Der göttliche Ingenieur. expert-Verlag, Renningen, 1994
70. Nouak, A.: Nachhaltige Entwicklung auf globaler Ebene – Möglichkeiten und Widersprüche. Dissertation Universität Linz, 1994
71. Oberthür, S., und H. E. Ott: The Kyoto Protocol. International Climate Policy für the 21st Century, Springer-Verlag Berlin Heidelberg, 1999
72. Organisation for Economic Co-Operation and Development (OECD) (ed.): The Future of the Global Economy: Towards a Long Boom? OECD Publications, Paris, 1999
73. Organisation for Economic Co-Operation and Development (OECD) (ed.): International Mobility of the Highly Skilled. OECD Proceedings, Paris, 2002
74. Paleocrassas, Y.: Factor 10: Fiscal Reform, Resource Productivity and Employment. in: The internations Factor 10 Club's Reports of 1999 (F. Schmidt-Bleek et al., eds.). Wuppertal Institut für Klima, Umwelt, Energie, 1999
75. Pimentel, D., R. Harman, M. Pacenza, J. Pecarsky, M. Pimentel: Natural Resources and an Optimum Human Population. Population and Environment, S. 347–369, 1994
76. Pestel, E.: Beyond the limits to growth. Universe Books, New York, 1989
77. Pradetto, A.: Internationale Gemeinschaft und Hegemonialmacht: UNO und USA nach dem 11. September 2001. Rissener Einblicke 6-7/2002, S. 25–46, 2002
78. Radermacher, F. J.: Und sie bewegt sich noch – Die Welt im Jahr 2050. DER ROTARIER Heft 4, 21–33, 1996
79. Radermacher, F. J.: Zukunft der Arbeit. MERKUR (Deutsche Zeitschrift für europäisches

Denken), Heft 582/583, S. 829–843, Klett-Cotta, Stuttgart, 1997

80. Radermacher, F. J.: Globalisierung und Informationstechnologie. In: Weltinnenpolitik. Intern. Tagung anläßlich des 85. Geburtstages von Carl-Friedrich von Weizsäcker, Evangelische Akademie Tutzing, 1997. In (U. Bartosch und J. Wagner, eds.) S. 105–117, LIT Verlag, Münster, 1998

81. Radermacher, F. J.: Globalisierung, Informationsgesellschaft und nachhaltige Entwicklung – Hinweise zu einem Politikprogramm aus europäischer Sicht. In Ulmensien, Band 13 "Globalisierung und Soziale Marktwirtschaft", S. 31–53, Universitätsverlag Ulm, 1999

82. Radermacher, F. J.: Hoffnungen: Zukunftsfragen der Menschheit – Problembereiche, Lösungsansätze und Hinweise zu 20 Hoffnung-machenden Initiativen. Manuskript, Ulm, 1999, http://www.faw.uni-ulm.de

83. Radermacher, F. J.: Globalisierung, Bevölkerungsentwicklung und Nachhaltigkeit: Herausforderungen für die Gesellschaft und die Rolle von Rotary. Broschüre zur Interdistriktskonferenz, Luzern, 2000

84. Radermacher, F. J. (ed.): Informationsgesellschaft und nachhaltige Entwicklung. Universitäts-Verlag Ulm GmbH, 2000

85. Radermacher, F. J.: Globalisierung, Virtualisierung und New Economy: Herausforderungen an das Personalmanagement. Proc. 10. Münchener Personalforum, Universität der Bundeswehr, 2001

86. Radermacher, F. J.: New Economy. Börsenrausch und Greencard: Spielt die Welt verrückt oder hat alles seine Logik? in: Wohin geht die Wissensgesellschaft? (R. Rüdel, C. Stadelhofer, eds.), Band 9, S. 80–128, Kleine Verlag, Bielefeld, 2002

87. Radermacher, F. J.: Wissensgesellschaft und Nachhaltigkeit. in: Hennicke, P. (ed.): Nachhaltigkeit – ein neues Geschäftsfeld? S. 95 ff, Hirzel-Verlag, Stuttgart/Leipzig, 2002

88. Radermacher, F. J.: Grunddesign eines zukünftigen Gesundheitssystems. Studie, FAW Ulm, 2002

89. Radermacher, F. J.: Infrastrukturen in Zeiten von Globalisierung und New Economy. In: Jahrbuch Telekommunikation und Gesellschaft, Alcatel-Stiftung, erscheint 2002

90. Raetz, K.: Die solare Bürgergesellschaft – eine reale Utopie. RAECON-Verlag, Braunschweig, 2001

91. Rawls, J.: A Theory of Justice, Oxford University Press, London, 1978

92. Reheis, F.: Die Kreativität der Langsamkeit. Primus Verlag, Darmstadt, 1998

93. Riegler, J., H. W. Popp, H. Kroll-Schlüter u. a.: Aufstand oder Umbruch? Wohin gehen Europas Bauern? Leopold Stocker Verlag, Graz, Stuttgart, 1996

94. Riegler, J., H. W. Popp, H. Kroll-Schlüter u. a.: Die Bauern nicht dem Weltmarkt opfern! Lebensqualität durch ein europäisches Agrarmodell. Leopold Stocker Verlag, Graz, Stuttgart, 1999

95. Roßnagel, A., Wedde, P., Hammer, V., Pordesch, U.: Die Verletzlichkeit der „Informationsgesellschaft". Westdeutscher Verlag GmbH, Opladen, 1989

96. Rotary Deutschland (ed.): Weltbevölkerung – Weltproblem. Der Rotarier, Heft 4, Hamburg, 1996

97. Rotta, Chr., D. Katzschmann: Universitas Orientierung in der Wissenswelt. Schwerpunkt Globalisierung und Gerechtigkeit. S. Hirzel Verlag, Stuttgart, 2002.

98. Sabet, H.: Die Schuld des Nordens – Der 50-Billionen-Coup. Horizonte Verlag GmbH, Frankfurt, 1991

99. Sala-i-Martin, X.: The disturbing "rise" of global income inequality. Working paper 8904, National Bureau of Economic Research, Cambridge, Mass., April 2002

100. Sala-i-Martin, X.: The world distribution of income (estimated from individual country distributions). Working paper 8933, National Bureau of Economic Research, Cambridge, Mass., May 2002

101. Schauer, T.: Lifestyles, future technology and sustainable development. ISBN 3-929118-05-X, 2000

102. Schauer, T., F. J. Radermacher (eds.): The Challenge of the Digital Divide. 2001. ISBN 3-89559-236-6. For more information, see www.global-society-dialogue.org

103. Schmidt, H., (Hg.): Allgemeine Erklärung der Menschenpflichten – Ein Vorschlag. Piper Verlag GmbH, München, 1997

104. Schmidt, H.: Die Selbstbehauptung Europas. Perspektiven für das 21. Jahrhundert. Deutsche Verlags-Anstalt, Stuttgart, 2000

105. Schmidt-Bleek, F.: Wieviel Umwelt braucht der Mensch? MIPS – Das Maß für öko-logisches Wirtschaften, Birkhäuser Verlag, 1993

106. Schmitz, S.: Revolution der Erreichbarkeit – Gesellschaft, Raum und Verkehr im Wandel. Leske + Budrich, Opladen, 2001

107. Scholl-Latour, P.: Afrikanische Totenklage. C. Bertelsmann Verlag, München, 2001

108. Seidl, G., C. Stahn: Das Statut des Weltstrafgerichtshofs. Ein Überblick über Entstehung, Inhalt und Bedeutung. Jura, S. 14 ff., 1999

109. Seidl-Hohenveldem, I., und Loibl, G.: Das Recht der Internationalen Organisationen einschließlich der Supranationalen Gemeinschaften. 7. Überarbeitete Auflage. Carl Heymanns Verlag KG, Köln, 2000

110. Seitz, K.: China – eine Weltmacht kehrt zurück. Siedler Verlag, Berlin, 2000

111. Sen, A.: Ökonomie für den Menschen. Wege zur Gerechtigkeit und Solidarität in der Marktwirtschaft. Carl Hanser Verlag, 2000

112. Simmons, I. G.: Humanity & Environment – A Cultural Ecology. Addision Wesley Longman Limited, Harlow, 1997

113. Simmons, P. J., C. de Jonge Oudraat (eds.): Managing Global Issues. Lessons Learned. Carnegie Endowment for International Peace, 2001

114. Soros, G.: Die Krise des globalen Kapitalismus – Offene Gesellschaft in Gefahr. Alexander Fest Verlag , Berlin, 1998

115. Späth, L.: Wende in die Zukunft. Die Bundesrepublik auf dem Weg in die Informationsgesellschaft. Rowohlt, Rheinbek, 1991

116. Späth, L.: Was jetzt getan werden muss. Seitenblicke auf Deutschland. Hohenheim Verlag, Stuttgart, 2002

117. Spiegel, P.: Das Terra-Prinzip. Das Ende der Ohnmacht in Sicht: Wissenschaftler werden Revolutionäre. Horizonte Verlag GmbH, Stuttgart, 1996

118. Stahn, C.: Zwischen Weltfrieden und materieller Gerechtigkeit: Die Gerichtsbarkeit des Ständigen Internationalen Strafgerichtshofs (IntStGH). Europäische Grundrechte Zeitschrift, 25. Jg., Heft 20–22, 577-591, 1998

119. Stadtsparkasse Köln (ed.): Geld bewegt die Welt – wohin?! Broschüre zum gleichnamigen Objekt im Themenpark „Das 21. Jahrhundert" im Rahmen der EXPO 2000, Hannover, 2000

120. Stadtsparkasse Köln (ed.): Cologne Science Center: Leben und Wissen – Wissen und Leben. Broschüre, 2002

121. Stiftung Entwicklung und Frieden (ed.): Brücken in die Zukunft. Ein Manifest für den Dialog der Kulturen. Eine Initiative von Kofi Annan. S. Fischer Verlag, Frankfurt am Main, 2001

122. Stiftung für die Rechte zukünftiger Generationen (ed.): „Ihr habt dieses Land nur von uns geborgt ...", Rasch u. Röhring Verlag, Hamburg, 1997

120. Stiftung für die Rechte zukünftiger Generationen (ed.): Handbuch Generationengerechtigkeit. Erscheint März 2003

124. Stiglitz, J. E.: Die Schatten der Globalisierung. Siedler, Berlin, 2002

125. Strohm, J.: Internationale Maßnahmen zur nachhaltigen Entwicklung: Auswirkungen und Akzeptanz eines ökonomisch, ökologisch und sozial ausgewogenen weltweiten Ordnungsrahmens. Verlag V. Florentz GmbH, 2000

126. Terra 2000: EU Project on environmental, social, economic and cultural impacts of the networked society (www.terra-2000.org)

127. Tetzlaff, R.: Gerechtigkeit weltweit. Wege zu mehr Chancengleichheit in den Nord-Süd-

Beziehungen. In Universitas Nr. 667, S. Hirzel Verlag, Stuttgart, 2002

128. Tharoor, S.: India – From midnight to the millenium. Arcade Publishing, New York, 1997

129. The Earth Charter Initiative (ed.): The Earth Charter. Costa Rica, 2000; http://www.earth-charter.org

130. Töpfer, K.: Kapitalismus und ökologisch vertretbares Wachstum – Chancen und Risiken. in: Kapitalismus im 21. Jahrhundert, S. 175–185, 1999

131. Töpfer, K.: Ökologische Krisen und politische Konflikte. in: Krisen, Kriege, Konflikte (A. Volle und W. Weidenfeld, ed.), Bonn, 1999

132. Töpfer, K.: Environmental Security, Stable Social Order, and Culture. in: Environmental Change and Security Project Report, Woodrow Wilson Centre, No. 6, 2000

133. Töpfer, K.: Globale Umweltpolitik im 21. Jahrhundert, eine Herausforderung für die Vereinten Nationen. in: Erfurter Dialog (Thüringer Staatskanzlei, ed.), 2001

134. United Nations General Assembly (ed.): Report of the High-level Panel on Financing for Development. Report A/55/1000, June 2001 (Zedillo Report); http://www.un.org/reports/financing/summary.htm

135. United Nations Population Fund (ed.): Population issues briefing kit 2001. Washington, 2001. www.unfpa.org/modules/briefkit/03.htm

136. van Dijk, J., R. Pestel, F. J. Radermacher: The European Way to the Global Information Society. The IPTS Report, No. 32, pp. 10–16, 1999

137. Vester, F.: Die Kunst, vernetzt zu denken. Deutsche Verlagsanstalt, Stuttgart, 1999

138. Viramma, J., und Racine, J.-L.: Eine Unberührbare erzählt. Frederking & Thaler Verlag, München, 2001

139. von Weizsäcker, C. F.: Bedingungen des Friedens. Vandenhoeck und Ruprecht, Göttingen, 1964

140. von Weizsäcker, E. U., A. B. Lovins, L. H. Lovins: Faktor Vier: doppelter Wohlstand, halbierter Naturverbrauch. Droemer-Knaur, 1995

141. Wackernagel, M., et al.: Tracking the ecological overshoot of the human economy. PNAS, Vol. 99, No. 14, 9266–9271, 2002

142. Weinberger, C., und Schweizer, P.: The Next War. Regnery Publishing, Inc., Washington D. C., 1998

143. Weiß, A., J. Junger und S. Sohr (eds.): Montag, Dienstag, Zukunft. Junge Europäer über den Weg ins 21. Jahrhundert. Nomos Verlagsgesellschaft, Baden-Baden, 2001

144. Wicke, L., J. Hucke: Der ökologische Marshall-Plan. Ullstein-Verlag, Berlin, Frankfurt, 1989

145. Wilson, E. O.: Zukunft der Menschheit: der Engpass. Spektrum der Wissenschaft, S. 70 ff., März 2002

146. Wohlmeyer, H. (ed.): The WTO, Agriculture and Sustainable Development. Österreichische Vereinigung für Agrarwissenschaftliche Forschung, Wien, 2002

147. Worldbank: World Development Report 2000/2001. Washington, 2001. www.worldbank.org/poverty/wdrpoverty/report/index.htm

148. Yamaguchi, K.: Sustainable Global Communities in the Information Age. Visions from Futures Studies, Adamantine Press Limited, 1997

149. Yunus, M.: Grameen – Eine Bank für die Armen der Welt, Lübbe, 1999

150. Zillmer, H. W.: Die Zukunft beginnt heute ... und wohin gehst Du, Homo sapiens? Wege zu einer nachhaltig tragfähigen globalen Entwicklung. Verlag Dr. Hans-Dieter Höhnk, Reinbek, 1999

151. Zimmermann, M.: Mein Nachbar, der Feind. Süddeutsche Zeitung Nr. 168, S. 11, 23. 07. 2002

# ÖKOSOZIALES FORUM EUROPA
Ecosocial Forum Europe • Forum écosocial de l'Europe

*Theres Friewald-Hofbauer/Ernst Scheiber*

# ÖKOSOZIALE
# MARKTWIRTSCHAFT

Strategie zum Überleben der Menschheit

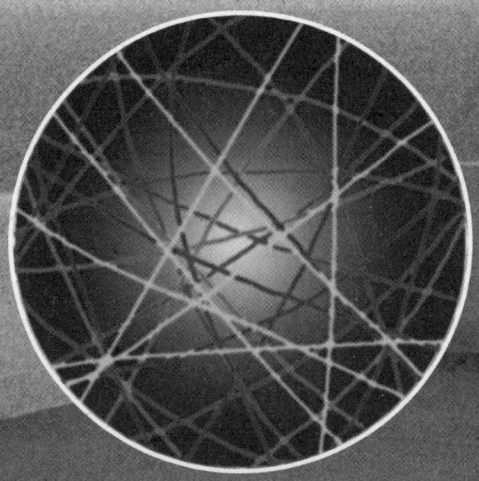

*Josef Rieglers innovatives Konzept*
*für Wirtschaft und Gesellschaft*